国家社会科学基金资助项目（14AGL006）

编制自然资源资产负债表与生态环境损害责任终身追究制研究

BIANZHI ZIRAN ZIYUAN ZICHAN FUZHAIBIAO YU SHENGTAI HUANJING
SUNHAI ZEREN ZHONGSHEN ZHUIJIUZHI YANJIU

孙宝厚　主编

中国时代经济出版社

图书在版编目（CIP）数据

编制自然资源资产负债表与生态环境损害责任终身追究制研究／孙宝厚主编．—北京：中国时代经济出版社，2018.8

ISBN 978-7-5119-2806-1

Ⅰ.①编… Ⅱ.①孙… Ⅲ.①自然资源—国有资产—资金平衡表—编制—研究—中国 ②生态环境保护—责任制—研究—中国 Ⅳ.①F231.1 ②X321.2

中国版本图书馆 CIP 数据核字（2018）第 200810 号

书　　名：	编制自然资源资产负债表与生态环境损害责任终身追究制研究
作　　者：	孙宝厚

出版发行：中国时代经济出版社
社　　址：北京市丰台区玉林里 25 号楼
邮政编码：100069
发行热线：（010）63508271　63508273
传　　真：（010）63508274　63508284
网　　址：www.icnao.cn
电子邮箱：sdjj1116@163.com
经　　销：各地新华书店
印　　刷：北京凌奇印刷有限责任公司
开　　本：787×1092　1/16
字　　数：510 千字
印　　张：30.25
版　　次：2018 年 8 月第 1 版
印　　次：2018 年 8 月第 1 次印刷
书　　号：ISBN 978-7-5119-2806-1
定　　价：106.00 元

本书如有破损、缺页、装订错误，请与本社发行部联系更换
版权所有　侵权必究

序

　　自然资源是最基本的生产资料。生产资料归谁所有，决定了生产关系的属性，也是所有制的最基本问题。中国宪法规定了自然资源归全体人民所有，这是公有制最基本的特征。如何发挥公有制的优势，避免落入"公地悲剧"的陷阱，制度创新是关键。

　　土地是最重要的自然资源。中国经济近四十年的高速发展，在很大程度上得益于农村和城市土地资源利用的制度创新。以"家庭联产承包责任制"为代表的农村经济体制改革，极大地解放了中国农村的生产力。这种生产力的解放既包括劳动者积极性的调动，也包括土地这一生产资料使用方式的创新。以"招、拍、挂"为主要方式的城市土地使用权转让，为各类所有制企业的发展注入了活力，政府也获得土地出让收益，城市建设、公用事业也展现出全新的面貌。土地利用制度创新本质上是土地所有权与使用权的分离，与所有权经营权分离的现代企业制度异曲同工。制度创新解决了"吃饭和建设"的问题，基本实现了小康社会的战略目标。

　　当今中国已经进入全面建成小康社会，实现中华民族伟大复兴的新时代。建设美丽中国，生态环保成为摆在我们面前新的课题。党中央、国务院抓住了当代中国经济社会发展的主要矛盾，提出了"编制

编制自然资源资产负债表与
生态环境损害责任终身追究制研究

自然资源资产负债表"和"实行生态环境损害责任终身追究制"的战略决策，为今后的长期发展指明了方向。

无论是"编表"还是"追责"，都与审计工作有着密切的联系。2016年，审计署成立课题组，承担了国家社会科学基金"编制自然资源资产负债表与生态环境损害责任终身追究制研究"课题任务。

研究工作启动不久，课题组就遇到了基本概念的困扰。尤其是围绕"负债"和"终身"两个关键问题的认识，陷入较长时间的困惑、怀疑甚至争论。自然资源负债到底是谁欠谁的？是今人欠祖先的，还是当代人欠子孙后代的，抑或是人类欠自然界的？终身追责在技术操作上真的可以实现吗？或者仅仅是表明一种态度？带着这些疑惑，课题组从收集已有的研究文献、法律规范、实践案例入手，运用马克思主义哲学原理，从法律、经济、管理、会计等现有理论中寻找答案。经过两年时间的反复研讨、论证，如期完成了课题研究任务。

总体上讲，研究结论是令人满意的。可以肯定的是，"负债"不是文学性的比喻，"终身"也不仅仅是情感上的表态。

理解自然资源负债问题，首先要理清人民、政府、企业的身份及其与自然资源的关系。全体人民是自然资源的所有者，政府是自然资源的管理者，企业是自然资源的使用者。明确了三类主体的法律地位，也就可以理解"自然资源负债"只能存在于政府和企业之间，政府是债权人，企业是债务人。"自然资源负债"的这种认识，与现行法律、经济和会计中负债的含义保持一致，在此基础上的制度设计才能够在实践中行得通。

通过研究，我们认为自然资源资产负债表的编制是会计理论和技术在自然资源管理利用领域的具体运用。编制主体是政府和企业，报表的性质是受托责任履行情况报告。

未能履职尽责、造成生态环境损害，就要进行责任追究。对党政领导干部来说，责任追究是干部管理问题；对企业来说，责任追究是法律问题。

对"终身追责"问题的理解，需要对责任进行更加深入的认识。通过研究，我们认为责任是由法律责任、岗位责任、道德责任三者共同构成的责任层次体系。从三层责任体系的角度看，终身追责是可以实现的。

可以预见，随着国家自然资源部的设立，自然资源制度建设、理论研究和实践探索会进入一个快速发展时期。大批致力于自然资源管理利用的人员会投身到此项事业中去。我们在"编制自然资源资产负债表与生态环境损害终身追究制研究"课题成果的基础上，进一步整理成书，为从事自然资源和生态环境管理的理论和实践工作者提供参考。

课题组成员在各自单位都是业务骨干，他们利用业余时间完成此项课题，受认识水平和研究能力所限，对一些问题的论证方法、论证充分性和严谨性还值得商榷，诚恳期望读者给予批评指正。

2018 年 5 月 8 日

目　录

第一章　概论 …………………………………………………………（1）

　第一节　研究背景 ……………………………………………………（3）

　　一、经济社会发展趋势 ………………………………………………（4）

　　二、生态文明建设制度安排 …………………………………………（7）

　　三、"编表""追责"研究现状 ………………………………………（10）

　第二节　研究内容 ……………………………………………………（13）

　第三节　研究思路和基本观点 ………………………………………（20）

　　一、研究思路 …………………………………………………………（20）

　　二、基本观点 …………………………………………………………（22）

　第四节　主要创新 ……………………………………………………（23）

第二章　文献回顾 ……………………………………………………（27）

　第一节　自然资源核算体系和方法 …………………………………（27）

　　一、自然资源和自然资源价值 ………………………………………（28）

　　二、自然资源核算体系 ………………………………………………（32）

　　三、自然资源核算方法 ………………………………………………（37）

　第二节　自然资源资产负债表编制 …………………………………（41）

　　一、主要概念 …………………………………………………………（42）

二、理论基础和基本原理……………………………………（45）
　　三、典型领域的探索和研究成果……………………………（49）
第三节　生态环境损害及责任追究………………………………（61）
　　一、生态环境损害情形………………………………………（61）
　　二、生态环境损害评判………………………………………（62）
　　三、生态环境损害责任追究…………………………………（64）
【本章小结】………………………………………………………（66）

第三章　自然资源产权理论及实践发展…………………………（68）
第一节　产权理论概述……………………………………………（69）
　　一、西方经济学中的产权理论………………………………（69）
　　二、马克思主义政治经济学产权理论………………………（73）
第二节　我国自然资源产权制度的演进历程……………………（76）
　　一、自然资源产权主体及其内涵的确立……………………（76）
　　二、自然资源产权主体及其内涵的发展……………………（77）
　　三、自然资源产权主体及其内涵的逐步完善………………（79）
第三节　自然资源产权与自然资源资产负债表编制……………（82）
　　一、自然资源资产的占有权…………………………………（82）
　　二、自然资源资产的使用权…………………………………（83）
　　三、自然资源资产的收益权…………………………………（84）
　　四、自然资源资产的处分权…………………………………（85）
第四节　我国自然资源产权制度存在的问题……………………（86）
　　一、自然资源产权主体制度设计需要完善…………………（87）

二、自然资源产权内涵未能覆盖到赔偿机制……………（89）

第五节　完善我国自然资源产权制度设计………………（91）

　　一、完善自然资源产权主体制度…………………………（91）

　　二、明确监管主体，完善自然资源产权保护制度………（94）

　　三、推动自然资源资产统一确权登记办法不断完善……（96）

　【本章小结】……………………………………………………（97）

第四章　自然资源资产负债核算体系的构建……………（98）

第一节　加强自然资源资产负债核算的紧迫性和必要性……（99）

　　一、经济发展与自然资源、生态环境之间的矛盾日益
　　　　凸显…………………………………………………（99）

　　二、自然资源资产负债核算为人类活动提供预警和
　　　　红线…………………………………………………（101）

　　三、自然资源资产负债核算有利于准确评估自然资源
　　　　价值…………………………………………………（102）

　　四、自然资源资产负债核算是转变经济发展方式的重要
　　　　手段…………………………………………………（103）

第二节　自然资源资产负债核算与其他核算体系的关系　…（104）

　　一、基于国民经济核算体系的自然资源资产负债核算
　　　　………………………………………………………（104）

　　二、基于会计核算的自然资源资产负债核算……………（106）

第三节　自然资源资产负债核算体系的基本内容…………（108）

　　一、核算目标………………………………………………（108）

二、核算要素 …………………………………………… (109)

　　三、核算主体 …………………………………………… (116)

　　四、核算范围 …………………………………………… (117)

第四节　自然资源资产负债的核算原则 ………………… (118)

　　一、客观性原则 ………………………………………… (118)

　　二、相关性原则 ………………………………………… (119)

　　三、明晰性原则 ………………………………………… (119)

　　四、可比性原则 ………………………………………… (120)

　　五、实质重于形式原则 ………………………………… (120)

　　六、重要性原则 ………………………………………… (121)

　　七、谨慎性原则 ………………………………………… (121)

　　八、及时性原则 ………………………………………… (122)

第五节　自然资源资产负债核算的假设 ………………… (122)

　　一、会计主体假设 ……………………………………… (122)

　　二、持续经营假设 ……………………………………… (123)

　　三、会计分期假设 ……………………………………… (124)

　　四、货币计量假设 ……………………………………… (124)

第六节　自然资源资产存量的估价方法 ………………… (127)

　　一、基于市场估计理论的方法 ………………………… (128)

　　二、基于收益折现理论的方法 ………………………… (129)

　　三、基于生产成本理论的方法 ………………………… (130)

　　四、基于政府指导价格的方法 ………………………… (132)

【本章小结】……………………………………………………（132）

第五章　自然资源资产负债表框架设计 ………………………（134）

　第一节　自然资源资产负债表的用途 ……………………………（135）

　　一、提供自然资源和生态环境的量化信息，促进自然
　　　　资源科学管理 ……………………………………………（135）

　　二、提高政府自然资源管理水平，促进区域经济科学
　　　　发展 ………………………………………………………（137）

　　三、构建自然资源资产负债核算体系，促进国民经济
　　　　科学核算 …………………………………………………（139）

　　四、为开展党政领导干部自然资源资产离任审计提供
　　　　基础资料 …………………………………………………（140）

　第二节　自然资源资产负债表的账户模式 ………………………（140）

　　一、账户概述 …………………………………………………（142）

　　二、矿产资源资产账户 ………………………………………（144）

　　三、土地资源资产账户 ………………………………………（147）

　　四、森林资源资产账户 ………………………………………（150）

　　五、水资源资产账户 …………………………………………（154）

　　六、对账户模式的认识 ………………………………………（161）

　第三节　自然资源资产负债表的报表模式 ………………………（161）

　第四节　自然资源资产负债表表外信息披露与分析 ……………（168）

　　一、自然资源资产负债表表外信息披露 ……………………（168）

　　二、自然资源资产负债表分析 ………………………………（169）

【本章小结】……………………………………………………（171）

第六章 生态环境损害责任评判与自然资源资产负债表 ………（172）

第一节 编制自然资源资产负债表是生态环境损害责任追究的前提 ………………………………（173）

一、自然资源资产负债表为自然资源损害责任落实到人提供了可能 ……………………………………（173）

二、自然资源资产负债表有助于实现生态环境保护责任和业绩水平的量化 …………………………（175）

三、编制自然资源资产负债表有助于生态环境保护意识的形成，实现生态环境保护的关口前移 …………（176）

四、编制自然资源资产负债表为领导干部自然资源资产离任审计制度的建立奠定基础 ……………………（177）

第二节 生态环境损害责任的评判 ……………………（178）

一、生态环境损害的定义、类型和特点 ……………（178）

二、生态环境损害责任评判 …………………………（182）

三、生态环境损害评判与自然资源资产负债表的衔接
……………………………………………………（186）

第三节 环境治理制度与自然资源资产负债表 ………（189）

一、环境治理制度概念 ………………………………（189）

二、我国环境治理制度涉及的主要法律法规 …………（190）

三、环境治理的相关制度 ……………………………（191）

四、利用自然资源资产负债表评价环境治理制度执行

情况 …………………………………………………………（194）

第四节　用途管制制度与自然资源资产负债表 ……………（195）
　　一、用途管制的概念 ………………………………………（195）
　　二、我国用途管制制度涉及的主要法律法规 ……………（196）
　　三、用途管制的相关制度 …………………………………（197）
　　四、利用自然资源资产负债表评价用途管制制度执行
　　　　情况 ………………………………………………………（199）

第五节　有偿使用制度与自然资源资产负债表 ……………（201）
　　一、有偿使用制度的概念 …………………………………（201）
　　二、自然资源有偿使用制度涉及的主要法律法规 ………（203）
　　三、自然资源有偿使用的相关制度 ………………………（206）
　　四、利用自然资源资产负债表评价资源有偿使用制度
　　　　执行情况 …………………………………………………（207）

第六节　生态环境补偿制度与自然资源资产负债表 ………（209）
　　一、生态环境补偿制度的概念 ……………………………（209）
　　二、生态环境补偿制度涉及的主要法律法规 ……………（212）
　　三、生态环境补偿的相关制度 ……………………………（213）
　　四、利用自然资源资产负债表评价生态环境补偿制度
　　　　执行情况 …………………………………………………（216）

【本章小结】 ……………………………………………………（217）

第七章　生态环境损害责任终身追究的理论概述 …………（218）
第一节　生态环境损害责任终身追究的基本内涵 …………（219）
　　一、责任的概念 ……………………………………………（219）

二、生态环境损害责任的内涵 …………………………………（223）
　　三、生态环境损害责任终身追究中的责任内涵 ………（226）
第二节　生态环境损害责任终身追究的必要性 …………（230）
　　一、追究生态环境损害责任的必要性 …………………（230）
　　二、终身追究生态环境损害责任的必要性 ……………（233）
第三节　生态环境损害责任终身追究的基本原则 ………（235）
　　一、责任法定原则 ………………………………………（236）
　　二、权责利能一致原则 …………………………………（237）
　　三、因果联系原则 ………………………………………（239）
　　四、过错归责为主原则 …………………………………（240）
　　五、责任层次互补原则 …………………………………（242）
【本章小结】………………………………………………………（245）

第八章　生态环境损害责任终身追究制的体系构建 ………（246）

第一节　生态环境损害责任终身追究制体系的构成、焦点与
　　　　前提条件 …………………………………………（247）
　　一、构成生态环境损害控制体系的"三道防线" ……（248）
　　二、生态环境损害责任终身追究制的焦点在"终身"
　　　　………………………………………………………（249）
　　三、生态环境损害责任终身追究制有效运行的前提条件
　　　　………………………………………………………（251）
第二节　生态环境损害责任追究的主体 …………………（253）
　　一、立法机关 ……………………………………………（254）
　　二、监察机关 ……………………………………………（255）

三、行政机关 ……………………………………………（256）

四、司法机关 ……………………………………………（257）

五、党的纪律检查机关 …………………………………（259）

第三节 生态环境损害责任追究的客体 ………………………（260）

一、地方各级党委和政府及其主要领导干部 …………（262）

二、环境保护主管部门和其他对生态环境保护负有
监督管理职责的相关部门及其主要负责人 ………（264）

三、开发利用自然资源的相关单位和个人 ……………（265）

第四节 生态环境损害责任追究的情形 ………………………（266）

一、从自然资源的管理、利用和生态环境保护机制看
生态环境损害责任追究的情形 ……………………（267）

二、地方各级党委和政府及其主要领导干部生态环境
保护和损害责任的追究情形 ………………………（269）

三、对生态环境保护负有监督管理职责部门及其主要
负责人的责任追究情形 ……………………………（270）

四、开发利用自然资源相关单位和个人的责任追究
情形 …………………………………………………（271）

第五节 生态环境损害责任追究的程序 ………………………（272）

一、启动程序 ……………………………………………（273）

二、调查程序 ……………………………………………（275）

三、决定程序 ……………………………………………（276）

四、申诉程序 ……………………………………………（277）

— 9 —

第六节　生态环境损害责任追究的类型和形式 …………（278）
　　一、生态环境损害责任追究的类型 ………………（278）
　　二、生态环境损害责任追究的形式 ………………（279）
　【本章小结】 ……………………………………………（281）

第九章　我国生态环境损害责任追究的现状 ……………（283）
第一节　我国生态环境损害责任追究的制度建设现状 ……（283）
　　一、生态环境损害责任追究的政策规定 …………（284）
　　二、生态环境损害责任追究的法律规范 …………（289）
　　三、生态环境损害责任追究的部门规章和地方性法规
　　　………………………………………………………（295）
第二节　我国生态环境损害责任追究的实践模式 …………（301）
　　一、责任追究实践模式 ……………………………（302）
　　二、各类追责实践典型案例 ………………………（303）
　　三、终身追责在实践中的体现 ……………………（309）
　　四、生态环境损害责任追究实践中体现出的一些特点
　　　………………………………………………………（310）
第三节　我国生态环境损害责任追究面临的主要问题 ……（311）
　　一、生态环境损害责任追究法规体系建设存在的主要
　　　问题 ………………………………………………（312）
　　二、生态环境损害责任追究机制建设存在的问题 …（313）
　　三、实施生态环境损害责任追究存在的问题 ………（318）
　　四、生态环境信息公开和公众参与生态环境保护制度
　　　建设存在的问题 …………………………………（320）
　【本章小结】 ……………………………………………（325）

第十章 研究结论与主要建议和实施路径 …………………… (326)
  第一节 研究结论 ………………………………………………… (326)
    一、编制自然资源资产负债表具有理论基础和实践可能
      ……………………………………………………………… (326)
    二、自然资源资产负债核算应遵循会计核算的原理和
      方法 ……………………………………………………… (327)
    三、自然资源资产负债表可以为生态环境损害责任追究
      提供依据 ………………………………………………… (328)
    四、责任追究是生态环境控制体系的最后一道防线 … (329)
    五、加强生态环境损害责任终身追究制系统性建设是
      当前的重要任务 ………………………………………… (330)
  第二节 主要建议和实施路径 …………………………………… (331)
    一、以明确自然资源利用行为的经济性质为核心，落实
      自然资源产权制度 ……………………………………… (331)
    二、以自然资源资产负债表为核心，建立自然资源管理、
      使用责任报告制度 ……………………………………… (336)
    三、以责任追究为底线，完善自然资源管理利用控制
      制度 ……………………………………………………… (341)
  第三节 研究展望 ………………………………………………… (344)
附件：与土地、矿产、森林、水资源相关的生态环境损害违法
    违纪违规行为责任追究法规综合分析矩阵 …………… (346)
参考文献 …………………………………………………………… (452)
后记 ………………………………………………………………… (466)

第一章 概 论

习近平同志指出,中国共产党人的初心和使命,就是为中国人民谋幸福,为中华民族谋复兴。从全面建成小康社会到基本实现现代化,再到全面建成社会主义现代化强国,是新时代中国特色社会主义发展的战略安排。我们党要团结带领人民有效应对重大挑战、抵御重大风险、克服重大阻力、解决重大矛盾,必须进行具有许多新的历史特点的伟大斗争。我们要坚忍不拔、锲而不舍,奋力谱写社会主义现代化新征程的壮丽篇章。[①] 加强中国特色自然资源治理体系和治理能力建设,是加快推进国家治理体系和治理能力现代化的重要组成部分。探索编制自然资源资产负债表,实行领导干部自然资源资产离任审计,建立生态环境损害责任终身追究制,对健全中国特色自然资源治理体系,增强自然资源治理和生态环境保护能力具有重要意义。

[①] 参见习近平《决胜全面建成小康社会 夺取新时代中国特色社会主义伟大胜利——在中国共产党第十九次全国代表大会上的报告》(人民出版社2017年版)。习近平同志的重要论述是马克思主义治国理政思想的重要体现,马克思主义认为"政治统治到处是以执行某种社会管理职能为基础的,而且政治统治只有在它执行了它的这种社会管理职能的时候才能维持下去"(《马克思恩格斯选集》第3卷,人民出版社1995年版,第252页)。

编制自然资源资产负债表与生态环境损害责任终身追究制研究

"编表""审计""追责"三者之间存在着递进的逻辑关系。"编表"关系到全面、系统、准确掌握自然资源存在状态和变化情况，有利于生态环境状况及其损害责任的报告和披露，是衡量党政领导干部和有关部门履职尽责情况的基础性工作，是开展领导干部自然资源资产离任审计和追究生态环境损害责任的前提。"审计"是以鉴证"编表"是否真实公允为基础和基本内容，对自然资源管理、开发、利用和生态环境保护活动的真实性、合法性、效益性进行的监督、评价和鉴证，为生态环境保护及损害责任追究提供依据。"追责"是对自然资源管理、开发、利用和生态环境保护责任主体应当履行而没有履行责任，履行责任不当造成生态环境损害依法进行的责任追究。一方面，编制自然资源资产负债表，实行领导干部自然资源资产离任审计，是生态环境损害责任追究的重要支持。另一方面，生态环境损害责任追究为领导干部自然资源资产离任审计质量和效果提供保障，促进不断提高自然资源资产负债表的真实公允性水平。因此，三者之间关系紧密，互相促进，共同服务于中国特色自然资源治理体系和治理能力现代化建设。

本研究侧重于探索编制自然资源资产负债表和建立生态环境损害责任终身追究制的研究。本章重点阐释研究背景，介绍研究内容，归纳研究思路、基本观点和创新之处。

第一章 概论

第一节 研究背景

资源约束趋紧，环境污染严重，生态系统退化，是决胜全面建成小康社会面临的严峻形势。生态文明建设，是关系实现"两个一百年"[①]奋斗目标，关系人民福祉，关系中华民族永续发展的长远大计；也是我国经济社会发展的战略性、长期性、全局性任务。建设生态文明，已经成为我国经济、政治、文化、社会建设等各项事业进一步发展的必要前提。

习近平同志指出："要着力推动生态环境保护，像保护眼睛一样保护生态环境，像对待生命一样对待生态环境。对破坏生态环境的行为，不能手软，不能下不为例。"[②] 建设生态文明，必须用制度"保驾护航"。保护生态环境，尤其要实行损害责任终身追究制度。党的十八届三中全会通过的《中共中央关于全面深化改革若干重大问题的决定》（以下简称十八届三中全会《决定》）提出，"探索编制自然资源资产负债表，对领导干部实行自然资源资产离任审计。建立生态环境损害责任终身追究制"。这是开展本研究最直接、最重要的背景。

[①] 第一个一百年，到中国共产党成立 100 年（2021 年）时全面建成小康社会；第二个一百年，到新中国成立 100 年（2049 年）时建成富强、民主、文明、和谐的社会主义现代化国家。
[②] 习近平在参加十二届全国人大三次会议江西代表团审议时的讲话，载《人民日报》2015 年 3 月 7 日。

编制自然资源资产负债表与
生态环境损害责任终身追究制研究

一、经济社会发展趋势

西方社会伴随工业化的快速发展，生态环境曾经迅速恶化。面对日益严峻的环境问题，环境主义运动[①]和生态主义思想[②]应运而生。《寂静的春天》[③] 系统反思环境问题的严重性；《增长的极限》[④] 首次对环境和发展问题运用模型进行深入探讨；《我们共同的未来》[⑤] 深入分析发展与环境问题，提出提高生产潜力、确保平等和国际合作为应对的理念。三者依次间隔10年，体现国际社会对环境保护和人类发展关系问题的深刻认识，体现了大众环境保护意识的觉醒。

党的十八大充分肯定我国经济社会发展在三个方面均"迈上一个

[①] 环境主义运动是一个跨学科的、社会性的、针对环境问题的政治运动。环保主义者提倡改变公共政策以及个人习惯，以达到可持续的天然资源运用和环境管理。此运动以生态、健康和人权为中心，视人类为自然生态系统的参与者，而非敌人。

[②] 生态主义思想是不同于人类中心主义的一种思想。它认为人类要尊重自然，在求得自身生存和发展的同时，遵循自然生态规律和生态法则，实现人类社会与自然环境的和谐发展。

[③] 1962年，蕾切尔·卡逊的《寂静的春天》问世。书中详细描述了使用DDT等杀虫剂的危害，并预言若不停止滥用杀虫剂，人类可能面临一个没有鸟和昆虫的寂静的世界。由于该书的内容对社会"征服自然"的主流思想形成挑战，并且触及某些集团的利益，因此，在全球范围内引起了极大的争议。

[④] 《增长的极限》是罗马俱乐部于1972年发表的一份研究报告。报告指出，经济的增长是有极限的，这种极限来自地球资源的有限性，如果人口、工业化、污染和资源消耗按照其时的水平持续下去，下一个百年就会达到增长的极限，为此社会需要改变发展方向，实现全球均衡状态。

[⑤] 《我们共同的未来》是世界环境与发展委员会于1987年提交给联合国的一份关于人类未来的报告。它明确提出环境问题、能源问题和发展问题是密切相关的，地球的资源和能源远不能满足人类发展的需要。因此，人类必须改变发展模式。

大台阶"①，国家面貌发生了新的历史性变化，为全面建成小康社会打下了坚实基础等一系列新的历史性成就。同时指出，发展不平衡、不协调、不可持续问题依然突出，资源环境约束加剧，制约科学发展的体制机制障碍较多，深化改革开放和转变经济发展方式任务艰巨，生态环境等关系群众切身利益的问题亟待解决。为保障新的历史条件下夺取中国特色社会主义新胜利，党的十八大要求，统筹推进包括生态文明建设在内的"五位一体"总体布局；树立尊重自然、顺应自然、保护自然的生态文明理念，把生态文明建设放在更加突出地位；努力建设美丽中国，资源节约型、环境友好型社会建设取得重大进展；实现以人为本、全面协调可持续发展，为人民创造良好生产生活环境，为全球生态安全作出贡献。

持续的经济增长和增进人类福祉，必然需要从自然界获取支持，从自然资源中获得"贡献"。② 实现对自然资源禀赋的最佳利用，是当前经济社会发展面临的一个十分重要而紧迫的问题。如果未能充分考虑自然资源的可持续利用，快速过度消耗自然资源，就会威胁到当前或未来的经济发展结构、产业发展方式、经济增长潜力。习近平同志所作的党的十九大报告，对我国社会主要矛盾作出了与时俱进的重大

---

① 十八大前的十年，我国经济总量从世界第六位跃居到第二位。社会生产力、经济实力、科技实力迈上一个大台阶，人民生活水平、居民收入水平、社会保障水平迈上一个大台阶，综合国力、国际竞争力、国际影响力迈上一个大台阶。

② 马克思指出："自然界，就它自身不是人的身体而言，是人的无机的身体。人靠自然界生活。这就是说，自然界是人为了不致死亡而必须与之处于持续不断的交互作用过程的、人的身体。所谓人的肉体生活和精神生活同自然界相联系，不外是说自然界同自身相联系，因为人是自然界的一部分。"马克思：《1844年经济学哲学手稿》，人民出版社2014年版，第52页。

编制自然资源资产负债表与
生态环境损害责任终身追究制研究

政治判断，深刻指出"中国特色社会主义进入新时代，我国社会主要矛盾已经转化为人民日益增长的美好生活需要和不平衡不充分的发展之间的矛盾"。"我们要建设的现代化是人与自然和谐共生的现代化。既要创造更多物质财富和精神财富以满足人民日益增长的美好生活需要，也要提供更多优质生态产品以满足人民日益增长的优美生态环境需要。"①

  自然资源资产负债核算的成果具有多种用途。开展自然资源资产负债核算为掌握从自然界获取支持、从自然资源获得"贡献"的"度"提供依据，对政策措施制定和政策效果评估均具有重要的参考价值。第一，全面、简明的自然资源信息是自然资源主管部门进行决策的必备基础。第二，特定自然资源的详细信息可以帮助利益相关者加深对现行政策的理解。第三，自然资源资产负债数据，可以提供评估一国或国际经济社会政策模型需要输入的参数。总之，经济社会发展过程中，对水、土地、森林和矿产等自然资源的管理开发利用和保护，都需要以自然资源资产负债核算提供的真实信息作为前提。可以说，没有自然资源相关数据和信息作为决策的依据和基础，就无法实现对自然资源禀赋的最佳、可持续利用。因此，开展自然资源资产负债表编制的原理和方法研究，探索编制自然资源资产负债表，并在此基础上建立生态环境损害责任终身追究制，已经成为现实与未来经济社会发展共同的需要。

---

① 《党的十九大报告辅导读本》，人民出版社2017年版，第374页。

二、生态文明建设制度安排[①]

生态文明建设顶层设计已经形成。党的十七大首次将建设生态文明写入党的全国代表大会报告：建设生态文明，基本形成节约能源资源和保护生态环境的产业结构、增长方式、消费模式。党的十八届三中全会《决定》、《国民经济和社会发展第十三个五年规划纲要》、《中共中央 国务院关于加快推进生态文明建设的意见》贯彻党的十八大部署，坚持节约资源和保护环境的基本国策，坚持节约优先、保护优先、自然恢复为主的方针，围绕优化国土空间开发格局、全面促进资源节约、加大自然生态系统和环境保护力度等方面，作出了加强生态文明建设的制度安排。其主要内容可以归纳为五个方面：一是总体要求上，紧紧围绕建设美丽中国，深化生态文明体制改革，加快建立生态文明制度，健全国土空间开发、资源节约利用、生态环境保护的体制，推动形成人与自然和谐发展的现代化建设新格局。二是具体部署上，探索编制自然资源资产负债表，对领导干部实行自然资源资产离任审计，建立生态环境损害责任终身追究制。三是制度建设上，健全自然资源产权制度和用途管制制度，加快建设主体功能区，划定生态红线，实行资源有偿使用制度和生态补偿制度。四是保障措施上，建

[①] 参见中共环境保护部党组：《构建人与自然和谐发展的现代化建设新格局——党的十八大以来生态文明建设的理论与实践》，载《求是》2016年第12期。

编制自然资源资产负债表与
生态环境损害责任终身追究制研究

立城乡统一的建设用地市场，完善发展成果考核评价体系①，加快资源税改革，推动环境保护费改税，改革生态环境保护管理体制。五是主要目标上，明确了到2020年资源环境10项约束性指标②，资源节约集约循环利用、全民节能节水行动、建设用地节约集约利用、循环发展引领等重大工程，环境治理保护工业污染源全面达标排放、大气和水及土壤环境治理、危险废物污染防治、核与辐射安全保障能力提升等重点工程，山水林田湖国家生态安全屏障保护修复、国土绿化行动和综合整治、天然林资源保护、新一轮退耕退牧还林还草、防沙治沙和水土流失综合治理、湿地保护与恢复、濒危野生动植物抢救性保护等生态工程。

党的十九大报告明确提出要构筑尊崇自然、绿色发展的生态体系。到2035年实现生态环境根本好转、美丽中国目标基本实现；到21世纪中叶生态文明与物质文明、政治文明、精神文明、社会文明全面提升，把我国建成富强民主文明和谐美丽的社会主义现代化强国。为此，党的十九大作出了通过加快生态文明体制改革、建设美丽中国，形成节约资源和保护环境的空间格局、产业结构、生产方式、生活方式，

---

① 明确提出纠正单纯以经济增长速度评定政绩的偏向，加大资源消耗、环境损害、生态效益等指标的权重。

② 耕地保有量18.65亿亩；新增建设用地规模＜3256万亩；万元GDP用水量累计下降23%；单位GDP能耗累计降低15%；非化石能源占一次性能源消费比重15%；单位GDP二氧化碳排放累计降低18%；森林发展中森林覆盖率达到23.04%、森林蓄积量达到165亿立方米；空气质量中地级及以上城市空气质量优良天数比例＞80%、细颗粒物（$PM_{2.5}$）未达标地级及以上城市浓度累计下降18%；地表水质量中达到或好于Ⅲ类水体比例达到70%、劣Ⅴ类水体比例＜5%；主要污染物排放总量减少包括化学需氧量（10%）、氨氮（10%）、二氧化硫（15%）、氮氧化物（15%）。

还自然以宁静、和谐、美丽的决策部署。

顶层设计和制度安排描绘了我国生态文明建设的路线图，为深入推进生态文明建设指明了方向。探索编制自然资源资产负债表是生态文明建设目标任务和具体措施落实的基础性工作。实行生态环境损害责任终身追究制旨在为加快生态文明建设提供保障。2014年4月，贵州省在赤水市和荔波县探索编制自然资源资产负债表。2014年底，内蒙古自治区选择赤峰市和呼伦贝尔市探索开展对森林、草原和湿地三种自然资源的实物量核算。2015年初，内蒙古自治区选择包头市和鄂尔多斯市开展对矿产能源和土地资源的实物量核算。2015年11月，国务院办公厅印发《编制自然资源资产负债表试点方案》，根据自然资源的代表性和有关工作基础，决定在内蒙古自治区呼伦贝尔市、浙江省湖州市、湖南省娄底市、贵州省赤水市、陕西省延安市开展编制自然资源资产负债表试点工作。这些探索和试点工作积累了自然资源核算和自然资源资产负债表编制的经验，也为进行理论研究、制定规范提供了实践基础。

调查发现，目前探索编制自然资源资产负债表、建立生态环境损害责任终身追究制存在的主要问题是，对其重要性认识不到位、责任落实不到位，推进措施不实，改革效果不明显、改革的视野不够开阔等。无论是探索编制自然资源资产负债表，还是建立生态环境损害责任终身追究制，均亟须理论研究支持。本研究对该领域理论问题的研究、论证和阐述，以及对实践探索的分析、归纳和总结，既是对上述制度安排的直接回应，也是解决生态文明建设面临的现实问题所必须开展的基础性工作。

三、"编表""追责"研究现状

1968年，联合国修订国民经济核算体系（SNA）时，正式将国民资产负债核算纳入整个国民经济核算体系。但当时的核算内容仅限于经济资产，不包括自然资源。1993年修订的国民经济核算体系讨论了自然资源的实物核算和价值核算两种方法，并建议构造卫星账户①核算体系，以补充和完善原有核算体系。此外，联合国还探讨了建立环境经济综合核算体系（SEEA）的必要性与核算方法，并于2000年出版了SEEA操作手册。2003年推出SEEA的最新版本 *Integrated Environmental and Economic Accounting*，2012年推出《环境经济综合核算体系——核心框架》。挪威、芬兰、法国等国家较早探索将自然资源核算纳入国民经济核算体系。加拿大、哥伦比亚、加纳、印度尼西亚、日本、墨西哥、菲律宾、韩国、泰国、美国等国家，在总结挪威等国家经验的基础上，依托环境经济综合核算体系构造的框架，试行了自然资源核算。

自20世纪90年代以来，自然资源的过度消耗、浪费甚至破坏，促使我国学者开展对自然资源核算的研究。例如，我国学者从国民经

---

① 卫星账户也称为附属账户。它是用于测量那些在现有国民核算体系中尚未或不能被作为一个产业的经济部门的规模的一种核算方法。建立卫星账户的目的，是在不过分加重国民经济核算体系负担或打乱该体系的前提下，针对所选择的社会关心领域，以充分灵活的方式扩大国民经济核算的分析容量。

济核算出发，针对自然资源核算进行研究，达成了一些共识（耿建新等，2015[①]）。传统国民经济核算体系忽视自然资源基础性作用，已成为生态环境与经济发展矛盾日益突出的重要原因；在现行自然资源所有权安排条件下，很多领域的自然资源价格尚无法反映其价值（董金明，2013[②]；陈枫楠等，2013[③]）；评估、计量自然资源价值的模式多样，难以形成统一标准（裴辉儒，2012[④]；李金昌，2002[⑤]）。同时，我国学者也对挪威、日本、法国、美国等国家的自然资源核算进行了比较研究（梁小红，2012[⑥]），并对我国矿产资源、水资源（地下水和地表水）、森林资源、土地资源和草原资源等进行了初步核算，具体涉及核算步骤、计量方法、定价原则和具体核算实例等。[⑦] 会计学者对相关会计处理的对象、假设、要素、基本原则和信息披露等方面的内容更加关注（耿建新等，2014[⑧]；周守华等，2012[⑨]；杨世忠等，2010[⑩]；

[①] 耿建新、胡天雨、刘祝君：《我国国家资产负债表与自然资源资产负债表的编制与运用初探——以 SNA 2008 和 SEEA 2012 为线索的分析》，载《会计研究》2015 年第 1 期。

[②] 董金明：《论自然资源产权的效率与公平——以自然资源国家所有权的运行为分析基础》，载《经济纵横》2013 年第 4 期。

[③] 陈枫楠、沈镭：《基于期刊文献检索的国内资源经济学研究述评》，载《资源科学》2013 年第 7 期。

[④] 裴辉儒：《环保决策路径选择研究综述——以不确定性和不可逆性为研究背景》，载《厦门大学学报》（哲学社会科学版）2012 年第 4 期。

[⑤] 李金昌：《价值核算是环境核算的关键》，载《中国人口·资源与环境》2002 年第 3 期。

[⑥] 梁小红：《国外环境会计理论研究视域、逻辑及启示》，载《福建论坛》（人文社会科学版）2012 年第 9 期。

[⑦] 例如，李金昌等（1991）对矿产资源、森林资源等进行了核算；王舒曼（2001）等核算了江苏省的水资源存量；高亚春等（2007）探索编制了北京市水资源实物量使用表。

[⑧] 耿建新、王晓琪：《自然资源资产负债表下土地账户编制探索——基于领导干部离任审计的角度》，载《审计研究》2014 年第 5 期。

[⑨] 周守华、陶春华：《环境会计：理论综述与启示》，载《会计研究》2012 年第 2 期。

[⑩] 杨世忠、曹梅梅：《宏观环境会计核算体系框架构想》，载《会计研究》2010 第 8 期。

编制自然资源资产负债表与生态环境损害责任终身追究制研究

王立彦，2006[①]；许家林等，2006[②]；孙兴华等，2002[③]）。此领域的研究成果包括：自然资源资产的确认和计量，核算体系或者报告模式的设想，环境会计和报告国际指南等国外研究的介绍，以及矿区绿色会计（朱学义，2009[④]）、排放权交易会计（周志方等，2010[⑤]）、碳会计体系（肖序等，2011[⑥]）、农业资源性资产会计处理（徐玉良，2007[⑦]）等实务性探讨。高敏雪（2016）[⑧] 认为，只需要在实物计量层面研究和推行自然资源资产、负债、净资产等定义和核算，并主张仅在自然资源开采权层面，从资源过度耗减（超采）出发，来界定自然资源负债。专家学者在宏观自然资源核算和微观会计处理的融合上，还存在着不同的甚至是重要的分歧性意见。

责任追究是学术界研究的重要领域之一。我国学者在责任追究的含义、目的和运作过程等方面达成了一定共识。从政治、经济、法律、文化等角度，分析了责任追究开展的障碍，以及存在的法律不健全、责任追究主体缺位、权责不清、责任追究程序不完善等问题。在此基础上形成的主要观点是，应当完善责任追究法制和程序，明确责任划

---

① 王立彦：《绿色 GDP 宏观核算与微观环境会计》，载《中国金融》2006 年第 19 期。
② 许家林、王昌锐：《论环境会计核算中的环境资产确认问题》，载《会计研究》2006 年第 1 期。
③ 孙兴华、王兆蕊：《绿色会计的计量与报告研究》，载《会计研究》2002 年第 3 期。
④ 朱学义、彭培鑫：《论矿区权益与绿色成本会计》，载《资源开发与市场》2009 年第 3 期。
⑤ 周志方、肖序：《国外环境财务会计发展评述》，载《会计研究》2010 年第 1 期。
⑥ 肖序、赵雅敬：《排污权交易会计处理不同方法比较》，载《财会月刊》2011 年第 15 期。
⑦ 徐玉良：《关于农业资源性资产会计处理的探讨》，载《安徽农业科学》2007 第 2 期。
⑧ 高敏雪：《扩展的自然资源核算——以自然资源资产负债表为重点》，载《统计研究》2016 年第 1 期。

分；加强信息公开，保障社会公众知情权，创造良好社会氛围；建立多元化责任追究主体，改变责任追究主体缺失现状；培育责任追究文化；完善责任追究的救济机制等。但是，这些研究成果结合生态环境损害责任追究的不多，对生态环境损害责任终身追究的研究更少。

通过梳理和分析国内外研究成果可以看出，已有研究大多停留在理论探讨层面，而且研究主线不够明确，研究成果的实践指导性不够强。受数据来源、技术方法和实施安排等研究论证不够、创造条件不力的制约，无论是编制自然资源资产负债表，还是建立生态环境损害责任追究制，目前还没有广泛适用的、可操作的模式。编制自然资源资产负债表与建立生态环境损害责任追究制，均有待深入研究。

第二节　研究内容

本研究以会计学、管理学、法学、资源经济学、国民经济学等原理为理论基础，运用理论推导和案例分析方法，研究探索编制自然资源资产负债表，及其在生态环境损害责任追究中的应用。基于加强生态文明建设的现实和长远需求，探讨生态环境损害责任终身追究制的体系构建及制度创新，为强化生态环境保护责任意识，建立健全生态环境保护制度体系，促进生态环境保护政策措施落实提供理论支持。

自然资源种类繁多，本研究从中选取土地、矿产、水和森林四种自然资源作为研究对象，构建研究报告体系。之所以选取这四种自然资源主要基于以下两点考虑：一是从重要性上看，在国民经济和人类社会发展中，土地资源、矿产资源、水资源、森林资源居于相对重要地位；二是从原理运用上看，各种自然资源在资产负债表编制上遵循相同的原理。

本研究报告共为分十章，各章主要内容如下。

第一章，概论。阐述编制自然资源资产负债表、实行领导干部自然资源资产离任审计、建立生态环境损害责任终身追究制三者关系。从经济社会发展趋势、生态文明建设制度安排、"编表""追责"研究现状三个方面，介绍研究的背景，表明研究的意义所在。在总体介绍研究内容的基础上，说明研究思路、基本观点和创新之处。

第二章，文献回顾。本章主要是确定研究起点，为后续各章的研究提供基础。与研究目标相对应，文献回顾集中在自然资源核算体系和方法、自然资源资产负债表编制、生态环境损害及责任追究三个方面。归纳自然资源价值问题的研究成果，为构建自然资源核算体系、研究自然资源核算方法提供基本前提。回顾自然资源资产、负债、净资产核心概念论述，运用会计核算、统计核算及其关系的原理，借鉴森林资源等自然资源资产负债表编制的实践探索和成果，寻求自然资源资产负债表编制的原理和方法。文献回顾的结论是，生态环境损害范围和评判、生态环境损害责任追究，有了一定的理论研究成果和制度规定，但系统性、完整性和理论性需要进一步深入研究。

第三章，自然资源产权理论及实践发展。自然资源资产负债表的

"负债"问题本质上是产权问题。生态环境损害责任追究权力归属,既取决于经济社会管理制度设计,也取决于相关自然资源的产权关系。建立系统完整的生态文明制度体系,应当先建立健全归属清晰、权责明确、保护严格、流转顺畅、监管有效的自然资源产权制度。这是编制自然资源资产负债表的前提和基础。本章分析西方经济学产权内涵、主体及其局限性,将其与马克思主义政治经济学产权理论进行比较,确立马克思主义政治经济学产权理论为研究自然资源产权问题的理论基础。我国自然资源产权内涵和主体历史演进分析表明,经济体制改革必须以完善产权制度为重点,明确界定自然资源占有权、使用权、收益权、处分权。① 这也是编制自然资源资产负债表的必要条件。研究结果表明,我国自然资源产权主体制度仍然需要完善,损害赔偿存在法律障碍。本章研究认为,应当进一步明晰主体、完善制度、推动确权,完善我国自然资源产权制度。

第四章,自然资源资产负债核算体系的构建。自然资源是国家综合实力的物质保障。加强自然资源资产负债核算,是实现自然资源有效管理,提高自然资源配置效率必要的技术手段。本章着重回答了构建自然资源资产负债核算体系的六个基本问题:一是基于经济发展与自然资源、生态环境之间的矛盾认识,自然资源资产负债核算所具有的功能分析,论述了加强自然资源资产负债核算的紧迫性和必要性;二是基于自然资源资产负债核算应当属于会计范畴的论述,将自然资

---

① 参见《中华人民共和国民法通则》第七十一条"财产所有权是指所有人依法对自己的财产享有占有、使用、收益和处分的权利";《中华人民共和国物权法》第三十九条"所有权人对自己的不动产或动产,依法享有占有、使用、收益和处分的权利"。

编制自然资源资产负债表与
生态环境损害责任终身追究制研究

源资产负债核算与国民经济核算、环境经济综合核算进行比较，认为自然资源资产负债核算既在逻辑上与国民经济核算、环境经济综合核算一致，又具有其自身特性；三是基于核算目标、要素、主体、范围等会计基本范畴的阐述，明确了自然资源资产负债核算的内容；四是基于实现自然资源资产负债表能够真实、公允反映自然资源资产负债状况的目标，提出并论证自然资源资产负债核算应当遵循的原则；五是基于会计学基本原理和规范，为了便于理解自然资源资产负债表，研究论证了自然资源资产负债核算的会计主体假设、持续经营假设、会计分期假设、货币计量假设；六是基于自然资源资产价值核算需要确定价值量的需求，研究提出了相应的估价方法。

第五章，自然资源资产负债表框架设计。目前，世界各国编制自然资源资产负债表虽有探索，但大都止于资产账户。本章在探讨自然资源资产负债表作用的基础上，研究编制符合会计原理和我国国情的自然资源资产负债表。一方面，基于账户模式是自然资源资产负债表的基础报表和"过渡模式"，"报表模式"是真正意义上的自然资源资产负债表的认识，以矿产、土地、森林和水资源为例，分类研究编制了自然资源资产账户表、自然资源资产负债表。另一方面，基于公认的资产负债表表内信息披露受会计要素、固定格式等影响，不能充分满足报表使用者要求的问题，阐述了自然资源资产负债表表外信息披露与分析的要点。

第六章，生态环境损害责任评判与自然资源资产负债表。以自然资源资产负债表是系统评价生态环境保护责任的重要依据为逻辑起点，

第一章
概 论

本章论述了自然资源资产负债表与生态环境损害责任评判的关系,及其在生态环境损害责任评判中的运用。一方面,在分析生态环境损害的定义、类型和特点基础上,论述了生态环境损害责任主体、责任追究环节、责任评判的对象和标准,以及生态环境损害责任评判与自然资源资产负债表衔接的难点、要点和方法。另一方面,依据制度经济学原理,梳理环境保护制度,探讨自然资源资产负债表与制度遵循之间的关系及衔接方法。本研究认为,生态环境保护应注重源头预防,生态环境损害评判应注重责任划分。以生态环境保护制度的遵循情况和损害的具体表现为依据,结合自然资源资产负债表及其附注中反映的自然资源管理、利用和保护等方面的综合信息,提出独立、客观、公正的评判意见,为进一步的责任认定和追究提供基础。

第七章,生态环境损害责任终身追究的理论概述。生态环境损害责任终身追究既是一个实践问题,又是一个理论问题。实现从思想认识到制度完善和具体实施,应当从理论上厘清相关的基本问题。本章从一般意义上的责任概念研究着手,研究了生态环境损害的基本概念和主要特征。研究认为实行生态环境损害责任终身追究是落实科学发展理念、健全权力运行监督体系、减少生态环境损害恶性事故的需要。而实行生态环境损害责任终身追究既是生态文明建设的顶层设计,也是生态环境损害的特征所决定的。生态环境损害责任追究应当坚持责任法定、权责利能一致、因果联系、过错归责为主、责任层次互补等原则。在责任界定和评判、追究时,应当区分法律责任、岗位责任、道德责任,并根据生态环境损害情形确定相应的责任追究方式。

第八章，生态环境损害责任终身追究制的体系构建。生态环境损害责任终身追究制不是简单的技术构成，而是具有动态运行机制的制度设计。本章分别论述了生态环境损害责任追究的主体、客体、追责情形、程序、责任类型和形式。研究认为，生态环境损害责任终身追究的主体，应当包括立法机关、监察机关、行政机关、司法机关和党的纪律检查机关；生态环境损害责任追究的客体，应当包括地方各级党委和政府及其主要领导干部，环境保护主管部门和其他负有生态环境管理职责的部门及其主要负责人，开发利用自然资源的单位和个人；生态环境损害责任追究情形，是依照法律法规，生态环境损害责任终身追究客体应当承担责任的不作为、不当作为、乱作为造成的影响和后果；生态环境损害责任追究程序，包括启动、调查、决定和申诉等环节；生态环境损害责任追究类型和形式，应当区别行为主体、行为性质、行为后果界定。

第九章，我国生态环境损害责任追究的现状。我国的生态环境损害责任追究制度体系在不断健全和完善。各级地方政府和有关部门因地制宜，积极探索推行生态环境损害责任追究的措施和办法，加大损害生态环境行为的责任追究力度，努力保护和改善我国的生态环境。本章分别论述了我国生态环境损害责任追究的制度现状、工作现状、面临的主要问题。制度层面，分别通用和专项梳理了主要的现行法律法规、政策规定、部门规章和地方性法规。工作层面，以典型实例，从生态环境损害责任追究的主体、客体、程序、类型和方式几个方面作了论述。研究发现，当前生态环境损害责任追究存在"重行政，轻刑事和民事";处罚力度偏弱;责任评估和鉴定缺乏完整、科学的标准和程序体系;"终身"追究责任虽然已有个例但制度和规范尚未健全;自然资源资产负债表编制进展缓慢;生态环境信息公开配套措施不完善;公众参与生态环境保护推动力不够等需要进一步解决的问题。

第十章,研究结论与主要建议和实施路径。围绕编制自然资源资产负债表与建立生态环境损害责任终身追究制,本章对研究内容进行归纳,阐述主要的研究结论,提出相应的对策建议和实施路径。主要研究结论包括:编制自然资源资产负债表具有理论基础和实践可能;自然资源资产负债核算应遵循会计核算的原理和方法;自然资源资产负债表可以为生态环境损害责任追究提供依据;预防、发现、纠正机制构成生态环境保护体系三道防线,责任追究是纠正机制的重要组成部分;加强生态环境损害责任终身追究制系统性建设是当前的重要任务。基于上述结论,本章提出了自然资源产权制度、责任报告制度和控制制度三大制度建设的政策建议和相应的实施路径。具体如下:

一是以明确自然资源利用行为的经济性质为核心,落实自然资源产权制度。该项建议主要包括两项内容:明确自然资源相关人的身份和法律地位;明确自然资源利用行为的经济性质。实施路径包括三项内容:以统一确权登记,明确责任权利为先导,实现编制自然资源资产负债表、实行生态环境损害责任终身追究的制度化;以自然资源资产负债表为依据,实现生态环境损害责任评估鉴定的科学化;以构建生态环境监测大数据平台为手段,实现自然资源管理利用的信息化。

二是以自然资源资产负债表为核心,建立自然资源管理、使用责任报告制度。报告的主体包括政府和企业。发挥国家审计作用，保证自然资源管理利用责任报告的公信力。该项建议的实施路径包括：明确政府和企业的自然资源会计责任，实现自然资源会计核算，编制并逐步完善自然资源资产负债表；采用试点—推广的模式，分类推进自然资源资产负债表的编制工作。

三是以责任追究为底线，完善自然资源管理利用控制制度。具体包括两项内容：完善预防、发现、纠正三位一体的自然资源管理利用控制制度；建立公平、可行、有效的责任追究模式。针对该建议的实施路径包括：选准典型案件，以追究企业责任为突破口；以企业损害生态环境问题为切入点，倒查政府责任履行和制度建设；以信息公开为推动力，保证责任追究得以落实。

第三节 研究思路和基本观点

一、研究思路

本研究借鉴国际上关于自然资源资产核算已有成果，充分吸收国际自然资源资产核算规范、规则的有益成分和相关专业领域的国内外研究成果。深入调研我国编制自然资源资产负债表和开展领导干部自然资源资产离任审计试点地区的经验和做法，研究归纳具有中国特色的社会主义市场经济体制下自然资源资产核算和管理制度创新的前沿实践。具体研究思路为：设计总体方案→收集整理资料→访谈部门和专家→修改研究方案→进行理论和实务分析→完善和优化研究报告。

第一，设计总体方案。广泛收集、研究国内外关于自然资源核算、环境会计、生态补偿等领域的理论文献。结合自然资源核算理论与方法的研究，编制自然资源资产负债表、领导干部自然资源资产离任审计实践，提出整体研究方案。

第二，收集整理资料。根据设计的总体方案，整理文献资料，并收集森林、水、矿产、土地资源法规制度、统计数据等资料。研究自然资源资产产权界定和价值核算等基本问题，设计自然资源资产负债表编制框架，分析生态环境损害责任追究制度规定和实现路径。

第三，访谈部门和专家。通过实地调研和访谈等形式，了解我国自然资源资产实物量、价值量现实状况和变化趋势。掌握自然资源资产产权界定、产权转让制度、自然资源资产负债表编制、生态环境保护责任落实等方面实际情况和存在问题，并分析其原因，寻求解决问题的对策。

第四，修改研究方案。初步分析所收集的资料和与部门及专家访谈信息，进一步修改和完善研究方案。

第五，进行理论和实务分析。以马克思主义政治经济学、中国特色社会主义、资源经济学、比较经济学等理论为基础，运用会计学、统计学基本原理，提出自然资源资产会计核算、统计核算的概念、分类、理论框架和原则方法。研究设计自然资源资产负债表的框架结构和构成要素，以水、土地、森林、矿产资源为例进行典型案例分析。

第六，完善和优化研究报告。以党的十九大精神为指导，结合我国加强生态文明建设的制度背景，综合自然资源资产负债分析结果，提出探索编制自然资源资产负债表、完善生态环境损害责任追究制的对策建议。

二、基本观点

第一，编制自然资源资产负债表，最重要的是健全自然资源产权制度，对自然资源资产进行统一确权登记。政府和企业是最主要和最基本的自然资源核算主体。探索编制自然资源资产负债表，可以为落实生态环境损害责任追究提供基础和依据。

第二，实现自然资源的价值计量是核算技术属性和政治经济社会文化因素综合作用的结果。对自然资源资产依法合理定价，是进行价值量核算的基础。这就要求完善指标体系，并给出具体指标的测算方法。

第三，避免自然资源的过度消耗、浪费甚至破坏，编制自然资源资产负债表只是提供了基础和条件。它要求在正确的总体发展战略和与之配套的政策法规指导下，改革管理体制，健全责任机制，严格监管追责。

第四，建立领导干部生态环境损害责任终身追究制，核心在于

"终身"。实行生态环境损害责任终身追究制，有利于推动生态环境决策的科学化、民主化和法治化，发挥责任终身追究机制的警示和威慑作用。

第四节 主要创新

习近平同志指出，"生态兴则文明兴，生态衰则文明衰"。"绿水青山就是金山银山"，"环境就是民生，青山就是美丽，蓝天也是幸福"。"山水林田湖是一个生命共同体"，"在生态环境保护上，一定要树立大局观、长远观、整体观，不能因小失大、顾此失彼、寅吃卯粮、急功近利"，"国际社会应该携手同行，共谋全球生态文明建设之路"……① 本研究以习近平同志系列重要讲话精神为指导，在加快生态文明制度建设的宏大背景下，实现了以下研究创新成果。

第一，明确以会计核算的理论和技术方法为基础，创新编制自然资源资产负债表路径。党的十八大特别是十八届三中全会以来，全国各地在编制自然资源资产负债表方面作了有益探索，理论研究也有了新的进展。但是，已有研究在编表主体、报表结构、编制流程等方面仍然存在明显分歧，自然资源资产负债表编制技术研究仍然存在一些

---

① 黄浩涛：《系统学习习近平总书记十八大前后关于生态文明建设的重要论述》，载《学习时报》2015年3月30日。

局限。自然资源资产负债表编制还处在起步阶段，还有很大的改善空间。本研究一方面通过文献研究、专家访谈和实地调研，借鉴环境会计和环境经济综合核算等研究成果，综合分析已有自然资源资产负债表的优势和不足，明确提出编制自然资源资产负债表的主体应为各级地方政府、企业单位；另一方面基于会计学理论，确认和计量自然资源资产负债，将会计核算与统计核算原理相结合，以土地、矿产、水和森林等自然资源为例，创新设计自然资源资产负债表资产方与负债方的列报方式。

第二，论证自然资源资产负债表的用途，创新规划自然资源资产负债表服务于生态环境损害责任评判的路径。科学、精准评判生态环境损害责任，是贯彻落实《党政领导干部生态环境损害责任追究办法（试行）》的重要前提。由于生态环境损害的后果显现具有滞后性、单向性、广泛性和复杂性等特点，很难直接以生态环境的实际损害作为评判标准，进而增加了生态环境损害责任终身追究的难度。本研究认为，多数对生态环境变化有影响的行为结果，终将可以在自然资源资产负债表中得到反映。因此，自然资源资产负债表综合反映各级政府在自然资源管理、开发、利用和生态环境保护方面的履行职责情况，可以为生态环境损害评判和责任终身追究提供依据。为了及时发现生态环境面临的潜在损害，分析自然资源资产负债表时，可以结合自然资源环境治理、用途管制、资源有偿使用和生态补偿等生态环境保护制度遵循情况的监督和管理行动同时进行。

第三，分析生态环境损害责任终身追究的现状和问题，创新设计生态环境责任终身追究机制。本研究认为，由责任追究的主体、客体、情形、程序、类型和配套制度等基本要素构成的生态环境损害责任终身追究制度体系，应当遵循责任法定、权责利能一致①、因果联系、过错归责为主和责任层次互补原则。目前，以法律规范、政策规定、部门规章和地方性法规为主的生态环境损害责任追究制度体系正在形成。但由于长期以来对生态环境保护工作的重要性认识不够，责任追究不到位、措施不力，生态环境损害责任追究还面临不少困难和问题。为此，本研究认为应强化生态环境损害的责任终身追究意识，结合自然资源资产负债表进行生态环境损害评估，健全生态环境损害责任追究法律体系，明确责任追究对象与实施机构，发挥制度配套衔接的合力。

第四，运用矩阵图法对生态环境损害责任追究相关的法律制度进行研究。本研究设计了《与土地、矿产、森林、水资源相关的生态环境损害违法违纪违规行为责任追究法规综合分析矩阵》（见附件）。该矩阵围绕整体自然资源生态环境和土地、水、森林、矿产四类资源，选取涉及生态环境损害责任追究的法律法规32部，其中法律14部，行政法规9部，部门规章5部，规范性文件4部。汇总相关法条共231条，归纳出对101种违法违纪违规行为的追责情形，并与法律法规名称、条款及处罚规定原文相对照。通过矩阵分析，归纳出现行法律制

---

① 权责利原则是指管理过程中的权力、责任、利益既相结合又统一的管理方式与过程。权力、责任、利益是管理过程中管理者实施管理的"三要素"，缺一不可。贯彻现代管理理论的权责利原则，有一个暗含的前提，即权责利原则要与相应管理者的能力相匹配。能力是实现权责利原则的关键因素。管理者的知识、才能、经验的结合并形成习惯，就成为素质。素质的外化与体现，就是能力。个人的管理能力既是有限的，也是有差异的。这就决定了贯彻权责利原则时必须考虑相应管理者的能力。

度所规定的追责主体、追责客体和处罚方式所包含的具体内容。其中，追责主体包括人民代表大会、司法机关、行政机关、组织人事部门和纪检监察机关，以及受损害人；追责客体包括党委和政府、主管部门、企事业单位、非国有企业和自然人；处罚方式包括刑事责任、民事责任、党纪责任、行政处分、行政处罚。该矩阵既是本研究的需要，也能够为进一步研究完善法规制度体系提供参考，还可以为当前开展生态环境保护工作提供参考。

第二章 文献回顾

"编制自然资源资产负债表与生态环境损害责任终身追究制"之所以成为一个"课题",是因为迄今为止在这一领域还存在认识上的分歧,实践中还没有成熟的做法。对已有理论研究和实践探索进行梳理,一方面可以借鉴已有的研究成果;另一方面有助于我们对一些基本问题作出判断,并作为进一步研究的基础。结合课题研究的需要,我们从自然资源核算体系和方法、自然资源资产负债表编制、生态环境损害责任追究等三个方面对已有的研究成果进行了梳理归纳。

第一节 自然资源核算体系和方法

随着人类经济社会的发展,自然资源价值论经历着从无价值到有价值的转变。各种核算体系的核算内容和技术方法各有不同侧重,其中相对成熟并且接受者较为广泛的当属联合国发布的环境经济综合核算体系。对于自然资源价值的计量，学者从边际成本、稀缺性、供求关系等角度进行研究和论述。

一、自然资源和自然资源价值

自然资源及自然资源价值论的最早萌芽，可以追溯到 17 世纪的威廉·配第。其著名的论断是"土地是财富之母，劳动是财富之父"。关于自然资源的定义，根据研究视角的不同，可以分为以下四类。

第一类侧重于自然资源对人类的功用。如地理学家金德曼在《世界资源与产业》中指出，无论是整个环境还是其某些部分，只要它们能（或被认为能）满足人类的需要，就是自然资源。赵占元、王建瑞（1993）[①]认为，"自然资源是指自然界中能被人类用于生产和生活的物质和能量的总称"。

第二类侧重于自然资源的自然性。比如，《辞海》第 6 版将资源概括为"资产的来源，一般指天然的财源"，将自然资源定义为"天然存在的自然物，不包括人类加工制造的原料，如土地资源、水利资源、生物资源和海洋资源，是生产的原料来源和布局场所"。《英国大百科全书》关于自然资源的定义是，"人类可以利用的自然生成物，以及生成这些成分的环境功能"，前者包括土地、水、大气、岩石、矿物、生物及其群集的森林、草地、矿藏、陆地、海洋等；后者则指太阳能、

[①] 赵占元、王建瑞：《关于自然资源的价值、价格问题》，载《河北地质学院学报》1993 年第 6 期。

生态系统的环境机能、地球物理化学循环机能等。

第三类强调自然资源的存在有时间、空间和技术条件。《中国可持续发展战略》将自然资源定义为：自然资源是指在一定的时间、地点条件下，能够产生经济价值以提高人类当前和未来福利的自然环境因素和条件。

第四类将人工环境纳入了自然资源的范畴。张婧（2011）[①]认为，"自然资源是指一切能为人类提供生存、发展、享受条件的自然物质与自然条件及其相互作用而形成的自然生成环境和人工环境"。

以上自然资源的四种定义都直接或间接提到了自然资源的价值属性。如"能（或被认为能）满足人类的需要""能被人类用于生产和生活""生产的原料来源和布局场所""人类可以利用的自然生成物""能够产生经济价值以提高人类当前和未来福利""能为人类提供生存、发展、享受条件"等，都内含自然资源具有价值的认识。

传统自然资源价值观主要有自然资源无价值和自然资源有价值两种截然不同的观点。国内对自然资源价值的研究，主要是从马克思劳动价值论出发，也有的从西方效用价值论等角度出发。对于马克思劳动价值论，不同的学者有不同的认识。一是认为马克思劳动价值论是自然资源无价值的基础。"按照马克思的自然观，自然物质在未被人类加工之前是没有价值的"（赵占元、王建瑞，1993）。但很多学者对这一观点提出了质疑，如张亚伟（2009）[②]指出，马克思研究的是资本主

[①] 张婧：《关于自然资源价值的探讨》，载《经济论坛》2011年第9期。
[②] 张亚伟：《生态文明建设中自然资源价值分析》，载《中州学刊》2009年第3期。

编制自然资源资产负债表与
生态环境损害责任终身追究制研究

义社会的商品经济关系，本质上是体现人与人之间的关系，而考察人与自然关系时，劳动就不是唯一的决定因素了。

对于自然资源价值构成的研究，不同的学者有不同的角度和分类。国际著名生态伦理学家罗尔斯顿（2000）[①]在《哲学走向荒野》中提出了"自然中的价值"。他将这种价值分为经济价值、生命支撑价值、科学价值、审美价值、多样性和统一性价值、稳定性和自发性价值、辩证的价值以及宗教象征价值等。余谋昌（2003）[②]在《自然价值论》中指出，地球上任何自然资源都包括"外在价值"和"内在价值"。张亚伟（2009）对传统的自然资源价值观和生态文明的自然资源价值观进行了分析。他指出，"建立科学的自然资源价值观，对于深入研究人与自然之间的复杂价值关系，不断提高资源利用率，促进对自然资源的保护与合理利用，树立公众的资源忧患意识，促进经济决策科学化，加快生态文明建设进程，实现经济社会又好又快发展具有重要的意义"。

目前，较为广泛认同的自然资源价值构成观点主要有两类。一类是内在价值，另一类是外部性成本。高兴佑（2016）[③]将自然资源的内在价值分为两类：一类是天然价值，包括经济价值、生态价值和社会价值；另一类是人工价值，即人类在探索、勘察、开采、加工和使用

[①] 霍尔姆斯·罗尔斯顿：《哲学走向荒野》，吉林人民出版社2000年版，第155~160页。
[②] 余谋昌：《自然价值论》，陕西人民教育出版社2003年版，第243~270页。
[③] 高兴佑：《可持续发展视域下自然资源的价格构成》，载《重庆三峡学院学报》2016年第2期。

资源的过程中投入智慧、劳动和资本所带来的价值增值。孔含笑等（2016）[①]提出，可以根据自然资源满足人类欲望的能力来确定自然资源的价值，另外，由于自然资源具有稀缺性，可以用供求论来解释自然资源价值。刘治兰（2002）[②]认为，自然资源有着客观内在的属性，有着人类无法接入的自然力，即自然的生产力或创造力。自然资源价值的源泉来自自然生产力[③]，这种生产力的凝结就是独立于人类劳动之外的自然资源的天然价值。张婧（2011）同刘治兰观点类似，认为自然资源本身的价值就是自然生产力在自然资源上的凝结，是一种客观存在的价值。部分学者从自然资源的外部性来研究自然资源价值。吴进明等（1997）[④]提出，自然资源的价格应该包括资源补偿费、生产成本、环境成本和平均利润四个部分。在自然资源的开发利用过程中，会产生负外部性，必须对破坏了的生态系统进行修复，对污染了的环境进行治理，对子孙后代的利益进行保护。为此花费的代价就称为补偿成本，分别是生态补偿成本、环境补偿成本和代际补偿成本（高兴佑，2016）。

---

① 孔含笑、沈镭、钟帅、曹植：《关于自然资源核算的研究进展与争议问题》，载《自然资源学报》2016年第3期。
② 刘治兰：《关于自然资源价值理论的再认识》，载《北京行政学院学报》2002年第5期。
③ 自然生产力，是客观存在于自然界同时又与生产活动密切相关，并直接或间接影响生产活动的各种自然力量的总和。它是自然界的自然力和生产力的统称。自然生产力主要包括生物本身的生长或转化力，生物生长环境条件方面的光、热、气、水等因素的量及相互之间的转化力，土地数量肥力或土地中适宜于作物的生长的各因素的量及其相互转化力三种要素，并表现为自然界的自然力和自然界的生产力两个层次。自然力是自然生产力的根源和基础，生产力是自然生产力的主体和核心。
④ 吴进明、孙海清、杨永康：《持续利用的自然资源价格论》，载《生态经济》1997年第3期。

二、自然资源核算体系

20世纪70年代以来，随着经济发展对自然资源开发利用强度的不断增加，两者之间的矛盾也日益突出。国外学者和国际组织陆续提出对自然资源进行核算，作为编制自然资源资产负债表的前提。1971年，麻省理工学院首次提出生态需求指标，揭示了经济发展对生态环境造成的压力。Leontief（1970）[1]和Victor（1972）[2]建立投入产出模型分析自然资源的数量和价值量，把自然资源的产出与消耗列入传统的国民经济投入产出表。Robert Repetoo（1989）提出的国内生产净值指标，反映了经济增长与资源损耗之间的关系，并利用该指标计算了1971—1984年印度尼西亚扣除木材、石油等资源消耗后的经济增长率。

部分国家开展自然资源核算，并开始构建自然资源核算体系。挪威统计局于1987年公布《挪威自然资源核算》，该报告包含森林资源、能源矿产资源和渔业资源在内的自然资源实物核算账户。英国编制了大陆架石油储量分布表、土地覆盖和群落生物类型分类表。美国编制了污染削减与控制支出核算表。日本于1993年构建了较为完备的环境经济综合核算体系，并据此估算了1985—1990年的绿色GDP值。澳大利亚对本国土地资源、水资源进行核算，分别用实物量和价值量建立

---

[1] Leontief W. Environmental repercussions and the economic structure: an input-output approach. Review of Economics and Statistics, 1970, 52（3）: 262-271.

[2] Victor P A. Pollution: economy and environment. Toronto: University of Toronto Press, 1972: 26-35.

报表体系。尽管各国国情不同，但发达国家在自然资源核算方面的实践对我国自然资源资产负债表的编制不乏借鉴和启示意义（李金华，2016）[①]。

目前，国际上主要的自然资源核算体系包括联合国等国际组织发布的环境经济综合核算体系（SEEA－2012）、欧盟统计局的欧洲环境经济信息收集体系（SERIEE）、荷兰统计局的国民经济核算矩阵体系（NAMEA）等。这些核算体系的核算内容和技术方法均有不同侧重。欧盟的 SERIEE 包含了环境保护支出、资源使用及管理两个卫星账户，以及一个居中的资料收集与处理系统。它强调自然资源实物账户的重要性，把重点放在环境保护支出上。尚未建立一个完整的环境保护信息账户体系，对于自然资源耗减和环境质量退化较少触及，在框架上仅限于联合国的 SNA 有关的资产和流量信息。所以，就一个完整的绿色国民经济核算体系而言，SERIEE 的完备性显得不足。荷兰 NAMEA 的设计思路着眼于经济对环境的影响。在定价策略尚未成熟的情况下，它放弃了对环境要素的价值核算，从实物核算入手，设计了环境物质账户和环境主题账户。环境主题账户对当前环境热点问题进行度量，分析各部门"贡献"大小。NAMEA 包括国民核算账户、环境物质账户、环境主题账户。借助于 NAMEA 可以分析环境污染物质的来源，生产、消费活动对环境主题的影响，以及不同环境主题（问题）的成

---

① 李金华：《论中国自然资源资产负债表编制的方法》，载《财经问题研究》2016 年第 7 期。

因，为制定相应的经济社会政策提供依据。①

上述核算体系，相对成熟并且接受范围较为广泛的当属联合国的环境经济综合核算体系（SEEA-2012）。我国提出的"探索编制自然资源资产负债表"方案，与环境经济综合核算体系（SEEA-2012）最为接近（杜方，2015）②。环境经济综合核算体系（SEEA-2012）明确界定了各类自然资源资产的定义和分类，同时设置了矿产和能源、土地资源、土壤资源、木材资源、水生资源、其他生物资源和水资源七组自然资源资产账户。其核算表格包含实物量和价值量两大类，能够按照单类自然资源来源与用途，建立"资产来源=资产运用（占用）"关系。这种关系具有资产负债表"来源=使用"的属性（胡文龙、史丹，2015）③。但是，环境经济综合核算体系（SEEA-2012）也只是探讨了自然资源资产的核算方法。④

从学者对 SEEA 体系的研究及其在各国的实践来看，自然资源核算体系的应用有两个关键点：一方面，对核算对象进行实物计量，对具有战略意义的重要自然资源进行分类核算；另一方面，以核算对象的实物计量为基础，对其进行价值量的评估，反映自然资源资产的价

---

① 朱启贵：《绿色国民经济核算的国际比较及借鉴》，载《上海交通大学学报》（哲学社会科学版）2006 年第 5 期。向书坚：《包含环境账户的国民经济核算矩阵》，载《统计研究》2001 年第 5 期。林雪姣：《国内外绿色 GDP 核算方法比较研究》，中国科学技术大学 2009 年硕士学位论文。向书坚、黄志新：《SEEA 和 NAMEA 的比较分析》，载《统计研究》2005 年第 10 期。

② 杜方：《我国编制和运用自然资源资产负债表初探》，载《中国内部审计》2015 年第 11 期。

③ 胡文龙、史丹：《中国自然资源资产负债表框架体系研究———以 SEEA2012、SNA2008 和国家资产负债表为基础的一种思路》，载《中国人口·资源与环境》2015 年第 8 期。

④ 封志明、杨艳昭、李鹏：《从自然资源核算到自然资源资产负债表编制》，载《中国科学院院刊》2014 年第 4 期。

值总量变化（刘思旋、崔琳，2015）①。不同类型的自然资源在数量、质量等方面的属性不同，决定了应对自然资源进行分类核算。如环境经济综合核算体系中，矿产和能源资产、土壤资源资产、水生资源资产等均有不同的实物计量单位。编制自然资源资产负债表，用以反映和监控某地区自然资源的变化情况，应对该地区自然资源实物量进行分类核算，并分别编制自然资源资产实物量账户。此外，运用多元化的实物统计技术和计量模型进行核算，也增强了自然资源资产负债表信息披露的真实性和有效性（苏一丹，2015）②。例如，深井钻探技术的进步使得矿产资源的存量勘探更加精确；遥感技术的发展提高了森林和土地资源存量及流量准确性；利用土地等级和级差地租③模型对土地资源进行评级，将不同级别的土地资源按对应系数进行折合汇总，计算出土地资源资产实物量（肖旭、王玉、周志方，2015）④。实物计量的最大优势在于能清晰反映不同自然资源的存量和流量变化情况。但实物计量存在无法进行横向比较，无法汇总不同种类自然资源价值总量，无法对自然资源开发、利用、保护决策进行成本—效益分析等缺陷，因此有必要对自然资源的价值量进行评估（刘思旋、崔琳，

---

① 刘思旋、崔琳：《如何编制自然资源资产负债表？——基于资源与环境核算的角度》，载《财经理论研究》2015年第2期。

② 苏一丹：《编制自然资源资产负债表的若干问题：意义、现状及方向探索》，载《绿色财会》2015年第12期。

③ 级差地租是等量资本投资于等面积不同等级的土地上产生的利润不相同，因而所支付的地租也就不相同，如此形成的差别地租就是级差地租。级差地租又可分为因土地肥力和位置不同而产生的级差地租和投资的生产率不同而产生的级差地租。

④ 肖旭、王玉、周志方：《自然资源资产负债表编制框架研究》，载《会计之友》2015年第19期。

2015)。

我国学者对自然资源资产核算体系的研究可分为三个阶段。第一阶段是20世纪90年代。李金昌（1992）[①]认为，自然资源本身的价值可通过地租确定，自然资源通过人类劳动投入产生的价值可通过生产价格定价法核算。蒲志仲（1993）[②]在马克思的劳动价值论和科学认识论的基础上，建立了自然资源价值理论，概括了自然资源的价值特性。第二阶段为21世纪初。尤其是我国政府提出开展绿色GDP核算后，国内学者对自然资源资产核算展开了广泛的讨论。梅林海和邱晓伟（2012）[③]以煤炭资源为例，从效用价值论的角度研究了自然资源的价值。党的十八届三中全会提出推进生态文明建设和编制自然资源资产负债表，标志着第三阶段研究的开始。这一阶段的研究多以环境经济综合核算体系（SEEA – 2012）为基础。耿建新等（2015）[④]在借鉴SEEA和澳大利亚水资源账户设计成功经验的基础上，编制了反映北京市丰台区水资源利用情况的7张实物量报表。韩德军（2015）[⑤]综合SEEA、土地估计方法和生态服务价值模型等技术方法，建立了能反映土地资源经济价值、生态价值和社会价值的土地资源资产负债表。我国在编制自然资源资产负债表时，可以借鉴环境经济综合核算体系

[①] 李金昌：《环境价值与经济核算》，载《环境保护》1992年第7期。
[②] 蒲志仲：《自然资源价值浅探》，载《价格理论与实践》1993年第4期。
[③] 梅林海、邱晓伟：《从效用价值论探讨自然资源的价值》，载《生产力研究》2012年第2期。
[④] 耿建新、胡天雨、刘祝君：《我国国家资产负债表与自然资源资产负债表的编制与运用初探——以SNA 2008和SEEA 2012为线索的分析》，载《会计研究》2015年第1期。
[⑤] 韩德军：《土地资源资产负债表编制方法探究》，载《才智》2015年第12期。

（SEEA-2012）对自然资源资产的分类和核算框架，结合各地区的具体情况，建立统一的自然资源实物量和价值量核算方法体系，保证各地区的自然资源资产在分类和核算口径上保持一致（苏一丹，2015）。高敏雪（2016）概括了自然资源核算的实物量指标，确定了具体的核算标准，对环境经济的核算作了初步的探索。

三、自然资源核算方法

自然资源能为人类社会提供生产资料，是具有使用价值的资产。编制自然资源资产负债表应探索自然资源价值的货币计量形式，这也是会计的关键属性。[①] 对于自然资源价值的计量，学者从边际成本、稀缺性、供求关系等角度进行研究和论述。

自然资源价值量的核算方法根据资源的种类不同而不同，对于同一种资源也有多种计算方法。整理已有的研究成果，市场价值法、支付意愿法和成本法是现阶段认可度较高的价值评估方法（李伟、陈珂、胡玉可，2015）[②]。市场价值法认为，应采用市场价格对自然资源进行价值量核算，相当于会计学中的公允价值计量属性。但由于有些自然资源未进入市场交易，该方法仅适用于市场成熟、运营规范的自然资

[①] 会计属性也称为会计性质，是指会计的内容所具有的特征，会计要素可用财务形式定量化的方面，即能用货币单位计量的方面。它是根据一定的计量标准和计量方法，将符合确认条件的会计要素登记入账并列报于财务报表而确定其金额的过程。会计要素可以从多个方面予以货币计量，如历史成本、重置成本、可变现净值等。

[②] 李伟、陈珂、胡玉可：《对自然资源资产负债表的若干思考》，载《农村经济》2015年第6期。

源（孔含笑等，2015）。支付意愿法是指，在某些自然资源交易市场缺乏的情况下，通过向消费者调查的方式，了解消费者为得到某种自然资源所愿意支付的货币金额。但这种计量方式会受到消费者偏好和对自然资源估价能力的影响（李伟、陈珂、胡玉可，2015）。成本法包括生产成本法和机会成本法等方法。生产成本法通过直接或间接的计价方法，根据自然资源价格构成因素和表现形式来确定其价格，可用于矿产资源、土地资源、水资源等的估价（曲福田，2001）[①]。机会成本法是指，在无市场交易价格的前提下，通过估算自然资源的投入成本所牺牲的替代用途收入来确定其价值（王方，2012）[②]。对于在目前技术条件下无法进行价值评估的自然资源，可以只对其进行实物量核算，并以附属表的形式在自然资源资产负债表体系中进行披露（封志明、杨艳昭、陈玥，2015）[③]。章铮（1996）[④] 提出了边际机会成本定价的观点。他认为，自然资源的价格应该等于其边际机会成本。边际机会成本包括边际生产成本、边际使用者成本和边际外部成本。边际生产成本是指，增加利用一单位某种资源带来的勘探成本、再生产成本和管理成本等直接成本；边际使用者成本是指，增加利用一单位某一稀缺自然资源时，对后代平等利用该资源权益的损害；边际外部成本是指，增加利用一单位某一自然资源时，给他人造成的没有得到相应补

[①] 曲福田：《资源经济学》，中国农业出版社2001年版。
[②] 王方：《祁连山自然保护区生态资产价值评估研究》，兰州大学2012年博士学位论文。
[③] 封志明、杨艳昭、陈玥：《国家资产负债表研究进展及其对自然资源资产负债表编制的启示》，载《资源科学》2015年第9期。
[④] 章铮：《边际机会成本定价——自然资源定价的理论框架》，载《自然资源学报》1996年第2期。

偿的损失。王舒曼和王玉栋（2000）[①]提出了自然资源的边际社会成本定价法。该观点认为，社会成本是整个社会从事某种活动时所付出的总的机会成本。边际社会成本等于边际私人成本和边际外部成本之和。自然资源的边际私人成本也就是自然资源的边际生产成本。自然资源的边际外部成本由两部分构成，即资源稀缺性带来的边际使用者成本和资源利用过程中对环境造成的损害所带来的边际环境成本。边际社会成本不仅包括了生产者获得自然资源所花费的生产成本，而且还包括了因自然资源利用对后人、环境造成的损失。也就是说，自然资源的边际社会成本从理论上反映了增加利用一单位自然资源整个社会所付出的全部代价。何承耕等（2002）[②]在综述自然资源定价理论时谈到，边际机会成本理论认为自然资源的价格应包括边际生产成本、边际使用者成本和边际外部成本三种成本之和。

以上观点虽然有差异，提法有所不同，但其核心理念是一致的。那就是应当关注自然资源成本，进行自然资源价值核算，促进可持续发展。相比较而言，王舒曼和王玉栋的边际社会成本提法更科学一些，因为其分类和逻辑更为严谨。但章铮的边际机会成本观点事实上居于主流地位。边际机会成本理论考虑到了人与自然的关系、经济社会与资源环境的关系、当代人与后代人的关系。从机会成本的角度来度量使用资源所付出的全部代价，弥补了传统的资源经济学忽视资源使用所付出的环境代价以及对后代人权益侵害的缺陷，是一个理念和理论

[①] 王舒曼、王玉栋：《自然资源定价方法研究》，载《生态经济》2000年第4期。
[②] 何承耕、林忠、陈传明、李晓：《自然资源定价主要理论模型探析》，载《福建地理》2002年第3期。

上的突破。

　　郭怡（2002）[①]对自然资源价值评估理论进行了总结，主要包括古典经济学在环境与自然资源价值评估中的应用，以及新出现的价值评估方法，如权变评价法、健康影响的评价模型、使用价值的评估模型等。崔万安等（2002）[②]从供求弹性的角度出发，给出了自然资源价值的计算公式。即自然资源价值由资本化地租及维持自然资源一定的功能而投入的必要人类劳动和物质资料的价值两部分构成。张宏亮（2007）[③]从两个方面研究了自然资源价值的估算方法。一是用市场价格来测算自然资源的价值；二是测算自然资源耗减成本，包括现值法、净价格法与使用者成本法。苏月中（2001）[④]则主要从市场交易角度分析自然资源价值的评估，提出可以采用直接市场法、替代市场法和假想市场法评估自然资源价值。

　　综上所述，近年来学术界与实务界对自然资源及其核算的研究和探索有了长足的进步。从自然资源的本源定义出发，探讨自然资源的价值，自然资源价值量的核算与核算方法无疑为本研究提供了理论分析和实践经验基础。鉴于自然资源核算的特殊性，我国在自然资源资产核算的探索过程中，需要循序渐进。先推行实物核算，再引入价值核算；先分项，再综合；在探索如何核算森林、矿产、土地、水资源

[①] 郭怡：《环境与自然资源价值评估理论综述》，载《经营管理者》2010年第20期。
[②] 崔万安、覃家君、尹兰：《自然资源的价值确定与实现》，载《科技进步与对策》2002年第7期。
[③] 张宏亮：《自然资源核算的估价理论与方法》，载《统计与决策》2007年第8期。
[④] 苏月中：《自然资源价值核算浅析》，载《生态经济》2001年第9期。

等重点自然资源基础上，归纳其特性及共性规律，总结出能够广泛适用的核算原则和方法。此外，基于对自然资源价值的不同理解，自然资源价值的计量也应分为两类。一类是从内在价值出发，研究自然资源价值，采用如市场法、测算耗减成本、供求弹性分析等方法进行分析；另一类是从外部性出发，通过边际成本的方式来测算自然资源价值。但是，从已有的研究中也可以看出，对自然资源价值的核算大多是基于统计的、宏观经济的视角展开讨论，对自然资源"负债"的概念未能给出令人满意的解释。

第二节 自然资源资产负债表编制

党的十八届三中全会《决定》提出了探索编制自然资源资产负债表的要求。2015年，中共中央、国务院印发的《生态文明体制改革总体方案》提出制定自然资源资产负债表编制指南，构建水、土地、森林等资源的资产和负债核算方法，建立实物量核算账户等推进改革的具体举措。2015年11月，《国务院办公厅关于印发编制自然资源资产负债表试点方案的通知》提出，在内蒙古自治区呼伦贝尔市、浙江省湖州市、湖南省娄底市、贵州省赤水市、陕西省延安市，开展编制土地、林木与水资源实物量资产负债表的试点工作。

编制自然资源资产负债表与生态环境损害责任终身追究制研究

一、主要概念

界定自然资源资产、自然资源负债和自然资源净资产三个基础概念，是编制自然资源资产负债表的前提。

（一）自然资源资产

国内学者对自然资源资产的界定，主要借鉴了国民经济核算体系和环境经济综合核算体系对资产的定义。国民经济核算体系将资产定义为一种价值储备，即一段时期内经济所有者持有或使用的该实体所获取的一次性或连续性经济利益，是价值从一个核算期转移至另一个核算期的载体。环境经济综合核算体系则将国民经济核算体系关于资产的概念进行了拓展。它将资产定义为，所有权由法人单位单独或集体行使，所有者可以在一个时期内拥有或使用它们而从中获得经济收益的物质和能量。

李金华（2016）结合国民经济核算体系和环境经济综合核算体系中对资产的定义，将自然资源资产定义为一定时间和地点条件下，归属于所有者，能为人类带来经济利益、产生社会价值，存在于陆地和海洋的全部物质和能量。其强调的关键是所有权、经济收益和社会收益。陈艳利等（2015）[1] 在定义自然资源资产时界定了资产的核算主

---

[1] 陈艳利、弓锐、赵红云：《自然资源资产负债表编制：理论基础、关键概念、框架设计》，载《会计研究》2015年第9期。

体、法律义务等方面内涵。

(二) 自然资源负债

在国民经济核算体系中,负债是特定条件下债务人向债权人提供一次性支付或连续性支付的义务。义务一旦确立,负债也就确立了。国民经济核算体系认为,负债只有金融负债,不存在非金融负债。环境经济综合核算体系采用"资产来源=资产使用"的平衡式,没有给出自然资源负债的定义。

目前,关于自然资源负债概念及确认的分歧较大。多数学者主张确认自然资源负债,但对其定义持有不同看法。有学者认为,自然资源负债是恢复原有生态的价值补偿,可以将环境保护支出作为自然资源负债。张友棠等(2014)[①]和王姝娥、程文琪(2014)[②]认为,自然资源负债是指,政府过去决策对自然资源开发产生的破坏,而导致现有自然资源的净损失或净牺牲,是恢复原有生态的价值补偿;自然资源资产负债表中的资源负债,反映企业为取得和消耗资源应付而未付的购买成本、环境成本、环境责任权支出。李金华(2016)将 SEEA 中定义的自然资源耗减、损失作为自然资源的负债,即一定时期内由于人类各类活动以及不可预期、不可抗力灾害导致的自然资源资产耗减、损失的价值量。陈艳利等(2015)认为自然资源负债是指,由于

---

① 张友棠、刘帅、卢楠:《自然资源资产负债表创建研究》,载《财会通讯》(综合版)2014 年第 10 期。

② 王姝娥、程文琪:《自然资源资产负债表探讨》,载《现代工业经济和信息化》2014 年第 9 期。

自然资源权益主体过去的不当行为造成的，预期会导致自然资源在开发和使用时造成损失，以及为弥补损失付出代价的现时义务。

也有学者认为，没有自然资源负债。原因在于，SNA 的负债仅指金融资产负债，而自然资源资产属于非金融资产，故不存在负债。耿建新等（2015）认为，自然资源资产负债表仅包含资产这一概念，不存在负债和净资产，因为 SNA 和 SEEA 均未提到自然资源负债。他们还认为，将应付治污成本、应付生态恢复成本、应付生态维护成本、应付超载补偿成本等确认为自然资源负债，在技术上不可行。因此，耿建新等（2016）[①]认为，自然资源资产负债表应修正为自然资源资产平衡表。

（三）自然资源净资产

自然资源净资产的计算，学者基本采用"自然资源净资产 = 自然资源资产 – 自然资源负债"。但是，对自然资源净资产含义的理解各有不同。耿建新等（2015）提出，资产与负债之差只能称为净资产，而不能叫作所有者权益。陈艳利等（2015）认为，自然资源净资产反映了国家对自然资源的拥有或控制情况及其程度，是国家对自然资源所有权的体现。自然资源净资产的期末余额最终体现在国家资产负债表中，列示为自然资源。在自然资源核算中，自然资源净资产可与自然资源所有者权益画上等号。

---

① 耿建新、唐洁珑：《负债、环境负债与自然资源资产负债》，载《审计研究》2016 年第 6 期。

本研究认为，自然资源资产、自然资源负债、自然资源所有者权益能够满足会计学关于资产、负债、所有者权益等概念要素的要求。自然资源资产是国家、企业、自然人拥有或者控制的，能够以货币来计量的，预期会给国家、企业、自然人带来经济利益的自然资源。自然资源负债是自然资源拥有者或控制者过去经济事项形成的，预期会导致经济利益流出的现时义务。自然资源所有者权益是自然资源拥有者或控制者的自然资源资产扣除负债后，由所有者享有的剩余权益，包括实收自然资源资本（或股本）、自然资源资本公积、盈余公积和未分配利润。关于因净资产与所有者权益关系的分歧而产生的自然资源净资产与自然资源所有者权益概念差别问题，本研究不作深入论述。但在基本观点上认为，二者之间的差别对自然资源资产负债表编制的研究影响不大，因此，本研究在使用上取同义。

二、理论基础和基本原理

环境会计理论和自然资源价值理论[①]，是编制自然资源资产负债表具有可行性的理论基础。环境会计理论强调资源环境的有限性和稀缺性。通过对环境资源赋予价值和价格，确认、计量自然资源价值、自

---

① 自然资源价值理论认为，在一般的生产系统中，投入的生产要素可分为生产资料（包括自然资源）和劳动力两大类。其中，生产资料表现为生产资料使用价值，劳动力表现为劳动价值。生产系统在管理者、相应的管理体制和一定的生产组织程序等综合作用下，通过生产资料使用价值与劳动价值产生相互作用和协调作用，实现价值增长。生产资料使用价值的客观动因在于替代、补充、增强和扩展一定数量的劳动价值。

然资源耗费、环境保护支出、资源环境改善带来的超额收益,为政府及其部门提供生态环境信息,促进实现可持续发展。自然资源价值理论为自然资源资产负债表采用实物量与价值量相结合列报模式的可行性提供了理论依据。陈艳利等(2015)分析了编制自然资源资产负债表的理论基础。这些理论基础包括四个层面,即必要性层面的可持续发展理论、绿色 GDP 理论;可行性层面的环境会计理论和自然资源价值理论;制约性层面的自然资源产权制度;目标性层面的领导干部离任审计与政府绩效管理理论和国家治理理论。

  自然资源资产负债表编制的基本原理,有会计核算和统计核算[①]两种基本观点。关于自然资源会计核算和统计核算所依据的基本平衡关系,杨睿宁、杨世忠(2015)[②]进行了总结。他们认为,根据联合国环境与经济综合核算体系(SEEA – 2012),基本平衡关系为自然资源"期初数 + 本期增加数 = 本期减少数 + 期末数",即"四柱平衡";依据企业资产负债表的逻辑,自然资源基本平衡关系是"自然资源资产 = 自然资源负债 + 自然资源净资产"。他们还指出,依据企业资产负债表逻辑编制的自然资源资产负债表平衡关系,也要遵循"四柱平衡",关键在于将自然资源负债的内容界定清楚。

[①] 统计核算是对事物的数量进行计量来研究监督大量的或者个别典型经济现象的一种方法。统计核算的时期、时点要求与实际描述的活动特征对应一致,如销售收入统计必须与本期的生产时期一致。统计核算坚持现行市场价格原则,不论什么时间购入材料完全按照其生产投入使用时的现行市场价格核算。与统计核算相区别的会计核算材料核算使用历史成本法,销售收入可能包含以前生产本期销售的产品。

[②] 杨睿宁、杨世忠:《论自然资源资产负债表的平衡关系》,载《会计之友》2015 年第 16 期。

（一）关于自然资源资产负债会计核算

张航燕（2014）[①] 从会计核算的角度，以石油天然气开采准则为基础，分析现有准则关于自然资源会计核算的特点。自然资源会计核算遵循"资产－负债＝净资产（即所有者权益）"会计恒等式，对自然资源进行产权界定和资产、负债、净资产等会计要素的价值量核算。耿建新等（2015）认为，国家资产负债表作为反映经济主体资产负债状况的表格，编制主体是国家，编制技术可以参考企业资产负债表的编制方法，建立起科学、规范、高效的核算体系，以承担国家资产负债表和自然资源资产负债表编制的复杂工作。胡文龙（2014）[②] 认为，自然资源资产负债表按照会计恒等式进行核算，强调对自然资源资产、负债的记录、计量，力求客观反映自然资源资产、负债的存量，强调自然资源相关资产、负债的数量对应关系，侧重揭示生态资产、生态负债的内部经济关系，并以此评价责任主体的生态建设成效。

（二）关于自然资源资产负债统计核算

耿建新等（2015）借鉴了环境经济综合核算体系（SEEA－2012）以及澳大利亚土地平衡表的实践，对我国的土地资源平衡表进行探讨。他们认为，土地资源平衡表应将实物量核算与价值量核算相结合。实

[①] 张航燕：《对编制自然资源资产负债表的思考——基于会计核算的角度》，载《中国经贸导刊》2014年第31期。

[②] 胡文龙：《自然资源资产负债表基本理论问题探析》，载《中国经贸导刊》2014年第10期。

物量核算是价值量核算的基础,价值量核算是实物量核算的深化。在价值量核算环节,应严格按照分类标准、计量属性对土地价值进行客观的计量。李金华(2016)认为,编制自然资源资产负债表是一项更高级、更复杂的统计工作,需要统计基础数据,这就离不开统计核算。胡文龙(2014)认为,环境经济综合核算体系(SEEA – 2012)偏重于按照指标进行数据统计,对自然资源的种类、数量、质量进行客观反映,以揭示森林、河流、湖泊等自然资源和空气质量、噪声污染等自然生态环境的现状,广泛涵盖社会、经济、生态、质量、种类等多领域指标。

(三)关于会计核算与统计核算之间的关系

不少学者认为,自然资源资产负债表编制的会计核算基础和统计核算基础应是并存的关系。封志明、杨艳昭、李鹏(2014)认为,编制自然资源资产负债表应是会计核算和统计核算并存。先以统计核算为基础,优先编制反映不同种类自然资源存量的数量报表,再以会计核算为基础,编制反映所有自然资源流量的价值量报表。黄溶冰、赵谦(2015)[①] 将自然资源资产负债表编制归结为三个步骤。首先,采用统计核算基础,遵循"期初存量 + 本期增加量 = 本期减少量 + 期末存量"等式,重点反映自然资源资产的时点存量与期间变化,侧重于摸清自然资源资产的数量状况;其次,引入适当的自然资源估值技术,重点反映自然资源资产质量状况及其变化,侧重于摸清自然资源资产

---

① 黄溶冰、赵谦:《自然资源资产负债表编制与审计的探讨》,载《审计研究》2015 年第 1 期。

的质量水平；最后，采用会计核算基础，遵循"资产＝负债＋所有者权益"等式，侧重反映某一时点自然资源的资产与负债状况。陈玥等（2015）[①] 认为，自然资源资产负债实物核算是价值核算的基础，价值核算是目标。应优先建立自然资源资产实物账户，在保证指标体系科学性以及数据完整性的前提下，在典型区域试算价值账户，并根据实际情况不断完善自然资源资产负债价值量核算体系。

本研究认为，探索编制真正意义上的自然资源资产负债表应当以环境会计理论和自然资源价值理论为理论基础，将自然资源的核算和报表编制视为会计核算原理的具体运用。运用恰当的自然资源价值计量方法，以实物核算为基础，以会计的价值核算为支持，从而编制符合资产负债表要素标准的自然资源资产负债表。后面相关章节将证明此思路既是必要的，也是可行的。

三、典型领域的探索和研究成果

近年来，我国部分地方政府及其部门、部分学者开始编制森林资源、湿地资源、荒漠资源和生物多样性资源资产负债表具体指标和框架的实践探索和理论研究。与湿地资源、荒漠资源比较而言，现有森林资源和生物多样性资源资产负债表编制的研究和探索更为丰富。

---

① 陈玥、杨艳昭、闫慧敏、封志明：《自然资源核算进展及其对自然资源资产负债表编制的启示》，载《资源科学》2015年第9期。

编制自然资源资产负债表与
生态环境损害责任终身追究制研究

（一）森林资源

从 2014 年开始，国家林业局项目组等启动森林资源资产负债表编制研究项目，同时在贵州省和内蒙古自治区等地开展了试点工作。通过学者的理论探索和相关地区与部门的实践，初步完成了对森林资源资产负债表编制的基本理论框架构建（柏连玉，2015a[①]）。2015 年 8 月，内蒙古自治区编制完成翁牛特旗高家梁、桥头和亿合公等 3 个林场的森林资源资产负债表（耿国彪，2016[②]）。研究试点阶段在理论和实践方面均取得了一定程度的突破。

现有关于森林资源资产负债表编制的研究主要包括，森林资源和森林资源资产负债表的定义、编制的理论基础、报表项目的确认、编制依据和编制方法五个方面。

1. 森林资源和森林资源资产负债表的定义

根据《中华人民共和国森林法实施条例》第二条的规定，森林资源包括森林、林木、林地以及依托森林、林木、林地生存的野生动物、植物和微生物。其中，森林包括乔木林和竹林。林木包括树木和竹子。林地包括郁闭度 0.2 以上的乔木林地以及竹林地、灌木林地、疏林地、采伐迹地、火烧迹地、未成林造林地、苗圃地和县级以上人民政府规划的宜林地。森林资源组成复杂，具有多效性、再生性和周期长的特

[①] 柏连玉：《关于编制森林资源资产负债表的探讨》，载《绿色财会》2015 年第 1 期。
[②] 耿国彪：《自然资源资产负债表在内蒙古林业起航——内蒙古森林资源资产负债表编制纪实》，载《绿色中国》2016 年第 3 期。

点。森林资源资产负债表是用资产核算账户的形式，分类核算全国或一个地区或企业的森林资源资产期初期末存量，以及期间的增减变化量，加总形成的报表（柏连玉，2015b[①]）。森林资源资产负债表是反映企业在某一特定日期森林资源状况的报表。它不仅像传统财务报表一样要依靠财务数据，更主要地依靠资源管理部门的数据。不仅要反映某一时点的资源分布情况，更主要是反映森林资源的消长变化情况，以考核企业的经营水平（申成勇和李琦，2015[②]）。《国务院办公厅关于印发编制自然资源资产负债表试点方案的通知》提出，林木资源资产负债表包括天然林、人工林、其他林木的蓄积量和单位面积蓄积量。

2. 森林资源资产负债表编制的理论基础

森林资源资产负债表编制的理论基础包括林业可持续发展理论、绿色 GDP 理论、森林资源核算理论、森林资源资产评估理论、森林资源会计核算理论和森林资源资产化管理理论。柏连玉（2015b）认为，这六种理论构成森林资源资产负债表编制的理论体系，其中林业会计理论是基石，林业可持续发展理论是指导，绿色 GDP 理论是核心，森林资源核算理论是支撑，森林资源资产评估理论是补充，森林资源资产化管理理论是保证。一是林业可持续发展理论。从自然属性上看，林业可持续发展是指保护和加强森林资源与环境系统的生产更新能力；从经济属性上看，它是指不降低生态环境质量、不破坏森林资源基础

[①] 柏连玉：《森林资源资产负债表编制的理论基础探讨》，载《绿色财会》2015 年第 10 期。
[②] 申成勇、李琦：《关于编制森林资源资产负债表有关问题的探讨》，载《绿色财会》2015 年第 2 期。

的经济发展。基于林业可持续发展理论，森林资源资产负债表编制是新的森林资源环境形势下推进与实现林业可持续发展的战略要求。二是绿色GDP理论。绿色GDP作为衡量指标能够为可持续发展理论提供数据支持，保障可持续发展的实现。在绿色GDP理论背景下，编制森林资源资产负债表成为新的森林资源环境下改善森林资源节约与森林环境保护的历史必然与战略需求。三是森林资源核算理论。2004年，国家林业局和国家统计局初步提出森林资源核算的理论和方法，构建了基于森林的国民经济核算框架；2013年，国家林业局和国家统计局再次联合开展中国森林资源核算研究，为编制自然资源资产负债表积累了经验。四是森林资源资产评估理论。森林资源资产评估是依据特定的目的、遵循客观经济规律和公允的原则，按照国家法定的标准和程序，运用科学可行的方法，以统一的货币单位，对具有资产属性的森林资源实体以及预期收益进行的评定估算。森林资源资产评估包括林地资产、林木资产、景观资产。在目前森林资源会计价值核算涉及林地资产、森林景观资产方面尚不完善的情况下，森林资源评估理论解决了林地资产、森林景观资产价值核算问题，是编制森林资源资产负债表不可缺少的工具。五是森林资源会计核算理论。森林资源会计核算理论研究可追溯至20世纪80年代初。当时的研究主要集中在对林木资产会计核算、林地资产会计核算和森林生态会计的研究。六是森林资源资产化管理理论。其主要观点是将森林资源资产纳入国有资产管理体系，使国家和其他所有者对森林资源的所有权在经济上真正得以体现，并确保国有森林资源资产的保值增值。森林资源资产化管理理论已初步形成了计价核算、产权管理、规范评估、监督评价、法制建设的大框架。森林资源资产化管理理论为森林资源资产负债表采用实物量与价值量相结合的列报模式提供了可行性层面的理论依据。

3. 森林资源资产负债表项目的确认

森林资源资产负债表的项目包括资产、负债和净资产。对于负债和净资产确认的文献相对较少,张颖和潘静(2016)[①]认为负债项目为森林资源资产的减少量和保护性投入等,具体包括资源耗减、生态建设保护投入。其中,资源耗减分为采伐量、病虫鼠害和火灾等引起的自然枯损量两项。净资产项目,即通过森林资源资产价值的"期初值±本期变化量-负债"获得。考虑到森林资源组成复杂,会计概念上的资产确认需要满足一定的条件,因此从会计核算角度对森林资源资产的确认,学者主要关注林木资产、林地资产和森林生态。一是林木资产会计确认。自1993年以来,我国颁布的《关于森工企业贯彻执行新的财务会计制度有关问题的通知》《国有林场与苗圃财务制度(暂行)》《国有林场与苗圃会计制度(暂行)》等会计制度和核算办法,都是将林木资产作为森林资源会计的唯一对象。黎明、何子利(2013)[②]按照会计准则对通用"资产"的定义,将"林木类生物资产"定义为由过去的交易或者事项所形成的,并由企业拥有或者控制的,预期能使经济利益或服务潜能流入企业的林木资源。同时,现有

---

① 张颖、潘静:《森林碳汇经济核算及资产负债表编制研究》,载《统计研究》2016年第11期。

② 黎明、何子利:《林木类生物资产确认、计量与披露研究》,载《会计之友》2013年第20期。

文献还对林木资产会计核算的目的、范围、要求和具体操作流程、方法进行了研究和探讨，包括营林成本核算、林木资产核算、权益核算和会计报告等。二是林地资产会计确认。魏远竹、任恒祺（2001）[①] 提出，林地对某一特定会计主体而言，实际上是一种只具有使用权的无形资产。张卫民、田治威、王富炜（2004）[②] 和魏远竹、陈钦、陈念东（2006）[③] 提出目前符合森林资源资产初次确认的标准，能够将其纳入会计核算范畴，并作为一项资产加以确认和计量的森林资源，主要包括那些产权明晰的林木资源、林地资源以及已开发且具有经济价值的森林景观资源等。张颖和潘静（2016）认为，资产项目分为林地资产、林木资产。也有不少学者从会计准则中关于生物资产的视角出发进行定义。如石道金（2008）[④] 对林地和森林生物资产的财务会计问题进行了探究。三是森林生态会计确认。森林生态会计研究起源于森林资源会计，并随环境会计研究的深入开展而推进。乔玉洋、温作民（2006）[⑤] 和曾华锋（2008）[⑥] 等学者对森林生态价值会计的主体、假设、要素和核算等进行研究。申成勇和李琦（2015）认为，目前森林资源资产负债表应列报林木资产、林地资产和森林生态效益资产三项。

---

① 魏远竹、任恒祺：《森林资源资产会计核算的研究进展》，载《林业财务与会计》2001年第11期。
② 张卫民、田治威、王富炜：《森林资源资产会计问题探讨》，载《林业经济》2004年第18期。
③ 魏远竹、陈钦、陈念东：《论森林资源资产的会计确认与计量》，载《福建农林大学学报》（哲学社会科学版）2006年第4期。
④ 石道金：《我国林地与森林生物资产会计研究》，北京林业大学2008年博士学位论文。
⑤ 乔玉洋、温作民：《森林生态价值会计主体、会计假设与会计要素》，载《财会通讯》（综合版）2006年第11期。
⑥ 曾华锋：《森林生态价值会计核算与林业可持续发展》，载《财会通讯》（学术版）2008年第7期。

其中，林木资产应区分消耗性林木资产、生产性林木资产和公益性林木资产。森林资源生态效益资产应列报森林涵养水源、保育土壤、固碳释氧、净化大气环境、森林防护、生物多样性保护、森林游憩等变化情况。从生物资产的角度对森林资源进行会计上的确认、计量和披露，对森林资源资产负债表如何反映森林资源某一时点财务状况的变化具有重要影响。

4. 森林资源资产负债表的编制依据

实践中，依据相关法律法规、制度规范、行业标准等编制森林资源资产负债表，但是尚未形成统一的标准。相关依据包括《中华人民共和国森林法》《中华人民共和国会计法》《中华人民共和国预算法》等法律；《森林资源资产评估技术规范（试行）》《国有林场与苗圃财务制度（暂行）》和《国有林场与苗圃会计制度（暂行）》等相关的会计准则、制度；《森林生态系统服务功能评估规范》（LY/T1721—2008）、《森林资源代码森林调查》（LY/T1438—1999）、《森林资源代码树种》（LY/T1439—1999）、《森林资源资产评估技术规范》（LY/T2407—2015）等相关行业标准（内蒙古自治区林业厅，2015）。

5. 森林资源资产负债表的编制方法

森林资源资产负债表编制需要对森林资源进行核算。以挪威为代表的一些国家通过建立森林等自然资源账户进行资源与环境核算。芬兰采用"欧洲森林核算体系"，通过编制本国森林资源供给平衡表、使用平衡表与总量平衡表进行森林资源核算，而资源环境核算账户、核算平衡表均是编制自然资源资产负债表的过渡性手段（陈艳利、弓锐和赵红云，2015）。申成勇和李琦（2015）认为，森林资源资产负债表应该是"数量、质量和价值并重"，但现有研究多从数量（实物量）和价值量两个维度对森林资源进行核算。如张颖（2015、2016）以吉林森工集团和内蒙古扎兰屯市森林资源为例，论述了森林资源资产实物量、价值量核算以及资产负债表的编制。一是森林资源数量的核算。在森林资源资产负债表中列示森林资源资产的期初存量、本期增量[①]、本期减少量[②]和期末存量。计量单位以林木蓄积和林地面积等数量单位为主。陈艳利、弓锐和赵红云（2015）认为，森林资源的实物计量方法包括GPS、RS、GIS、固定样地清查法、小班清查法等。二是森林资源质量的核算。主要涉及生态效益和社会效益，其中生态效益主要列报森林涵养水源、保育土壤、固碳释氧、净化大气环境、森林防护、生物多样性保护、森林游憩等变化情况的指标。三是森林资源价值的核算。主要从资产定价的角度考虑，对森林资源中的林木资源和林地资源进行核算。目前针对不同类型的林地和林木资源，采取不同的价值评估方法。综合来看，对森林资源数量和价值的核算主要依靠资源清查数据，通过年金资本化法、重置成本法、收益净现值法、市场价倒算法和现行市价法等方法进行价值核算。但是尚未形成标准化程度高、应用成熟规范、各方普遍认可的方法体系（柏连玉，2015a）。对森林资源质量的评估，考虑到森林生态系统服务过程复杂、类型繁多、服务功能多样的特点，如何科学评价生态效益和经济效益，仍是今后

---

① 按照增加类型明细列报，例如新培育、新发现、自然增长、分类变化增长等。
② 按照减少类型明细列报，例如采伐利用、自然减少、火灾损失、人为损失、分类变化减少等。

研究中需要重点关注的问题。

上述实践探索和理论研讨表明：一方面，在推进编制自然资源资产负债表及其制度建设阶段，森林资源资产负债表可以作为自然资源资产负债表编制的重要组成部分加以研究和推广。开展林业企业领导干部森林资源资产离任审计、建立森林生态环境损害责任终身追究制等，对全面评估我国森林资源资产的价值、促进生态文明建设具有重要意义（申成勇和李琦，2015；张颖和潘静，2016）。另一方面，对于如何把森林自然资源实物量转化为价值量，应该设置哪些具体的评价指标，如何建立科学统一的森林资源资产负债表编制标准，以及如何形成科学的制度体系等问题的研究仍不成熟。因此，有必要进一步深化对森林资源资产负债表编制的理论研究，通过实践探索验证其可行性和广泛适用性。

（二）生物多样性资源

生物多样性是指，在一定时间和一定地区所有生物（动物、植物、微生物）物种及其遗传变异和生态系统的复杂性总称。主要包括遗传（基因）多样性、物种多样性、生态系统多样性三个层次。现有从会计角度对生物多样性资源的研究，主要涉及对生物多样性价值的估算，重点关注对森林生物多样性和海洋生物多样性的会计确认、计量和披露等问题。刘梅娟、石道金和温作民（2005）[1] 对海洋生物多样性价值

---

[1] 刘梅娟、石道金、温作民：《森林生物多样性价值会计确认与计量研究》，载《财会通讯》（学术版）2005年第10期。

的确认、计量、会计科目与会计报表的设计提出了自己的设想。许家林、陈先丹、王昌锐（2006）[①]和刘蕊（2008）[②]运用会计核算原理对海洋资源如何纳入会计核算体系进行了分析与阐述。其研究认为，应设置反映海洋资源资产原值及其折耗、海洋资源资产权益变动情况、海洋资源资产使用费缴纳情况、开发利用海洋资源过程与结果等的账户，对海洋资源进行会计核算。但他们没有对海洋生物多样性问题进行专门论述。吴荷青（2009）[③]借鉴生物多样性的价值评估方法探究了如何估算海洋生物多样性的价值。刘梅娟、石道金和温作民（2007）[④]对森林生物多样性价值会计核算进行综述，认为国内外有关森林生物多样性价值的评估研究在广度和深度上逐渐得到加强；已基本建立起价值评估研究的理论和方法框架；在实践应用中也取得了不少成果。环境经济学等学科在森林生物多样性价值评估中丰富的理论与实践，已为我们提供了一定的森林生物多样性价值的计量方法。目前需要解决的主要是有关会计计量尺度、计量属性等方面的问题。白香琴（2010）[⑤]对森林生物多样性资产的会计认定及分类进行了探索。刘梅娟、卢秋桢和尹润富（2006）[⑥]对森林生物多样性价值核算会计科目及

---

① 许家林、陈先丹、王昌锐：《海洋资源会计：基础·规范·核算》，载《海洋环境科学》2006年第4期。
② 刘蕊：《海洋资源会计核算问题探讨》，载《广东海洋大学学报》2008年第5期。
③ 吴荷青：《海洋生物多样性的会计核算初探》，载《中国乡镇企业会计》2009年第6期。
④ 刘梅娟、石道金、温作民：《森林生物多样性价值会计核算研究综述》，载《世界林业研究》2007年第1期。
⑤ 白香琴：《对森林生物多样性资产的会计认定及分类的分析》，载《林业勘查设计》2010年第2期。
⑥ 刘梅娟、卢秋桢、尹润富：《森林生物多样性价值核算会计科目及会计报表的设计》，载《财会月刊》2006年第3期。

会计报表的设计进行了探索。但是，还没有学者探讨生物多样性资源资产负债表的相关问题。尽管如此，关于森林生物多样性和海洋生物多样性的会计确认、计量和披露的研究，对生物多样性资源的核算具有重要的借鉴意义，对生物多样性资源资产负债表的编制提供了一定基础。

（三）湿地资源

湿地指天然或人工形成的沼泽地等带有静止或流动水体的成片浅水区，还包括在低潮时水深不超过6米的水域。湿地与森林、海洋并称全球三大生态系统。秦嘉龙、刘玉（2014）[①]采用市场价值法、费用支出法、替代费用法和影子工程法等评估方法，评估了2005年和2011年三江源湿地生态系统服务功能。他们从会计核算领域对湿地问题进行了研究，从政府与非营利组织会计与环境会计相结合的视角，构建了三江源湿地生态补偿会计核算案例。喻锋等（2016）[②]基于能值分析[③]和生态用地分类对我国生态系统生产总值进行核算研究，其中包括湿地生态系统。关于湿地生态系统评价的这些研究，为进一步探讨湿

[①] 秦嘉龙、刘玉：《三江源湿地生态效益补偿的核算与评价》，载《会计之友》2014年第5期。
[②] 喻锋、李晓波、王宏、张丽君、徐卫华、符蓉：《基于能值分析和生态用地分类的中国生态系统生产总值核算研究》，载《生态学报》2016年第6期。
[③] 能值分析是以H. T. ODUM为首创立的生态—经济系统研究理论和方法，是在传统能量分析的基础上创立的一种新的研究方法。它把各种形式的能量转化为统一的单位——太阳能焦耳。采用一致的能值标准，以统一的能值标准为量纲，把系统中不同种类、不可比较的能量转化成同一标准的能值来衡量和分析，从而评价其在系统中的作用和地位。综合分析系统的能量流、物质流、货币流等，得出一系列反映系统结构、功能和效率的能值分析指标，从而定量分析系统的功能特征和生态、经济效益。

地资源资产负债表的编制奠定了一定基础。

（四）荒漠资源

荒漠通常是指气候干燥、降水极少、蒸发强烈，植被缺乏、物理风化强烈、风力作用强劲、其蒸发量超过降水量数倍乃至数十倍的流沙、沙滩、戈壁分布的地区。目前从荒漠资产负债表角度研究的文献较少。宫丽彦、程磊磊和卢琦（2015）[①]针对我国国情将荒地划分为荒野地、未利用地和废弃地三种类型。其中荒地比荒漠的范围广。在未来开发与保护荒地过程中，应更加重视荒地的价值，建立荒地产权制度，编制荒地自然资源资产负债表，加强对荒地的分类保护与开发。

综上所述，现有关于自然资源资产负债表的研究集中在概念的探讨与认定、理论依据以及典型领域（如森林资源）的探索。本研究正是基于这些有益的探究与研讨，认为我国自然资源资产负债表的编制可借鉴会计学资产负债表的形式。从内容看，自然资源资产、负债、净资产都是会计概念；从理论基础看，自然资源资产负债表的编制遵循"资产来源＝资产运用"的会计恒等式；从结构看，自然资源资产负债表是各类自然资源资产的价值与不同产权主体拥有的产权价值的总体反映；从核算看，自然资源交易记录能够为编制自然资源资产负债表提供基础和条件。因此，自然资源资产负债表的编制可以依赖会计理论和会计方法，在会计学资产负债表的基础上，探索编制出符合

[①] 宫丽彦、程磊磊、卢琦：《荒地的概念、分类及其生态功能解析》，载《自然资源学报》2015年第12期。

我国国情的自然资源资产负债表。

第三节 生态环境损害及责任追究

目前，生态环境损害及责任追究的研究，大致可以分为生态环境损害情形、生态环境损害评判和生态环境损害责任追究三个方面。

一、生态环境损害情形

张红振等（2013）[1]认为，环境损害可以概括为任何人类活动对生态环境和社会经济体系造成的负面影响。从广义上讲，环境损害可定义为任何自然环境系统扰动所造成的社会可感知和量化的损害。从中义上讲，环境损害可定义为，由于环境污染物质排放或其他人类活动，导致环境参数变化所造成的现行相关法律所主张的，可量化的对人体健康、社会经济和资源环境的损害。从狭义上讲，可定义为，由于人类不当活动导致的对资源环境本身的损害，不考虑对人身健康、财产等方面的损害。

王琼娴（2015）[2]认为，生态损害的对象可以界定为，包括河流、

---

[1] 张振红、曹东、於方、王金南、齐霁、贾倩、张天柱、骆永明：《环境损害评估：国际制度及对中国的启示》，载《环境科学》2013年第5期。
[2] 王琼娴：《论生态损害责任追究机制的构建》，载《法制与社会》2015年第32期。

湖泊或其他水域的污染，地下水的污染，空气污染，土壤污染，噪声污染，放射性损害，人为原因造成的地面塌陷或者沉降。

张修玉等（2016）[①]认为，生态环境损害的情形并不仅仅只是重大环境突发应急事件，也包括了常年累积的生态环境问题。对于生态破坏、环境质量恶化甚至生态系统生产总值的减少都要追责。

马永欢等（2015）[②]认为，针对目前自然资源产权归属不清、产权受益未得到有效保护、产权交易偏离市场规则和管理体制不完善等方面的问题，需要以归属清晰、权责明确、流转顺畅、职能完整、保护严格、监管有效为总体要求，对自然资源产权制度进行顶层设计。其研究还从法律修编、完善有偿使用制度、推进不动产统一登记、完善环境经济政策和制定生态文明战略行动纲要方面提出了具体建议。

二、生态环境损害评判

当前，我国生态环境损害的相关立法和实践主要关注环境私益损害的评估与赔偿，处在逐渐向环境公益损害主张和求偿的过渡阶段。在我国已经颁布的相关法规中，《中华人民共和国民法通则》《中华人民共和国环境保护法》《中华人民共和国刑法》《中华人民共和国水污染防治法》等，对环境污染损害责任进行了较为原则的规定，主要关

---

① 张修玉、李远、植江瑜、汪中洋：《加强责任追究推进制度保障》，载《中国环境管理》2016年第1期。
② 马永欢、刘清春：《对我国自然资源产权制度建设的战略思考》，载《中国科学院院刊》2015年第4期。

注环境污染造成的私益损害。当前研究较为深入的领域当属海洋生态资源的价值评估。我国海洋生态损害评估机构、技术、人员等方面正在快速发展。农业部颁发的《水域污染事故渔业损失计算方法规定》、国家海洋局发布的《海洋溢油生态损害评估技术导则》等对评估海洋生态损害具有重要意义。

环境保护部2011年发布的《关于开展环境污染损害鉴定评估工作的若干意见》及附件《环境污染损害数额计算推荐方法（第1版）》是目前环境污染损害赔偿的主要依据。但该文件法律位阶低、效力弱。

刘世林等（2006）[①] 认为，生态环境损害评价指标体系应包括反映财政收支状况、民生工程投入、上级任务落实以及个人遵纪守法等方面的指标。

张红振等（2013）认为，总体上来看，我国构建环境损害评价制度体系在法律法规、技术标准和工作机制方面都面临不足。还没有针对生态环境污染责任的系统立法。虽然对环境损害具有比较明确的上位法规定，但缺乏具体可操作的实体法和程序法规定。

彭真明等（2013）[②] 认为，我国应当尽快构建生态损害责任保险制度，逐步提升生态损害风险的评估技术水平。

刘宝财（2016）[③] 尝试从自然资源资产财政财务收支、政策法规执

[①] 刘世林、牛玉韬：《经济责任审计评价指标和评价程序》，载《中国内部审计》2006年第12期。

[②] 彭真明、殷鑫：《论我国生态损害责任保险制度的构建》，载《法律科学》2013年第3期。

[③] 刘宝财：《基于自然资源资产责任审计评价指标体系研究》，载《财政监督》2016年第8期。

行、内部管理制度等方面建立一套自然资源资产责任审计评价指标体系，为开展自然资源资产责任审计提供一种可行的评价框架模式。

於方等（2016）[①] 认为，尽管环境保护部已经先后发布了两版《环境损害鉴定评估推荐方法》，客观上为环境司法、执法与管理活动提供了依据，但在具体操作层面还缺乏必要的工作程序规定。其研究还认为，可以结合生态环境损害调查、评估、修复方案制订与修复执行等赔偿过程，构建适用于不同环节和程序要求的损害评估工作程序。然后，进一步根据生态环境污染或破坏原因，以及影响要素的不同，分类建立损害调查、因果关系认定、损害量化、修复方案制订等技术方法体系。

三、生态环境损害责任追究

2015 年 8 月，中共中央办公厅、国务院办公厅正式印发《党政领导干部生态环境损害责任追究办法（试行）》。张修玉等（2016）认为，该办法对引导党政领导干部树立正确的政绩观，尽快建立人与自然和谐发展局面具有重要的现实意义。针对推进办法的具体实施，其研究提出了编制生态资产负债表、建立追责联动机制、行为追责与后果追责相结合、设立追责情形和制定实施细则等建议。

2015 年 12 月，中共中央办公厅、国务院办公厅出台的《生态环境

---

① 於方、刘倩、牛坤玉：《浅议生态环境损害赔偿的理论基础与实施保障》，载《中国环境管理》2016 年第 1 期。

损害赔偿制度改革试点方案》，首次以制度化的方式从国家层面对生态环境损害赔偿制度进行了较为系统和完善的规定。於方等（2016）认为，该方案的规定仅为框架性指引，为保障方案的落实，还需要细化完善。为落实方案的要求，其研究提出了明确责任主体、细化磋商与诉讼程序、健全生态环境损害评估制度、加强资金保障、强化法律与公众监督、制定改革方案配套制度等具体建议。

王琼娴（2015）认为，在生态环境损害责任追究机制中，构建行政手段的追究制度是必要的。应当建立生态环境保护保证金制度。在生态环境损害行为发生后，环境保护部门可以通过没收保证金，追究生态环境损害者的责任。

高桂林等（2015）[①] 认为，我国现行的生态环境保护责任终身追究制尚不成熟。应进一步建立完善该项制度，厘清责任主体、细化责任形式、区分追究时效、设立启动主体、量化追责标准，并完善配套保障制度。

从上述生态环境损害及责任追究方面的研究中可以看到以下不足：第一，研究缺乏系统性。大多数研究只考虑到了生态环境损害的一个或几个方面，并没有充分考虑生态环境损害包含的系列要素，没有把它作为一个整体来考虑。生态环境损害的各个要素之间存在一定的关系，如果只考虑其中的一个或几个方面，而忽视其他方面，就会造成研究的片面性，影响实践效果。第二，研究缺乏深度。当前，大多数

---

① 高桂林、陈云俊：《论生态环境损害责任终身追究制的法制构建》，载《广西社会科学》2015年第5期。

学者的研究实用性较强,如生态环境损害判断的技术方法、评价和追究的程序等。对生态环境损害的本质、判断的原则、生态环境损害追究的目标等基础理论的研究不足。在理论基础研究不充分的情况下,单纯的技术方法、程序等应用方面的研究容易出现偏差,实际上也很难深入。第三,相关学科的融合不够。在研究中,虽然借鉴了诸多学科的相关内容,并从中吸纳了它们的优势,但多数情况下,只是将相关内容直接植入,没有做到有机融合,更没有形成一个完整的体系。鉴于存在的这些不足,本研究将尝试从理论层面、法律与制度层面入手,剖析现状和问题,提出具有建设性的意见和建议。

【本章小结】

无论侧重自然资源对人类的功用、自然属性,还是强调自然资源存在的时空条件,或者将人工环境纳入自然资源范畴,已有研究的定义都表达了自然资源所具有的价值属性。自然资源资产、负债、所有者权益等概念满足会计学相关概念要素的要求。自然资源价值计量应当考虑边际成本、稀缺性、供求关系等因素,从内在价值和外部性出发采用适当的方法。我国自然资源资产核算体系研究经历了三个阶段,当前提出探索编制的自然资源资产负债表与环境经济综合核算体系较为接近。

已有研究大多基于统计学、宏观经济学的视角。这也导致对"自然资源负债"的概念难以解释,实践探索中对负债的核算也采取了回避的态度。本研究认为，只有基于会计学原理，从"产权"的角度解释"负债"，编制自然资源资产负债表才能找到理论基础和实践可能。以森林资源领域为代表的探索和研究充分证明了这一点。因此，我们认为，对"编制自然资源资产负债表与生态环境损害责任终身追究制"的研究，核心问题集中在"编表""负债"和"责任"三个领域。其中，编表是会计问题，负债是产权问题，责任是管理和法律问题。

第三章　自然资源产权理论及实践发展

　　自然资源资产负债表中"资产""负债"问题的本质是产权问题。没有产权的资源不成其为资产，资源没有特定的产权归属就不可能形成负债。因此，自然资源产权明晰是编制自然资源资产负债表的必要前提。党的十八届三中全会《决定》明确提出要健全自然资源产权制度。党的十九大报告强调，经济体制改革必须以完善产权制度和要素市场化配置为重点，实现产权有效激励、要素自由流动、价格反应灵活、竞争公平有序、企业优胜劣汰。本章以马克思主义产权理论为基础，批判吸收西方经济学产权理论。通过归纳总结我国自然资源产权理论及其实践发展，提出经济发展新时期我国自然资源产权理论内涵，明确自然资源产权主体，为编制自然资源资产负债表和建立生态环境损害责任追究制提供理论支持。

第一节 产权理论概述

关于产权理论，西方经济学和马克思主义政治经济学有着截然不同的观点和论述。马克思主义政治经济学的产权理论更符合公有制为主体的我国实际情况。产权是所有制的核心，是经济所有制关系的法律表现形式。就自然资源产权理论而言，自然资源产权主体决定自然资源所有权（占有权、使用权、收益权、处分权）的归属，同时自然资源本身特性进一步丰富了自然资源产权理论的内涵和外延。

一、西方经济学中的产权理论

西方经济学产权理论主要研究如何界定、调整和合理安排产权结构，降低、消除市场交易中产生的交易费用，优化资源配置，提高市场运行效率。产权制度是西方新制度经济学[①]中最重要、最根本的制度

[①] 新制度经济学是一个侧重于交易成本的经济学研究领域。其产权理论认为产权是一种权利，是一种社会关系，是规定人们相互行为关系的一种规则，并且是社会的基本性规则。其制度变迁理论认为，人们如果没有制度创新和制度变迁的冲动，并通过一系列制度（包括产权制度、法律制度等）构建把技术创新的成果巩固下来，那么人类社会长期经济增长和社会发展是不可设想的。其行为假定认为人类行为动机具有追求财富最大化和非财富最大化双重性，人与环境的关系使人不能对稀缺的世界作出正确的反映，即只具有有限理性。新制度经济学派是当代西方经济学的主要流派之一。

设计。

(一) 产权的内涵

从西方经济学的研究可以看出,产权内涵并没有一个公认的定义。归纳总结产权内涵研究成果,大体可分为以下三种观点:一是以阿尔钦为代表的经济学家认为,产权是一个社会所强制实施的选择一种经济品使用的权利[1];二是以施瓦茨为代表的学者进一步扩大了产权内涵,认为产权不仅是指人们对有形物的所有权,同时还包括决定行使市场投票方式的权利、行政许可权、履行契约的权利以及专利和著作权等各种无形权利[2];三是在之前研究基础上,菲吕博腾和配杰威齐等人进一步将产权内涵扩展到人与人之间的关系,认为产权不是指人与物之间的关系,而是指由于物的存在及使用,所引起的人与人之间的行为关系[3]。由此可以看出,虽然西方经济学并未就产权内涵达成一致,但这些代表性观点表达了产权内涵的三个特征:第一,排他性;第二,可交易性;第三,可分解性,即产权由众多权利组成。

产权是一组权利组合体,它主要包括占有权、使用权、收益权和处分权等。从法律关系看,产权涵盖西方国家的侵权行为法、合同法、民法、刑法等各种法律的有关概念和内涵。产权制度是为了解决资源

---

[1] R. 科斯等:《财产权利与制度变迁——产权学派与新制度学派译文集》,上海三联书店、上海人民出版社 1994 年版,第 166 页。
[2] 李风圣、吴云亭:《公平与效率:制度分析》,经济科学出版社 1995 年版,第 99 页。
[3] R. 科斯等:《财产权利与制度变迁——产权学派与新制度学派译文集》,上海三联书店、上海人民出版社 1994 年版,第 204 页。

稀缺产生冲突问题而确立的竞争规则。这个规则或是以法律法规形式存在，或是体现为规范、习惯甚至等级地位。

（二）产权的主体

西方经济学基于私有制来界定产权主体。其主要观点是，产权是私人权利的组合，它建立在私人所有制基础上，与产权所有者的利益紧密相连；产权虽然体现为对物的所有权，但从根本上来说是反映了人与人的关系[①]；产权中的处分权、收益权如何行使，从根本上来说是产权所有者意愿的体现。西方经济学产权理论由此得出结论认为，只有产权明晰，才能明确经济人在商品所有权内可行使的其他各种权利，市场经济才能有序有效运行。西方经济学产权理论将产权不清晰归结为市场失灵，把产权明晰与否作为判断市场经济是否成熟的必要条件；建议依法界定产权，减少因产权不清晰而产生的资源配置的效率低下问题。[②]

（三）局限性

第一，以私有制为基础，缺乏宏观定位和马克思主义唯物史观。

[①] 当代西方主流经济学人与人关系研究的突出问题，主要表现为它依赖于一套物化逻辑，把人与人的关系一步步转换成物与物的关系，以此替代人与人的关系来研究。孤立化和数量化是这套逻辑的两个基本步骤。孤立化是西方经济学把研究局限在私人劳动的必然结果；数量化则反映了资本主义物化经济形态可计算性的内在要求，是一种与资本主义物化经济形态相适应的物化思维方式。博弈论虽然表面上看来是研究人与人之间的关系，但仍然没有摆脱物化逻辑的局限，无法从根本上改变西方经济学只见物不见人的根本性质。（参见梁建洪：《西方经济学人与人关系研究的物化逻辑》，载《天津社会科学》2015年第5期）

[②] 桑东莉：《可持续发展与中国自然资源物权制度之变革》，武汉大学2005年博士学位论文。

西方经济学产权理论认为，私有制是产权产生的基础，资源的稀缺性使产权主体产生占有资源的内在动力。西方经济学产权理论研究旨在服务私有产权，从根本上否定公有制。它把公有制等同于产权不清、"吃大锅饭"。它还认为公有制基础上的产权仅适用于具有外部性的产品，甚至把公有制共有产权简单等同于低效率。

第二，回避生产关系。西方经济学产权理论在论证经济人假设时，缺乏历史观和阶级观。它忽视了人的社会属性和历史属性，而将其抽象为无差别的、利益最大化的经济人。在论述人的行为时，或是将人视为抽象的个体，或是陷入经济人与社会相互决定、无限倒推的二律背反的困境中，人为地抹杀人的个体感受和经济利益之外的社会价值目标内涵。[①] 这导致西方经济学产权理论只能分析表面的、机械的、社会经济体之间的相互作用，无法对个体与个体之间的交易风险、收益、分配给出科学的解释，简单地把它们视为经济学上的机会主义、搭便车等。西方经济学这种以简单的个体交易分析为基础的产权理论，无法把握经济社会发展过程中产权变化的历史规律。

第三，未对法律范畴的产权与经济范畴的产权进行区分。法律范畴的产权指产权的类型、性质、内涵及其行使，都必须由主权国家法律明文规定。国家主权是产权前提，产权的存在和行使必须以国家主权框架之下的法律法规为依据。西方经济学产权理论以私有制为基础，以西方民主为范式，强调人权、自由、平等，民权高于主权，漠视国

[①] 刘元春：《制度整体主义与制度个体主义——马克思与新制度经济学的制度分析方法比较》。参见林岗、张宇主编：《马克思主义与制度分析》，经济科学出版社2001年版。

家主权基础。片面强调产权主体法律地位的平等,忽视主权是产权的基础,没有看到不同产权主体事实上的不平等。近年来,西方国家强行推行的民主、自由交易产权,已经超越了国家和主权。西方经济学倡导的以私有制为基础的产权势必变成国家主权的灾难,也不能真正带来高效的资源配置。

二、马克思主义政治经济学产权理论

马克思主义政治经济学对产权的研究,主要集中于产权的宏观定位。它注重从生产关系与上层建筑的角度,研究不同所有制基础上社会经济主体的地位和作用,以及所有制变革实现产权主体变革等问题。马克思主义政治经济学同样强调产权制度的重要性。但区别于西方经济学研究产权的人与人之间关系角度,它是以产权关系为基础研究经济关系,着重研究资本所有权、土地所有权以及所有权与支配权相分离等产权问题。从理论基础与概念内涵来看,马克思主义政治经济学与西方经济学的产权理论有着本质区别。

(一)着眼于整体研究和宏观视野

马克思主义政治经济学产权理论首先研究的是"物",其次透过简单的"物"的表象,研究人与人之间的关系,即生产关系,并将其作为主要的研究对象。马克思主义政治经济学产权理论认为,经济关系决定产权关系,根本上否定产权关系决定经济关系的观点。同时强调,产权关系是特定历史条件下人与人、阶级与阶级之间的社会关系，而不是一种简单的物物交易关系。坚持生产资料产权是一种历史的必然选择，而不是自然选择的结果。马克思主义政治经济学的产权理论采取历史的、阶级的观点研究产权，更为深刻、更符合经济生活实际。

（二）将人的行为纳入社会关系之中

西方经济学产权理论抨击马克思主义政治经济学的主要论调之一是，马克思主义政治经济学仅采用整体主义分析方法，缺乏具体的微观分析，缺少行为理论，从而使理论与市场经济实践脱节。实际上，马克思主义政治经济学产权理论不仅有总体分析，还从实践角度把握住了"社会人"行为的内涵和本质。其基本观点包括，个人行为由社会生产方式决定，而非西方经济学所宣称的个人理性选择的结果；社会中的人是有欲望的，动机也是多种多样、千变万化的，具体行为因个体差异、受不同主观动机支配，而不是把所有人都抽象为无差别、理性的、个人利益最大化的经济人[①]；单个个体在各式各样的动机下，行为结果是由社会利益机制决定的。

---

① 经济人现象的第一个阐释者是亚当·斯密（1776年《国民财富的性质和原因的研究》），意大利经济学家帕累托于19世纪末期提出了"经济人"概念。经济人假设特别强调人的利己本性、利己行为，将其当作经济学研究的一般前提，人类经济活动的客观缘起，甚至认为人们逐利的结果产生了人类经济社会的变迁发展。经典作家和无产阶级革命家并不否定人的自利属性。马克思指出"各个人的出发点总是他们自己，不过当然是处于既有的历史条件和关系范围之内的自己，而不是意识形态家们所理解的'纯粹的'个人"（《马克思恩格斯文集》第1卷，人民出版社2009年版，第571页）。

（三）将产权视为不同生产关系基础上的法律体现

不同的历史时代，物的所有权以不同的方式存在。在不同的生产关系下，物体现出不同的人与人之间关系。马克思主义政治经济学认为，产权问题首先体现了所处时代的生产关系，其次才是法律的概念；生产关系体现的是不同所有制，这属于政治经济学范畴，而产权是法学范畴。不同形式所有制的基础，就会产生不同的产权关系，产权内涵和外延也随之变化。产权不是私有制生产关系的专属内容，而是随着所有制形式的不同而不断变化。

（四）采取联系的、发展的产权观点

马克思主义政治经济学否认私有产权的永恒合理性，认为产权内涵和外延会随着生产力的发展、生产关系的变化而丰富发展。产权是一个经济社会的历史发展过程，产权制度处在不断的发展变化之中，没有一种产权制度是永远合理的。马克思主义唯物史观认为，任何一种制度都是历史的、变化的，都是特殊历史阶段的产物，有着自己特殊的运动规律。私有制基础上的产权制度，产生于原始社会内部，从具有独立经济意义的家庭开始，它会随着生产力的发展而不断发展变化。公有制基础之上的生产关系、经济发展，必然有着与私有制不同的产权主体、产权内涵和外延。

第二节　我国自然资源产权制度的演进历程

我国自然资源产权制度建立在马克思主义政治经济学产权理论基础之上，立足于我国基本国情，坚持以公有制为基础，其理论内涵随着我国经济社会体制改革的逐步深化，不断完善发展。

一、自然资源产权主体及其内涵的确立

中华人民共和国成立初期，自然资源逐步收归国家所有。1950年6月颁布施行的《土地改革法》第十条规定："所有没收和征收得来的土地和其他生产资料，除本法规定收归国家所有者外，均由乡农民协会接收，统一地、公平合理地分配给无地少地及缺乏其他生产资料的贫苦农民所有。"第十八条规定："大森林……和矿山……等，均为国家所有，由人民政府管理经营之。"没收中华人民共和国成立前官僚资本所有的自然资源，成为自然资源国家所有的主要途径。通过上述途径获取的自然资源，其产权主体无一例外，全部属于国家所有。1954年9月20日第一届全国人民代表大会第一次会议通过的《中华人民共和国宪法》第六条第二款规定"矿藏、水流，由法律规定为国有的森林、荒地和其他资源，都属于全民所有"，从国家宪法高度规定了自然

资源单一国家所有制度。此后，1975年1月修改《中华人民共和国宪法》时，延续了之前对自然资源产权主体的规定。同时还增加第三款"国家可以依照法律规定的条件，对城乡土地和其他生产资料实行征购、征用或者收归国有"。1978年修订的《中华人民共和国宪法》与1975年《中华人民共和国宪法》相关表述一致。

新中国成立初期到改革开放前的这段历史时期，我国自然资源产权制度以马克思主义政治经济学产权理论作为指导，以公有制为基础，以国家为单一主体，涵盖了自然资源资产所有权的全部产权内涵。虽然国家单一主体的产权制度设计在一定程度上会产生产权的主体、内涵不够明晰的问题，但由于当时我国自然资源交易市场还没有形成，这种产权结构与经济发展的矛盾并不突出。

二、自然资源产权主体及其内涵的发展

1982年《中华人民共和国宪法》第九条和第十条将自然资源的国家所有权进行了拓展。把集体所有的自然资源纳入自然资源产权体系中来。第九条第一款规定"矿藏、水流、森林、山岭、草原、荒地、滩涂等自然资源，都属于国家所有，即全民所有；由法律规定属于集体所有的森林和山岭、草原、荒地、滩涂除外"。第十条规定"城市的土地属于国家所有。农村和城市郊区的土地，除由法律规定属于国家所有的以外，属于集体所有；宅基地和自留地、自留山，也属于集体所有。国家为了公共利益的需要，可以依照法律规定对土地实行征用。

任何组织或者个人不得侵占、买卖、出租或者以其他形式非法转让土地。一切使用土地的组织和个人必须合理地利用土地"。自此，从法律层面上将自然资源产权主体划分为国家所有和集体所有两种类型，其所有制基础仍然是公有制。

此后，1988年、1993年、1999年和2004年的宪法修正案延续了1982年宪法对自然资源产权的界定。我国形成了以宪法为基础，以其他法律为支撑的自然资源产权法律规范体系。1986年4月颁布的《中华人民共和国民法通则》第八十条明确提出了国家土地所有权，第八十一条也明确了国家自然资源的所有权，提出所有的自然资源"不得买卖、出租、抵押或者以其他形式非法转让"。2007年10月施行的《中华人民共和国物权法》第四十五条至第四十九条规定了自然资源国家所有权："法律规定属于国家所有的财产，属于国家所有即全民所有。国有财产由国务院代表国家行使所有权。"并明确了自然资源国家所有权的主体，即国务院。第五十八条至第六十条规定了集体所有的自然资源资产所有权，明确自然资源资产集体所有权的主体为"村集体经济组织""村民委员会""集体经济组织或者村民小组"等。1985年10月起实施的《中华人民共和国草原法》第四条明确了草原的国家所有权属性，同时明确由法律规定属于集体所有的草原除外。1988年12月修订的《中华人民共和国土地管理法》第二条规定了土地的全民所有制和劳动群众集体所有制。1996年8月修正的《中华人民共和国矿产资源法》第三条规定了矿产资源的国家所有权。1998年4月修改的《中华人民共和国森林法》第三条提出森林资源的国家所有权和集体所有权。2001年10月颁布的《中华人民共和国海域使用管理法》也提出了海域的国家所有权，其中第三条规定"海域属于国家所有，国务院代表国家行使海域所有权。任何单位或者个人不得侵占、买卖或者以其他形式非法转让海域。单位和个人使用海域，必须依法取得海域使用权"。2002年8月修订的《中华人民共和国水法》第三条规定了水资源的国家所有权，同时明确，农村集体经济组织的水塘以及由农村集体经济组织修建管理的水库中的水，归各农村集体经济组织使用。2004年8月修订的《中华人民共和国渔业法》第十一条规定了水面、滩涂的国家所有权和集体所有权。

三、自然资源产权主体及其内涵的逐步完善

随着我国改革开放和社会主义市场经济的逐步发展，自然资源作为重要的市场交易客体，对其进行管理的法律法规和规则，逐渐显现出与市场经济规则的不适应性。各种滥采滥伐、竭泽而渔等破坏自然资源和生态环境的事件频发，迫切要求我国法律对自然资源的开发利用、环境保护作出严格规定。由于我国自然资源资产的产权主体是国家和集体，为了满足市场交易规则需要，进入市场交易体系的自然资源使用权、收益权开始与占有权、处分权相分离。

1988年宪法修正案，将原第十条第四款修改为"任何组织或者个人不得侵占、买卖或以其他形式非法转让土地"。同时又规定"土地的使用权可以依照法律的规定转让"。此项修改对我国自然资源产权制度

理论与实践发展,都有着极为重要的影响,标志着我国自然资源产权的占有权、处分权与使用权和收益权开始分离。1988 年修订的《中华人民共和国土地管理法》也进行了相应修正,其第二条第四款、第五款确立了国有土地有偿使用制度,规定了土地使用权可以依法转让。1996 年修正的《中华人民共和国矿产资源法》第五条、第六条规定了探矿权、采矿权有偿取得的制度,从而使探矿权、采矿权也进入市场交易。同时,《中华人民共和国矿产资源法》还明确规定"禁止将探矿权、采矿权倒卖牟利"。1998 年《中华人民共和国森林法》也作了修正,森林、林地等使用权可以进入市场进行交易。我国大部分与自然资源有关的单行法律都涉及了产权制度设计,一般允许国家所有和集体所有的自然资源可由单位和个人依法开发利用,开发利用者享有使用权和收益权等。如《中华人民共和国渔业法》第十一条规定"单位和个人使用国家规划确定用于养殖业的全民所有的水域、滩涂的,使用者应当向县级以上地方人民政府渔业行政主管部门提出申请,由本级人民政府核发养殖证,许可其使用该水域、滩涂从事养殖生产"。

2016 年 11 月,中共中央、国务院发布的《关于完善产权保护制度依法保护产权的意见》提出,建立健全归属清晰、权责明确、监管有效的自然资源产权制度,完善自然资源有偿使用制度,逐步实现各类市场主体按照市场规则和市场价格依法平等使用土地等自然资源。

党的十九大报告指出,中国特色社会主义进入新时代,我国社会主要矛盾已经转化为人民日益增长的美好生活需要和不平衡不充分的发展之间的矛盾。经济体制改革必须以完善产权制度和要素市场化配置为重点①。现代产权制度是社会主义市场经济体制的基石。其基本特征是归属清晰、权责明确、保护严格、流转顺畅，其核心是产权保护。公有制为主体、多种所有制经济共同发展的基本经济制度，是中国特色社会主义制度的重要支柱，是社会主义市场经济体制的根基。完善产权制度必须坚持和完善我国基本经济制度，毫不动摇巩固和发展公有制经济，毫不动摇鼓励、支持、引导非公有制经济发展。完善产权制度要以公平为核心原则，依法保护各种所有制经济产权和合法权益，依法保护各种所有制经济组织和自然人财产权。本研究认为，要充分认识完善自然资源产权制度的重要性和紧迫性，从顶层设计上不断推动自然资源产权制度创新、完善。具体来讲，应当立足于我国公有制为主体、多种所有制经济共同发展的基本经济制度，在现有法律政策框架范围内，深化自然资源产权制度改革，以促进经济与生态环境的良性可持续发展。我国自然资源产权制度创新，要依据自然资源"占有权与使用权分离，使用权与处分权相分离"的原则，根据不同自然资源的特征，建立多样化、多层次自然资源产权体系。对于产权归属比较清晰的，应在坚持公有制基础上，将自然资源的占有权、使用权、处分权、收益权等归属到不同的产权主体，如国家或集体；对于目前产权界定不够清晰的，应区分不同情况对占有权、使用权、收益权和处分权进行分离，实现生态环境良性发展基础上的资源配置最优化。

---

① 在交易成本大于零的现实环境中，产权的初始安排与重新选择，对资源配置效率有着决定性的作用。产权的明晰度达到最优，也是资源配置效率最优的根本。交易成本、经济活动的游戏规则、经济活动的不确定性、市场价格机制和产权的激励约束机制等都是产权制度对资源配置效率的直接影响因素。

第三节　自然资源产权与自然资源资产负债表编制

根据《中华人民共和国民法通则》第七十一条的规定，自然资源产权制度主要是关于自然资源的所有人、使用人、经营人对自然资源所享有的占有权、使用权、收益权和处分权的法律规范的总称。自然资源的所有权归国家或集体，单位、个人依法取得占有、使用和收益的权利后，可以给相应的单位或个人带来收益。[①] 按照自然资源资产负债表编制原理，单位或个人取得的自然资源在其资产负债表中一方面反映为资产，另一方面反映为负债或所有者权益。对于需要到期归还的自然资源（如土地），应反映为负债；对于无须归还或无法归还的自然资源（如矿产资源），应反映为所有者权益。

一、自然资源资产的占有权

自然资源资产占有权是所有权人对自然资源资产所享有的实际掌握、占据的权利，非经所有权人同意，任何人不得侵犯。该项权利是对自然资源行使使用权、收益权和处分权的基础权利，没有该项权利，

[①] 《中华人民共和国物权法》第一百一十八条规定："国家所有或者国家所有由集体使用以及法律规定属于集体所有的自然资源，单位、个人依法可以占有、使用和收益。"

其他三项权利也无从实现。我国以生产资料公有制为基础的社会主义国家的性质，决定了我国的自然资源资产国家所有和部分集体所有。国家和集体享有自然资源资产占有权，具有自然资源资产私人所有所不具备的比较优势。国家作为自然资源资产所有者，可以满足社会各方对自然资源的不同利益诉求，在公共利益和个体私人利益之间、在当代发展与可持续发展之间，找到最佳自然资源配置方案，实现自然资源配置效率最大化。在大多数英联邦国家，实行以自然资源资产国家所有为基础的国家调控市场模式。自然资源资产归谁所有的问题，会对经济社会健康运行，乃至国家安全[①]和社会稳定产生重大影响。自然资源资产要素市场实行自由交易模式，并不一定能够从根本上解决自然资源配置的效率问题。许多奉行土地私有制的市场经济国家，不但经历过生态危机，而且现在也面临着严重的环境压力。

二、自然资源资产的使用权

自然资源资产的使用权是指为满足生活生产需要，而具体使用某项自然资源的权利。由于占有权与使用权之间所具有的可剥离性，使得某项自然资源资产的实际占有者并不一定是真正使用者。自然资源

---

① 党的十九大报告提出坚持总体国家安全观。从国家安全的角度看，资源的构成包括水资源、能源资源、土地资源、矿产资源等多个方面。资源作为战略保障，是国家维护政治、军事安全的基础，是经济社会平稳可持续发展必不可少的要素。资源安全的核心是保证各种重要资源充足、稳定、可持续供应，在此基础上，追求以合理价格获取资源，以集约节约、环境友好的方式利用资源，保证资源供给的协调和可持续。（参见《总体国家安全观干部读本》，人民出版社2016年版）

资产占有者可能以某种方式将该项资源的使用权出让给其他人来使用，最终导致占有者与使用者不一致。例如，土地使用权（包括建设用地使用权、草原使用权、国有林地的使用权、个人对集体或国有林地的使用权）与土地承包经营权相分离；矿业权中的探矿权与采矿权可以相分离；用水权可分为取水权和航运权等不同权属；其他诸如海域使用权、捕捞权、养殖权、狩猎权、排污权等，均为占有与使用相分离的权属分配形式。

三、自然资源资产的收益权

自然资源资产的收益权是指基于占有或使用自然资源资产，而获取或产生经济利益的权利。一方面，自然资源资产的占有人虽然可能不具体使用自然资源，但基于其实际占有的权利，可以享受因转让自然资源资产使用权而带来的收益。另一方面，自然资源资产的实际使用人可以因具体经营使用自然资源资产，而获得部分新增经济利益。例如，《中华人民共和国民法通则》第八十条第一款规定："国家所有的土地，可以依法由全民所有制单位使用，也可以依法确定由集体所有制单位使用，国家保护它的使用、收益的权利；使用单位有管理、保护、合理利用的义务。"当然，由于使用是为了获取物的使用价值，而收益是为了获取物的价值，因此也有可能存在某些自然资源资产使用人只具有使用权，而不享受收益权。

四、自然资源资产的处分权

自然资源资产的处分权是指依法享有对自然资源资产进行处置的权利。由于处分权直接涉及自然资源资产的权属转移或消灭，一般情况下，该项权利只能由自然资源资产的所有权人，即占有人来行使。在个别情况下，也会存在非所有权人或非使用权人依法享有自然资源处分权。

党的十九大强调必须坚持和完善我国社会主义基本经济制度和分配制度，毫不动摇巩固和发展公有制经济，毫不动摇鼓励、支持、引导非公有制经济发展，使市场在资源配置中起决定性作用，更好发挥政府作用。研究产权理论基本问题，回顾我国自然资源产权制度的演进历程，本研究认为，从中华人民共和国成立到实行改革开放前，我国的自然资源产权制度与当时的生产力发展水平和生产关系状况基本适应。但是，当我国社会生产力水平总体上显著提高，社会生产能力在很多方面进入世界前列，处理好人民日益增长的美好生活需要和不平衡不充分发展之间的矛盾，需要建立健全既符合基本经济制度又能适应新时代要求的产权结构和管理模式。作为自然资源产权的代理人，政府为充分履行其代理责任并向委托者完整报告履行代理责任情况，应当对自己代全民管理的自然资源资产的存量和变化进行记录和反映。这些记录和反映的自然资源资产汇总情况可以通过"自然资源资产负债表"的形式体现，而且"自然资源资产负债表"也是迄今为止最理想的完整、系统反映方式。在政府将自然资源资产的使用权转让给单位或个人时，应从受让人处取得相匹配的收益或补偿。对受让人在经营使用自然资源资产过程中造成的自然资源损害，政府应予以处罚，包括经济处罚。政府在自然资源资产管理、转让过程中，由于自身工作原因造成的损失，应追究领导干部及相关工作人员的责任。政府管理、转让自然资源资产所带来的收益、补偿、造成的损失、处罚所得等内容，都可以而且应当以自然资源资产或负债增减变化的形式记录，并在自然资源资产负债表及其附注中反映。具体记录和反映方式将在第四章、第五章阐述。

第四节　我国自然资源产权制度存在的问题

我国自然资源产权制度经历了由国家所有，到国家所有与集体所有共存，再到所有权与使用权等分离的演进历程。这个历程反映了我国经济社会发展历程的特点，适应了我国经济体制由计划经济到有计划的商品经济再到社会主义市场经济的需要。我国自然资源产权制度随着经济社会发展不断优化，在以自然资源产权公有制为基础，产权主体为国家和集体的前提下，产权内涵不断发展变化。在保障国家和集体自然资源所有权的前提下，将占有权和使用权、收益权、处分权分离，逐步适应社会主义市场经济的发展。但是，现有自然资源产权制度仍然存在与社会主义市场经济发展不相适应的问题。[①] 从产权主体和产权内涵角度看，主要包括自然资源产权主体制度设计需要完善、自然资源产权内涵未能覆盖到赔偿机制两个方面。

一、自然资源产权主体制度设计需要完善

从制度层面看，政府在资源配置的市场交易过程中，既是交易主体又是监管主体，成为目前我国自然资源产权主体制度设计最主要的问题。自然资源资产的占有权与使用权、收益权、处分权相分离，是自然资源资产进入市场进行交易的第一步。国家作为自然资源的所有权人，将自然资源使用权有偿出让给符合法定条件的主体，称为一级市场。例如，《中华人民共和国土地管理法》第二条规定，土地使用权可以依法转让，国家为了公共利益的需要，可以依法对土地实行征收或者征用并给予补偿，国家依法实行国有土地有偿使用制度。这就说明，国家在给予适当补偿后，可以对土地实行征收或者征用，也可以实行合理价格的划拨。该法第五十四条规定，建设单位使用国有土地，应当以出让等有偿使用方式取得。在此过程中，出让、划拨土地的主体是代表国家的市县政府，而受让方可能是政府组成部门的机关、企事业等项目单位。政府在参与市场交易过程中，既是交易主体，又是监管主体。因此，产生了对政府行为监管的制度障碍。

[①] 习近平同志《关于〈中共中央关于全面深化改革若干重大问题的决定〉的说明》（2013年11月15日）中指出："我国生态环境保护中存在的一些突出问题，一定程度上与体制不健全有关，原因之一是全民所有自然资源资产的所有权人不到位，所有权人权益不落实。"

编制自然资源资产负债表与
生态环境损害责任终身追究制研究

"政"者,"众人之事",即公共事务。政绩,即管理和操持公共事务,提供公共服务,保障公共利益的成绩。为了保证公共职责能够得到有效履行,应当在法律规范范畴内提供必要的公共资源,其中包括产权属于国家或集体的自然资源。在唯GDP的考核观念影响下,地方政府为了本届内的经济发展,经常出现过度使用自然资源的问题。例如,2015年审计署发布的审计工作报告披露,在建设用地方面,主要是违规超计划或超规划审批、越权或拆分审批、少批多征或未批先征等批地征地38.77万公顷,违规协议出让、虚假"招拍挂"或"毛地"出让等供地14.43万公顷,违规以租代征、改变规划条件等用地21.86万公顷。在土地利用和耕地保护方面,审计抽查236个城市新区中,有88个突破土地或城市规划,152个占用的12.21万公顷(占规划的8%)土地长期未用;1742个地方开发区中,违规审批设立的有1135个(建成面积69.1万公顷),还有553个违规扩区379.15万公顷。在耕地保护方面,至2013年底,抽查的709个县中有67个县的基本农田面积低于考核目标7.25万公顷(低3%),划定基本农田中有非耕地141.76万公顷(占4%)[①]。这些问题都反映了政府作为市场监管者与市场参与者的制度缺陷。其主要原因:一方面是国家和集体作为自然资源交易主体在剥离使用权和收益权时,缺乏监督,后续责任追究乏力;另一方面是缺乏完整准确的自然资源资产信息,制定规划、监督追责信息不对称,缺乏针对性和控制力。在此情况下,需要建立必要的制度。通过编制自然资源资产负债表,有助于掌握地方政府发

---

① 参见《国务院关于2014年度中央预算执行和其他财政收支的审计工作报告》。

展经济过程中拥有或者控制的自然资源资产及其变化情况，摸清地方政府因自然资源资产过度使用或使用不当所应承担的负债，据以追究自然资源破坏、生态环境损害责任，破解政府作为市场监管者与市场参与者的制度缺陷所带来的两难选择问题。

二、自然资源产权内涵未能覆盖到赔偿机制[①]

我国公有制基础上的自然资源产权内涵包括占有权、使用权、处分权和收益权，而对涉及自然资源等公共资源的损害赔偿，制度设计不够明确。

自然资源的损害赔偿机制，具有一定的特殊性。第一，传统侵权行为法中直接受害人可以进行赔偿索取。而自然资源损害中除了直接受害人外，还存在受自然资源损害影响的大量间接受害人。这些间接受害人如何划定，如何界定损害程度，向传统侵权行为法提出了新的挑战。第二，传统侵权行为法中，受害人可以放弃损害赔偿索取的民事权利，国家无权干涉。而自然资源由于利益影响的广泛性，放弃损害赔偿不仅对经济利益有现实和潜在的影响，而且也会带来社会的不稳定。第三，传统侵权行为法救济的是受害人财产性损失，而自然资

---

① 产权的基本内涵包含了占有权、使用权、收益权和处分权等，是涵盖一组权利的整体。产权的总和相当于所有权的概念，但是，在所有权的内在权能发生分离的情况下，所有权只是产权的一种而不是唯一的表现形式。产权制度应当发挥的功能既包括资源的优化配置、为规范市场交易行为提供制度基础，也应当包括保障产权主体的合法权益、有助于解决外部性问题。后者主要通过赔偿等机制实现。

源破坏及其导致的生态环境损害有时能用市场价值衡量，有时限于核算方法却无法衡量。

从现有法律的赔偿机制看，只对直接受到环境损害的单位和个人赔偿人身、财产损失和精神损失，追究损害者相应的民事责任。如果仅对自然资源自身产生了危害，而没有造成单位或个人的人身、财产损害，则不承担民事责任，司法机关也往往不要求责任人予以赔偿。这正是目前自然资源损害赔偿的最大法律瓶颈。

我国现有的自然资源损害侵权民事责任制度中，绝大多数没有关于自然资源损害赔偿的规定。《中华人民共和国民事诉讼法》第一百一十九条规定，起诉必须符合原告是与本案有直接利害关系的公民、法人和其他组织的条件。从我国自然资源损害对象看，大部分受到损害的自然资源属于国家所有或集体所有，属于公共资源和公共利益的范畴。自然人、法人等一般会对其享有使用权、经营权的自然资源遭受的直接损失提起诉讼，但对潜在、影响长远的自然资源损害，很少能够恰当地提起诉讼。作为享有自然资源最终所有权的国家、集体等，更加难以获得恰当的赔偿。

第五节 完善我国自然资源产权制度设计

党的十九大报告一方面强调以完善产权制度作为经济体制改革的重点，另一方面要求实现产权的有效激励。如上所述，在我国自然资源产权制度设计下，作为自然资源产权主体的政府既是交易主体又是监管主体，可能会产生公权主导下的委托代理和寻租，以及资源配置低效率等问题；自然资源产权内涵及相应的制度不完善、赔偿制度无法有效落实，可能导致自然资源有偿使用、价格和核算制度等存在难以有效运行的问题。生态环境损害和自然资源破坏现状与建设人与自然和谐共生的现代化[①]之间存在的矛盾，要求加快完善自然资源产权主体、产权内涵等制度设计。

一、完善自然资源产权主体制度

依据前述自然资源产权论述，自然资源产权主体包括所有者主体、管理主体、使用主体和监督主体。不同的主体之间应做到权责清晰，防止职能缺失或重叠。

---

① 参见十九大报告"我们要建设的现代化是人与自然和谐共生的现代化，既要创造更多物质财富和精神财富以满足人民日益增长的美好生活需要，也要提供更多优质生态产品以满足人民日益增长的优美生态环境需要"。

编制自然资源资产负债表与生态环境损害责任终身追究制研究

(一) 明确自然资源管理主体和使用主体的报告责任

我国政府组织架构，由中央、省、市、县、乡五级构成。从自然资源资产归属来看，分为国家所有和集体所有两种形式。《中华人民共和国地方各级人民代表大会和地方各级人民政府组织法》第五十四条规定，地方各级人民政府是地方各级人民代表大会的执行机关，是地方各级国家行政机关。第五十五条规定，全国地方各级人民政府都是国务院统一领导下的国家行政机关，都服从国务院。第五十九条规定了县级以上地方各级人民政府的主要职责，其中，第五项明确规定了环境和资源保护职责；第六项规定，保护社会主义的全民所有的财产和劳动群众集体所有的财产，保护公民私人所有的合法财产，维护社会秩序，保障公民的人身权利、民主权利和其他权利。自然资源资产属于"全民所有的财产和劳动群众集体所有的财产"。这说明，地方各级人民政府的职责包括了保护环境、保护国家所有和集体所有的自然资源。该法第六十六条规定，省、自治区、直辖市的人民政府的各工作部门受人民政府统一领导，并且依照法律或者行政法规的规定受国务院或上级人民政府主管部门的业务指导或领导。这就说明，各级地方政府所属部门在具体管理自然资源的重大决策过程中，直接接受政府领导。从现行制度设计中可以看出，政府扮演了自然资源管理者的角色，应对自然资源的管理责任履行情况进行报告。自然资源资产负债表应作为报告的重要组成部分。

集体所有制是我国公有制的重要组成部分。《中华人民共和国宪法》第六条规定，中华人民共和国的社会主义经济制度的基础是生产资料的社会主义公有制，即全民所有制和劳动群众集体所有制。我国各项单行法律对土地等自然资源的所有权都规定了集体所有制形式，即村民自治委员会代表村民行使集体所有权。《中华人民共和国村民委员会组织法》第八条规定，村民委员会依照法律规定，管理本村属于村农民集体所有的土地和其他财产，引导村民合理利用自然资源，保护和改善生态环境。村民自治委员会虽然不属于我国五级政府中的一级政权，但也应作为自然资源的管理主体。因此，从我国政府职责和定位看，我国自然资源的管理主体为各级地方政府和村集体组织，应当建立两者的管理责任履行情况报告制度。

与自然资源的管理主体相对应，自然资源的直接使用主体是具体的企事业单位、社会团体和个人。应建立使用者的使用责任履行情况报告制度。

自然资源管理者和使用者的责任报告制度建立，可以为编制自然资源资产负债表提供法律依据。

(二) 探索实现产权主体多样化

党的十九大报告以必须坚持和完善我国社会主义基本经济制度和分配制度为主旨，明确强调"两个毫不动摇"和"两个作用"，即毫不动摇巩固和发展公有制经济，毫不动摇鼓励、支持、引导非公有制经济发展，使市场在资源配置中起决定性作用，更好发挥政府作用。西方国家以私有制为基础的产权制度不能适应我国社会主义市场经济

编制自然资源资产负债表与
生态环境损害责任终身追究制研究

体制的需要。公有制是我国不可动摇的基本所有制形式。我国自然资源产权制度基础也是如此，必须坚持公有制基础上的产权制度，在公有制基础上，实现产权主体多样化。即从所有权①来看，自然资源产权是公有制基础上的国家所有权和集体所有权；从使用权和收益权来看，可以通过依法开展市场交易方式，与占有权和处分权分离。从而实现在坚持国家所有和集体所有的前提下，自然资源使用权的主体和收益权的主体为公民、法人和其他组织等。

建立多层次、多样化的自然资源产权主体制度，有利于将地方各级政府和企业等自然资源使用单位作为自然资源资产负债表编制主体，有利于明确自然资源保护和损害责任追究的对象，从而加强对自然资源资产占有权、使用权、收益权和处分权分离状态下的自然资源有效监管、合理使用，对破坏生态、损害子孙后代利益的行为进行追究。

二、明确监管主体，完善自然资源产权保护制度

目前的司法处理、行政处理处罚，对自然资源的保护救济作用还

---

① 所有权是所有人依法对自己财产所享有的占有、使用、收益、处分的权利，是对劳动的目的、对象、手段、方法、结果的支配力量。它是一种财产权，所以又称财产所有权。所有权是产权中最重要也是最完全的一种权利。产权是一个较大的概念，产权包括所有权。所有权的诸多特征中，绝对性是指所有权人以外的一切人不得非法干预所有权人行使其权利，排他性是所有权人有权排除他人对于其行使权力的干涉，弹力性指分离出去的权能仍然复归于所有权人，永久性指所有权的存在不能预定其存续期间，观念性指由"所有人支配观念"转化为"所有人实现利益观念"。所有权的限制包括行使所有权不得违反法律规定，不得妨害他人的合法权益，必须注意保护环境、自然资源和生态平衡，国家可以根据公共利益的需要依法征用集体土地或将其他财产收归国有。

不能适应经济社会绿色、协调、可持续发展的要求。我国自然资源产权保护制度应引入责任追究权，形成占有权、使用权、收益权、处分权、责任追究权等五位一体的中国特色产权制度，以责任终身追究制来约束产权运行过程中可能带来的寻租行为。本研究将责任追究权界定为政府相关部门对自然资源资产拥有者或控制者在行使自然资源占有权、使用权、收益权、处分权过程中，由于失职、渎职或滥用职权，导致自然资源严重浪费、生态环境严重破坏，造成不利经济社会与生态环境长远发展的影响，依法进行责任追究的权力。责任追究权纳入自然资源产权内涵，在一定程度上可以弥补目前自然资源损害责任追究的理论和制度缺陷，提高自然资源所有者主体、管理主体、使用主体和监督主体责任意识，加强生态环境保护，促进可持续发展。

完善自然资源产权保护制度，是实行最严格的责任追究制度的保障。党的十九大报告明确要求，加强社会治理制度建设，完善党委领导、政府负责、社会协同、公众参与、法治保障的社会治理体制。浪费和破坏自然资源、损害生态环境责任追究权的主体应多样化。如党委、政府，纪检监察、组织部门，以及司法机关应当依据法律规定成为责任追究的主体。[①] 党的十八届三中全会提出，对领导干部实行自然资源资产离任审计，建立生态环境损害责任终身追究制。国家审计机关应在法定职权范围内，结合地方党委和政府主要负责人经济责任审

---

① 十九大报告指出：加强对生态文明建设的总体设计和组织领导，设立国有自然资源资产管理和自然生态监管机构，完善生态环境管理制度，统一行使全民所有自然资源资产所有者职责，统一行使所有国土空间用途管制和生态保护修复职责，统一行使监管城乡各类污染排放和行政执法职责。

计，或开展党政领导干部自然资源资产离任审计，将自然资源资产负债情况作为重要审计内容，为评价、判断党委和政府主要负责人履行自然资源资产管理责任提供依据和参考。必须强调的是，所有各种监督措施、途径都应当在完善的自然资源产权保护制度规范下实施，所有各类监督主体的行为都应当有相应的制度为规范。

三、推动自然资源资产统一确权登记办法不断完善

编制自然资源资产负债表，深化生态文明建设制度改革，必须加快推进自然资源资产统一确权登记。2016年12月，由国土资源部等七部委印发的《自然资源统一确权登记办法（试行）》提出，对水流、森林、山岭、草原、荒地、滩涂以及探明储量的矿产资源等自然资源的所有权统一进行确权登记。此办法的实施有利于界定不同类型自然资源资产的边界。既有利于区分国家所有和集体所有之间的界限，也有利于区分同一所有制下、不同层级政府行使所有权的界限。该办法的出台，是建立归属清晰、权责明确和监管有效的自然资源产权制度的重要保障。为了更加有效地推进该办法实施，还需要统筹考虑推进"探索建立分级行使国家自然资源所有权的体制""健全国家自然资源资产管理体制"等生态文明建设体制改革。通过推进各项改革措施落实不断完善统一确权登记办法，准确界定自然资源产权主体和自然资源资产负债表的编制主体，尽快解决"各部门基于各自的自然资源分类体系对自然资源类型有不同理解"等部门之间各自为政的问题。

【本章小结】

自然资源产权明晰是编制自然资源资产负债表的必要前提。西方经济学产权理论以私有制为基础，回避生产关系，未对法律范畴的产权与经济范畴的产权严格区分。马克思主义政治经济学产权理论着眼于整体和宏观，将人的行为纳入社会关系之中，将产权视为不同生产关系基础上的法律体现，采取联系的、发展的产权观点。相比较而言，马克思主义政治经济学产权理论更符合公有制为主体的中国特色社会主义市场经济实际。我国自然资源产权制度经历了确立、发展到逐步完善的历史阶段。适应新时代中国特色社会主义建设的需要，其应当进一步完善产权主体制度、产权保护制度、确权登记制度。

第四章　自然资源资产负债核算体系的构建

联合国环境规划署（UNEP，1972）给自然资源的定义是，在一定的时间和技术条件下，能够产生经济价值，提高人类当前和未来福利的自然环境因素的总称，是一个国家实现和谐可持续发展的物质保障。将自然资源的管理使用纳入政府决策及问责范围，加强自然资源管理，提高自然资源配置效率，是统筹推进"五位一体"总体布局，协调推进"四个全面"战略布局，贯彻创新、协调、绿色、开放、共享发展理念的具体行动，是推动生态文明建设的有效措施。上述战略方针要求对自然资源现状和利用过程进行量化的描述和记录，并据以对经济社会活动进行调节控制，使经济发展和自然资源利用、生态环境保护保持平衡。构建自然资源资产负债核算体系是满足这些要求的具体实践。本章对自然资源资产负债核算的紧迫性和必要性、核算的属性到底是统计还是会计、核算体系的基本内容、原则、假设和估价方法等方面进行了探讨。

第四章 自然资源资产负债核算体系的构建

第一节 加强自然资源资产负债核算的紧迫性和必要性

人类作为自然界和生态体系的组成部分，其生存和发展离不开必要的自然资源和良好的生态环境。随着人类活动范围的扩大，也必然对生态环境带来一定的影响。开展自然资源资产负债核算和生态环境损害责任追究，是基于人与自然关系的认识，解决人类生存发展与自然资源稀缺、生态环境脆弱之间矛盾的一种探索。

一、经济发展与自然资源、生态环境之间的矛盾日益凸显

自然界的物质运动过程本质上是物质形态和能量的转化过程，人类活动也是自然界中物质运动的一种形式。从人与自然资源关系的视角来看，人类活动就是对自然资源直接和间接的利用和转化过程。从这个意义上讲，自然资源是人类生存的基本条件，失去了自然资源，人类便无法生存。

在人类生存所必需的众多自然资源中，既有生物性资源，也有非生物性资源。非生物性资源中，既有取之不尽的可再生资源，如阳光、空气、风能、潮汐能等，也有存量有限的不可再生资源，如石油、煤炭、矿产等。能否合理、集约地利用有限的不可再生资源，确保可再

编制自然资源资产负债表与生态环境损害责任终身追究制研究

生资源的再生条件，决定着一个国家的经济发展模式是否可持续。如果一种经济发展模式在找到新的资源之前，就耗尽了当前经济运行所必需的不可再生资源，或者破坏了可再生资源的再生条件，这种经济发展模式的运行就必然中断。如果一个国家出现这种情况，这个国家就会陷入危机；如果世界范围内出现这种情况，将是全人类的灾难。恩格斯指出："我们不要过分陶醉于我们人类对自然界的胜利。对于每一次这样的胜利，自然界都对我们进行报复。每一次胜利，起初确实取得了我们预期的结果，但是往后和再往后却发生完全不同的、出乎预料的影响，常常把最初的结果又消除了。"①

改革开放以来，我国在经济飞速发展的同时，也付出了巨大的资源和环境代价。经济发展与生态环境之间的矛盾日趋尖锐，生态环境恶化的势头令人担忧。以耕地为例，综合考虑现有耕地数量、质量和人口增长、发展用地需求等因素，我国耕地保护形势依然十分严峻。人均耕地少、耕地质量总体不高、耕地后备资源不足的基本国情没有改变。许多地方建设用地格局失衡、管理粗放、效率不高，建设用地供需矛盾仍很突出。第二次全国土地调查显示，2009年全国耕地面积13538.5万公顷（203077万亩），有996.3万公顷（14945万亩）耕地位于东北、西北地区的林区、草场以及河流湖泊最高洪水水位控制线范围内和25度以上陡坡。其中有相当部分的耕地需要根据国家退耕还林、还草、还湿和耕地休养生息的总体安排逐步调整；有相当数量的耕地受到中、重度污染，不宜耕种；还有一定数量的耕地由于开矿塌

---

① 《马克思恩格斯选集》（第4卷），人民出版社1995年版，第383页。

陷造成地表土层破坏、地下水超采，正常耕种已经受影响。从人均耕地面积来看，全国人均耕地面积为 0.101 公顷（1.52 亩），较 1996 年第一次调查时的人均耕地面积 0.106 公顷（1.59 亩）有所下降，且不及世界人均耕地面积水平的一半。[①] 同时，土地利用变化反映出的生态环境问题也很严峻，自然资源利用水平亟待提高。作为生态文明建设重要内容之一的自然资源合理利用不再是一个单纯的环境治理问题，而是关系中华民族能否永续发展的重大问题，也是中华民族实现持续科学发展的战略性、历史性选择。

二、自然资源资产负债核算为人类活动提供预警和红线

自然资源资产负债表首先是"反映报表"。准确掌握自然资源的相关信息，是提高自然资源管理、利用水平的必要手段。完善自然资源资产负债核算，动态反映自然资源资产的保护、开发、利用和管理情况，对自然资源和生态环境的承载力给出及时的提示和预警，为人类活动设定红线。这不仅是实现可持续发展的客观要求，也对国家安全和国家战略具有重要意义。

自然资源资产负债表又是"决策报表"。在现有市场定价机制下，由于很多自然资源没有完成产权确定，无法对这些资源进行合理定价，导致矿产资源、水资源等自然资源被不计成本地滥用或者过度开采，

---

① 国土资源部、国家统计局、国务院第二次全国土地调查领导小组办公室：《关于第二次全国土地调查主要数据成果的公报》，载《人民日报》2013 年 12 月 31 日第 9 版。

难以维持经济社会的可持续发展。完善自然资源资产负债核算，更加充分地反映自然资源的稀缺程度，有利于实现自然资源的合理定价和有偿使用，提高自然资源的使用效率，从而缓解经济发展与生态环境之间的矛盾。这一举措体现了尊重自然、顺应自然、保护自然的理念，是坚持节约资源和保护环境基本国策的必然选择，是积极应对气候变化、维护全球生态安全的重大行动，有利于加快形成人与自然和谐共生的现代化建设新格局，开创生产发展、生活富裕、生态良好的社会主义文明发展道路。

三、自然资源资产负债核算有利于准确评估自然资源价值

只有科学地核算自然资源资产的存量及其变动情况和自然资源负债水平，全面记录当期各经济主体对自然资源的占有、使用、消耗、恢复和增值活动，才能评估当期自然资源价值量的变化，预测自然资源的未来变化趋势。只有在经济活动中充分认识自然资源价值，全面反映市场供求关系、资源稀缺程度、生态环境损害成本和修复效益，才能充分发挥市场在自然资源配置中的决定性作用。

对市场主体来说，明确自然资源资产的数量和价值，明晰权责，能够促使其在开发利用自然资源资产中基于自身"利"与"害"的权衡，产生自觉集约使用和保护自然资源的意愿。自然资源资产负债核算能够向市场交易各方提供全面和完整的自然资源资产负债信息，动态反映自然资源资产的保护、开发、利用和管理情况，使政府更好地

了解和掌握自然资源的信息，减少市场投资者的盲目性，正确引导市场主体的理性行为。因此，完善自然资源资产负债核算，有利于充分、准确地评估自然资源价值，科学推进价值规律与生态环境运行规律的协调统一，形成节约资源和保护环境的空间格局、产业结构、生产方式、生活方式。

四、自然资源资产负债核算是转变经济发展方式的重要手段

创造性地开展自然资源资产负债核算，有利于防止自然资源过度消耗、浪费甚至破坏，对于促进转变经济发展方式，推动资源节约型和环境友好型社会建设，推进国家治理体系和治理能力现代化具有重要意义。在科学合理地核算自然资源资产负债的基础上，落实生态环境损害责任追究制度，是贯彻党的十八大和十八届三中、四中、五中、六中全会及十九大精神，促进生态文明建设的重要举措，对于统筹推进"五位一体"总体布局具有重要的推动作用，是协调推进"四个全面"战略布局的现实需要。

科学合理地对自然资源资产负债进行核算，在第一时间反映自然资源的开发利用和对生态环境损害情况，可以客观真实地反映各地政府、企业粗放型、资源耗费型的经济发展方式所带来的生态环境影响，便于管理和决策者具体、清晰认知政策措施、项目活动可能或已经造成的自然资源和生态环境影响后果。这无疑便于增强地方各级党政领导干部贯彻落实党和国家重大决策部署的主动性，也有利于进一步增

强各地转变经济增长方式的自觉性,推进资源全面节约和循环利用,建立健全绿色低碳循环发展的经济体系。

第二节 自然资源资产负债核算与其他核算体系的关系

自然资源资产负债核算要在已有实践成果上进一步创新和应用。自然资源资产负债核算与其他核算体系之间的关系,目前存在两种观点。一种观点认为:自然资源资产负债核算的主要理论基础和技术依据是环境经济综合核算体系,它是从属于国民经济核算体系的一个相对完整的子体系。在自然资源核算过程中,可以借用国民经济核算和环境经济综合核算的账户、结构、规则和原则,将矿产、土地、森林和水等不同领域的数据和信息,整合在一个框架下。另一种观点认为:自然资源资产负债核算从属于会计核算体系,是会计核算在自然资源管理领域的应用。自然资源资产负债核算属于统计范畴还是会计范畴,目前尚无定论。下面对两种观点的主要内容进行比较,并提出本研究的观点。

一、基于国民经济核算体系的自然资源资产负债核算

目前,已有的核算体系主要包括国民经济核算(SNA)和环境经

济综合核算（SEEA）两类。

（一）国民经济核算（SNA）

SNA首创于英国，适用于市场经济条件下的国民经济核算。现已为世界上绝大多数国家和地区所采用，在我国也已推行十余年，有比较好的工作基础。SNA以全面生产的概念为基础，将社会产品分为货物和服务两种形态，采用复式记账法，建立了一系列宏观经济循环账户和核算表。SNA在附属的"自然资源实物量核算表"中反映了核算期初和期末两个时点主要自然资源实物量，以及核算期的变化情况。表的主栏包括期初存量、本期增加、本期减少、调整变化和期末存量。其中，引起本期增加或减少的因素包括自然因素、经济因素、分类及结构变化等；影响调整变化的因素主要是科技进步、核算方法变化等。表的宾栏根据自然资源性质分为土地资源、森林资源、矿产资源和水资源。每种资源又单独分列"资产性自然资源"和"非资产性自然资源"。

（二）环境经济综合核算（SEEA）

SEEA体系既沿袭了国民经济核算体系的核算原则，又借鉴了国民经济核算体系的框架结构。环境经济综合核算工作在20世纪取得了突破性进展，已经发展成为相对独立的核算体系，并成为一项国际统计标准（联合国等国际组织正在全球范围内推广这项标准）。该核算体系结合资源环境学科的研究成果，把土地、矿藏能源、森林、水资源等内容纳入核算范围，尤其关注了经济社会发展和资源环境之间的互动关系。

（三）自然资源资产负债核算

自然资源资产负债核算与以上两个核算体系保持逻辑一致，可以基于现有数据资料改善基本统计数据的质量。自然资源资产负债核算体系在概念、分类和规则上与以上两个核算体系保持内在一致性，有利于提升自然资源资产负债统计和国民经济统计之间的一致性，提高相关统计成果的质量，深化对自然资源与经济发展之间相互关系的认知，从而提高经济发展与资源利用、环境保护决策的科学化水平。

自然资源资产负债核算具有自身的特色。国民经济核算体系主要关注经济资产，环境经济综合核算体系主要关注环境资产，自然资源资产负债核算体系则主要关注自然资源资产与负债。

二、基于会计核算的自然资源资产负债核算

这种观点认为，自然资源资产负债核算应该从属于会计核算体系。相比于前一种观点，本研究认为这种观点更符合逻辑和实践需要。主要理由如下：

第一，从语义上看，"资产""负债""资产负债表"这几个概念是典型的会计概念。如果自然资源资产负债表不是会计意义上的资产负债表，并且资产、负债等相关概念也与会计上对应的概念不同，则

完全可以使用更能反映这些事物内涵的术语,没有必要使用这些会计领域的既定概念。否则必然会造成概念和逻辑上的混乱,对理论研究乃至实践中的沟通交流没有任何益处。从当前研究成果来看,如果不从会计的视角来观察,很难对自然资源"负债"这一概念作出合理解释。

第二,从目的上看,提出探索编制自然资源资产负债表,旨在提高政府自然资源管理水平、保护自然资源和生态环境,保证经济社会的可持续发展,并通过自然资源和生态环境损害责任明确到人、终身追责的方式,保证自然资源管理目标得以实现。为了达到这一目的,自然资源资产负债核算必须细化到对具体的业务活动加以记录的"微观"程度,而不能依靠统计调查甚至是抽样的方法得出的"宏观"数据。否则无法实现明确责任并进行追究的目标。

第三,从可操作性方面看,自然资源的开发、利用和管理是由具体业务活动组成的,这些活动在相关政府部门日常管理和企业经营活动中必然以某种方式加以记录。本课题研究的目标是如何将这些业已存在的记录用"会计"的形式加以反映,使其更加规范、量化、可比,并最终实现自然资源和生态环境的管理目标。当然,将会计方法应用于自然资源资产负债核算很可能有不同于其他领域会计核算的特殊性,甚至有一些难点,这也正是开展这项研究的意义和必要性所在。

第三节　自然资源资产负债核算体系的基本内容

基于会计核算的观点，自然资源资产负债核算体系的基本内容主要包括：核算目标，也就是核算要达到的目的；核算要素，也就是对哪些对象进行核算；核算主体，也就是由谁来核算；核算范围，也就是选取哪些自然资源来核算。

一、核算目标

自然资源的可持续利用是指对自然资源尤其是可再生资源的利用速率应保持在其再生速率的限度之内。实现自然资源的可持续利用，应当借助自然资源资产负债核算，关注人类的需求与发展，向自然索取时保持尊崇与敬畏的态度，寻找人类需求与发展的限制因素及阻碍可持续性的问题，寻求人与自然之间的和谐之道。

（一）核算的总目标

自然资源资产负债，是新时代衡量国家间竞争能力的重要因素。通过对自然资源资产负债的核算，将有利于掌握一个国家或地区自然资源资产负债的全面状况，从而分析其综合国力和基本国情。自然资源资产负债核算的总目标是，在可持续发展理论的指导下，根据生态文明建设的战略思想，向政府管理机构、社会公众等利益相关者，提供特定核算主体在自然资源管理、开发、利用和保护等方面的信息，披露自然资源开发、利用、保护过程中的资金投入和资源存量及流量的变化情况。此目标旨在为各级政府制定生态文明建设宏观政策和措施、调控经济运行提供依据，促进自然资源的可持续利用和经济社会的和谐发展。

（二）核算的具体目标

自然资源资产负债核算的具体目标：通过对自然资源资产负债核算的理论研究及试点，建立新体系，实现对自然资源的物量监测、统计与分析，描述基于实物量与价值量、存量与流量的变动趋势，为将自然资源资产负债核算纳入国民经济核算体系奠定基础，进而为保护资源、改善环境、促进经济社会可持续发展的决策制定提供依据。

二、核算要素

斯捷潘在《自然资源利用与保护》（1972 年）中提出，"当资源尚未被人们利用时，不能称作资源"。[①] 马克思的价值学说指出，一物要具有价值，必须经过人们的劳动过滤。

自然资源转化为自然资源资产需要具备一定的条件，只有既稀缺

---

① 参见 B. B. 斯捷潘：《自然资源利用与保护》，莫斯科科学出版社 1972 年版。

又产权明确的自然资源才可能转化为自然资源资产。例如，只有在水资源短缺地区，水资源才具有资产的特性。不管自然资源所处形态，主张全部资产化的观点不但在理论上不可能，在实践上也不具备可操作性。核算要素是组成核算体系的基本单位，是对核算对象的基本分类、对核算对象的具体化。比如，我国《企业会计准则》规定，会计要素包括资产、负债、所有者权益、收入、费用、利润六个方面。简要来说，自然资源资产负债核算的要素是自然资源投入、使用、消耗、补偿等经济活动的过程及其对资产、负债、权益等核算要素的影响。

（一）自然资源资产

资产随处可见，比如房屋、机器设备、运输工具、仓库里的货物等。资产的概念在日常生活中普遍应用，但作为会计要素的资产指的是过去的交易或事项形成的，由会计主体拥有或者控制的，预期会给主体带来经济利益的资源。据此定义，资产具有三个基本特征：一是为主体拥有或者控制；二是预期可能给主体带来经济利益；三是由主体过去的交易或者事项形成。自然资源资产除了其形成具有一定的自然属性、界定需要相应的制度规定外，符合资产的一般概念规定和特征。

自然资源资产是自然资源的重要组成部分，但并不是所有的自然资源都归类于自然资源资产。无论生物资源、非生物资源，还是可再生资源、不可再生资源，在进行自然资源资产负债核算前，首先要明晰核算对象。按照马克思主义劳动价值论观点，本研究认为符合以下三个方面标准的自然资源才可以被确认为自然资源资产：一是产权明晰。可被确认为自然资源资产的自然资源，其产权明晰，归国家或集体所有。二是资源价值可计量。自然资源的规格、数量及其单价可以进行有效计量。三是自然资源有经济效益。即自然资源资产所涵盖的自然资源能够经过人类的劳动，给社会带来一定的经济效益。对于符合资产确认标准的自然资源，可以通过具体的自然资源资产类科目核算其价值和开发利用成本。对于耗损类自然资源，还需要确定其使用年限和折耗方法，并通过折耗类科目反映自然资源资产价值结转情况。对于可以资本化的相关投入，要及时计入资产科目。例如，对于会增加自然资源内在价值的投入应该予以资本化，对于因为地震等灾害造成的自然资源损失，应减少资产账面价值。

因此，可将自然资源资产定义为：在自然资源范畴内，其产权明晰为国家或集体所有，并且可进行价值量核算，能够通过人类的劳动为社会带来预期效益的各种自然资源。根据获取途径不同，自然资源资产核算资料可分为"自然资源资产期初存量""本期自然资源资产新增（发现）资产""市场因素变动影响资产新增""重估计量"和"其他"等。

（二）自然资源负债

负债是主体过去的交易或事项形成的、预期导致经济利益流出主体的现时义务。负债的特征表现为三个方面，即负债是现时义务、负债预期会导致经济利益流出、负债由过去的交易或者事项形成。将会

编制自然资源资产负债表与生态环境损害责任终身追究制研究

计学的负债概念引入自然资源管理，即自然资源负债的概念需要明确存在性、权利与义务、完整性、计价与分摊四个方面。也就是要回答自然资源负债存在吗、是谁的负债、负债包括什么、如何计量等问题。回答这些问题，必然首先明确自然资源控制主体与其所控制的自然资源之间的产权关系。

1. 自然资源资产的相关主体

根据宪法和法律的规定，与全民所有自然资源资产相关的主体包括：全体人民、全国人民代表大会、中央和地方政府、使用自然资源资产的企业和个人。其中，全体人民是自然资源资产的所有人；全国人民代表大会代表全体人民行使所有人的权利；全国人民代表大会委托（授权）中央政府具体管理自然资源资产；中央政府根据法律规定，将部分自然资源资产委托（授权）地方政府行使管理权；政府将自然资源资产转移给企业和个人进行开发、利用并创造产品和价值供人民享用。与集体所有自然资源资产相关的主体还应当包括村民自治委员会。

从总体上看，全体人民、全国人民代表大会、各级政府、村民自治委员会是所有者，通过宪法和法律的制度安排，行使所有者的权利。所有者内部之间不产生债权债务。企业[①]从所有者手里取得自然资源资产使用权、收益权的同时，如果没有取得完整所有权，并承诺履行偿还义务，则其身份为债务人，政府为债权人。因此，自然资源负债只

[①] 自然资源使用者除企业外，还包括机关、事业单位、社会团体和个人。为表述主方便，此处及后文仅提及"企业"。

存在于企业。

2. 政府与企业之间债权债务关系的认定

企业在取得自然资源资产的同时是否产生负债，取决于取得资产时的约定条件。

政府将自然资源转移给企业，其性质可能属于赠予、出售、投资、租赁或发承包。资产转移行为的属性又与自然资源的特性和转移时的约定条件密切相关。

（1）不可再生资源的转移属赠予或投资行为。投资关系强调投资人对风险的承担，并以此为条件享受投资回报，不要求还本，也不可撤资。这种关系与不可再生资源的特性相一致。不可再生资源转移给企业使用后，无法转化为原来的实物形态，无须归还，也无法保证一定盈利。不可再生资源的权利转移不仅包括使用权，而且包括所有权。所有权的转移包括赠予、出售、投资三种情况。以矿产资源为例，根据《中华人民共和国矿产资源法》的规定，采矿权的转移即包含了矿产品所有权的转移。而矿产品所有权的转移既不是出售，也不要求归还，也没有取得投资股权。因此，现行法律规定的矿产资源所有权和使用权的转移应该认定为"赠予"或"无偿划拨"。尽管这种赠予有"资源税"和"统一购买矿产品"为前提，但不等于政府取得了自然资源的销售价款或投资回报。

本研究认为，为保证自然资源的集约节约利用和所有者的利益，应考虑这种赠予关系是否可以改为投资关系，政府是投资人，企业是被投资人。政府应从企业矿产品经营利润中分得相应的红利。

（2）可再生资源转移属债权债务关系。从我国现行法律制度的规定来看，可再生资源的转移主要通过发承包方式完成。可再生自然资源发承包行为属于租赁行为。租赁行为强调所有权与使用权的分离，所有权不变，使用权发生转移，同时强调承租方在归还时保持物品的原有形态和功能，并支付使用费。可再生资源的保护利用重点在其可再生性的保持。这种要求与租赁行为的情况相一致。因此，可再生资源从政府转移给企业属于政府对企业的出租行为。政府是出租人，企业是承租人。

可再生自然资源的租赁或发承包是长期行为。按照会计核算"实质重于形式"的原则，在租赁行为或发承包行为应产生的债权债务关系中，政府是债权人，企业或个人是债务人。

（3）侵权、违约赔偿属债权债务关系。企业超过自然资源划拨、投资、出租（承包）时约定的范围、数量开采、使用，属于非法侵占行为，应依法赔偿。企业在约定范围内使用可再生资源时破坏了资源的可再生条件，属于违约行为，应履行恢复原状义务。无法恢复原状时应履行赔偿义务。

企业侵权或违约的情况下产生债权债务关系。企业尚未履行的赔偿义务或尚未恢复原状的资产价值体现为企业的债务。政府尚未收回的赔偿权利或尚未恢复原状的资产价值体现为政府的债权。

3. 自然资源负债的确认

与自然资源资产类似，在进行自然资源负债确认时，也需要满足以下三方面的条件：一是支出义务归属于自然资源管理和使用主体，政府等管理者在承担自然资源修复等责任时发生支出义务，企业等使用者在开发、利用自然资源过程中发生支出义务；二是由于自然资源负债存在很可能导致经济、社会、生态效益流出主体；三是自然资源负债的数量或价值能够可靠计量。对于未来需要支付的自然资源负债，则需要测算治理需求和自然资源的现状之间的差距，依据现有自然资源的折耗速度、自然资源的保护与恢复成本等现实情况，综合确认需要承担的补偿标准或者未来需要承担的支付需求。针对不同的自然资源，在综合考虑责任主体、债务发生的可能性、补偿或者治理时间的长期性、多元计量单位的可确定性基础上，还可以制定具有可操作性的具体标准。

综上所述，从微观层面看，自然资源负债包含两部分内容：一是企业取得可再生自然资源使用权进行开发或利用时，形成的到期归还义务；二是企业在开发利用自然资源过程中形成环境污染或资源破坏，或者已经超出自然资源的开发利用规划，若要恢复、赔偿则必然发生的费用。这些负债在政府方面体现为债权。从全社会总体来看，自然资源负债反映在某一特定日期应由所有责任主体承担的、预期会导致经济、社会、生态效益减少的现时义务总和。这一负债总和一定与等额的"债权"总和相对应。

（三）自然资源净资产

自然资源净资产，是指自然资源资产扣除自然资源负债后剩余的净值，在金额上等于自然资源所有者权益。用公式可以表示为：自然资源净资产＝自然资源资产－自然资源负债。从此等式可以看出，自然资源净资产类似于股东权益，受资产和负债变动的影响。

三、核算主体

在我国，自然资源的国有产权处于绝对优势，绝大多数自然资源属于国家所有，由中央政府行使所有权。政府将自然资源使用权移交给企业或个人，完成自然资源的开发利用。

目前，我国政府对不同类别的自然资源的管理，由相关职能部门具体执行。第十三届全国人民代表大会审议通过了国务院机构改革方案，组建自然资源部、生态环境部、农业农村部、国家林业和草原局，优化水利部职责。这将对我国自然资源管理体制、机制、职责、权限产生重大影响。因为机构改革方案尚在落实过程中，本研究表4－1仍采用现行管理体制资料。虽然如此，在新的管理体制下，本研究结果不仅仍然适应，而且将得到更加有效的应用。

我国的土地资源、森林资源、水资源、矿产资源已做到了实物量的核算。实行的土地资源地籍管理，水册、水资源一览表，矿产资源储量表、造林验收成林统计表等，是自然资源管理的基础工作。借助这些方式、资料的动态监控，政府及其主管部门能够及时掌握自然资源实物量的消长变化。

表4-1 自然资源的管理部门及职责分工

国务院主管部门	主要职责	管辖的自然资源	管理方式
国土资源部	优化配置国土资源，规范国土资源权属管理，保护耕地，管理矿产资源开发，探明矿产资源储量，预防治理地质灾害，征收资源收益	土地资源、矿产资源	全国垂直管理
水利部	规划、拟定水功能区划，组织实施取水许可、水资源有偿使用制度和水资源论证制度	水资源	属地管理
农业部	保护耕地，农业生态环境监测和管理，生态农业建设和农业废弃物循环利用，草原生态和水生态系统保护等	农村土地（包括草原）	属地管理
国家林业局	编制全国森林采伐限额，林权管理、监督、审批，指导林木凭证采伐、运输	森林资源	属地管理

自然资源权益主体的多层次性，决定界定核算主体范围时，需要考虑主体对自然资源的产权属性、对自然资源开发利用保护等环节是否产生影响以及需要承担的责任。根据现行法律规定，核算主体应包括政府和企业两个方面。其中，政府作为自然资源的所有者，全面核算自然资源资产的存量情况、使用情况、未收回债权情况、增值和损失情况。企业作为自然资源经营者和使用者，核算其自身取得和控制的自然资源资产存量情况、应付债务情况、偿还能力情况、利用自然资源资产的收益情况和净资产情况。人民代表大会作为监督者，也应掌握自然资源资产的总体情况，但不必承担具体核算职能。

四、核算范围

在环境经济综合核算体系中，共核算了七类资产，分别是：矿产和能源资源、土地资源、土壤资源、森林资源、水产资源、其他生物资源（森林和水产资源除外）和水资源。本研究涉及的自然资源核算范围主要针对矿产资源、土地资源、森林资源和水资源四类。这是因为，现阶段这些资源基础数据相对容易获取，待时机成熟后，可进一步探索拓展自然资源的核算范围。

第四节 自然资源资产负债的核算原则

自然资源资产负债核算应遵循一般的会计核算原则。《企业会计准则——基本准则》[1] 中规定的一般会计核算原则包括客观性、相关性、明晰性、可比性、实质重于形式、重要性、谨慎性和及时性等八项原则。自然资源资产负债核算是会计核算在自然资源管理使用过程中的具体运用，应当遵循一般会计核算原则，同时体现出自身特点。

一、客观性原则[2]

客观性原则是指企业应当以实际发生的交易或者事项为依据进行

---

[1] 《企业会计准则——基本准则》，2006年2月15日财政部令第33号公布，自2007年1月1日起施行。2014年7月23日根据《财政部关于修改〈企业会计准则——基本准则〉的决定》修改。

[2] 《企业会计准则——基本准则》第十二条。

会计确认、计量和报告，如实反映符合确认和计量要求的各项会计要素及其他相关信息，保证会计信息真实可靠、内容完整。

自然资源核算记录，应有合法的原始交易文件为依据，尤其是存量估价、自然或人为因素导致的自然资源资产增加或减少等事项，应履行合法的评估、认定程序。

二、相关性原则[①]

相关性原则是指企业提供的会计信息应当与财务会计报告使用者的经济决策需要相关，有助于财务会计报告使用者对企业过去、现在或者未来的情况作出评价或者预测。

自然资源资产负债表不仅服务于政府与企业之间的产权和利益界定，也是对自然资源开发利用过程中造成生态环境损害责任追究的重要依据。因此，对人为因素造成的生态环境损害情况也应在报告附注中加以反映。

三、明晰性原则[②]

明晰性原则是指企业提供的会计信息应当清晰明了，便于财务会计报告使用者理解和使用。

[①] 《企业会计准则——基本准则》第十三条。
[②] 《企业会计准则——基本准则》第十四条。

全体人民是自然资源资产的所有人，自然资源资产负债的核算结果应向公众披露，披露信息要清晰、准确、易于理解。

四、可比性原则[①]

可比性原则是指企业提供的会计信息应当具有可比性。同一企业不同时期发生的相同或者相似的交易或者事项，应当采用一致的会计政策，不得随意变更。确需变更的，应当在附注中说明。不同企业发生的相同或者相似的交易或者事项，应当采用规定的会计政策，确保会计信息口径一致、相互可比。

自然资源的核算过程中，涉及的自然资源存量的数量确认、估价方法等会计政策，需要作出统一规定，各核算单位应保证相关政策前后期的一致性，以保证信息的可比性。

五、实质重于形式原则[②]

实质重于形式原则是指企业应当按照交易或者事项的经济实质进行会计确认、计量和报告，不应仅以交易或者事项的法律形式为依据。

按照我国现行法律制度，企业在获取采矿权的同时，也获得了矿产品的所有权。对于矿产品的价值，也应采用一定的计价方法予以确

[①] 《企业会计准则——基本准则》第十五条。
[②] 《企业会计准则——基本准则》第十六条。

认和计量，完整反映自然资源资产、负债和所有者权益情况。同理，其他自然资源也应通过适当方式，依据实质重于形式的原则，确认、计量和报告资产、负债和权益。

六、重要性原则[①]

重要性原则是指企业提供的会计信息应当反映与企业财务状况、经营成果和现金流量等有关的所有重要交易或者事项。

在核算自然资源资产负债时要考虑预期效益和所需成本。区别地区、企业拥有或控制的自然资源对本地区经济社会发展、本企业经济效益创造的重要程度，采用或分类或明细、或实物或价值、或历史或当期等核算方法。当预期效益大于所需成本时，则可行；当预期效益小于所需成本时，则不可行。"投入"的必要性和合理性应当从"投入"与"产出"的对比分析来看待。如果一项核算的投入与其效果不相匹配且很难开展，则应选择其他替代核算方法。

七、谨慎性原则[②]

谨慎性原则是指企业对交易或者事项进行会计确认、计量和报告应当保持应有的谨慎，不应高估资产或者收益、低估负债或者费用。

[①] 《企业会计准则——基本准则》第十七条。
[②] 《企业会计准则——基本准则》第十八条。

在进行自然资源核算时，尤其要注意不应高估自然资源资产期末存量、低估期末负债，以防止自然资源的过度开发、浪费。

八、及时性原则[①]

及时性原则是指企业对已经发生的交易或者事项，应当及时进行会计确认、计量和报告，不得提前或者延后。

除一般交易事项外，应尤其注意对自然资源开发利用过程中产生的损失，分清自然和人为因素，并予以及时反映。

第五节 自然资源资产负债核算的假设

自然资源资产负债核算，应当遵循会计基本假设，包括会计主体假设、持续经营假设、会计分期假设和货币计量假设。

一、会计主体假设

会计主体假设是指企业应当对其本身发生的交易或者事项进行会

[①] 《企业会计准则——基本准则》第十九条。

计确认、计量和报告。①

自然资源资产管理的责任主体为中央和地方各级政府。政府自然资源资产负债表中列示的已使用自然资源资产、应收自然资源损害赔偿等债权项目，是政府管理决策的结果，应保证收回。由于地方各级党委和政府、党委和政府主要负责人对本行政区域内的自然资源管理和保护工作负总责，承担主要责任，这部分内容也可以作为领导干部责任追究的依据。本研究认为，进入经济社会运行系统或参与交易的自然资源是编制自然资源资产负债表的客体。其拥有或者控制、开发、利用的主体是企业，因此，自然资源资产负债表的编制主体是企业。它为政府编制服务于管理的自然资源资产负债表提供基础。

二、持续经营假设②

持续经营假设是指一个会计主体的经营活动将会无限期地延续下去，在可以预见的未来，会计主体不会遭遇清算、解散等变故而不复存在。这个假设既是自然资源资产管理的目标指向，又是编制自然资源资产负债表的目的所在。

自然资源资产从政府转移到企业之后，由此形成的投资关系或债权债务关系能够存在，列示于报表上的实物资产、债权、负债能够按照其历史成本反映，均需要持续经营假设的支持。同时，对于政府或

---

① 《企业会计准则——基本准则》第五条。
② 《企业会计准则——基本准则》第六条。

企业中对自然资源造成损害的责任人来说，由于债权债务的持续存在，也为终身追责提供了可能。

三、会计分期假设[①]

会计分期假设是指企业应当划分会计期间，分期结算账目和编制财务会计报告。会计期间分为年度和中期。中期是指短于一个完整的会计年度的报告期间。

建立自然资源资产负债核算分期假设的目的在于，可以按期编制自然资源资产负债表，及时向报表使用者提供有关自然资源状况信息。具体可分为年度和中期（短于一个完整的核算年度的报告期间），为掌握重要自然资源变化的详细情况，也可设置月度明细。

四、货币计量假设[②]

自然资源核算应采用货币计量，包括存量和交易量两个方面。

（一）自然资源存量和自然变化量的计量

实物量相对容易计量，但其量纲存在很大差异，难以汇总分析，需要引入价值量核算，如历史成本、公允价值、替代成本等。自然资

[①] 《企业会计准则——基本准则》第七条。
[②] 《企业会计准则——基本准则》第八条。

源存量和自然变化量的反映，应当区别计量性指标和分析性指标。反映自然资源状况的某些指标，如森林覆盖率、林地等级、水资源的含沙量等，很难用货币计量，并且以货币计量也不能准确地反映其实际意义，又是影响价值量的重要因素，如不同等级的林地具有不同的价值，因此，在运用自然资源资产负债表以货币计量自然资源的同时，可辅之实物计量的方法，必要时用文字附注加以说明。

1. 实物量核算

实物量核算是指对自然资源及其开发利用情况，以其自然物理量为单位进行真实、准确和连续的记录，并以账户形式反映自然资源的存量、流量和平衡状况的统计活动。实物量核算注重自然资源的实物量平衡，即期初量、期末量和期间的变化。自然资源管理领域的监测网络正在完善之中。自然资源管理部门或企业已经引进和采用了诸如地理信息系统（GIS）、全球定位系统（GPS）、卫星遥感数据接收系统、污染物排放监测系统、大气质量监测系统、中国森林生态系统定位研究网络（CFERN）等。

实物量核算是价值量核算的前提和基础。实物量核算过程中，需要重点把握存量记录时间、数量变动记录时间和数量变动记录方式三个方面。增加时，矿产资源应在勘查并已探明时记录，其他自然资源应假定其增加是均匀连续的，在调查时记录；发生突发性减少和均匀连续性减少时，在物量减少、质量下降时或调查时记录。数量变动记录方式上，水资源以水勘察与监测数据汇总记录；森林资源在清查核算年度以清查数据记录，在其他年度以清查年度数据为基数推算；矿产资源以矿藏勘探及可行性研究数据记录；土地资源以土地变更登记数据记录等。

2. 价值量核算

自然资源定价、损耗、存续时间的不确定性、长期性等特点，决定了自然资源资产负债的价值量核算是一大难题。其价值量核算应以实物量为基础，采用相应的方法转化为价值量核算。

价值量核算能将不同形式、不同类型的自然资源，在相同的度量体系予以反映，有利于进行横向、纵向对比分析，并实现与国民经济核算和环境经济综合核算的有序衔接。资源环境领域的研究人员，主要关注以实物单位计量的自然资源信息，而经济学研究人员更关注以货币单位计量的自然资源信息。尽管侧重点不同，但双方已经达成一个共识，即自然资源实物量计量是其价值量评估的前提，两者的融合有利于两个领域加强交流合作。核算实践中，实物量和价值量两种核算方法各有其优点，且不能被对方所替代。

（二）自然资源交易量计量

自然资源从政府转移至企业，完成产权交易，其价值按照历史成本原则计量。存在公允的市场价格的情况下，市价是更好的选择。

自然资源资产负债核算需要政府主管部门的主导、行业协会及评估中介机构的参与。这就需要依法设立独立、客观、公正执业的资产评估机构，有公开、公正的产权（使用权）交易市场，通过市场行情、交易带来的潜在收益确定自然资源资产价格。

2014年1月，水利部印发的《关于深化水利改革的指导意见》提出，建立健全水资源资产产权制度，完善水价形成机制，培育和规范水市场，开展水资源使用权确权登记等，为推进水资源资产负债表编制提供了制度保障。

第六节 自然资源资产存量的估价方法

对于自然资源资产的所有者——政府来说，当期自然资源资产的存量可以由期初存量和变化量相加求得。基于市场交易的变化量可以采用交易时的历史成本计价。最初的存量以及因自然因素导致的变化量，由于没有实际的市场交易历史记录作为依据，因此，必须采用恰当的方法对政府取得自然资源资产的最初存量和自然因素导致的变化量进行价值估算。这是进行自然资源资产负债核算最基础的工作之一。本研究认为，对全部自然资源实物量的增减变化进行核算的方式并不可取：一是现阶段这种方式在实务操作上并不可行；二是从自然资源资产管理目标上看，对全部自然资源的增减变化进行核算没有必要。因为"编表"的目的是掌握自然资源资产的变动情况，进而对错误行为进行"追责"。"追责"的对象主要是人为因素造成的自然资源和生态环境损害。

自然资源资产估价方法包括实物量估算和价值量估算。根据市场信息是否完备等要素条件，价值量估价方法可分为基于市场估计理论的方法、基于收益折现理论的方法、基于生产成本有关理论的方法以及基于政府指导价格的方法等。

一、基于市场估计理论的方法

基于市场估计理论的方法，围绕自然资源资产交易市场价格推定自然资源资产价格，主要适用于市场价格体系较为完善的自然资源。由于现行市场价格体系较少考虑到代际公平，价格偏低，因此，应在此基础上加上自然资源所有者权益价格，进而形成完整意义上的价格。主要包括现行市价法、均衡价格法、净价格法等具体测算方法。

（一）现行市价法

现行市价法是以相同或类似自然资源的现行市价作为比较基础，估算被评估资产价值的方法。现行市价法的应用与市场经济建立和发展、资产的市场化程度密切相关。使用现行市价法的重要工作之一是将参照物与评估对象进行比较，为此，首先要确定可能影响价值的比较因素，诸如时间、地域、功能、交易和质量等因素。

（二）均衡价格法

该理论认为，商品的价值取决于供给和需求的均衡点。现实的经济生活中，还有其他因素的影响，包括政府的支持价格、限制价格、税收和补贴等。通过运用均衡价格理论可以评价它们的影响。其中，支持价格是指政府为了扶持某一行业的生产，对该行业产品规定的高于市场均衡价格的最低价格。限制价格是指政府为了稳定经济，对某些物品规定低于市场均衡价格的最高价格。

（三）净价格法

净价格法的估价方法基于霍特林（Hotelling）的租金假设，用自然资源产品市场价格减去开发成本求得自然资源资产价格。在该方法下，自然资源资产净价格随着可耗竭自然资源的减少而上升。当期自然资源的耗减额等于单位自然资源资产的净价格乘以开采量。

二、基于收益折现理论的方法

该理论通过对资源性资产的未来现金流量进行折现推算出价值。关键是确定纯资源收益和折现率。一般来说，纯资源收益等于总收益扣除资本和劳动收益份额。对直接产生收益的自然资源，可根据自然资源的使用价值能够提供的未来现金流计算。

（一）年金资本化法

年金资本化法是将被评估资产每年的稳定收益作为资本投资的效益，按适当的投资收益率估算资产评估价值的方法。这种方法主要用于核算主体每年收益额均相等的情况。因此，这种方法适用于每年收益较为稳定，并且市场变化不太大的资产评估。计算公式为：

$$E_n = A/P$$

其中，E_n 为资产评估值，A 为年平均纯收益（扣除地租），P 为投资收益率（根据当地平均投资收益状况具体确定）。现行的林地估价即采用了此办法。

（二）收益净现值法

耕地、经济林、草原等自然资源资产的价值核算中，收益净现值法是一种被学者广泛认可的方法。该方法在获取资源年收益的基础上，通过适当的折现率计算出收益的现值，从而确定所评估自然资源资产的价值。

三、基于生产成本理论的方法

对那些无法估计市价、收益或不直接产生收益，而是作为生态环境存在的自然资源，则可用估计的资源成本作为计量基础。对稀缺的资源，不仅要考虑其未来收入的贴现值或资源成本，还要根据稀缺的程度提高其使用成本。

（一）使用者成本法

使用者成本法由哈特威克（Hartwick）和哈格曼（Hageman）于2011年提出。他们认为，自然资源资产的回报主要由自然资源消耗补偿和自然资源资产收益两部分组成，使用者成本可以通过自然资源资产回报减去资产收益后得出。资源费用是某一会计主体在发展过程中，因进行资源活动而耗用资产的转化形式。资源费用包括实际费用和虚拟费用两部分。实际费用是构成最终消费品的主要部分，是由于经济活动开发、使用而减少的自然资源实体数量的价值，也称为自然资源的耗减费用。虚拟费用则主要指维持可再生自然资源循环使用的保护费用。

（二）机会成本法

因为资源是有限的，当我们选择一种方案时，其他方案便无法实施，这时选中方案的机会成本等于所放弃方案的最大经济效益。在无市场价格的情况下，用机会成本来间接计算资源资产价格，是一个可行的方法，因而机会成本理论被广泛地用于自然资源资产定价。

在我国，关于自然资源资产定价的研究中，有些专家学者采用边际机会成本定价理论作为研究的基本理论框架。边际机会成本定价理论的要点可以简要归纳为两点：一是自然资源资产的价格应等于边际机会成本；二是边际机会成本由三部分组成，即边际生产成本、边际使用者成本和边际外部成本。

（三）重置成本法

重置成本法是按现时工价及生产水平，重新营造一块与被利用的相类似的资产所需的成本费用，作为被评估资产评估价值的方法。包括直接计价法（直接开发相同产品的成本，如造地的成本）、间接计价法（获得相同效应需增加的投资，如水土流失后为保持等产量施肥的投资）。

目前，在森林资源核算中，对幼龄林价值的估算便采用了重置成本法。另外，对于获取直接数据较难的资产价值估算，同样可采用重置成本法，如估算耕地的气候调节价值可采用造林成本法来估算，耕地的水源涵养价值可利用水库蓄水成本法替代计算，环境净化价值可利用有机肥料的价格和环境防护费用替代。

四、基于政府指导价格的方法

目前，土地资源、矿产资源、水资源、森林资源均存在政府指导价格或相关产品的均价。例如，土地资源，由国土部门组织制定基准地价，即政府组织或委托评估，对不同地域的土地，按照商业、居住、工业等用途分别评估法定最高年限的土地使用权价格，由政府公布并定期修正。关于耕地的社会稳定价值，可用征地补偿费、耕地占用税、新增建设用地有偿使用费、耕地开垦费等费用来测算。

【本章小结】

自然资源资产负债表的编制属于统计还是会计的范畴是本研究最基本的问题之一。通过本章的研究，我们得出自然资源资产负债核算应遵循会计核算的原理和方法的结论。在此结论的基础上,具体研究了自然资源资产核算的主体、假设、原则等问题。

自然资源资产负债核算主体不仅包括政府而且包括企业,两者共同构成自然资源资产负债核算的主体。自然资源资产负债核算假设是会计基本假设在自然资源资产负债核算中的具体运用,包括会计主体假设、持续经营假设、会计分期假设和货币计量假设。自然资源资产负债核算应遵循会计核算一般原则。自然资源资产核算包括存量核算和交易量核算。自然资源资产的最初存量和自然因素导致的变化量价值可以采用恰当的方法估算。

第五章　自然资源资产负债表框架设计

顾名思义，自然资源资产负债表既要反映自然资源资产，又要反映自然资源负债。在该表中，应该列示哪些具体的自然资源资产和负债项目、如何归类是本章所要研究的重点。报表是一种工具，其结构和内容设计应服务于使用的需要。因此，编制自然资源资产负债表是为了更好地对自然资源进行有效管理，定期评估核算自然资源的资产、负债及权益变动情况，综合反映生态环境和自然资源的可持续利用状况，促进环境保护和生态文明建设。从现有的研究成果看，尽管一些国家进行了有益的探索，但尚未形成各国公认的自然资源资产负债表。例如美国、英国、挪威、荷兰、印度尼西亚、纳米比亚等国家，它们在推进到资产账户阶段后，并没有进一步地深入研究，而是将自然资源核算结果纳入到其他核算框架中。如美国在净成本报表中披露土地资源信息，联邦政府主要财务报表的附注中散布有自然资源储备等信息。英国在政府资产负债表框架下的"环境账户"里，列示有自然资源资产的价值（主要包括土地、木材和已探明、可采的石油和天然气储量）。

本章以自然资源资产负债核算原理为基础，按照会计资产负债表的编制规则，探讨符合我国国情的自然资源资产负债表框架内容。

第一节 自然资源资产负债表的用途

一、提供自然资源和生态环境的量化信息，促进自然资源科学管理

国民经济核算是政府宏观经济管理的主要信息来源。国民经济核算体系是全面、系统反映一个国家或地区经济社会发展的测量系统，既包括人力、物力、财力的开发与利用，也包括生产、分配、交换和消费，以及经济运行的总量、速度、比例和效益等方面的指标。国民经济核算体系是反映国民经济运行状况的重要工具，是宏观和微观经济管理与决策的重要依据，在国民经济的发展中起着至关重要的作用。然而，当前的国民经济核算范围、内容和方法还无法满足对自然资源资产进行管理的要求。即使编制了包含自然资源的国民资产负债表，也仍然无法全面提供自然资源存量及其变化情况的具体信息。

首先，现行国民经济核算在范围上对自然资源考量不够。我国国民经济核算已经成为地方各级党委和政府了解社会主义市场经济运行

状况的重要手段，是制定经济发展战略、中长期规划、年度计划和各种宏观经济政策的重要依据。我国国民经济核算内容虽然已经包括国民收入和国内生产总值核算、投入产出核算、资金流量核算、国际收支核算、资产负债核算和国民经济账户等，但是与2012年环境经济综合核算体系（SEEA）相比，与先进国家相比，我国国民经济核算工作还存在很大差距。例如，在自然资源核算方面，尚未建立符合我国国情的综合经济与自然资源的核算体系，难以及时、有效地为制定经济社会与生态环境协调发展的政策提供科学依据。

其次，现行国民经济核算内容对"权责"的界定和计量不能满足自然资源资产管理的要求。在一定程度上，现行国民经济核算对"物"不对"人"。而自然资源资产的有效管理和合理利用最终要落实到人的决策和行动上。因此，对自然资源资产的核算不仅需要对实物量和价值量进行核算，而且要对自然资源资产的权属、管理责任进行界定，这样才能有效引导和约束人的行为，从而达到自然资源资产的有效合理利用。自然资源资产负债表以实物量和价值量双重核算为基础，编制主体是具体的地区政府和企业，其作为"管理报表"有助于提高自然资源资产管理效能。

最后，现行国民经济核算方法与自然资源资产管理要求不匹配。国民经济核算是以宏观经济学为理论依据，为了适应国民经济与社会发展需要，以整个国民经济为总体进行的测量和计算，更多地采用事后的、宏观的、统计的方法。自然资源资产的管理既有宏观要求，也有微观需要；不仅需要事前、事后的静态数据，也需要事中的、过程性的动态数据。因此，有必要借助会计核算和统计核算双重方法并使之有机统一，健全和完善自然资源核算体系，从而改进和完善符合自然资源管理要求的国民经济核算方法。

二、提高政府自然资源管理水平，促进区域经济科学发展

政府的职责和作用主要是保持宏观经济稳定，加强和优化公共服务，保障公平竞争，加强市场监管，维护市场秩序，推动可持续发展，促进共同富裕，弥补市场失灵。对政府来说，自然资源资产负债核算结果是完善区域、流域环境管理体制，明确自然资源和生态环境管理部门职能分工，落实不同部门生态环境保护责任的重要依据。自然资源资产负债核算有利于政府相关部门的顶层设计在生态文明建设中更好地发挥作用。

区域综合竞争力是由经济发展竞争力、资源环境竞争力、科教文化竞争力和民生保障竞争力等内容组成的，是持续提高经济社会发展水平、不断促进地区繁荣和提升国民福祉的能力。一个地区在特定时点自然资源的资产负债状况，是该地区的综合竞争力的重要核算指标，是地区综合实力的重要表现。通过分析自然资源资产负债表，掌握自然资源资产负债的总量和分布状况，可以全面摸清"家底"，了解地方的综合实力。按照一定的时间序列计算"自然资源资产总额"和"自

编制自然资源资产负债表与
生态环境损害责任终身追究制研究

然资源资本"① 增（减）速度，可以反映自然资源在一定时期内和各个不同时期间的变动情况；将"自然资源资产负债"数据与人口数量联系起来，可以计算出人均自然资源资产负债水平；根据地区划分和城乡划分的资料，可以研究地区间和城乡间自然资源的差异程度及变化趋势。将上述指标综合起来，能够全面分析一个国家或一个地区在某个时点上拥有的自然资源总和，也可以进行不同地区的对比，判断和把握本地区自然资源的管理水平。

编制自然资源资产负债表，可以有效促进自然资源产权明晰和价值评估方法优化。这是因为编制自然资源资产负债表，一方面能够构建水资源、土地资源、森林资源、矿产资源等自然资源资产负债核算体系，建立实物量核算账户，明确分类标准和统计规范；另一方面有助于对核算主体在自然资源的占有、使用、消耗、恢复和增值等方面的活动进行量化记录，定期评估自然资源资产变化状况。探索涵盖矿产资源、水资源、森林资源、土地资源等重点自然资源的核算程序、计量方法、定价原则和披露模式等，不仅有利于提高国民资产负债表的科学性，也是完善国民经济核算体系特别是环境经济综合核算体系的重要途径，能够为推动自然资源的集中统一管理、有效保护和合理利用，进而促进区域经济科学可持续发展奠定基础。

---

① 自然资源资本是能从中导出有利于生计的资源流和服务的自然资源存量（如土地和水）和环境服务（如水循环）。自然资源资本不仅包括为人类所利用的资源，如水资源、矿物、木材等，还包括森林、草原、沼泽等生态系统及生物多样性。自然资源资本存量越大、经济的安全系数就越高、发展前景就越好。

三、构建自然资源资产负债核算体系，促进国民经济科学核算

自然资源是人类生存和发展的基础，自然资源资产是一个国家和民族最为重要的资产，应当列作国民经济核算表的重要项目。从各种核算（主要有会计核算和统计核算）的一般要求来看，国民经济核算统驭的是整体国民财富。自然资源资产负债核算过程中，沿用国民经济核算和环境经济综合核算的账户、结构、规则和原则，把森林、矿产、土地、水、海洋和草原等不同领域的数据和信息，整合在一个框架下。该核算体系具有客观性、综合性和专业性特点，核算原则和程序不受一国经济发展水平、统计调查技术、经济结构和自然环境的制约。因此，核算自然资源资产负债是我国现阶段乃至中华民族永续发展最为重要的民生工程之一。

编制自然资源资产负债表与我国"加快建立国家统一的经济核算制度，编制全国和地方资产负债表"的整体工作同步进行，对提高政府的宏观经济管理能力将起到基础性的作用。完善国民经济核算体系迫切需要进行自然资源资产负债核算，自然资源资产负债核算也不能脱离国民经济核算而存在。自然资源资产负债核算体系是环境经济综合核算体系的发展和补充，是环境经济综合核算在自然资源领域的进一步应用。针对自然资源资产负债基础数据结构不合理、提供不及时、关系不匹配、应用不共享等问题，需要做好土地、水、森林、矿产等

自然资源资产基础数据的整合工作，避免数据之间不配套乃至"打架"。通过不动产统一登记、部门间数据共享等，建立健全自然资源资产数据共享机制和工作协同机制。

四、为开展党政领导干部自然资源资产离任审计提供基础资料

核算自然资源资产负债，编制自然资源资产负债表，以此为基础开展党政领导干部自然资源资产离任审计，已经成为我国经济管理和干部人事管理的重要任务。全面客观地反映和报告党政领导干部管理自然资源资产职责履行情况，需要构建科学合理的自然资源资产核算和报告系统。在此基础上才能开展领导干部自然资源资产离任审计，也才能促进审计内容更加合理、审计评价更加客观、审计结论更加令人信服、审计目标更加有效实现。开展党政领导干部自然资源资产离任审计，除了审计党政领导干部任职期间自然资源资产管理规划、年度计划等是否贯彻落实及执行的效果外，还要审计党政领导干部任职期间涉及自然资源的重大决策情况，重点关注是否存在决策失误造成自然资源资产破坏、损毁等问题。

第二节 自然资源资产负债表的账户模式

目前，关于编制自然资源资产负债表有以下两种思路。一是会计学思路，以会计学意义上的资产负债表的设计原理为基础，遵循"资产－负债＝净资产（所有者权益）"的会计等式，对自然资源进行产权界定和资产、负债、净资产等要素的确认、计量、记录和报告。见表5－1。

表5－1 自然资源资产负债表（会计核算）

自然资源资产负债表	
资产	负债
	所有者权益

二是统计学思路，借鉴国民经济核算原理与计量经济学的相关研究方法，具体又分为SNA和SEEA两套账户。它将自然资源资产负债表发展成为国民经济核算中环境核算体系的一部分，将全国或一个地区的自然资源资产、负债进行分类汇总形成报表，显示某一时点上自然资源资产的"家底"，以及一定时期内自然资源净资产的变化（包括数量和质量变化）。依据资源费用（包括矿产资源耗减、森林砍伐、水土流失等的费用）对国内生产总值进行全面调整。

现行的自然资源资产负债核算及报表编制大多基于统计信息，运用统计方法对不同类别的自然资源资产总体情况分别加以反映。从形式上看，这类报表采用的是"账户"的形式，分类反映不同自然资源的存量和变化情况。因此，我们也可将这种报表编制思路称为"账户模式"。见表5－2。

表5－2 自然资源资产负债表（统计核算）

项目	经济效益	社会效益	生态效益	合计
土地资源				

续表

项目	经济效益	社会效益	生态效益	合计
耕地				
林地				
草地				
其他				
林木资源				
天然林				
人工林				
其他				
水资源				
地表水				
地下水				
其他				
矿产资源				
气态矿产				
液态矿产				
固态矿产				
合计				

一、账户概述

经济社会发展过程中消耗自然资源的速度，远远快于自然资源可再生的速度。这对提高自然资源资产管理和资源的可持续利用能力提出了新要求。科学合理地设置自然资源资产账户，记录自然资源资产的数量和质量变化，分析产生变化的各种原因，才能更好地与国民经济核算账户有机衔接，进一步量化自然资源对经济社会的贡献及其成本。

自然资源资产之间的差别很大，实物账户的结构因资源不同，表现出各自的特点。在期初存量的基础上，存在四种资产流量增加的情形：一是资产存量的自然增长，如森林的自然生长；二是新发现自然资源资产，如通过勘探和评估新发现矿藏；三是重新评价增加存量，如经过重新鉴定等级或提高了开采水平，使得存量增加；四是重新分类，从局部看，重新分类会改变特定资产内部类别的增减变化，但从整体看，对总量没有影响。同时，存在五种资产流量减少的情形：一是对自然资源的开采活动；二是核算期间的正常减少，如林木覆盖面积的正常减少等；三是灾害性损失，主要由地震、火山爆发、海啸、飓风等自然灾害，以及战争行为、核泄漏等引发；四是重新评价减少存量；五是重新分类导致的某个自然资源资产账户存量减少，另一个账户存量增加。此外，并购、出售、无偿征收自然资源资产时，意味着一方资产的增加，同时另一方资产的减少。

货币账户实质是实物账户的货币化表现形式，货币账户的结构与实物账户具有高度的相似性。与实物账户比较，货币账户在结构上多了"重估"一项。这一项主要记录价格变化对自然资源资产的影响。

二、矿产资源资产账户

（一）矿产资源资产的定义和分类

矿产资源是指，由地质作用形成的，呈固态、液态或气态，天然存在于地壳内部或地表，具有经济价值或潜在的经济价值的矿物自然聚合体，主要包括石油、天然气、煤和泥炭、非金属和金属矿物质等。该类资源是人类生产和生活的重要资源，是国民经济建设与发展的基础性资源。矿产资源对经济社会运行有很大贡献，属于不可再生的自然资源。在未探明之前，矿产资源是一种未知的、没有确定使用价值的矿藏。经过地质调查、地质普查、地质勘探，查明地质储量、开采储量、设计储量、远景储量后，才能成为进入生产生活领域、为社会创造使用价值的矿产资源资产。

在矿产资源分类方面，联合国欧洲经济委员会 2010 年发布的《联合国化石能源和矿产储量与资源分类框架》（2009）是目前国际上通用的分类方案。许多国家或者国际组织都有自己的分类标准，例如，国际石油工程师协会（SPE）的标准（2007）、矿产储量国际矿产储量报告委员会（CRIRSCO）的标准（2007）、国际原子能组织和国际能源总署（IAEA/IEA）的标准等，都对矿产资源进行过分类。联合国欧洲经济委员会主要将矿产资源分为以下三类：一是可进行商业开发的资源；二是具有潜在开发价值的资源；三是暂时不具备开发条件的资源。鉴于此，在核算过程中，要根据实际情况选用适当的标准，并将标准的选用理由在报表说明中加以披露。

（二）矿产资源资产的实物账户

矿产资源资产包括矿产资源实物资产、矿业权、地质勘查成果专有权、单项固定资产等。矿产资源资产的价值构成主要包括地质勘查劳动消耗、矿山地租、资源环境补偿价值三部分。矿产资源包含不同种类，因此，实物资产账户的内容也互有区别。例如，在计量单位上，就有吨、立方米等不同单位。但是对于同一类矿产资源资产来说，应当使用统一的计量单位。按照前述自然资源资产四种增加和五种减少的情况，我们可以设计如下格式的矿产资源资产实物账户（见表5-3）。

表5-3 矿产资源资产的实物账户

项目	石油（万桶）	天然气（立方米）	煤和泥炭（吨）	非金属矿产（吨）	金属矿产（吨）
期初存量					
本期增加					
新发现					
重新评估增加					
重分类增加					
其他增加					
小计					
本期减少					
开采					
自然灾害损失					
重新评估减少					

续表

项目	石油（万桶）	天然气（立方米）	煤和泥炭（吨）	非金属矿产（吨）	金属矿产（吨）
重分类减少					
其他减少					
小计					
期末存量					

（三）矿产资源资产的货币账户

矿产资源资产的货币账户与实物账户比较，增加了"重新估值""政府投资目标差距"两项。具体结构如表5-4所示。

表5-4 矿产资源资产的货币账户

单位：万元

项目	石油	天然气	煤和泥炭	非金属矿产	金属矿产	合计
期初存量价值						
本期增加						
新发现						
重新评估增加						
重分类增加						
重新估值增加						
其他增加						
小计						
本期减少						
开采						
自然灾害损失						
重新评估减少						
政府投资目标差距						

续表

项目	石油	天然气	煤和泥炭	非金属矿产	金属矿产	合计
重分类减少						
重新估值减少						
其他减少						
小计						
期末存量						

对存量进行估值所作的一个基本假设是，矿产资源资产的开采率保持恒定。但是这一假设可能与实际不符。当一种资源接近耗竭时，如果没有新的开采场所，开采活动就将终止。企业也可能根据市场供求情况或价格水平自主调整其开采进度，例如，市场价格提高时，即使减少年开采量，年度总收入也不会减少。可以看出，在复杂多变、多种多样的经济社会环境中，由于信息不对称的必然性，获取精确信息存在困难，假设开采率保持恒定具有合理性。

矿产资源资产交易事项一旦发生，应当进行确认和计量。新发现、重评估、采矿和损失等情形，都要进行及时核算。核算矿产资源资产价值的增减变动，可选择一段时期内的平均价格作为计价依据。

三、土地资源资产账户

（一）土地资源资产的定义和分类

土地资源是指已经被人类所利用和可预见的未来能被人类利用的土地。根据《中华人民共和国土地管理法》，土地资源分为农用地、建设用地和未利用地三类。农用地是指直接用于农业生产的土地,包括耕地、林地、草地、农田水利用地、养殖水面等;建设用地是指建造建筑物、构筑物的土地,包括城乡住宅和公共设施用地、工矿用地、交通水利设施用地、旅游用地、军事设施用地等;未利用地是指农用地和建设用地以外的土地。土地资源的资产化,是指将土地资源作为资产,按照市场经济规律的要求,建立健全土地资源开发利用的核算、规划、补偿和监督制度,以实现土地资源优化配置,保护生态环境,满足经济社会可持续发展的需要。

(二) 土地资源资产的实物账户

根据账户的一般结构和原理,结合土地资源的分类,土地资源资产的实物账户设计如表5-5所示。我国的土地管理在产权方面,划分为国有土地与集体土地两种类型,因此,在存量核算环节,应当区分不同产权类型的土地资源资产。

表5-5 土地资源资产的实物账户

单位:公顷

项目	农用地	建设用地	未利用地
期初资源存量			
本期增加			
获得土地			
重新分类			
存量增加合计			
本期减少			
处置土地			

续表

项目	农用地	建设用地	未利用地
重新分类			
存量减少合计			
期末资源存量			

（三）土地资源资产的货币账户

土地资源资产的货币账户，其结构与上述实物账户基本一致，只不过计量单位发生了变化（见表5-6）。虽然存在着活跃的土地交易市场，但是要确定土地的价值仍然是一项复杂的工作。由于土地的价值主要与土地价格的重估有关，所以在土地资源资产的货币账户中加上了"重新评估增加（减少）""政府投资目标差距"以真实反映土地重新评估后的价值。

表5-6 土地资源资产的货币账户

单位：万元

项目	农用地	建设用地	未利用地	合计
期初存量价值				
本期增加				
获得土地				
重新分类增加				
重新评估增加				
其他增加				
小计				
本期减少				
处置土地				

续表

项目	农用地	建设用地	未利用地	合计
重新分类减少				
政府投资目标差距				
重新评估减少				
其他减少				
小计				
期末存量价值				

四、森林资源资产账户

森林资源是不可或缺的环境资源。建筑、造纸、家具等行业将其作为重要的原材料，生态环境治理则依靠其发挥"固碳"平台的作用。森林资源资产账户是森林资源管理的重要工具。

（一）森林资源资产的定义和分类

森林资源是以多年生木本植物为主体，包括林内动物、植物、微生物等在内的生物群落，具有一定的生物结构和地段类型，并形成特有的生态环境。从森林资源的起源与演变来划分，分为天然林资源、工业人工林资源、人工天然林资源、天然次生林资源。处于限制或禁止砍伐区域的森林资源，分布在人迹罕至地区、伐木活动在经济上不可行的森林资源，具有生态价值、不能用于商业用途的森林资源等，都不能直接为经济社会运行提供物质保障。在自然资源资产负债核算体系中，以上三类森林资源均反映在实物账户上，但由于没有经济价值或其经济价值不能实现，在货币账户中没有进行反映。核算过程中，区分人工林和天然林非常有必要。人工林有明确的权属关系，归属于特定的机构部门，天然林则在非采伐利用期存在于人类活动的生产生活边界之外。

森林资源资产是指产权明晰、能够带来预期收益的林业资源，具有结构的综合性、形态的复杂性、功能的多样性、分布的地域性、生产的定位性、管理的艰巨性等特征。根据自然资源和资产的含义，森林资源资产可以划分为实物资源资产和环境资源资产；按经营的目的可划分为经营性资产和非经营性资产；按经营形式可划分为用材林资产、经济林资产、薪炭林资产、防护林资产等。根据森林资源的生物学特性和市场需要，可划分为森林实物资产、森林环境资产等；按其形态又可划分为林木资产、森林景观资产和森林环境资产等。

（二）森林资源资产的实物账户

森林资源资产的实物账户主要记录森林资源期初和期末变化量。按照前述自然资源资产四种增加和五种减少的情况，我们可以设计如表5-7所示的森林资源资产实物账户。森林资源资产自然生长是指与期初比较，该类资产增加的部分。森林资源资产总量的增加原因包括自然生长和人工造林两种情况。某类别的森林资源资产增加也可能由于重分类的原因导致。森林资源资产总量减少的情况主要有砍伐或者自然灾害导致的损失两种。重分类可导致一种森林资产减少，另一种森林资产增加。依据折耗的一般定义,森林资源资产的折耗①是指森林资源持续提供木材能力的逐渐降低。

表 5-7 森林资源资产的实物账户

单位:万立方米

项目	人工林	天然林	合计
期初存量			
本期增加			
自然生长			
新发现			
重分类增加			
小计			
本期减少			
砍伐			
自然灾害损失			
重分类减少			
小计			
期末存量			

(三) 森林资源资产的货币账户

森林资源资产的货币账户(见表 5-8)与实物账户比较,增加了重新估值一项,这与矿产资源资产的账户具有相似性。货币账户的用途很广泛,如对森林资源进行保险时,需要进行估值;森林资源在成

---

① 森林资源资产折耗是指森林资源资产随着采伐的开展而逐渐转移到所开采的产品成本中去的那部分价值,是递耗森林资源资产成本的转移价值。森林资源资产折耗只在采伐时发生,是森林资源资产的直接耗减。森林资源资产折耗费用是产品成本的直接组成部分。

熟的交易市场上交易时，也需要用到货币账户的信息。估算森林资源资产的存量价值，需考虑租金收益、折现率等多种因素。估算森林资源资产的流量价值（如采伐、自然生长、折耗等），关键是需要具备价格信息，此时，要用到期初和期末的平均价格，在此不再赘述。此外，如果森林资源处于禁止砍伐的区域，那么其经济价值为零，仅存在生态价值。

表5-8 森林资源资产的货币账户

单位：万元

项目	天然林	人工林	其他林木	合计
期初存量				
本期增加				
经济因素				
自然因素				
重估价				
其他因素				
小计				
本期减少				
经济因素				
自然因素				
重估价				
其他因素				
小计				
期末存量				

五、水资源资产账户

(一) 水资源资产的定义和分类

水资源是指在一定的技术经济条件下可资利用或有可能被利用，能够满足人类社会经济和生态环境协调发展的具有一定质和量的水源。水资源具有不均衡性、稀缺性、多功能性、不可替代性和可再生性等特征[①]。水资源的范畴很宽泛，大体上包括所有内陆水体，即地表水（河流、湖泊、人工水库、冰川、雪和冰）、地下水和土壤水。水资源资产是指为某一组织所拥有或控制的、能够以货币加以计量的、能够作为生产要素投入生产经营和管理活动中去的水资源。水资源不等于水资源资产，只有既稀缺又具有明确所有者，能够进行资产化管理的水资源，才可称为水资源资产。环境经济综合核算体系中，与水资源有关的核算内容，主要包括水供应与使用账户、水排放账户、涉水活动与产品的混合账户和经济账户、水资源资产账户、水质账户，以及水资源的计量等部分。本研究重点关注水资源资产账户。该账户侧重于水资源存量的数量评估以及会计期间发生的存量变化。将取水、回归水与环境中的可用水联系起来核算，有助于测算人类经济活动给实际水资源带来的压力。水资源资产账户测算的是会计期间期初和期末的存量，记录该期间发生的存量变化，描述由于降水、蒸发等自然原

---

① 《全国水资源综合规划》概要，载《中国水利》2011年第23期，第33~35页。

因、入流和出流以及取水、回归水等人类活动引起的存量增减变化。因此，水资源资产账户对于水资源资产合理配置和高效利用、保障所有者权益、实现水资源资产价值增值都具有重要意义。

1. 水资源资产账户空间维度和时间维度的选择

账户编制空间基准的选择，服务于编制账户的目的。水资源资产账户的编制首先要明确纳入核算范围的水资源的地理边界。通常情况下，水资源资产账户可在一国领土内细分的行政区划内编制，以反映用水、供水和水资源压力的空间差异。

水文数据的时间基准一般不同于经济数据的时间基准。水文数据一般采用水文年[①]，经济数据尤其是会计数据则采用会计年度。年度账户可提供水资源及其使用方面的详细信息，有助于进行详细的时间序列分析。然而，在有些情况下，编制用水方面的年度账户，通常会掩盖用水、供水以及环境中水资源可得性的季节差异。在分析年内变化时，应结合采用季度水资源资产账户。核算过程中，水资源资产账户中所用水文数据[②]和经济数据要采用同一时间基准，编制账户时，应采用与国民经济核算有关账户基准期的 12 个月会计期间。

2. 水文循环与水资源资产账户的联系

由于太阳辐射和地球引力，水资源不断以水蒸气形式从陆地和海洋进入大气，然后又以降水的形式回到陆地、海洋和其他水体。这几

[①] 水文年是与水文情况相适应的专用年度，从当年第一次涨水当月的第一天开始起，按总体蓄量变化最小的原则所选的连续 12 个月。

[②] 水文数据主要包括地表水、地下水、水质数据和河、湖地形等相关属性数据，包括原始监测数据、整理汇编成果数据和统计分析成果及应用支撑数据。

个阶段的周而复始，称为水文循环。

以下方式将水文循环有关流量联系在一起：降水＝蒸散＋径流＋／－储量变化。这意味着水资源存在状态及其流量变化涉及降水蒸发或通过植被蒸腾（蒸散），或在河流或溪流内流动（径流），或储存在天然或人造水体中（储量变化）。与这些情况相对应，水资源资产账户将两个时点（期初和期末）的水储量（存量）与该期间由于自然和人类原因所发生的储量变化（流量）相联系。

3. 水资源资产的分类

在自然资源资产负债核算框架下，水资源可以分为地表水、地下水和土壤水三类。地表水由地表流动或储存的所有水组成，包括人工水库，湖泊，河川溪流，雪、冰和冰川。其中人工水库是用以蓄存、调节和控制水资源的人造水库；湖泊一般是地球表面低洼地区所蓄积的大型静水体；河川溪流是在水道中持续或周期性流动的水体；雪和冰包括陆地表面形成的季节性雪层和冰层；冰川是指源于大气、一般会长时期在陆地缓慢运动的冰体。雪、冰和冰川按照水当量测算。地下水是蓄积在多孔地下岩层（又称含水层）中的水。含水层是指所含饱和透水材料足以产生大量井水和泉水的一个、一组或部分地质岩层。土壤水是指土壤最上层或近地面通风带中悬浮的水分，能在蒸散作用下进入大气。将冰川、雪和冰与土壤水明确列入水资源资产账户中，反映了这些资源（尤其是土壤水）存量的重要性。例如，土壤水（存量和流量），可用于维持滋养农业、牧场和林地，是粮食生产的一项重要资源。冰川尽管在存量上不会明显受到人类取水活动的影响，但也列入资产分类中。一方面,旱季时,冰川的融化通常可维持河流的流量;另一方面,监测冰川存量对于掌握气候变化的规律也很重要。水资源的资产分类不包括海洋与大气中的水,因为相对于取水量而言,这些资源的存量巨大,不具有稀缺性。

水资源资产可根据地区实际情况和数据的可获取程度,进行分类调整。例如,可以根据用途类型对人工水库进一步细分为人用、农用、水力发电用或混合用途等,河流可根据径流的规律性划分为常流河(终年流水不断的河流)或间歇河(仅在有降水或间歇泉涌时才有水流的河流)等。

(二)水资源资产的实物账户

水资源资产实物账户用以描述核算期间的水资源存量及其变化。按照前述自然资源资产四种增加和五种减少的情况,结合水资源自身特点,我们可以设计如下格式的水资源资产实物账户(见表5-9)。其主要结构包括三个部分:一是期初和期末存量,即某个期间期初和期末的存量水平;二是存量的增加,包括由于人类活动(回归水)和自然原因(如入流和降水)所引起的增加;三是存量的减少,包括由于人类活动(取水)和自然原因(如蒸发和出流)所引起的减少。这些资产账户具有决策相关性,因为它们将经济体的用水(以取水和回归水表示)以及天然水流量与一国的水存量联系起来。以下从回归水、降水、入流、取水、蒸发、出流等方面进行分类研究。

表 5-9　水资源资产实物账户的基本结构

单位：吨或立方米

项目	地表水				地下水	土壤水	合计
	人工水库	湖泊	河流	雪、冰和冰川			
期初存量							
本期增加							
回归水							
降水							
入流							
自上游领土							
自领土内其他资源							
本期减少							
取水							
蒸发（或实际蒸散）							
出流							
至下游领土							
至海洋							
至领土内其他资源							
其他总量变化							
期末存量							

第一，回归水表示核算期间从经济体回归到地表水和地下水的总水量。回归水可根据回归的水资源资产类型进行划分，例如，灌溉水、经过和未经处理的废水。

第二，降水包括核算期间基准领土内大气降水（雨、雪、冰雹等）在蒸散之前的总量。大多数降水都会落到土地上，因此，记录在资产账户土壤水列之下。有些降水还会落入其他水资源（如地表水）。渗入地下水的降水作为从其他水资源至地下水的流入量记录在账户中。

第三，入流表示核算期间流入水资源的水量。根据其来源，入流量划分为其他领土的入流量和领土内其他水资源的入流量。其中，源自其他领土的入流量发生在共有水资源的情况下。例如，当河流进入基准领土时，入流量等于会计期间在进入点流入该领土内的总水量。如果河流毗接两个国家而没有最终进入其中任何一个国家，那么每个国家将把一定百分比的流量作为其领土的流量。如果没有正式协定，则实际的解决办法是按50%确定各国的流量。源自领土内其他水资源的入流量包括领土内各水资源之间的天然转移和人工转移，其中包括渗入和渗出流量以及引水渠流量。

第四，取水表示核算期间为最终消费和生产活动目的而从任何资源永久或暂时提取的水量。用于水力发电的水视为取水的一部分。由于水力发电的取水量很大，宜单列发电厂的取水和回归水。取水还包括将降水用于雨养农业，因为这被视为农业等人类活动所导致的土壤中取水，因此，雨养农业的用水记录为土壤中取水。

第五，蒸发和蒸散是指核算期间基准领土内蒸发和实际蒸散的水量。蒸发量指从河流、湖泊和人工水库等水体蒸发的水量，蒸散则指通过蒸发和植物蒸腾从土壤转移到大气中的水量。蒸散可以是"潜在的"也可以是"实际的"，具体视土壤和植被的状况而定：潜在蒸散是指一定气候条件下，可从覆盖整片土地、供水充足的成片植被蒸发的最大水量；在账户中列示的实际蒸散，主要是指取决于降水的地面水分含量处于自然水平时，从地表所蒸发的水量和通过现有植被或植物所蒸腾的水量。实际蒸散量只能通过建模估算，因此只是一种粗略的估计。

第六，出流表示核算期间流出水资源的水量。水流出的去向主要包括流至领土内其他水资源、流至其他领土以及流至海洋。其中，流至领土内其他水资源的出流量表示领土内各水资源之间的水交换，包括流出领土内某个水体并抵达领土内其他水资源的水；流至其他领土的出流量表示会计期间流出基准领土的总水量，共有河流是水从上游国家流至下游国家的典型例子；流至海洋的出流量表示流入这类水体的总水量。

第七，其他总量变化包括未列入表内其他类别中的所有水存量变化。例如，核算期间发现的含水层水量，以及由于自然灾害等原因而消失或出现的水量。其他总量变化可直接计算，也可按残值计算。

（三）水资源资产的货币账户

水资源资产的货币账户与实物账户比较，增加了"重新估值"一项，这与前述资产的账户相似。货币账户的用途很广泛，如对一些跨区域水资源进行生态补偿时，需要进行估值；水资源在成熟的交易市场上交易时，也需要用到货币账户的信息。估算水资源资产的存量价值，需考虑供水量、水质等多种因素。估算水资源资产的流量价值，关键是需要具备价格信息，此时，要用到期初和期末的平均价格，在此不再赘述。此外，如果水资源处于禁止开发的区域，那么其经济价值为零，仅存生态价值。

六、对账户模式的认识

综上所述，账户模式不是完整意义上的自然资源资产负债表。这种模式的局限性主要体现在两个方面：一是账户模式只能单独反映某一类自然资源的情况，不同自然资源之间不能汇总；二是无法反映负债情况，在核算过程中仅仅针对自然资源资产的增减变化进行记录和反映，没有体现自然资源负债部分，对于自然资源负债部分相关的责任界定也无从说明。

因此，账户模式是探索过程中的一种"过渡模式"，最终的自然资源资产负债表应该采用会计核算方式下的"报表模式"。账户模式的自然资源资产信息可以作为报表模式的补充附表形式存在，以提供更加详细的各类自然资源资产实物存量和变化量信息。

第三节 自然资源资产负债表的报表模式

自然资源资产负债表的"报表模式"是指按照会计原理和方法对自然资源进行核算，将不同类别的自然资源进行汇总，既可以反映资产，也可以反映负债，形成反映自然资源总体情况的报表。

地区自然资源列报的有关数据来源于各行政主管部门填报的自然

资源资产负债表；各行政主管部门的自然资源资产负债表中的数据来源于日常自然资源核算账户余额；账户余额根据期初余额和本期交易记录的发生额求得。实际工作中，自然资源资产负债核算由政府不同职能部门负责，为保证数据及时、准确、口径一致，需要专门制定自然资源资产负债核算标准，包括核算要素、期初余额的评估方法、交易确认原则、报表内容与格式等内容。

关于自然资源资产负债表中的资产与负债的列报，本课题提出的初步设想，详见表5-10至表5-14。其中，表5-10为总表，表5-11至表5-14为分表。

政府填列报表的资产包括未使用的自然资源资产存量、通过租赁或承包方式转移给企业的自然资源资产、应收补偿或赔偿债权、通过投资方式转移给企业的自然资源资产四部分。负债为因企业破产等原因，无法收回应收自然资源损害补偿或赔偿时，政府需承担的自然资源修复义务。

企业填列报表的资产为从政府获取的自然资源资产；通过租赁或承包方式取得的自然资源为负债，接受政府投资取得的自然资源为所有者权益。

政府的债权与企业的负债对应，政府的投资与企业的所有者权益对应。

表 5-10 _____（地区）自然资源资产负债表总表

编制单位：_____　　　　　___年___月___日　　　　　单位：亿元

资产	行次	期末值	期初值	负债和所有者权益	行次	期末值	期初值
自然资源资产：	1			自然资源负债：	1		
实物存量：	2			土地资源负债	2		
土地资源资产	3			矿产资源负债	3		
矿产资源资产	4			水资源负债	4		
水资源资产	5			林木资源负债	5		
林木资源资产	6			其他	6		
其他	7			负债总计	7		
实物存量合计	8			所有者权益：	8		
债权：	9				9		
土地资源债权	10			期初结转	10		
……	11			本期增加	11		
债权合计	12			所有者权益总计	12		
投资：	13						
土地资源投资	14						
……	15						
投资合计	16						
资产总计	17			负债和所有者权益总计	13		

说明：自然资源资产负债表是反映自然资源管理主体在期末所占有全部自然资源资产、负债和拥有权益情况的统计报表。基本结构为"资产 = 负债 + 所有者权益"，等式左边反映的是自然资源管理主体所占有的资源，右边反映的是自然资源管理主体所承担的负债和对自然资源资产的权益。

表 5-11 _____（地区）土地资源资产负债表

编制单位：_____　　　　___年___月___日　　　　单位：公顷/万元

资产			负债与权益		
项目	实物量	价值量	项目	实物量	价值量
资产：			负债：		
实物存量：			租入自然资源：		
耕地			……		
林地			承包自然资源：		
园地			……		
草地			应付补偿赔偿：		
市场价值调整增加			生态环境恢复补偿金		
工矿仓储用地			退耕还田义务		
商服用地			土地资源退化		
交通运输用地			法定赔偿义务		
水域及水利设施用地			市场价值调整减少		
住宅用地			土地资源修复义务		
公共管理与公共服务用地			其他修复义务		
特殊用地			其他		
其他			负债合计		
实物存量合计					
债权：					
耕地					
……					
债权合计			所有者权益：		
投资：			期初转入		
……			本期增加		
投资合计			权益合计		
资产总计			负债和权益总计		

说明：

1. 法定赔偿义务：主体因排放污染物等原因对他人造成损害和经济损失，依法应当向他人进行赔偿的义务。
2. 土地资源修复义务：主体承担的应当将环境恢复为原状的义务。
3. 中国土地类型复杂多样，资源利用程度不能一概而论，不同地区的资源产值具有明显差别。

表 5-12 _____（地区）矿产资源资产负债表

编制单位：_____　　　　___年___月___日　　　　单位：亿吨/亿立方米/亿元

资产			负债与权益		
项目	实物量	价值量	项目	实物量	价值量
资产：			负债：		
实物存量：			租入自然资源：		
能源资产			……		
……			承包自然资源：		
金属矿产			……		
……			应付补偿赔偿：		
非金属矿产			法定赔偿义务		
……			矿产资源耗减		
水气矿产			修复环境义务		
……			其他		
实物存量合计			负债合计		
债权：			所有者权益：		
……			期初转入		
债权合计			本期增加		
投资：			所有者权益合计		
……					
投资合计					
资产总计			负债和权益总计		

说明：根据《中国自然资源手册》估计，我国在1985年45种矿产工业储量的潜在价值为57288.87亿元，而同期的矿业产值为595.08亿元，工业总产值为8721.26亿元。其数据来源为地质矿产部政策研究室及孙锦的《从已探明矿产资源的潜在价值看我国东、中、西三大区域矿产资源的开发》。当然，在统计时，进行了一系列的修正，例如，一个地区一个矿种采用一个统一的回采率和统一的价格，参加计算的矿种只包括最主要的45种矿种。

表 5-13 _____（地区）林木资源资产负债表

编制单位：_____　　　　　__年__月__日　　　　　单位：万立方米/万元

资产			负债与权益		
项目	实物量	价值量	项目	实物量	价值量
资产：			负债：		
实物存量：			租入自然资源：		
用材林			……		
经济林			承包自然资源：		
薪炭林			……		
防护林			应付补偿赔偿：		
特用林			法定赔偿义务		
有林地			退林义务		
疏林地			森林资源耗减		
未成林造林地			森林资源退化		
灌木林地			因天灾毁损林地修复义务		
采伐迹地			林业生态保护义务		
苗圃地			其他		
国家规划宜林地			负债合计		
森林景观林			所有者权益：		
其他资产			期初转入		
实物存量合计			本期增加		
债权：			所有者权益合计		
……					
债权合计					
投资：					
……					
投资合计					
资产总计			负债和权益总计		

说明：

1. 出于经济核算的目的，IEEF 根据 UN—ECE/FAO TBRFA 2000 的定义，把森林资源划分为提供木材的森林和不提供木材的森林。不提供木材的森林，如低生产力、采伐困难的森林和防护林，由于其木材和土地的价值不能实现，不能提供任何经济收益，其价值为零。然而，经过市场交易后，这些森林在资产负债表中具有价值，可以被列入"其他资产"的新类别当中。同样，森林景观林经过正常程序评估后，在资产负债表中也应被记录在内。

第五章 自然资源资产负债表框架设计

2. 国家林业局和国家统计局于 2014 年 10 月,联合公布了中国森林资源核算研究成果。结果显示,全国林地林木资源总价值为 21.29 万亿元。物质量数据来源于全国 100 个森林生态站、600 个辅助观测点以及 10000 多块样地的森林生态连清数据和第八次全国森林资源清查数据。价值量数据主要依据国家统计局等部委公布的公共权威价格数据。在核算生态服务价值量时,采用替代品的价格进行替代核算。

表 5-14 _____(地区)水资源资产负债表

编制单位:_____ ___年___月___日 单位:万立方米/万元

资产			负债与权益		
项目	实物量	价值量	项目	实物量	价值量
资产:			负债:		
实物存量:			租入自然资源:		
地表水			……		
水库			承包自然资源:		
湖泊			……		
河流			应付补偿赔偿:		
冰川、雪和冰			法定赔偿义务		
地下水			治理污染义务		
……			其他		
土壤水			负债合计		
……			所有者权益:		
实物存量合计			期初转入		
债权:			本期增加		
……			所有者权益合计		
债权合计					
投资:					
……					
投资合计					
资产总计			负债和权益总计		

说明:

1.《关于〈中共中央关于全面深化改革若干重大问题的决定〉的说明》指出:"我国生态环境保护中存在的一些突出问题,一定程度上与体制不健全有关,原因之一是全民所有自然资源资产的所有权人不到位,所有权人权益不落实。"为解决水资源长期无偿或低价使用问题，落实水资源所有权人权益，实行工业企业取水权有偿取得非常必要。

2. 根据《全国水资源综合规划》要求，到2020年，全国用水总量力争控制在6700亿立方米以内；万元国内生产总值用水量、万元工业增加值用水量分别降低到120立方米、65立方米，均比2008年降低50%左右；城市供水水源地水质基本达标，主要江河湖库水功能区水质达标率提高到80%。

第四节 自然资源资产负债表表外信息披露与分析

一、自然资源资产负债表表外信息披露

在会计学定义上，由于资产负债表表内信息披露受会计要素、固定格式等影响，存在局限性，不能充分满足投资决策和受托责任评价需要，需要通过表外信息披露方式予以补充和证明。同样，在自然资源资产负债表外应披露难以在表内反映的重大的、有价值的信息。自然资源资产负债表表外信息披露内容主要包括自然资源管理政策变化、自然资源未来趋势预测信息、构成总体自然资源资产负债的分部信息，以及重要资源的核算方法，价值量的计算过程、依据等。如美国财务会计准则委员会（FASB）在第69号财务会计准则中要求，油气企业在表外对油气资产储量的公允价值进行披露，包括探明储量，矿区取得、勘探和开发成本，有关探明储量的未来净现金流量贴现的标准化测定及价值量的核算方法。

与表内信息相比，自然资源资产负债表表外信息具有从属性、解释性、灵活性、建议性、内容多样性等特征。因此，自然资源资产负债表表外信息披露要做到揭示充分、系统、完整，坚持重要性和相关性、真实可靠性、适当性、及时性等原则。表外信息还应重点披露自然资源的损失情况，尤其是人为因素造成的损失的责任认定和追究情况。

二、自然资源资产负债表分析

通过分析自然资源资产负债表结构变动的内在意义，解释其对经济发展的导向作用，通过对选取的若干重点指标的分析，衡量经济增长对生态环境的影响。

自然资源资产负债表分析的方法包括水平分析、垂直分析和项目分析。水平分析是指将分析期资产负债表各项目数值与基期进行比较，计算出变动绝对值、变动比率以及该项目对资产、负债、权益总体的影响程度；垂直分析是通过计算自然资源资产负债表中各项目占总体的比重，分析评价责任主体资产结构和权益结构变动的合理程度，包括静态分析和动态分析；项目分析是对构成自然资源资产负债表资产、负债、权益的各项目进行影响程度、变动趋势等分析。

指标分析举例如下。

1. 地区间自然资源丰裕程度绝对指标

（1）某地区自然资源资产总额。

（2）某地区自然资源负债总额。

（3）某地区自然资源净资产总额。

2. 地区间自然资源丰裕程度相对指标

（1）人均自然资源资产＝某地区自然资源资产总额/该地区人口数量。

（2）人均自然资源负债＝某地区自然资源负债总额/该地区人口数量。

（3）人均自然资源净资产＝某地区自然资源净资产总额/该地区人口数量。

3. 负债压力指标

（1）资产负债比率＝负债/资产。

（2）债务净值比率＝负债/资产净值。

4. 自然资源成长指标

（1）资产增长率＝资产形成总额/核算期期初资产存量。

（2）自然资源资产总额时间序列。

（3）自然资源资本时间序列。

把上述指标综合起来，有助于全面分析研究一个国家或一个地区在一定时点上拥有的自然资源总和，进行不同国家和不同地区的对比，进而判断和把握本国本地区在自然资源使用和管理中的实力水平及所处位置。决策部门根据这些分析资料，可以研究国家和地区的中长期经济规划和发展战略，制定相应政策，以确保生态文明建设与经济、政治、文化和社会建设的协调、健康发展。

自然资源资产负债表可以作为领导干部自然资源资产离任审计的基础和评价依据。根据领导干部任期内自然资源资产负债的增减变化，分析变化的原因，评价当地政府在生态文明建设决策和管理方面的能力和业绩。根据领导干部在自然资源资产管理、使用、保护、建设等方面的责任，深入分析领导干部履职尽责程度和业绩水平的主观及客观原因，分清应当承担的责任类型。

【本章小结】

本章首先对实践中已有的探索——基于统计数据编制自然资源资产负债表的情况进行了考察，认为该模式是探索过程中的一种过渡形式，无法反映负债情况。结合第四章的研究，得出基于会计记录编制的自然资源资产负债表是未来发展方向，可以完整反映自然资源资产、负债和所有者权益情况的结论。在此基础上，提出了自然资源资产负债表的框架和内容设计思路。其中，除实物性质的自然资源资产之外，政府报表中还应反映自然资源债权。自然资源负债主要存在于企业中，与政府报表中的债权对应。

第六章　生态环境损害责任评判与自然资源资产负债表

生态环境损害责任追究应当遵循这样的逻辑思路：首先，发生"生态环境损害"的具体状况；其次，根据相关责任人是否履行既定义务，并在履职过程中遵循了既定的法规、流程，判断相关人员的责任；最后，根据责任认定结果，启动追责程序。在此过程中，自然资源资产负债表及相关业务活动记录将会扮演至关重要的角色。根据自然资源资产负债表所反映的自然资源变化数据和报表附注的说明，可以发现生态环境损害的情况；根据自然资源管理、开发和利用的过程记录，可以确定相关责任人和具体责任内容。

《中共中央　国务院关于加快推进生态文明建设的意见》指出，要健全政绩考核制度，把资源消耗、环境损害、生态效益等指标纳入经济社会发展综合评价体系，大幅增加考核权重，强化指标约束，不唯经济增长论英雄。只有自然资源资产负债表及相关业务记录提供支持，才能使上述要求得以贯彻落实。

本章对自然资源资产负债表在生态环境损害责任追究中发挥的作

用、生态环境损害责任评判的具体内容,以及按照现行自然资源和生态环境管理制度的要求,在生态环境损害责任评判中如何运用自然资源资产负债表等问题进行了探讨。

第一节 编制自然资源资产负债表是生态环境损害责任追究的前提

一、自然资源资产负债表为自然资源损害责任落实到人提供了可能

政府和企业分别编制自然资源资产负债表,在自然资源管理、开发、利用领域明确双方的产权关系,首先在法人层面划定了自然资源损害的责任。在政府方面,自然资源资产负债核算详细记录了与自然资源相关的业务过程,也就明确了与自然资源损害相关的决策、管理、监督具体责任人。企业的自然资源资产负债核算记录,也能够明确反映自然资源开发利用过程中造成损害的具体责任人。

从自然资源资产负债表编制试点情况看,自然资源资产负债表已经为评价党政领导干部职责履行情况提供了一定程度的依据。例如,浙江省湖州市探索编制的自然资源资产负债表反映,"2015 年初,湖州市耕地存量为 151451.79 公顷;通过土地综合整治,该市全年新增耕地 620.18 公顷；因建设占用、农业结构调整等因素，存量耕地减少 668.53 公顷。故年末耕地存量为 151403.44 公顷"[①]，与年初相比，减少 48.35 公顷。这些数据能够反映出政府在耕地占补方面尚未履行的义务。确定这些义务应当在报告期内完成后，相应地，应当明确履行此义务的责任承担者。从这个例子可以看出，编制自然资源资产负债表的试点工作，已经在一定程度上为考察党政领导干部履行生态环境和自然资源保护职责提供了参考。

由于现行自然资源资产负债表编制试点工作大多基于统计数据，从报表中难以看出损害责任应归咎于政府还是企业，也不便于进一步查找具体责任人。如果能够按照会计核算的原则、方法开展自然资源资产负债核算，并在此基础上编制自然资源资产负债表，政府与企业间的责任区分以及具体责任人的认定就有了一条清晰的追踪线索。

根据自然资源资产负债表及其附表、附注等提供的基础信息和数据，结合核算记录进行深度分析，可以进一步明确地方各级党政领导干部和企业法定代表人生态环境和自然资源保护的具体职责，推动生态环境和自然资源保护政策落实，确保生态文明建设与经济、政治、文化和社会建设的协调、健康发展。

---

① 邓国芳、聂伟霞：《湖州编制自然资源资产负债表》，载《浙江日报》2016 年 6 月 5 日。

二、自然资源资产负债表有助于实现生态环境保护责任和业绩水平的量化

地方政府推动经济增长确定的高投入、高污染、高损耗产业和项目，导致了自然资源破坏、生态环境恶化、生态系统退化等一系列问题。造成这种状况的根本原因在于未能将反映经济发展水平的 GDP 指标与生态环境指标综合考虑。有的党政领导干部对生态环境和自然资源保护工作缺乏足够的重视，很大程度上是由于没有一套能够综合反映生态环境保护的业绩指标。2013 年，中共中央组织部完善了党政领导干部政绩考核办法，不仅把地区生产总值及增长率作为考核评价政绩的主要指标，而且强化了约束性指标的考核，加大资源消耗、环境保护和损毁、产能过剩、安全生产等指标的权重。在这种背景下，完善自然资源资产负债核算，为落实党政领导干部政绩考核和生态环境保护责任考核提供了重要参考依据，有利于促进党政领导干部贯彻落实"保护生态环境就是保护和发展生产力"理念，使其更好地履行自然资源资产决策和管理职责。有学者认为，自然资源领域腐败行为产生的后果对资源丰裕度[①]的影响存在滞后效应。因此，通过建立健全自然资源资产负债核算体系和业绩衡量标准，可以实现领导干部生态环境损害责任的量化，使生态环境损害责任追究更加科学合理。

---

① 资源丰裕度是指一个国家或地区各种自然资源的丰富程度，或者说可利用于社会经济发展的自然资源的数量。

三、编制自然资源资产负债表有助于生态环境保护意识的形成，实现生态环境保护关口的前移

与其出了问题再追责，不如不出问题。生态环境问题归根结底与"人"密切相关。人的意识决定了人的行为。政府和市场共同构成了自然资源资产的配置体系。市场主体的行为受市场经济规律制约和引导，对政府行为的制约则是通过权力授予和责任追究来实现。只有政府和企业双方自觉树立生态环境保护意识，才能防患于未然，实现生态环境保护关口的前移。

党政领导干部作为重大经济建设事项的决策者，对于维护良好的生态环境担负着不可推卸的责任。党政领导干部在自然资源资产利用方面的权力行使，对党政领导干部实施生态环境保护责任追究，是政府自然资源管理工作的核心内容。自然资源资产负债表中数字的变化，时刻提醒党政领导干部要强化生态保护意识，关注对生态环境的影响和自然资源的损耗。以编制自然资源资产负债表为基础，推行生态环境损害责任终身追究制，可以促进各级党政领导干部树立科学的政绩观和发展观，在利用自然资源发展经济的同时，兼顾生态环境保护职责，防止只顾经济发展、不管资源节约集约利用和生态环境保护的行为。

企业作为市场主体，是自然资源的直接利用者，也是生态环境损害行为的直接实施者。编制自然资源资产负债表，可以促使企业在利

用自然资源创造效益的同时，意识到对生态环境的损害最终也会为其带来经济上的损失，促使企业通过利弊权衡形成自觉的生态环境保护意识。

四、编制自然资源资产负债表为领导干部自然资源资产离任审计制度的建立奠定基础

现代审计产生于受托责任，受托者在履行受托责任之后，要对责任履行情况向委托者作出报告。审计结论是审计师对受托者责任履行情况报告发表的独立意见，以合理保证受托责任报告中信息的可靠性。

由于自然资源管理责任报告制度尚未建立，制约了领导干部自然资源资产离任审计的制度化和规范化。自然资源资产负债表，一方面作为管理信息的综合载体，为加强生态环境保护、有效利用自然资源提供了信息支撑，为重大经济决策提供了重要依据；另一方面，自然资源资产负债表作为政府及党政领导干部责任报告的核心内容，使领导干部自然资源资产离任审计有了可以评价的对象。以自然资源资产负债表为核心的自然资源管理责任报告制度能够为开展领导干部自然资源资产离任审计提供前提和基础。

第二节 生态环境损害责任的评判

习近平同志多次强调,要把资源消耗、环境损害、生态效益等体现生态文明建设状况的指标纳入经济社会发展评价指标体系,使之成为生态文明建设的重要导向和约束。要建立责任追究制度,对那些不顾生态环境盲目决策、造成严重后果的人,必须追究责任,而且应该终身追究。[①] 贯彻落实习近平同志系列重要讲话精神和《党政领导干部生态环境损害责任追究办法(试行)》,实施责任追究必须解决生态环境损害责任的评判问题。

一、生态环境损害的定义、类型和特点

(一)生态环境损害的定义

生态环境损害是指因污染环境、破坏生态造成大气、地表水、地下水、土壤等环境要素和植物、动物、微生物等生物要素的不利改变,及上述要素构成的生态系统功能的退化。[②] 其中,侵害行为是对生态环

---

① 习近平:《习近平谈治国理政》,外文出版社2014年版。
② 参见环境保护部2016年6月颁布的《生态环境损害鉴定评估技术指南总纲》。

境造成负面影响的不当环境行为。损害后果是侵害行为对人身、财产、精神以及生态环境本身造成的损害。侵害行为是原因，生态环境损害是后果，两者应具有因果关系。很多学者从公权和私权分开的角度，将侵权行为从侵害行为中分离出来，同时将侵权行为导致的对个人人身、财产、精神等传统损害从生态环境损害中分离出来。对私权的侵权行为通过民法进行规范，对公权的侵害行为则通过环境保护法来约束。欧盟《环境民事责任白皮书》对环境本身的损害和传统损害也作了区分，认为"对环境的直接损害，不考虑人身和财产的间接损害"，即只有对环境本身的损害才是环境损害的范畴。本研究认为，对生态环境本身的损害，如果追溯到受损害的个人在技术上不可行，则可视为是对公众的环境权益的损害。从长远来看，对公众环境权益的损害，最终不可避免地会影响到个人的利益。

（二）生态环境损害的类型

第一，从侵害行为作用的客体来看，对生态环境的损害可以分为对个人权益的损害和对资源环境本身的损害。

对个人权益的损害，是指生态环境恶化对个人人身、财产、精神的损害。人在自然环境中生存，生态环境恶化必然会对个人的人身、财产、精神等方面造成影响。人身损害是对个人的生命、健康、身体造成的损害。财产损害是对个人财产实际所得或未来预期可得利益造成的损失。精神损害是对个人人格或精神层面造成的痛苦。生态环境恶化的积累对个人权益的损害往往是突发性的，并造成严重的后果。

编制自然资源资产负债表与
生态环境损害责任终身追究制研究

对生态环境本身的损害包括对生态环境的生态价值和经济价值等方面的损害等。生态环境的首要功能是承载生命，为生命的延续提供自然生存环境。对生态环境的损害首先影响的是承载生命的功能，即造成对环境生态价值的损害。自然环境的生态价值具有公共性特征，容易被忽视。生态环境另外一项功能是为人类发展提供自然资源，即生态环境具有经济价值。生态环境中很多自然资源是不可再生资源，消耗完便不可再生。即使是可再生资源，如果开发不当，也可能无法利用。对自然资源的滥采滥伐、污染破坏，将会导致自然资源可开发利用价值的减少或成本的提高，造成对生态环境经济价值的损害。

将生态环境损害划分为对生态环境本身的损害和对个人权益的损害，并不意味着两者彼此独立。对生态环境本身的损害有可能是一个缓慢的积累过程，当积累到一定程度集中爆发，对个人权益造成的损害才会显露出来。

第二，从侵害行为作用的媒介来看，对生态环境的损害可以分为对土地、森林、矿产、水等自然资源的损害。

生态环境损害是通过人的活动对维持人类健康舒适生活的环境产生破坏，从而间接地损害公众的利益。从这个角度来看，生态环境损害并不区分对人的损害和对生态环境本身的损害，凡是以环境为媒介的损害都可以归入这一范畴。侵害行为作为损害结果产生的原因，可以通过多种媒介对损害结果产生作用。例如，土地、森林、矿产、水等都可以作为环境侵害行为作用的媒介。因此，对生态环境的损害可以分为对土地生态环境的损害、对森林生态环境的损害、对矿产资源环境的损害、对水环境的损害等。按照环境侵害作用的环境媒介来对环境损害进行分类，将有助于生态环境的分类管理和自然资源资产负债表的编制，因为在自然资源资产负债表的结构中，可以根据不同生态环境媒介进行分类并进行实物量或价值量的核算。

(三) 生态环境损害的特点

1. 滞后性

生态环境的损害结果往往表现出时间上的滞后性。生态环境具有一定的承载能力，如果生态环境影响没有超过生态环境的承载力，生态环境可以进行自我修复。在生态环境自我修复能够发生作用的时候，生态环境损害结果就会在时间上滞后。

2. 单向性

已经造成的生态环境损害难以修复。对生态环境的损害不能超过生态环境的承载力，否则，恢复生态环境就要付出更加高昂的代价，甚至无法修复，体现出生态环境损害的单向性特点。

3. 广泛性

生态环境的损害往往是广泛的，从自然资源的空间角度来看，涉及的区域范围往往比较大，有的甚至超过一定行政区域的范围，如跨流域河流、湖泊的水污染等，对生态环境的整治造成困难。

4. 复杂性

生态环境的损害是由多种不当环境因素综合作用的结果，是一个综合叠加的过程。例如，我国各地出现的雾霾现象，就是各种不当环境行为综合作用产生的结果。

二、生态环境损害责任评判

（一）生态环境损害责任

生态环境损害责任是责任主体未履行或未正确履行生态环境保护职责和义务，造成生态环境损害所应承担的不利后果。生态环境损害责任追究制是涉及多部门、涵盖多环节的制度体系。

1. 生态环境损害责任主体

生态环境损害责任源于对生态环境公共利益维护的授权委托理论。生态环境的管理者，在生态环境所有者的授权下，负有保护生态环境共同利益的责任。在我国自然资源国家和集体所有的制度设计下，各级地方政府是自然资源和生态环境的实际管理者，负有管理责任。相应地，一旦出现生态环境损害，就需要追究各级地方政府或职能部门的责任。自然资源的开发利用者，按照法定程序取得自然资源使用权的同时，也要承担相应的生态环境保护义务，对开发利用自然资源过程中造成的生态环境损害负责。落实到个人，应按照权责一致的原则，根据生态环境相关决策具体情节和过程，认定相关人员应当承担的具体责任。

2. 生态环境损害责任追究的环节

生态环境损害责任追究，需要经过生态环境损害的认定、评估、救治、追责、诉讼等各个环节。当发生不当行为，造成生态环境损害时，政府应当组织环境保护等相关部门或通过独立第三方及时进行认定和评估，采取相应措施和手段进行救治，最大限度降低生态环境损害的负面影响，追究相应部门的责任，必要时可采取诉讼的方式维护公众环境权益。具体来说，认定是指权威部门对生态环境损害事实是否发生作出的权威性判断；评估是指权威部门对生态环境损害后果的程度作出的权威性判断；救治是指政府采取一定措施降低生态环境损害后果的行为；追责是以行政等手段追究生态环境损害责任主体的行政等各类责任；诉讼是生态环境权利受到侵害的一方通过诉诸法律保护自身权益的行为。生态环境损害责任追究环节是在法律范围内一系列追究行为的环环相扣的总体链条。

3. 审计部门在生态环境损害责任追究中的作用

在生态环境损害责任追究过程中，审计部门通过对政府及其各部门环境保护的履职情况进行审计，对生态环境损害的认定、评估、救治情况作出独立、客观、公正的审计评价，提出责任追究或移交司法机关的意见建议。在审计过程中，审计人员需要对政府部门履行环境保护职责和生态环境损害的情况进行分析判断，提出专业的审计意见。审计人员对生态环境实际损害程度的分析判断，可以依据权威部门对生态环境实际损害的评估报告。审计人员对责任主体履行环境保护职责的情况进行评价，可以依据环境保护方面的法律、法规和规章，对尚未造成实际损害的潜在不当环境行为进行评估。对生态环境损害的情况，应结合自然资源资产负债表，对报告期内自然资源数量和质量的变化情况进行审计，并结合对国家各项规章制度遵循情况的审计，提出审计评价和处理意见。在生态环境损害责任追究链条中，审计部门并不是生态环境追究的主管部门，而是通过独立、客观、公正的审计，为组织人事等相关责任追究主体提供审计意见和建议，有效促进生态环境损害责任追究制度的落实。

（二）生态环境损害责任评判的对象

根据《中华人民共和国环境保护法》第六条的规定，一切单位和个人都有保护环境的义务，地方各级人民政府应当对本行政区域的环境质量负责，企业事业单位和其他生产经营者应当防止、减少环境污染和生态破坏，对所造成的损害依法承担责任。因此，生态环境损害责任评判的对象包括地方各级人民政府和企业事业单位。生态环境保护责任也是分层次的。在政府对生态环境损害承担总体责任的情况下，对生态环境具有管理、监督职责的部门必然负有监管责任，开发、利用相关资源的单位则负有直接责任。在生态环境保护分级负责的体系下，每个层级的责任主体都负有与自身职责相符的责任，并对下一层级的责任负总责。从总体层次来看，生态环境损害责任的评判对象为政府；从监督管理层次来看，生态环境损害责任的评判对象为政府环境监管部门；从直接管理层次来看，生态环境损害责任的评判对象为自然资源的直接开发、利用单位。

对生态环境损害责任的评判，可以一个地区为单位，对地方政府生态环境总体的责任进行整体评价，对有关部门的监管责任进行部门评价；也可以某项自然资源为单位，对具体开发利用者的直接管理责任进行个别评价。根据《党政领导干部生态环境损害责任追究办法（试行）》的规定，地方各级党委和政府对本地区生态环境和资源保护负总责，并进一步将责任细化到党政主要领导干部。中央和国家机关有关工作部门、地方各级党委和政府的有关工作部门及主要领导干部按照职责分别承担相应责任。

（三）生态环境损害责任评判的标准

生态环境损害责任的评判可以分为两个方面，即对生态环境损害的评判和对生态环境损害责任的评判。对生态环境损害的评判，是指在生态环境损害结果发生后对损害进行评判，通过物理、化学、生物等各种技术手段，对生态环境损害的类型、程度、后果进行评判。对生态环境损害责任的评判，是指对相关部门和人员履行生态环境保护责任不到位，造成生态环境损害的责任进行评判。在生态环境保护过程中，相关部门和人员责任的履行主要通过生态环境保护制度加以规范。生态环境保护制度的遵循情况，直接关系到生态环境源头性的预防工作。本研究主要通过对自然资源资产负债表与生态环境损害责任终身追究制进行研究，加强生态环境损害源头性的预防，促进生态环境保护各项制度规定落到实处。从这一研究目的出发，对生态环境损害责任人违反生态环境保护有关制度，并造成生态环境损害应承担责任的评判，既包括对损害后果的评判，也包括对生态环境损害行为的评判，即行为本身是否符合法律、法规和制度规定。

根据党的十八大及历次全会、十九大精神，以及对我国生态环境保护制度的梳理，本研究将环境治理制度、用途管制制度、有偿使用制度、生态环境补偿制度等生态环境保护的基本制度，作为评价生态环境损害行为的标准和依据。在这四类制度中，用途管制制度和环境治理制度强调行政手段，有偿使用制度和生态环境补偿制度强调经济手段。

环境治理制度是通过建立许可证、环境影响评价、土地复垦、清洁生产、保证金等各项制度，实现生态环境的恢复和可持续发展。用途管制制度是通过限制自然资源使用途径的方式，实现自然资源的集约节约使用。有偿使用制度是通过明晰自然资源产权、建立生态环境使用的市场化机制等方式，实现对生态环境的有效管理。生态环境补偿制度是以生态环境整治及恢复为主要内容，以经济调节为手段，以法律为保障的新型环境保护制度。当然，由于我国各地情况有所不同，除了以上几项基本制度之外，还可以根据当地政府制定的各类自然资源规划以及相关责任人签订的自然资源保护目标管理责任书等具体规定，结合风俗习惯、惯例等非制度标准，实现对自然资源保护责任的综合评价，以提高环境保护评判标准的适用性。

三、生态环境损害评判与自然资源资产负债表的衔接

从自然资源资产负债表的设计上看，如果发生生态环境损害，就必然产生负债。要么是企业的负债，要么是因企业偿债能力不足而转

移为政府负债。自然资源资产负债表是制度化的、定期的报告。生态环境损害都会在报表中反映出来。在报表说明中，要对负债产生的具体原因进行说明，这些内容都可以作为生态环境损害评判的依据。

自然资源资产负债表是一个地区自然资源状况的重要量化工具，是判断生态环境损害责任行为发生后果的重要依据。自然资源资产负债表中的土地、森林、矿产、水等资源的存量和流量变化情况，不仅反映资源的使用、消耗状况，而且反映资源的损害和修复程度。自然资源资产负债表中的数据变化情况，往往反映了地方各级党政领导干部任期内在生态环境保护和自然资源开发利用方面的工作成果。然而，将自然资源资产负债表与生态环境损害评判相衔接具有一定的难度，其难点源于生态环境损害行为的特点。一是生态环境损害行为本身具有广泛性和复杂性，领导干部在任期内的决策行为对环境的影响是综合的。其中，既有正向的，也有负向的。对不同种类资源的影响也是综合的，往往需要通过运用多种方法才能准确定位到某一项或某几项自然资源中。二是生态环境损害行为的后果体现具有滞后性，领导干部在任期内的决策行为所带来的损害后果，也许要到下一个任期甚至是多个任期之后才能显现出来。因此，对生态环境损害的终身追究应以环境损害后果能够通过责任认定、评估，清晰地归类到一定时期为前提。

将自然资源资产负债表与生态环境损害相衔接，需要根据生态环境损害认定的情况区别对待。一是对单项、当期自然资源损害行为的后果，应对应资源种类及其损害具体数量，明确损害发生的时间、地

编制自然资源资产负债表与
生态环境损害责任终身追究制研究

点、程度等因素,并将信息计入自然资源资产负债表及附注中,与相应的责任人履行职责的任期相对应。二是对于综合性的、跨期的自然资源损害行为后果,应由权威部门对生态环境损害责任进行认定、评估,划清不同的责任人、责任界限和责任时期,与不同的责任人相对应。三是对于自然资源损害后果,应注意区分是自然因素引发的后果,还是由于责任落实不到位导致的后果。自然资源的数量变化,可能是由自然因素等不可控因素导致。因此,在划分责任时,应区分自然因素和人为因素,客观评价和认定相关人员责任。

综上所述,生态环境损害责任的认定、评估与自然资源资产负债表的编制是密不可分的。自然资源资产负债表在形式上着重于总体数量与质量,可能存在对生态环境损害行为反映不及时的问题。与生态环境损害责任划分和追究相关的大量有用信息不一定都反映在自然资源资产负债表主表中,也可能反映在附注和相关业务记录中。因此,附注和业务记录中与生态环境相关的决策行为及其产生的后果信息,可以作为生态环境损害责任追究的重要依据。特别是,对违反自然资源保护制度造成生态环境损失的披露,应作为自然资源资产负债表附注的重要组成部分,与主表所反映的生态环境损害综合结果相对应。从这个角度来看,生态环境实际损害的结果可以在主表的数字中得到反映,而生态环境损害的行为则主要在附注和业务记录中体现。概括来说,自然资源资产负债表主表反映重大环境决策行为的结果,附注反映重大环境决策行为本身,两者都是自然资源资产负债表的有机组成部分,共同成为生态环境损害责任评判的依据。

自然资源资产负债表既可反映一个地区自然资源数量和质量的总体变化，也可对违反自然资源保护制度造成损害的具体情况进行披露，可以作为对生态环境损害评判的重要工具。在利用自然资源资产负债表进行生态环境保护评价时，除应关注自然资源资产负债表中生态环境损害的结果外，更应关注责任主体的决策行为本身是否符合法律、法规、制度的要求，以分清责任，提出相应的处理意见。因此，本研究将生态环境保护各项制度与自然资源资产负债表相结合，分别介绍各项制度与损害责任评判的基本内容。

第三节 环境治理制度与自然资源资产负债表

一、环境治理制度概念

生态环境是影响人类生存和发展的土地、水、生物、气候等物质资源的总称。生态环境是复杂的生态系统。人类在自然资源的利用和改造过程中会与生态环境系统产生相互作用。当人类行为符合生态环境运行规律时，会对生态环境有正面促进作用，相反则会起到负面破坏作用，造成生态环境损害。环境治理是通过良好的制度、机制来减少对生态环境的破坏，努力将受损的生态环境恢复到受损前的治理活动。政府对生态环境损害进行治理，源于环境资源配置方面存在市场失灵。环境损害问题大多具有负的外部性，市场的交易主体在进行交易时，不会自觉地考虑环境损害带来的治理和修复成本。因此，市场并不能自动弥补外部成本，也无法解决生态环境损害问题。

生态环境治理有多种方式，既可以停止对生态系统的人为破坏和干扰，以减轻环境负荷和压力，依靠生态系统的自我调节能力恢复生态环境的功能，也可以主动采取技术、管理、制度等措施，对生态环境损害进行恢复和治理。政府对生态环境的治理，体现在生态环境治理制度中，以法律法规的形式加以固化。生态环境治理的主体是国家，政府代表国家履行环境治理的职责。环境治理的客体是受损的生态环境。生态环境治理制度包括许可证制度、环境影响评价制度、土地复垦制度、清洁生产制度、保证金制度等。

二、我国环境治理制度涉及的主要法律法规

生态环境治理涉及的法律很多，如《中华人民共和国环境保护法》《中华人民共和国矿产资源法》《中华人民共和国水土保持法》《中华人民共和国水污染防治法》《中华人民共和国土地管理法》《中华人民共和国森林法》《中华人民共和国环境影响评价法》《中华人民共和国清洁生产促进法》等。为了保护生态环境，各地方政府也出台了一系列与之配套的地方性法规。这些法律法规对生态环境的恢复和治理作出了基本规范。

《中华人民共和国宪法》第二十六条第一款规定："国家保护和改善生活环境和生态环境，防治污染和其他公害。"《中华人民共和国宪法》以根本法的形式确立了环境保护的基本国策。1983年底，国务院召开第二次全国环境保护工作会议，宣布"环境保护是一项基本国策"，奠定了我国环境政策的基础。《中华人民共和国矿产资源法》要求在开采矿产资源时，应遵守环境保护的法律规定，防止污染环境，并要求节约用地，必要时采取复垦措施。《中华人民共和国水土保持法》《中华人民共和国土地管理法》《土地复垦条例》等法律法规，对环境保护作了进一步的规定。

三、环境治理的相关制度

我国环境治理的相关制度有许可证制度、环境影响评价制度、土地复垦制度、清洁生产制度、保证金制度等。

（一）许可证制度

许可证制度是指为了减少污染和合理利用自然资源，对有关单位开发利用自然资源和污染物排放行为颁发许可证，监督自然资源开发、污染排放活动的管理制度。我国对探矿、取水、排污等资源利用和环境污染行为实行许可证制度。以水污染防治排污许可证制度为例，《中华人民共和国水污染防治法》第二十条规定，国家实行排污许可制度，直接或间接向水体排放污水的单位应取得排污许可证。为了尽可能避免或减少排污单位在生产过程中产生环境污染,通过许可证制度,有利于从正面统一管理排污单位的行为,在不影响企业生产的同时,尽可能地保护环境。许可证制度的管理包括申请、审核、颁发、中止、吊销等一系列手续。任何未经行政许可的行为都将受到环境保护部门的惩罚。

(二) 环境影响评价制度

环境影响评价制度是指对规划和建设项目实施后可能造成的环境影响进行分析、预测和评估,提出预防或者减轻不良环境影响的对策和措施,以及跟踪监测的方法与制度。根据《中华人民共和国环境影响评价法》的规定,环境影响评价被列为规划和建设项目审批和实施的前置条件,环境影响未能通过的规划不得审批,建设单位不得开工建设。公众可以通过参与环境影响评价过程,履行在环境保护中的监督职责。当规划和建设项目环境影响评价不能通过时,建设单位必须针对环境影响评价中指出的问题进行整改。环境影响评价制度促使其将环境保护与建设效益结合起来,充分考虑环境在整个项目决策中的影响。环境影响评价制度是环境治理的重要制度,在基本建设领域的环境保护中起着关键性作用。

(三) 土地复垦制度

土地复垦制度是指对因生产建设活动和自然灾害损毁的土地,采取整治措施,使其达到可供利用状态的制度。在自然资源的开发过程中，通常会给生态环境带来影响，一旦造成环境损害，就需要采取措施进行修复。《土地复垦条例》要求按照"谁损毁，谁复垦"的原则，由生产建设单位或个人负责土地复垦。由于历史原因及自然灾害损毁的土地由县级以上人民政府负责组织复垦。土地复垦制度是一种"末端治理"制度，在环境保护链条的末端。当生态环境损害产生后，采取复垦措施进行恢复和治理。土地复垦制度的核心是恢复，即通过技术手段对损害的生态环境进行治理，是环境治理制度的核心。

（四）清洁生产制度

清洁生产制度是指采取改进设计、使用清洁能源和原料等措施，从源头削减污染，提高资源利用效率，减少或避免污染物排放，以减轻或者消除对人类健康和环境危害的制度。根据《中华人民共和国清洁生产促进法》的规定，国家鼓励和促进清洁生产，从事生产和服务活动的单位和相关部门应依法组织和实施清洁生产。政府和企业都应按照清洁生产制度的要求，保证清洁生产各项规章制度的实施。清洁生产制度抓住了生产这一重点环节，实行污染的源头控制，是我国环境治理制度的重要组成部分。

（五）保证金制度

保证金制度是通过缴纳保证金来确保环境治理效果的激励约束制度。政府向企业事先收取保证金，如果企业环境治理成果显著，保证金将全部返还。相反，政府则可以动用这笔资金来进行环境治理。保证金的收取实质上是将环境污染的外部成本纳入企业的生产成本，从而使企业的生产经营行为更加科学合理。保证金制度体现了"谁污染，谁负担"的原则，将企业的污染行为与保证金缴纳结合起来。保证金制度作为一种经济手段，通过将经济收益与环境治理成果挂钩的形式，更好地调动企业环境治理的积极性，同时也提供了环境治理的融资渠道。保证金制度的核心在于通过经济手段调节企业的环境行为，提高政府环境保护的效率与效果。

四、利用自然资源资产负债表评价环境治理制度执行情况

环境治理制度主要是针对环境问题出现之后，如何采取行动恢复环境作出的强制规定。这些规定中一般都要求责任企业支付环境影响赔偿金，并采取相应措施对破坏的环境进行修复。企业应支付的赔偿金和恢复环境应支付的费用在企业的自然资源资产负债表中表现为负债，相应的金额在政府的自然资源资产负债表中表现为债权。环境恢复达到预期效果后，政府与企业之间的债权债务消失。

除了上述制度之外，国家在环境治理方面，还提出了具体目标要求。例如，《中共中央 国务院关于加快推进生态文明建设的意见》提出的环境治理目标是，到2020年"主要污染物排放总量继续减少，大气环境质量、重点流域和近岸海域水环境质量得到改善，重要江河湖泊水功能区水质达标率提高到80%以上，饮用水安全保障水平持续提升，土壤环境质量总体保持稳定，环境风险得到有效控制。森林覆盖

率达到23%以上，草原综合植被覆盖度达到56%，湿地面积不低于8亿亩，50%以上可治理沙化土地得到治理，自然岸线保有率不低于35%，生物多样性丧失速度得到基本控制，全国生态系统稳定性明显增强"。

上述定量指标完成情况的信息和数据可以直接或间接从自然资源资产负债表中获取。例如，自然资源资产负债表中关于水资源方面的数据和信息，可以直接运用于水环境治理评价。对违反环境治理制度，导致生态环境治理结果无法达到国家要求的，应根据地区环境治理总体情况和违反环境治理制度造成生态环境损失的具体情况，对相关责任人的生态环境治理责任进行综合评价。有了自然资源资产负债表这样的工具，在对环境治理责任的综合评价中，就可以充分利用表中的总体数据和附注说明进行综合分析，得出结论。

第四节 用途管制制度与自然资源资产负债表

一、用途管制的概念

用途管制是通过对自然资源的使用途径进行系统地管理和节制，实现自然资源的合理使用。用途管制含有管理、节制的含义，通常由政府通过法律、行政的手段来进行。在可能出现"市场失灵"的情况下，政府对具有公共属性的自然资源实行用途管制，以实现公共利益为目标采取必要的干预措施。例如，对土地用途的管制，可以实现环境保护、粮食安全、基本居住需求等公共目标；对水资源用途的管制，可以统筹生活、生产和生态用水，优先保证生活用水，确保生态基本需水，保障粮食生产合理需水，优化配置生产经营用水，有效发挥水资源的多种功能，保障国家供水安全、粮食安全、经济安全和生态安全；对森林资源用途的管制，可以通过建立林业分类经营管理制度，统筹实现国家森林资源的可持续发展和生态环境保护。

用途管制的主体是国家。地方政府作为国家公共事务的管理者，代表国家履行用途管制的主体职责。用途管制的客体是土地等自然资源。用途管制的主要内容是主体对自然资源的权属登记、用途划分、行政审批、执法监察等相关管制活动。权属登记目的是明确自然资源的使用者，以实现对使用者权利义务的责任划分。用途划分是按照有利于实现公共目标的原则，对自然资源的用途进行合理划分和规定，是用途管制的基础性活动。行政审批是在用途划分的基础上进行的规划、转用或用途变更等行政批准活动。执法监察是对不符合管制目标的自然资源使用活动进行的监测、监视、监控等管理，以确保用途管制目标的实现。

二、我国用途管制制度涉及的主要法律法规

我国用途管制法律法规主要集中在土地、水、森林等资源的用途

管制方面。以土地用途管制为例，土地规划方面有《中华人民共和国土地管理法》《中华人民共和国环境保护法》《中华人民共和国城市规划法》《基本农田保护条例》等法律法规；土地利用计划方面有《中华人民共和国土地管理法实施条例》《土地利用年度计划管理办法》等规章制度；基本农田制度方面有《中华人民共和国农业法》《基本农田保护条例》等法律法规；土地征收补偿方面有《中华人民共和国城市房地产管理法》《国有土地上房屋征收与补偿条例》等法律法规；其他方面还有《退耕还林条例》《招标拍卖挂牌出让国有建设用地使用权规定》等规章制度。更多具体的规定还体现在各级土地管理部门制定的目录、控制指标、管理办法等规章制度。在水资源的用途管制方面，有《关于加强水资源用途管制的指导意见》。在森林资源的用途管制方面，有《国家级公益林管理办法》。

三、用途管制的相关制度

以土地为例，主要的用途管制制度包括以下三个方面。

（一）土地用途规划制度

为合理使用土地资源，协调各类土地用途，需要制定土地利用规划。根据规划目的不同，土地规划可以分为总体规划和专项规划。总体规划是各级政府对辖区内土地开发、利用、整治、保护所作的综合部署和统筹安排。《中华人民共和国土地管理法》规定了制定总体规划的主要原则，如保护基本农田、提高土地利用率、改善生态环境等。专项规划是在总体规划指导下对专门领域进行的规划，如土地开发规划、土地整治规划、土地复垦规划等。土地规划是用途管制的基础。土地利用计划是政府在土地规划的基础上，对土地资源开发、利用、整治和保护所作的中期和年度计划安排，包括生产用地计划、建设用地计划等。土地利用计划自上而下，由国家到地方逐级下达，是土地用途管制的直接依据。

（二）土地用途变更制度

土地用途变更是指土地在农用地、建设用地、未利用地等用途之间进行改变。农用地转为建设用地，需要履行农用地转用的审批程序。农用地中集体用地转为建设用地，应先经过征用转变成国家土地，否则只能用于农村宅基地建设和兴办乡镇企业。我国实行严格的耕地保护制度，严格控制耕地转为非耕地，因变更用途导致耕地减少的要严格限制。对占用耕地的，还需要按照"占多少，垦多少"的原则进行耕地补偿或缴纳耕地开垦费。同时，为了加大对森林、草原和湖泊的保护，国家禁止土地用途由森林、草原、湖泊向耕地非法转化，严格禁止毁林开垦、开垦草原、围湖造田。由于基本农田是粮食生产战略资源的保障，我国对其实行比普通耕地更严格的保护，如禁止占用基本农田发展林业、果业、渔业等其他农业。

（三）土地征收和补偿等其他相关配套制度

土地征收制度作为一项基本的土地制度，是调整土地的私人财产权利和公共利益的重要方式。由于其涉及公私财产权关系变更，常常受到社会公众的广泛重视。《中华人民共和国宪法》规定，国家为了公共利益的需要，可以依照法律规定对土地实行征收或征用并给予补偿。《中华人民共和国土地管理法》重申了国家对土地的征收补偿制度，并对征收补偿作出了具体规定。为进一步规范土地征收补偿制度，国务院发布了《国有土地上房屋征收与补偿条例》。该条例强调在征收国有土地及房屋时应当对被征收人给予公平补偿，并规定被征收房屋价值补偿，不得低于房屋征收决定公告之日被征收房屋类似房地产的市场价格。

四、利用自然资源资产负债表评价用途管制制度执行情况

企业违反用途管制制度，对生态环境造成的损害，应按照相关制度进行赔偿。赔偿金额在支付之前表现为企业的负债、政府的债权，赔偿之后政府与企业间债权债务消失。因此，用途管制制度的执行情况在自然资源资产负债表中可以体现。

自然资源用途管制制度得不到有效执行，相关规划不能落实到位，就很容易造成生态环境损害。十八届三中全会《决定》要求，对水流、森林、山岭、草原、荒地、滩涂等自然生态空间进行统一确权登记，形成归属清晰、权责明确、监管有效的自然资源资产产权制度。健全国家自然资源资产管理体制，统一行使全民所有自然资源资产所有者职责。自然资源资产负债表通过账户、附表和附注等载体，可为上述

制度规定指标的完成情况提供有效信息和基础数据。例如，通过自然资源资产负债表，可以掌握哪些类别的自然资源资产纳入了核算范围，哪些自然资源资产由于产权原因尚未进入核算范围。由此，能够从中掌握自然资源资产产权制度的健全情况，为从产权制度层面防范生态环境损害提供保障。

十八届三中全会《决定》还要求，建立空间规划体系，划定生产、生活、生态空间开发管制界限，落实用途管制。完善自然资源监管体制，统一行使所有国土空间用途管制职责。《中共中央 国务院关于加快推进生态文明建设的意见》提出的各项指标，是评价用途管制制度有效性的重要依据。以土地资源为例，国家编制土地利用总体规划，规定土地用途，将土地分为农用地、建设用地和未利用地；严格限制农用地转为建设用地，控制建设用地总量，对耕地实行特殊保护。根据2017年1月发布的《全国国土规划纲要（2016—2030年）》要求，到2020年、2030年我国耕地保有量要分别不低于18.65亿亩、18.25亿亩，到2020年和2030年用水总量分别控制在6700亿立方米、7000亿立方米，除此之外，还制定了森林、草原、湿地等主要自然资源指标，这些约束性指标不能突破。由此，对土地资源用途管制制度执行情况及责任进行评判，可以根据土地利用总体规划的执行情况，结合自然资源资产负债表中土地资源资产账户所提供的信息，从定量角度综合评价，客观分析原因，得出科学的评价结论。

第五节　有偿使用制度与自然资源资产负债表

一、有偿使用制度的概念

2016年发布的《国务院关于全民所有自然资源资产有偿使用制度改革的指导意见》提出：加快建立健全全民所有自然资源资产有偿使用制度，对生态功能重要的国有土地全面实行有偿使用，切实防止无偿或过度占用；严格水资源费征收管理，推进水资源税改革试点；合理确定探矿权占用费收取标准，完善矿产资源税费制度。有偿使用制度是指为实现所有者权益，保障自然资源可持续利用，国家以自然资源所有者和管理者的双重身份，向使用自然资源的单位和个人收取自然资源使用税费的制度。自然资源的无偿使用是例外，必须严格遵守法律规定的范围和条件，发挥对自然资源有偿使用制度的有益补充作用。比如，《中华人民共和国资源税暂行条例》第六条规定"纳税人开采或者生产应税产品，自用于连续生产应税产品的，不缴纳资源税"。根据"谁受益，谁支付"的原则，自然资源的开发利用者对使用自然资源获益或者造成的生态环境损失进行合理补偿。自然资源的有偿使用作为自然资源产权制度的具体体现，是"利用者补偿"原则在自然

编制自然资源资产负债表与生态环境损害责任终身追究制研究

资源法规中的延伸，适用于自然资源的各个领域。它是在地球人口日益膨胀、自然资源日益紧缺情况下，建立和发展起来的一种管理制度，是自然资源价值在法律上的体现和确认。

科学界定自然资源有偿使用的内涵，首先，应该明晰自然资源的利用主体。根据自然资源用益物权属性的规定，其利用主体应涵盖自然资源利用的直接主体和间接主体。也就是说，除了直接开发利用自然资源的单位和个人外，还包括间接受益的单位和个人，即自然资源的成品和半成品的受益者，也同样归并为自然资源有偿使用的主体。其次，应该进一步明晰自然资源有偿使用的形式。《中华人民共和国宪法》《中华人民共和国物权法》以及自然资源单行法的相关规定，明确了自然资源国家所有和集体所有的属性。因此，自然资源的有偿使用主要通过税收和缴费的途径来实现"有偿"。例如，矿产资源的有偿使用形式是由矿产资源补偿费、资源税和矿业权使用费构成的。最后，应当界定"有偿"使用的衡量标准。根据"价格"与"价值"之间的关系，可以通过自然资源的价值，来制定其有偿使用的价格。自然资源最主要的价值是其经济价值与生态价值，充分体现这两种价值，需要国家宏观调控与市场调节共同作用。综上，自然资源有偿使用是指对自然资源进行利用应当交付的与其价值相当的费用。

自然资源有偿使用制度的建立，改变了自然资源有价值无价格的观念，能够有效杜绝长期以来无偿过度开发利用自然资源，进而造成环境破坏、资源浪费的不合理现象。通过自然资源有偿使用制度，可以为自然资源保护和环境修复筹集所需资金。一方面，利用筹集的资金加大对自然资源替代品的科技开发，研究开发新的资源；另一方面，通过循环技术的开发，提升自然资源的利用周期。自然资源的有偿使用有利于资源的合理开发利用，节约国家资源，是构建"两型"社会①的重要手段，能够促进经济社会可持续发展。

从理论上讲，自然资源有偿使用制度兼顾了公平和效益，有利于资源的合理配置，提高资源利用效率，对资源的使用起到长期而有效的节约集约作用。

二、自然资源有偿使用制度涉及的主要法律法规

自然资源有偿使用制度在《中华人民共和国物权法》及各种自然资源单行法中都有所体现。其中，《中华人民共和国物权法》第一百一十九条明确规定，国家实行自然资源有偿使用制度。我国的自然资源有偿使用制度建立在社会主义公有制基础上，按照《中华人民共和国土地管理法》《中华人民共和国矿产资源法》《中华人民共和国水法》等法律以及其他有关规定，对自然资源实行"有偿使用为原则、无偿利用为例外"的制度。党的十八大明确提出，要"深化资源性产品价格和税费改革，建立反映市场供求和资源稀缺程度、体现生态价值和代际补偿的资源有偿使用制度和生态补偿制度"。这些方针政策和法律

---

① "两型"社会即资源节约型、环境友好型社会。资源节约型社会是指整个社会经济建立在节约资源的基础上，核心是节约资源，不断提高资源利用效率，尽可能地减少资源消耗和环境代价，以满足人们日益增长的物质文化需求的发展模式。环境友好型社会是一种人与自然和谐共生的社会形态，其核心内涵是人类的生产和消费活动与自然生态系统协调可持续发展。

法规的规定，是与中国特色社会主义市场经济发展的要求相适应的。

（一）水资源有偿使用方面

自1982年城市用水工作会议后，我国就开始试行水资源有偿使用制度。1988年1月21日颁布的《中华人民共和国水法》，标志着我国水资源有偿使用制度的正式建立。在2002年新修订的《中华人民共和国水法》中明确了水资源的归属权归国家所有，并确立了水资源的所有权和使用权分离的原则。《中华人民共和国水法》第七条规定："国家对水资源依法实行取水许可制度和有偿使用制度。"第四十八条规定："直接从江河、湖泊或者地下取用水资源的单位和个人，应当按照国家取水许可制度和水资源有偿使用制度的规定，向水行政主管部门或者流域管理机构申请领取取水许可证，并缴纳水资源费，取得取水权。"除此之外，根据自然资源资产有偿使用的内涵，《中华人民共和国水法》进一步明确了水资源价格的确定原则。在《中华人民共和国水法》的基础上，各省、自治区、直辖市根据本地区的实际情况，分别出台了相应的水资源有偿使用法规。

（二）矿产资源有偿使用方面

1982年国务院发布的《中华人民共和国对外合作开采海洋石油资源条例》规定，参与合作开采海洋石油资源的中国企业、外国企业，都应当缴纳矿区使用费，标志着我国矿产资源有偿使用迈出第一步。1986年《中华人民共和国矿产资源法》就规定，国家对矿产资源施行有偿开采，开采矿产资源必须按照国家有关规定缴纳资源税和资源补偿费，确立了矿产资源有偿开采的原则。但是，实际开采活动中，我国矿产资源的使用长期存在有偿和无偿两种方式。直到1994年《矿产资源补偿费征收管理规定》发布，才具体落实了《中华人民共和国矿产资源法》中有偿开采的原则。1998年国务院连续以国务院令第240号、第241号发布了《矿产资源勘查区块登记管理办法》《矿产资源开采登记管理办法》，对探矿权、采矿权的有偿取得作出了具体规定，由此形成我国矿产资源有偿使用制度的基本框架。此后，又陆续出台了《探矿权采矿权招标拍卖挂牌管理办法（试行）》《关于进一步规范矿业权出让管理的通知》等规章，进一步完善了矿产资源有偿使用制度。

（三）土地资源有偿使用方面

我国土地资源有偿使用制度经历了"有偿使用（1949—1954年）—无偿划拨（1954—1986年）—有偿使用（1986年至今）"的发展历程。1988年宪法修正案规定，土地使用权可以依法转让。从宪法层面确立了我国土地的有偿使用制度。《中华人民共和国土地管理法》第五十五条明确规定，以出让等有偿使用方式取得国有土地使用权的建设单位，按照国务院规定的标准和办法，缴纳土地使用权出让金等土地有偿使用费和其他费用后，方可使用土地。此后，国家和地方政府陆续出台了系列规章强化土地有偿使用制度。

三、自然资源有偿使用的相关制度

自然资源具有经济性和生态性的双重属性。在我国经济社会发展中，曾经存在过于关注自然资源的经济性，而忽视生态属性的问题。由此，导致自然资源过度开发，生态环境破坏严重，局部地区出现资源枯竭的现象，严重影响了自然资源生态属性的可持续发展。党的十八大提出"五位一体"总体布局，强调自然资源开发利用要在区域生态承载力可承受范围内进行，自然资源有偿使用必须要与生态保护相结合，自然资源的生态属性逐渐受到重视。按照党的十八大要求，将自然资源的有偿使用与生态环境保护有机结合，应进一步发挥市场在资源配置中的决定性作用。在市场机制的作用下，通过相关的法规将自然资源有偿使用的机会成本价格化，以资源环境税等形式进行征收，纳入国库管理。这部分资金定向应用于生态环境修复与保护的技术更新和条件保障，以达到改善、恢复、维持和增强生态系统生态功能的目的。

深化资源环境税收体制改革，加快完善相关税收体系，是实现经济和生态可持续发展的必然要求。应当进一步推动资源环境领域"费改税"的步伐。从"费"与"税"的本质上看，二者都是将自然资源消耗部分的价值价格化，将外部负担成本内部化。但从效率角度看，税收更具有强制性、固定性、无偿性，征收和使用效率更高。同时，还可以避免征费的随意性和不当干扰。加快落实环境资源税改革是应对资源环境压力的必然之举。资源和环境这两块短板，是伴随我国工业化和现代化整个过程的硬约束。对环境资源税的征收范围、征收方式、税率、税费关系、税收优惠、税权划分等各个方面进行全面改革，将有利于自然资源供给侧改革。资源环境税收改革可以促使市场作用充分发挥，形成合理的价格机制，把经济手段作为配置资源的基础方式。自然资源资产价格体系的建立，是实现其有偿使用的前提。为了尽可能避免市场失灵现象的影响，自然资源的开发和定价，应该在政府的宏观调控下进行。

2017 年 1 月印发的《国务院关于全民所有自然资源资产有偿使用制度改革的指导意见》，明确到 2020 年基本建立产权明晰、权能丰富、规则完善、监管有效、权益落实的全民所有自然资源资产有偿使用制度。该意见针对土地、水、矿产、森林、草原、海域海岛等 6 类国有自然资源的不同特点和情况，分别提出了建立完善有偿使用制度的重点任务。该意见还要求切实加强与自然资源产权制度、自然资源统一确权登记制度、国土空间用途管制制度等相关改革的衔接协调，增强改革的系统性、整体性和协同性，同时提出推进全民所有自然资源资产清查核算，建立全民所有自然资源资产目录清单、台账和动态更新机制等意见建议。

四、利用自然资源资产负债表评价资源有偿使用制度执行情况

自然资源有偿使用制度是编制自然资源资产负债表的主要依据。

编制自然资源资产负债表与
生态环境损害责任终身追究制研究

有偿使用的自然资源价值也是自然资源资产负债表反映的主要内容。企业按照有偿使用制度取得自然资源使用权，根据使用权取得的性质，需要到期归还的自然资源价值在企业报表中表现为负债，在政府报表中为债权；无法归还的应作为政府对企业的投资。无论何种形式，进入开发利用环节的自然资源都应在政府和企业双方的报表中加以反映。对于到期企业无法偿还的自然资源，除非确属自然因素等不可抗力导致，必应有人为其负责。

《中共中央 国务院关于加快推进生态文明建设的意见》要求，到2020年，单位国内生产总值二氧化碳排放强度比2005年下降40%～45%，能源消耗强度持续下降，资源产出率大幅提高，用水总量力争控制在6700亿立方米以内，万元工业增加值用水量降低到65立方米以下，农田灌溉水有效利用系数提高到0.55以上，非化石能源占一次能源消费比重达到15%左右。以上指标是从全国范围内进行考察，可以通过分解到地方政府，作为领导干部自然资源开发、利用和保护责任评判的重要依据。例如，对于在2020年用水总量力争控制在6700亿立方米的总体目标，在进行任务分解后，会得出各地的控制水平。各地分解得到的用水总量指标就可以与自然资源资产负债表中的水资源资产信息进行比对。如果根据自然资源资产负债表上的信息，到2020年特定地方政府未能完成上述指标，地方政府应承担没有完成目标的主体责任。当然，这仅是对水资源存量信息的总体判断，是否对生态环境造成损害，是否需要划分损害责任，还需要收集客观证据予以证实。在资源的有偿使用制度执行层面，应通过对自然资源资产负债表附注的有关信息，剖析造成生态环境损害的原因，衡量生态环境损害的结果，客观判定生态环境损害责任。

第六节　生态环境补偿制度与自然资源资产负债表

一、生态环境补偿制度的概念

补偿意指在某方面有所亏失而在另外方面有所获得。清顾张思《土风录》卷十四："补偿曰赔。以物相偿曰赔。"国内众多学者分别从环境科学、经济学、生态学以及法学等不同视角和层面来揭示生态环境补偿的内涵。其中，《环境科学大辞典》将自然生态补偿定义为："生物有机体、种群、群落或生态系统受到干扰时，所表现出来的缓和干扰、调节自身状态使生存得以维持的能力，或者可以看作生态负荷的还原能力。"从自然资源资产的有偿使用角度看，本研究认为生态环境补偿制度是在法律法规的保障下，利用经济调节手段，对自然资源产生影响环节的各方进行约束，以实现对生态环境的整治与保护，促进区域生态环境良性发展的管理制度。

按照生态环境补偿的范围划分，生态环境补偿制度可以分为广义和狭义两种。其中，广义的生态环境补偿制度包含对环境污染和对生

编制自然资源资产负债表与
生态环境损害责任终身追究制研究

态功能的补偿两部分，分别对应生态破坏的短期和长期行为。而狭义的生态环境补偿制度仅指对生态功能或生态价值的补偿，包括对为保护和修复生态环境及其功能而付出代价、作出牺牲的单位和个人进行经济补偿；对因开发利用土地、矿产、森林、草原、水、野生动植物等自然资源和自然景观而损害生态功能或导致生态价值丧失的单位和个人收取经济补偿。① 构建生态环境补偿制度体系，是建设"两型"社会，以市场手段优化资源配置，统筹推进"五位一体"总体布局的重要组成部分。

生态环境补偿制度根据市场经济条件下的所有权与使用权分离、使用资源付费和"谁污染环境、谁破坏生态谁付费"等原则因事制宜。在进行生态环境补偿的过程中，要明确特定的补偿主体和受益方。对补偿主体为群体的，应该建立量化标准，将补偿责任分担；对受益方，要通过制度约束，落实补偿利益实体化、补偿对象精准化、补偿范围全面化。在生态环境补偿的过程中，要坚持补偿标准体系化。在从社会、经济、生态等方面细化补偿标准的基础上，考虑地方政府、企业和群众在生态恢复中的责任以及破坏影响等方面的差异性，分别制定相应的补偿标准。要坚持补偿模式多样化，改变现行的以政府财政转移支付为主的单一模式，采取一次性补偿、对口支援、专项资金资助和税收减免等多种形式进行补偿。与此同时，应当通过制度规范，避

---

① 郑海霞：《中国流域生态服务补偿机制与政策研究——以4个典型流域为例》，中国农业科学院博士后2006年研究工作报告。

免模式选择和补偿金额随意性，提高补偿的公平性。[①]

目前，我国生态环境补偿政策还未能满足现实生态环境状况的实际需求，需要在以下三个方面进行完善。第一，应当加强生态环境补偿制度的立法工作。我国现行的生态环境补偿制度隐含在《中华人民共和国环境保护法》中，法律地位相对较弱。今后的立法要侧重于专门的生态环境补偿法制建设，推动自然资源生态补偿法的制定，促进生态环境补偿制度推广和实施。第二，在立法过程中，应当区分生态环境补偿的差异性。基于政府的公共管理职能，将政府设定为生态环境补偿的主体，并根据其职责范围进行层次化区分，明晰中央、省、市、县、乡各级政府在生态环境补偿过程中的权责。对补偿范围、补偿标准、补偿方式等内容，应充分考虑区域、自然资源种类、补偿对象等差异化因素。第三，应当提高生态环境补偿政策的可操作性。我国现有的生态环境补偿政策，如天然林保护工程、"三北"防护林工程等，大都是由行业内部出台的专项政策，不具有普遍适用性。因此，从操作层面看，在设计生态环境补偿制度时，要先制定国家关于生态环境补偿工作的指导性意见，再由相关部门据其制定操作性强的实施意见。

---

① 《党的十八届三中全会〈决定〉学习辅导百问》，党建读物出版社、学习出版社 2013 年版。

二、生态环境补偿制度涉及的主要法律法规

1997年11月,国家环境保护总局发布的《关于加强生态保护工作的意见》中,首先提出了生态环境补偿的概念。该意见提出,按照"谁开发谁保护、谁破坏谁恢复、谁受益谁补偿"的方针,积极探索生态环境补偿机制。2005年,党的十六届五中全会通过的《中共中央关于制定国民经济和社会发展第十一个五年规划的建议》中提出"按照谁开发谁保护、谁受益谁补偿的原则,加快建立生态补偿机制"。《国务院关于落实科学发展观加强环境保护的决定》(国发〔2005〕39号)明确提出:"要完善生态补偿政策,尽快建立生态补偿机制。中央和地方财政转移支付应考虑生态补偿因素,国家和地方可分别开展生态补偿试点。"2007年,国家环境保护总局出台《关于开展生态补偿试点工作的指导意见》。党的十八大报告明确提出:"深化资源性产品价格和税费改革,建立反映市场供求和资源稀缺程度、体现生态价值和代际补偿的资源有偿使用制度和生态补偿制度。"十八届三中全会《决定》指出,坚持谁受益、谁补偿的原则,完善对重点生态功能区的生态补偿机制,推动地区间建立横向生态补偿制度。国务院办公厅2016年发布的《关于健全生态保护补偿机制的意见》,提出到2020年实现森林、草原、湿地、荒漠、海洋、水流、耕地等重点领域和禁止开发区域、重点生态功能区等重要区域生态保护补偿全覆盖,补偿水平与经济社会发展状况相适应,跨地区、跨流域补偿试点示范取得明显进

展，多元化补偿机制初步建立，基本建立符合我国国情的生态保护补偿制度体系，促进形成绿色生产方式和生活方式。

三、生态环境补偿的相关制度

根据2013年国务院提交全国人大常委会审议的《国务院关于生态补偿机制建设工作情况的报告》，我国已经初步形成了包含以下五个方面的生态环境补偿制度框架。

（一）中央财政森林生态效益补偿基金制度

我国在20世纪50年代就建立了育林基金制度，此后森林生态环境补偿制度不断完善。1981年颁布的《中共中央、国务院关于保护森林发展林业若干问题的决定》（中发〔1981〕12号）规定"建立国家林业基金制度"。1992年颁布的《国务院关于经济体制改革的通知》也指出："一定要构建国家森林的生态补偿体系。"1998年修正的《中华人民共和国森林法》第八条规定："国家设立森林生态效益补偿基金，用于提供生态效益的防护林和特种用途林的森林资源、林木的营造、抚育、保护和管理。"2011年修订的《中华人民共和国森林法实施条例》第十五条进一步规定："防护林和特种用途林的经营者，有获得森林生态效益补偿的权利。"2007年，国家林业局和财政部联合颁发并修订《中央财政森林生态效益补偿基金管理办法》（财农〔2007〕7号），开始进行森林生态效益资金补助试点和推广。

（二）草原生态环境补偿制度

2000年出台的《国务院关于进一步做好退耕还林还草试点工作的若干意见》提出，国家向退耕户无偿提供粮食，给退耕户适当现金补助，向退耕户提供造林种草的种苗费补助。2002年修订的《中华人民共和国草原法》明确规定国家对禁牧、休牧、轮牧、舍饲圈养、退耕还草等给予资金、粮食和草种等方面的补贴。2002年出台的《国务院关于加强草原保护与建设的若干意见》明确，国家向退耕还草的农牧民提供粮食、现金、草种费补助。对在草原禁牧、休牧、轮牧区实行舍饲圈养方式，给予粮食和资金补助。2011年，财政部、农业部出台了草原生态保护奖励补助政策，确定了禁牧草原的补偿标准，并对草原生态改善效果明显的地方给予绩效奖励。

（三）水资源和水土保持生态环境补偿机制

2002年修订的《中华人民共和国水法》规定，对开采矿藏、建设地下工程、工程建设以及改扩建，造成地下水位沉降、影响农业灌溉等不利影响的，应该采取补救措施，造成损失的应该予以补偿。2010年修订的《中华人民共和国水土保持法》明确提出，将水土保持生态效益补偿纳入国家建立的生态效益补偿制度。2011年国务院出台的《太湖流域管理条例》规定，对损害水体功能的要采取补救措施，并对流域上下游污染物排放控制补偿原则作了明确规定。2010年出台的《中共中央 国务院关于加快水利改革发展的决定》明确提出要"建立健全水土保持、建设项目占用水利设施和水域等补偿制度",以及"建立水生态补偿机制"。为落实该决定,2013年国家发展改革委、财政部、水利部联合出台《关于水资源费征收标准有关问题的通知》,进一步规范了水资源费征收标准,以促进水资源特别是地下水资源的保护。2014年财政部、国家发展改革委、水利部、中国人民银行印发了《水土保持补偿费征收使用管理办法》,以规范水土保持补偿费征收使用管理,促进水土流失防治工作,改善生态环境。

(四) 矿山环境治理和生态恢复责任制度

我国在矿产领域建立了矿产资源税和矿产资源补偿费等生态环境补偿制度。1993年发布的《中华人民共和国资源税暂行条例》,对矿产资源税税目、税率等作了规定。1997年修订的《矿产资源补偿费征收管理规定》,对矿产资源补偿费的征收、上缴、管理等作了具体规定。从2003年起,国家设立矿山地质环境专项资金,专项用于地方政府矿山地质环境治理。2006年,国务院批准在山西省开展煤炭工业可持续发展试点。同年,财政部、国土资源部、环保总局出台了《关于逐步建立矿山环境治理和生态恢复责任机制的指导意见》,要求提取矿山环境治理和生态恢复保证金。2010年,国土资源部出台《关于贯彻落实全国矿产资源规划发展绿色矿业建设绿色矿山工作的指导意见》。

(五) 重点生态功能区转移支付制度

中央财政于2008年开始安排国家重点生态功能区转移支付资金,

2011年制定《国家重点生态功能区转移支付办法》，通过提高转移支付补助系数的方式，加大对青海三江源自然保护区、南水北调中线水源地保护区等国家重点生态功能区的转移支付力度。中央财政还对国家级自然保护区、国家级风景名胜区、国家森林公园、国家地质公园等禁止开发区给予补助。通过不断探索，我国重点生态功能区转移支付范围不断扩大，转移支付资金不断增加，生态环境补偿制度不断完善，为加快推进生态文明建设提供了财政保障。

四、利用自然资源资产负债表评价生态环境补偿制度执行情况

政府依据生态环境补偿制度向企业收取的各类生态环境补偿金，其性质是政府的负债，是政府应支付用于生态环境修复的资金。这部分资金在政府收到之前是政府的债权、企业的负债。企业交纳之后负债消失。政府收到后债权变为货币资产，权属上属于专用基金。这部分专用基金虽然形式上是政府的所有者权益，但实质上表示政府应承担的生态环境补偿义务。

我国建立的森林、草原、矿产、水等各类自然资源的生态环境补偿制度，对维持各项自然资源的合理有序开发、修复和保护生态环境具有十分重要的作用。为了更好地划定损害责任，应在编制自然资源资产负债表的过程中，对违反生态环境补偿制度造成的跨期、跨地域的生态损失进行判定，并体现在自然资源资产负债表及其附注中。对于是否存在生态环境补偿制度设计不合理或执行不到位的问题，需要

权威部门作出专业判定。相应地,自然资源资产负债表的编制,在生态环境补偿过程中也可以发挥重要作用。例如,资产负债表的负债部分,对健全完善补偿标准具有重要参考作用。跨流域资产负债表的编制,对完善流域政府间生态环境补偿机制、平衡流域用水利益矛盾具有重要意义。地方政府间在进行横向资源补偿过程中,可以参考自然资源资产负债表中负债部分的有关信息,确定生态环境补偿标准。同样地,在利用自然资源资产负债表评判生态环境补偿制度执行情况时,可以通过对自然资源资产负债表自然资源总体数量的考察,并结合由于生态环境补偿制度不完善导致的跨期、跨地域生态环境损失,对生态损失责任进行合理判定。

【本章小结】

本章主要解决自然资源资产负债表与生态环境损害责任追究之间的关系问题。生态环境损害及其责任评判标准的制度包括:环境治理制度、用途管制制度、有偿使用制度、生态环境补偿制度等生态环境保护的基本制度。自然资源资产负债表不仅能够反映一个地区或单位管理使用的自然资源某个时点的总体情况和不同时期的变化情况,还可以为生态环境损害评判提供依据。生态环境损害行为产生的后果,均可在自然资源资产负债表中得到反映,结合上述制度,可以将生态环境损害责任予以量化并落实到人。

第七章　生态环境损害责任终身追究的理论概述

毋庸置疑，对损害生态环境的行为应该追究责任。但是"终身追责"真的能够做到吗？回答这一问题，首先要明确"责任"概念的内涵、责任的分类、责任追究的时效等基本问题。只有界定了这些基本概念，并将"责任"与"责任追究时效"放到生态环境损害的语境下，进一步讨论生态环境损害责任终身追究的基本内涵，分析终身追究生态环境损害责任的必要性，才能对"终身追责"的问题得出结论。按照这一思路，本章对相关问题进行了探讨，并提出实施生态环境损害责任终身追究应当遵循的基本原则。[①]

[①] 本章部分内容作为国家社会科学基金重点项目"编制自然资源资产负债表与生态环境损害责任终身追究制研究"课题（编号：14AGL006）的阶段性研究成果已发表。李纯琳：《责任追究——防范生态环境损害的必然选择》，载《林业经济》2016年第4期。

第七章 生态环境损害责任终身追究的理论概述

第一节　生态环境损害责任终身追究的基本内涵

一、责任的概念

"责任"一词有多重含义。研究生态环境损害责任,先要界定其中的"责任"的具体含义。

(一) 责任概念的内涵

关于"责任",主要包括两方面含义:一是指分内应做的事,如"岗位责任""尽职尽责";二是指没有做好分内应做的事,因而应当承担的过失,如"违约责任""追究责任"。[①] 前者主要指的是责任主体应当正确、积极地履职尽责,强调责任主体的义务,属于积极意义上的责任;后者主要指的是责任主体因未履行或未正确履行职责和义务而承担的不利后果或者强制性义务,强调的是对责任主体的惩戒,属于消极意义上的责任。积极责任与消极责任密切联系,但并不等同。积极责任强调明确列举工作任务的内容,消极责任强调没有完成既定

---

① 中国社会科学院语言研究所词典编辑室:《现代汉语词典(汉英双语)》(增补本),外语教学与研究出版社2002年版,第2398页。

工作任务情况下应接受的惩罚。消极责任是积极责任强制性的体现，是促使责任主体履行积极责任的保障手段。

（二）责任的层次

研究发现，笼统地谈责任，还不足以对能否实现"终身追责"得出结论。因此，有必要对"责任"进行分解。按照制度设计的需要，从责任主体身份、责任内容、责任内容的存在载体和追责主体四个维度来观察，可以将责任的概念分解为法律责任、岗位责任、道德责任三个层次（见表7-1）。这三个层次的责任是指积极责任还是消极责任需要具体分析。

表7-1

责任层次	责任主体身份	责任内容	载体	追责主体
法律责任	自然人、法人	义务、处罚条款	法律条文	受害人、行政机关、司法机构
岗位责任	组织成员	工作任务分工、处罚条款	组织内部规定	组织内上级、平级专门追责部门
道德责任	社会成员	应做事项	人们思想观念、习俗	公民、媒体、社会舆论

1. 法律责任

法律责任是指行为人因实施违法行为理应承担的法律后果。[①] 根据违法行为不同的性质、程度，法律责任有刑事责任、民事责任和行政

---

① 商务印书馆辞书研究中心修订：《新华词典》（第4版），商务印书馆2013年版，第259页。

责任之分。

刑事责任是指犯罪人因实施犯罪行为而应当承担的国家司法机关依照刑事法律对其犯罪行为及本人所作的否定评价和谴责。具体表现为犯罪人有义务接受司法机关的审讯和刑罚处罚。我国刑法规定：故意犯罪，应当负刑事责任；过失犯罪，法律有规定的才负刑事责任。

民事责任是指民事主体违反了民事义务所应当承担的法律后果。民事义务包括法定义务和约定义务，也包括作为义务和不作为义务、积极义务和消极义务。民事责任主要由缔约过失责任、违约责任、侵权责任三部分内容构成。在我国，承担民事责任的方式主要有：停止侵害，排除妨碍，消除危险，返还财产，恢复原状，修理、重作、更换，赔偿损失，支付违约金，消除影响、恢复名誉，赔礼道歉。这些方式可以单独适用，也可以合并适用。

法律责任由法律规定，具有强制性，是对自然人和法人侵犯他人权利或没有履行义务作出的处罚。因此，法律责任属于消极责任的范畴。

2. 岗位责任

机构和岗位设置是组织管理的基本内容。岗位责任是指一个岗位所要求的需要完成的工作内容以及应当承担的责任范围。它要求明确各种岗位的工作内容、数量和质量，应承担的责任等，以保证各项业务活动能有秩序地进行。

现代科层制是运用最为广泛、有效的一种组织结构。横向职能分工和纵向层层授权是这种组织结构最显著的特点。党政机关、企业事业单位均采用了现代科层制组织结构。

明确规定岗位责任,是现代科层制组织体系最基本的要求。岗位责任由组织内部规定,在组织内部有强制性。其中,政党组织内部管理规范以及政党内职责分工所规定的责任也常常被称为政治责任,政府和部门内部管理规范以及职责分工所规定的责任也被称为行政责任。

3. 道德责任

道德责任是人们对自己行为的过失及其不良后果在道义上应承担的责任。①

道德责任尽管对人的行为也能产生有效的鼓励或限制作用,但其中的积极责任和消极责任均无法律或组织明确规定或惩罚条款。由于道德责任不具备强制性,因此道德责任也可以看成是一种"准责任"。

尽管道德责任不以强制手段为保障,但道德责任的力量也不可忽视。制度设计中应该以法律责任和岗位责任作为制度设计的主体内容,同时考虑道德责任的补充作用。

(三) 责任的时空边界、要求标准及强制力比较

按照上述责任层次划分,我们会发现不同层次的责任在时空边界、要求标准和强制力方面表现出很强的规律性。这种规律可用图 7-1 表示。

1. 三层责任作用的时空范围呈单向包含关系

道德责任作用的时空范围最大,没有明确的边界。一项行为如果需要承担法律责任,必然需要同时承担岗位责任和道德责任。反之则

---

① 金炳华主编:《马克思主义哲学大辞典》,上海辞书出版社 2003 年版,第 665 页。

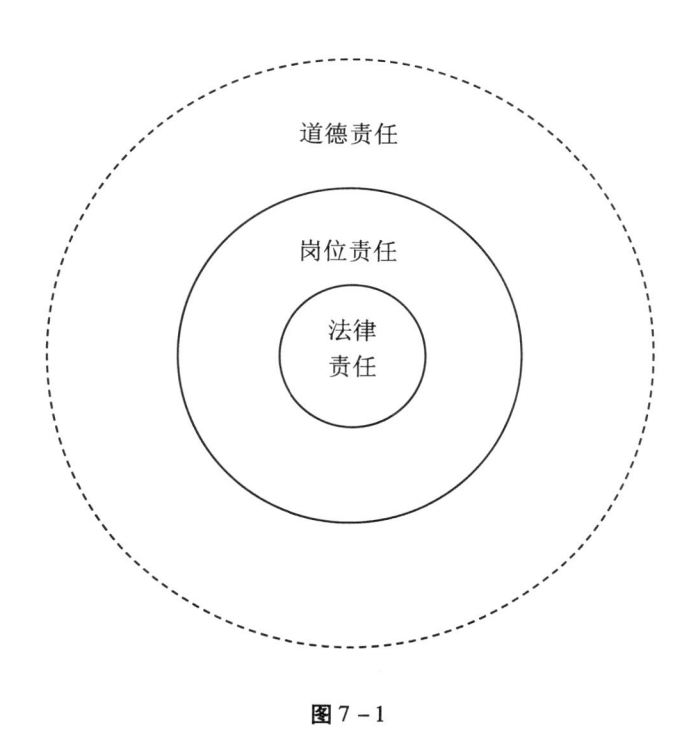

(道德责任)
(岗位责任)
(法律责任)

图 7-1

不成立。

2. 三层责任的要求标准从内向外递增

从责任的要求标准来看，道德责任的要求最高，法律责任的要求最低，岗位责任的要求在两者之间。

3. 三层责任的强制力从内向外递减

从责任的强制力来看，法律责任的强制力最高，道德责任的强制力最低。

二、生态环境损害责任的内涵

在"生态环境损害"这一限定性词的界定下，"生态环境损害责任"中的"责任"主要指的是消极意义上的责任。因此,结合本书第六章对"生态环境损害"的定义,本章将"生态环境损害责任"定义为:行为人因未履行或未正确履行相关职责和义务,对生态环境造成损害,所应承担的不利后果或强制性义务。

"生态环境损害责任"的具体内涵应当包括以下四个方面。首先,行为人具有保护生态环境的职责和义务,即积极意义上的责任,这是承担消极意义上责任的前提和基础。其次,行为人因故意或过失等原因,未履行或未正确履行保护生态环境的职责和义务。再次,行为人的不作为或乱作为与生态环境损害结果之间具有直接或间接的关系。最后,行为人应对自己的行为承担不利后果或强制性义务。

如前所述,生态环境损害的责任类型也包含法律责任、岗位责任和道德责任三个层面。

一般意义上的法律责任是指因损害法律上的义务关系所产生的对于相关主体所应承担的法定强制的不利后果。[①] 法律责任又包括民事法律责任、行政法律责任和刑事法律责任。就生态环境损害来说,民事法律责任主要是指责任主体因违反民商事法律法规,造成的生态环境损害结果影响到其他主体的民事权利,所应承担的损害赔偿等责任;行政法律责任主要是指责任主体因违反生态环境保护方面的行政法律法规,所应承担的由行政主管机关实施行政处罚的责任;刑事法律责任主要是指责任主体的相关生态环境违法行为违反了刑事法律规定,所应承担的不利后果。例如,环境保护主管部门相关人员未履行监督

[①] 张文显主编:《法理学》(第三版),法律出版社2007年版,第193页。

管理职责，包庇生态环境违法行为，构成犯罪的，应当依法追究刑事责任。

岗位责任根据组织类型的不同，又可分为政治责任和行政责任。政治责任是指政治官员制定符合民意的公共政策并推动其实施的职责及没有履行好职责时应承担的谴责和制裁。① 例如，《中国共产党问责条例》《中国共产党纪律处分条例》《党政领导干部生态环境损害责任追究办法（试行）》都规定了问责的内容。党政领导干部生态环境损害责任追究形式主要有：诫勉、责令公开道歉；组织处理，包括调离岗位、引咎辞职、责令辞职、免职、降职等；党纪政纪处分。② 行政责任是指行政主体对其没有履行法定职责或者构成行政违法应当承担的行政上的不利后果。③ 例如，《中华人民共和国公务员法》《行政机关公务员处分条例》将处分的种类分为警告、记过、记大过、降级、撤职和开除等六种。

道德责任是理性人在社会生活中产生并形成的人和人之间主动调节、合理对待的一些规定。④ 道德责任主要依靠社会习俗和舆论的力量发挥作用，例如，对损害生态环境的违法行为，社会监督和舆论监督通过谴责等方式向责任主体内心施加压力，迫使其主动改正或承担不利后果，从而维护良好的生态环境。

在生态环境损害责任语境下，根据责任主体的不同，所适用的责

---

① 张贤明：《政治责任与法律责任的比较分析》，载《政治学研究》2000年第1期。
② 参见《党政领导干部生态环境损害责任追究办法（试行）》第十条第一款规定。
③ 应松年：《当代中国行政法》（上、下卷），中国方正出版社2005年版，第1556页。
④ 曹凤月：《解读"道德责任"》，载《道德与文明》2007年第2期。

任类型也不尽相同。有些责任主体可能仅需要承担其中一种或两种责任类型，例如，公民或企业损害生态环境的违法行为，只能适用道德责任和法律责任，而不能适用政治责任和行政责任。还有一些责任主体可能需要承担全部四种责任，例如，党政领导干部违法决策导致生态环境受到严重损害，既要承担政治责任、道德责任、行政责任，同时还有可能要承担法律责任。

三、生态环境损害责任终身追究中的责任内涵

（一）生态环境损害责任追究的责任是消极责任

在生态环境损害责任终身追究语境下的"责任"一词的直接含义是指消极意义上的责任，是当生态环境保护责任主体没有履行或没有正确履行法定职责，而应承担的不利后果或强制性义务。例如，地方各级人民政府、县级以上人民政府环境保护主管部门和其他负有环境保护监督管理职责的部门存在违法颁发行政许可、对环境违法行为进行包庇等行为的，主要负责人、直接负责的主管人员和其他直接责任人员应当受到记过、撤职或者开除等处分；企业和其他生产经营者违法排放污染物，应当受到罚款等处罚。这种不利后果或强制性义务应当与积极责任的范围一一对应，即不管责任主体没有履行哪项法定职责，都能找到相对应的惩戒措施，这实际上也为积极责任得到正确履行提供了保障。如果法律法规设定了某项义务而没有规定相应的法律

后果，则该项义务将得不到正确的对待及履行。

（二）生态环境损害消极责任需要以明确的积极责任为前提

消极责任追究必须以明确积极责任为前提。生态环境损害的积极责任主要指的是生态环境保护责任主体应当履行的法定职责或义务。例如，各级人民政府具有加强环境保护宣传和普及工作等职责；县级以上地方人民政府环境保护主管部门具有对本行政区域环境保护工作实施统一监督管理等职责；一切单位和个人都有保护环境的义务等。由于这种责任需要责任主体积极主动地去履行，因此，在法律法规和岗位职责层面上，应当合理清晰地界定各责任主体的责任范围及边界。

（三）生态环境损害消极责任需要以责任追究为保障

无论是在法律框架内，还是当事人之间约定义务，责任追究对于行为人正确履行其应尽职责和义务都极其重要。与行为人自觉履行职责和义务相比较，责任追究是制约行为人相关行为和活动的外部约束，也是权利义务得以顺利实现的有力保障。如果只明确违法行为的法律后果，而缺乏相应的责任追究，违法行为人可能在利益驱动之下而无所顾忌，法律和契约将成为一纸空文。因此，责任与追究是密不可分的。

（四）生态环境损害责任追究具有"动态性"与"终身性"

生态环境损害责任终身追究是指相关主体依据法律、法规、规章和其他规范性文件的规定,对生态环境损害情况展开调查和确认,并对损害生态环境行为人所应当承担的责任进行永久追究,对其作出惩罚或强制履行责任和补偿等。该定义包括以下两个方面的内涵:

一方面,从责任追究程序上,强调"动态性"。除了事后的责任追究过程,还应当包括责任追究之前需要展开的启动、调查和确认等过程。具体来讲,主要包括以下三个程序:第一,责任追究程序的启动,即在什么情况下或者满足什么样的条件可以决定启动实施生态环境损害责任终身追究,责任追究主体既可以依当事人申请启动,也可以依职权启动该项程序。例如,发生生态环境损害事故,受害人可以向有关部门提出追究相关责任人的申请;审计机关在开展领导干部自然资源资产离任审计时,发现生态环境重大决策违法的,可以将案件移送干部监督管理部门或司法机关等。第二,开展调查,即深入调查取证生态环境损害的起因、经过和结果等事实,这也是科学合理界定责任的前提。例如,受害人的检举信息、自然资源资产负债表等材料都应当作为调查的重点内容。第三,作出责任追究的决定,即结合之前的调查取证材料,根据责任追究对象以及承担方式的不同,作出不同的追责决定。当然,责任追究程序不仅仅包括以上三项程序,还有可能包括申诉程序。该程序并非必经程序,只有当责任追究对象对责任追究决定不服并提起申诉时才会出现。例如,行政处罚相对人可以对行政处罚决定提出行政复议或行政诉讼,行政处分对象可以对处分决定申请复核或者申诉。

另一方面,从责任追究期限上,强调"终身性"。具体来说,就是

第七章 生态环境损害责任终身追究的理论概述

要对生态环境损害行为人进行永久追究,既不因行为人地位的变迁而变化,也不因时间的流逝而放弃。将生态环境损害责任下的追究期限设定为"终身",主要有以下三个方面原因。第一,部分生态环境损害行为具有连续性、持续性。从责任追究期限的设置来看,一般追责期限的起始点是以违法行为结束之日起计算[①]。然而,生态环境损害行为的类型具有多样性,不仅包括实施的具体损害行为,也包括作出重大决策等抽象性损害行为。相较于前者,后者的损害是处于一种连续的、持续的状态。对于这一类损害行为的追责期限需要相应延长。第二,生态环境损害结果产生的影响具有一定的滞后性。责任追究期限的设置并非完全以违法行为发生或完成时开始计算,有些违法行为虽然已经完成,但是损害结果并未即时产生,有可能经过一段时期才能显现出来。在这种情况下,责任追究期限的设置一般是以当事人知道或者应当知道其受到损害时起计算。因此,对生态环境损害行为追责期限的计算也不能简单以违法行为完成之日起算,应随着损害结果的滞后性而有所延期。第三,部分生态环境损害的结果具有一定的扩张性。对某一类自然资源的侵害,产生的损害结果往往是综合性的,将会影响到整个生态环境,引发"蝴蝶效应"。因此,生态环境损害结果的扩张性也要求对该违法行为实行终身追责。

[①] 例如,《中华人民共和国刑法》第八十九条规定:"追诉期限从犯罪之日起计算;犯罪行为有连续或者继续状态的,从犯罪行为终了之日起计算。在追诉期限以内又犯罪的,前罪追诉的期限从犯后罪之日起计算。"

第二节　生态环境损害责任终身追究的必要性

绿水青山就是金山银山。讨论一个区域乃至全国静态时点和动态时段的生态环境状况，是为了从源头预防生态环境损害，保护生产力，建设良好的生态环境。对破坏生态环境、损害人民群众环境利益者进行终身责任追究，是防范与减少生态环境损害的关键环节，也是必然选择。

一、追究生态环境损害责任的必要性

（一）落实绿色发展理念，保证我国经济社会可持续发展的必然要求

党的十九大报告指出："发展必须是科学发展，必须坚定不移贯彻创新、协调、绿色、开放、共享的发展理念。"1987年，联合国世界环境与发展委员会（WCED）发表了《我们共同的未来》。该报告正式使用了"可持续发展"的概念，指出这种发展是既满足当代人的需求，又不对后代人满足其需求的能力构成危害的发展。通俗地讲，可持续发展就是使人口、资源、环境与经济、社会永续性地协调发展，既要达到发展的目的，又要保护好人类赖以生存的土地、大气、淡水、海洋、森林、矿产等自然资源和生态环境，真正建立起人类与自然之间

的和谐关系。① 2003年10月，党的十六届三中全会提出了"科学发展观"，并明确了"五个统筹"的可持续发展方式，把人与自然和谐发展提升到一个新的高度。随着近年来国民经济的飞速发展，各类环境资源由于生产需求被大量消耗。加之管理粗放、监督缺乏，造成了大量的环境污染和自然资源的损失浪费，甚至是无法恢复的生态环境破坏。为了更好地贯彻落实全面、协调、可持续的科学发展观，"生态环境损害责任追究"作为一项重要议题被提上了议程。2013年11月，党的十八届三中全会提出要加快生态文明制度建设，实行最严格的源头保护制度、损害赔偿制度、责任追究制度，完善环境治理和生态修复制度。2014年修订的《中华人民共和国环境保护法》第五条规定，环境保护坚持保护优先、预防为主、综合治理、公众参与、损害担责的原则。这些方针政策和法律规范，从不同层面和角度对进一步强化、细化生态环境损害责任追究的相关制度提出了明确要求。

(二) 建立健全生态环境保护权力运行制约和监督体系的客观需要

用制度管权、管事、管人，把权力关进制度的笼子，是建立健全权力运行制约和监督体系的基本原则和目标。健全完善的权力运行制约和监督体系要求监督范围、监督程序、监督方式的法治化、常态化和制度化，形成监督合力和实效，不能出现监督盲区和权力真空。生态环境保护领域同样需要进一步加强对生态环境保护职责履行情况的制约和监督。例如，党的十八届三中全会提出，要强化权力运行制约

---

① 韩忠成：《简论中国社会可持续发展战略的选择》，载《农村经济》2001年第9期。

和监督体系，加强和改进对主要领导干部行使权力的制约和监督，对领导干部实行自然资源资产离任审计。全会的要求主要从审计监督的角度，强调了对领导干部是否依法行使自然资源资产管理权的情况进行监督。《中华人民共和国国民经济和社会发展第十三个五年规划纲要》在第四十四章"加大环境综合治理力度"中提出，要"实行领导干部环境保护责任离任审计"。这对强化各级党政主要领导干部的生态环境保护责任意识，切实承担主体责任、监督责任和领导责任提出了新的要求。相比较而言，党的十八届三中全会中关注的主要是领导干部自然资源资产管理权的行使情况，该纲要强调的则是环境保护责任。不管是从权力的角度，还是责任的角度，建立健全生态环境损害责任追究制度都具有很强的现实意义。这是权力运行制约和监督体系的重要组成部分，同时也是统筹推进"五位一体"总体布局和协调推进"四个全面"战略布局的一项重要任务。

（三）减少生态破坏和环境污染恶性事件的重要举措

近年来，全国各地环境污染恶性事件频发。例如，2014年9月，《新京报》报道内蒙古腾格里工业园和宁夏中卫工业园区的大量化工企业，将未经处理的污水排入沙漠，数个足球场大小的长方形排污池并排居于沙漠之中；11月，在新疆准东经济技术开发区，有大量工业废料排入新疆卡拉麦里山有蹄类自然保护区，大片宝贵的植被遭到破坏，带来生态危机；12月，媒体曝光湖南桃源铝厂产生的废气、废水、废渣给周边环境造成了严重污染，橘子大量减产，果实外形畸变，村民患癌病逝。① 一次次环境污染事件，似乎主角多数是企业，但我们总能看到一些地方政府和个别领导干部较为"暧昧"的态度。他们不是被企业"绑架"，一起推脱责任，就是不愿公开事实，含糊其辞，应付公众。曾被热议的河北省沧县环保局的"红豆局长"，更是显露出对百姓、对工作极端不负责的态度。尽管这些事件在媒体报道后都得到了整改，但通过制度设计杜绝此类问题的发生，防患于未然，才是解决问题的根本出路。② 对于破坏生态环境的行为，必须对相关责任人进行责任追究。一方面，通过行政、经济、法律等手段进行处理处罚，来警示教育地方政府的领导干部及其相关单位和个人；另一方面，通过明确责任的类型与内容，强化制度的威慑力，降低恶性事件发生的概率。

二、终身追究生态环境损害责任的必要性

（一）顶层设计的明确要求

十八届三中全会《决定》在"加快生态文明制度建设"部分明确要求"建立生态环境损害责任终身追究制"。《中共中央关于全面推进依法治国若干重大问题的决定》明确提出"建立重大决策终身责任追究制度及责任倒查机制"。《党政领导干部选拔任用工作条例》第二十七条第三款规定，对领导干部工作实绩的考核，要强化约束性指标考

---

① 《直击那些举国震惊的污染事件　画面触目惊心》，访问地址：http://www.bjnews.com.cn/video/2014/12/11/345376.html，访问时间：2016年11月9日。

② 桂杰、何星洁：《免职"红豆局长"是化解危机的"速效丸"吗》，载《中国青年报》2013年4月11日。

核，加大资源消耗、环境保护、消化产能过剩、安全生产、债务状况等指标的权重，防止单纯以经济增长速度评定工作实绩。2014年12月，中共中央组织部、国务院扶贫办印发的《关于改进贫困县党政领导班子和领导干部经济社会发展实绩考核工作的意见》（组通字〔2014〕43号）也明确规定，对损害国家和群众利益造成恶劣影响的，造成资源严重浪费的，造成生态严重破坏的，要终身追责。2016年7月施行的《中国共产党问责条例》第十条规定："实行终身问责，对失职失责性质恶劣、后果严重的，不论其责任人是否调离转岗、提拔或者退休，都应当严肃问责。"

为落实上述终身责任追究的顶层设计，必须对终身追究的追责主体、追责客体、追责情形以及追责方法等问题加以研究，制定科学合理的终身追责法律制度体系。

（二）权力行使者科学决策的重要保障

早在18世纪，孟德斯鸠就对权力的扩张性作出精辟论述："一切有权力的人都容易滥用权力，这是万古不易的一条经验。有权力的人使用权力一直到遇有界限的地方才休止。"[①] 生态环境保护也是如此，许多环境污染事件看起来出自企业，但究其根源，在于地方党委和政府作出的重大决策不合法、不合理。例如，为了追求经济指标，不顾全国主体功能区规划，肆意填海造地、越权审批高污染建设项目，忽略环境影响评估和可行性研究。同时，在日常监管中放任、纵容甚至

---

① 〔法〕孟德斯鸠：《论法的精神》，张雁深译，商务印书馆1995年版，第104页。

掩盖企业损害生态环境的行为，以牺牲良好的生态环境为代价换取政绩。因此，对生态环境损害责任人开展终身追究，对于制约和防止权力失控、行为失当、管理失范具有重要的意义，同时也是促进地方党委和政府主要领导依法决策、科学决策的重要保障之一。

（三）生态环境损害特征的必然要求

生态环境具有独特的功能和不可替代的价值。生态环境的损害主要具有以下三个特征。一是广泛性。生态环境污染涉及的空间地域广大，上至大气层，下至土壤层。生态环境污染损害的对象也十分广泛，既包括动物、植物等生态系统，也包括不同地域范围的人群或个体。二是复杂性。生态环境损害的原因非常复杂，每类环境污染和生态破坏都会经历各种物理、化学、生物等演变过程，既包括人为因素，也包括自然因素。三是滞后性。部分生态环境破坏行为，往往不会即时产生损害结果，而是具有一定的潜伏期和长期性。这种对生态环境的侵害影响期长久，很多时候即使花费大量成本也难以恢复或再生，比如对生物多样性的破坏。因此，结合生态环境损害的广泛性、复杂性和滞后性等特征，必然要求对生态环境损害行为实施终身追责。

第三节 生态环境损害责任终身追究的基本原则

2015年7月，中央全面深化改革领导小组第十四次会议强调，生

编制自然资源资产负债表与
生态环境损害责任终身追究制研究

态环境保护要坚持依法依规、客观公正、科学认定、权责一致、终身追究的原则。据此，生态环境损害责任终身追究主要包括以下五条基本原则。

一、责任法定原则

责任法定原则主要包括以下三层含义：一是违法行为发生后应当按照法律事先规定的性质、范围、期限、方式追究违法者的责任；二是排除无法律依据的责任，即责任擅断和"非法责罚"；三是在一般情况下要排除对行为人有害的既往追溯。[①]

结合上述含义，该原则在生态环境损害责任终身追究领域的具体适用，也包括以下三个方面：一是生态环境损害责任的内容、范围、承担方式等各个方面和环节的确定，都必须要有法律、法规、规章和其他规范性文件的明文规定。也就是说，应当从法律规范体系层面建立健全生态环境损害责任终身追究制度，做到"有法可依"。这里的"法律、法规、规章和其他规范性文件"是广义上的概念，除了全国人大、国务院、地方人大和各级人民政府在权限范围内制定的规范性文件之外，还包括党的一些规章制度文件。例如，《中国共产党党内监督条例》《党政领导干部辞职暂行规定》《中国共产党纪律处分条例》《党政领导干部选拔任用工作条例》等。这些规定也属于责任法定原则中"法"的范畴，只不过按其规定追究的是有关人员的政治责任和道

---

① 张文显主编：《法理学》（第三版），法律出版社2007年版，第199页。

德责任等。二是生态环境损害责任追究主体只能按照法律明文规定的标准和尺度，追究相关行为人的责任。不能擅自决定或追究法律规定之外的责任，即排除无法律依据的责任，做到"有法必依"。例如，不得违法增加生态环境损害责任的追究范围、追究类型和追究方式。三是对于生态环境损害行为进行追责，只能依据损害行为发生时生效的法律规范，而不能事后设责。即应当遵循"法不溯及既往"原则，不能在制定了一部法律之后，将其作为依据来追究之前的行为。

对于尚无明确法律和岗位责任规定的生态环境损害行为，一方面应积极修订完善法律、制度规定，另一方面充分运用道德责任的力量，对生态环境损害行为进行约束。

二、权责利能一致原则

岗位责任是组织管理的基本要素，是组织内部职能分工的体现。现代管理学认为，岗位设置要做到权力、责任、利益、能力相匹配。权力、责任、利益、能力四个要素中任何一项过大或过小，都会导致执行中出现问题。责、权、利三者构成等边三角形，能力是三角形的"高"，决定了三角形大小。[1]

第一，权力和责任相伴而生，没有无责任的权力，也没有无权力的责任。权责一致原则主要包括两层含义：一是权力和责任的分量一

---

[1] 周三多、陈传明、鲁明泓：《管理学——原理与方法》（第三版），复旦大学出版社1999年版，第127页。

致，二是权力和责任的方向一致。"分量一致"，是指权力和责任要相称，有权无责必定产生特权，有责无权则无法履行责任。权大责小或责重权轻，都会使权力的行使与责任的履行受到影响。"方向一致"，是指谁赋予权力即应当对谁负责。生态环境领域的管理监督权由人民赋予，所以权力行使者应当坚持以人为本，做到有权必有责，用权受监督、失职要问责、违法要追究。

第二，在生态环境保护领域，不同的主体拥有不同的权力（权利），同时也承担着相对应的责任（义务）。具体来讲，政府生态环境责任是以公众环境利益为指向，法律规定的政府在环境保护方面的义务和权力，以及因违反义务和权力的法律规定而应承担的否定性后果。[1] 作为生态环境保护领域的决策者、执行者和监督者，各级党委和政府以及党政领导干部行使职权和履行职能的过程，也是承担义务的过程。如果其管理行为、决策行为或者具体的行为导致生态环境遭到损害，就必须追究有关方面的责任。这时，受到相应的责任追究就成为各级党政领导干部不当行使权力后果的一部分。同样，每个公民和法人在依法取得行政许可的情况下，也都享有开发利用自然资源的权利，但同时也要履行保护生态环境的义务。例如，《中华人民共和国民法总则》第九条规定："民事主体从事民事活动，应当有利于节约资源、保护生态环境。"如果公民和法人没有正确履行保护生态环境的义务或者对生态环境造成损害，也要为其违法行为负责。在深层次上，

---

[1] 阳东辰：《公共性控制：政府环境责任的省察与实现路径》，载《现代法学》2011年第2期。

对生态环境损害责任进行终身追究,是为了使生态环境保护领域的权力(权利)与责任能够相统一,避免出现"有权无责"的情况。因此,应当通过建立生态环境保护领域的权力(权利)清单,辅以相应的责任(义务)清单,构建权责一致的生态环境保护制度体系。

第三,生态环境保护方面的岗位责任制度设计,除了要考虑权责一致,还要注重权责与利益和能力的关系。从利益方面讲,组织明确一个岗位责任,出发点是为了保障组织的利益。为了实现组织的目标,必须同时保障岗位责任人的合法权利和利益,否则相关人员难以做到正确使用权力和履职尽责。从能力方面讲,组织必须选择能力恰当的人选担任特定的岗位。大材小用,对组织来说是人力资源的浪费,对个人来讲能力得不到发挥,不利于调动积极性和创造力;小材大用,相关个人不具备履职尽责的必要能力,对其个人来说压力难以承受,对组织来说,难以实现既定的工作目标。

总之,在生态环境保护工作中,应按照管理规律的要求,平衡岗位权力、责任、利益、能力四者之间的关系,才能保障各个岗位职能的有效运转。

三、因果联系原则

因果联系原则是指在认定行为人违法责任之前,应当首先确认行为与危害或损害结果之间的必然联系。同时,在认定行为人违法责任之前,还应当确认意志、思想等主观方面因素与外部行为之间的因果关系。这也是区分有责任与无责任的重要因素。另外，还应当区分因果关系是必然的还是偶然的，直接的还是间接的。①

同样，因果联系原则也是进行生态环境损害责任终身追究的逻辑前提。具体来讲，主要包含以下三个方面：一是责任人的行为与生态环境损害结果之间具有因果关系，即生态环境损害结果是由责任人的行为所导致。这是认定其责任的重要事实依据。如果行为与结果之间没有任何关系，则不能对其追究责任。二是应当分析责任人在作出行为时的主观动机。关注责任人在作出行为时，是否意识到生态环境损害结果的发生，以及对损害结果发生所持的心态。三是由于因果关系具有复杂性，经常存在"一因多果""一果多因"或"多因多果"的现象。同样，导致生态环境损害结果发生的原因也往往比较复杂，现实中造成生态环境损害结果的行为人可能并不唯一，同时也受到历史的、外部的、区域间等各个方面、各种因素的影响。因此，在对生态环境损害责任因果关系进行认定时，应当严格区分各种成因。这也是准确界定责任归属以及承担方式的重要尺度。

四、过错归责为主原则

根据主观动机是否存在过错来界定是否应当承担责任，可以将法律责任分为过错责任和无过错责任。过错责任是指以存在主观过错为必要条件的法律责任，承担责任以其行为有主观上的故意或过失为前

---

① 张文显主编：《法理学》（第三版），法律出版社2007年版，第200页。

提的一种责任。相反，无过错责任是指不以主观过错的存在为必要条件而认定的责任，承担这种责任不必考虑行为人是否存在主观过错。[①] 换句话说，无过错责任是在既无主观故意，又无过失情况下所要承担的责任。整体上来看，以上两个归责原则并非适用于生态环境损害责任追究中的所有责任类型。其中，政治责任、道德责任、行政责任以及法律责任中的刑事责任，一般采用过错责任原则，即在判定责任主体是否应当承担以上责任类型，以及衡量承担责任的大小时，责任主体的主观动机是需要考量的重要因素。而对于法律责任中的行政责任和民事责任，则采用无过错责任原则。例如，《中华人民共和国侵权责任法》第六十五条规定："因污染环境造成损害的，污染者应当承担侵权责任。"即判定责任主体承担这两项责任类型时，不需要考虑责任主体的主观动机。也就是说，无过错的合法开发利用自然资源的行为，同样可能侵害到其他主体的合法权益，并承担相应的赔偿责任。例如，某一企业按照环保部门制定的排污指标排污，造成了周围居民的人身和财产损害，居民控告至法院，主张企业赔偿。[②] 因此，在生态环境损害责任终身追究中，应当采取"以过错归责为主、无过错归责例外"的原则。该原则主要包括两个方面的含义：一是依法追究行为人因主观故意和过失对生态环境造成损害的责任，并将行为人的过错程度作为确定责任类别和形式，以及处罚、处分轻重的依据；二是发生重大生态破坏和环境污染恶性事件或引发重大群体性事件，即使相关责任

[①] 张文显主编：《法理学》（第三版），法律出版社2007年版，第197~198页。
[②] 皇甫振宇：《环境污染责任的无过错归责理解——有关"违法性"要件与免责事由的评析》，载《学理论》2013年第34期。

主体并无主观故意和过失行为，也要承担相应的无过错责任。

五、责任层次互补原则

如前所述，法律责任、岗位责任和道德责任在时空边界、强制力等方面各有侧重。只有构建由法律责任、岗位责任和道德责任三层责任相互补充的责任体系，才能达到"终身追责"的效果。

（一）法律责任的追究时效

一般而言，法律责任的追究都有一定的时限要求。例如，公务员在处分决定机关作出处分决定前已经退休的，不再给予处分；损害赔偿诉讼的时效期间一般为三年；行政违法行为在两年内未被发现的，不再给予行政处罚；等等。

生态环境损害具有广泛性、复杂性和滞后性等特征，损害生态环境行为所造成的影响是长期的、持续的，且短期内不容易显现出来。对于生态环境损害违法行为法律责任的追究，有可能因为追溯期的限制而无法实现。

（二）岗位责任终身追究面临的难题

生态损害结果的滞后性和下级难以对上级追责的现实情况，导致一些党政领导干部在职务升迁后，其在原岗位的生态环境损害责任追究难以落实。这是生态损害责任追究工作中面临的突出问题，也是提

第七章 生态环境损害责任终身追究的理论概述

出"终身追责"的现实考虑。

具体来讲,对于主体是自然人的生态环境损害责任行为人,即地方各级党政主要领导干部和相关人员而言,其损害行为常常与职务行为相关联。由于我国实行任期制①,为了克服任期制带来责任追究不易落实的问题,就有必要实行终身追究制。也就是说,在确责之后,对于需要承担损害责任的行为人,无论其工作岗位和职务发生何种变动,如异地任职、就地提拔、退休离岗等,都要追究其应负的责任,无一例外。例如,某一县长在任时,作出违反生态环境方面规定的决策,当其升任副市长、市长后,生态环境损害的后果才开始显现出来,这时也应当追究其责任。对于主体是法人等非自然人的行为人,主要指要建立长期甚至无限期的回溯追究责任机制。只要追责机制启动,无论距离损害行为发生时间长短,相关行为人都要承担必要责任。

岗位责任的追究时效以责任人隶属于组织内为期限。对政府机关、事业单位的公务人员来说,责任时效为其仍在该系统内工作。对党员来说,责任时效为其仍具有党员的身份。一旦相关人员离开组织,组织内对其岗位责任的追究权就会失效。

就生态环境损害责任来说,如果相关责任人已经离开原行政单位,则原单位无法对其进行岗位责任追究;如果其仍是党员,则仍可在党内进行责任追究;如果离开公务员队伍,而且不是党员,则超出了组织追究的权限。如果行为触犯了法律,可以对其进行法律责任追究;

---

① 《中华人民共和国公务员法》第三十八条规定:"公务员职务实行选任制和委任制。领导成员职务按照国家规定实行任期制。"《推进领导干部能上能下若干规定(试行)》第六条规定:"严格执行领导干部职务任期制度,任期年限、届数和最高任职年限,一般不得延长。"

如果没有触犯法律,则岗位责任和法律责任都不能对其构成约束。

(三) 责任终身追究应充分运用道德责任

尽管道德责任在强制力方面弱于法律责任和岗位责任,但道德责任作用时间更长、范围更广、要求标准更高。道德责任对人的行为约束力不容忽视。道德责任存在的意义在于两个方面:一是损害行为不够严重,二是弥补法律责任和岗位责任尚未覆盖的领域。

舆论监督是道德责任约束力发挥作用的重要手段。舆论监督的形成,有赖于信息的公开透明。宪法规定自然资源的所有者是全体人民,生态环境损害是所有者的财产损失和人身健康损失。所有者有权利了解自己所拥有的自然资源管理使用情况、损失情况以及可能对自身健康带来的影响情况。只有在公众了解到生态环境损害的情况下,舆论监督才能形成。舆论监督一方面可以促使法律责任、岗位责任追究得以落实;另一方面在法律责任、岗位责任尚未覆盖的领域,舆论监督在对相关责任人的道德责任进行追究的同时,还可以促使法律规范的完善。

公开自然资源资产负债表及相关责任履行情况报告,使得社会公众对生态环境损害情况充分了解,为社会公众、舆论媒体以及组织内部道义约束力量发挥作用创造前提。从这个意义上讲,自然资源资产负债表是实现"终身追责"的必要手段。

综上所述,单独依靠一种责任追究无法有效达到责任终身追究的效果。法律责任的追究应依照法律规定的诉讼或追诉时效,无法做到严格意义上的终身追责；岗位责任的追究，可以做到只要责任人仍处于组织体系内，即可追责，是一种"准终身"追责；道德责任虽无明文规定和强制力，但无追责期的限制，在时间上可以做到"终身"追责。具体见表7-2。

表7-2

责任类别	责任时效	终身追责程度
法律责任	有诉讼、追诉时效限制	无终身追责
岗位责任	在组织内无追责时效限制	准终身追责
道德责任	无追责时效限制	终身追责

生态环境损害终身追责制度设计中，应充分运用法律责任、岗位责任和道德责任三种形式，相互补充，构成生态环境损害责任追究体系，以达到"终身"追责的效果。

【本章小结】

本章探讨了生态环境损害责任终身追究相关的基本概念和基本理论，尤其是责任的概念和终身追责的可能性。责任包括积极责任和消极责任两个层面的含义。生态环境损害责任追究中的责任属消极责任。生态环境损害责任包括法律责任、岗位责任和道德责任三个层次。法律责任、岗位责任和道德责任在时空范围和强制力方面相互补充，可以构建出"终身"责任追究体系。

第八章 生态环境损害责任终身追究制的体系构建

根据前述章节的讨论，我们可以认为，实现自然资源有序利用和生态环境保护，"终身追责"是可行且必要的手段。只有从制度设计层面着手，才能避免把"生态环境损害责任终身追究"作为一种观念、口号，或者一次"运动"。

将"终身追责"嵌入并很好地融入现有的自然资源管理利用和生态环境保护体系，可以使"终身追责制"伴随着体系的运转自动发挥作用。本章对生态环境损害责任终身追究制的体系构成进行了分析，提出了生态环境损害责任追究的焦点和前提条件，重点论述了生态环境损害责任终身追究制的责任追究主体、客体、情形、程序、类型和形式等内容。

第八章 生态环境损害责任终身追究制的体系构建

第一节 生态环境损害责任终身追究制体系的构成、焦点与前提条件

党的十九大报告明确指出，要不断推进国家治理体系和治理能力现代化，构建系统完备、科学规范、运行有效的制度体系，坚决制止和惩处破坏生态环境行为。[①] 建设生态文明、建设美丽中国，坚决打好污染防治这场攻坚战，尽快补上生态环境这块短板，满足人民日益增长的优美生态环境需要，是党的十九大的重要部署，也是推进国家治理体系和治理能力现代化的重要组成部分。坚决制止和惩处破坏生态环境行为，就是要对破坏生态环境的行为严厉打击、严惩重罚，形成不敢且不能破坏生态环境的高压态势和社会氛围，着力解决突出环境问题。[②] 严厉打击、严惩重罚的关键在于聚焦"终身"，实行生态环境损害责任终身追究制。

[①] 推进国家治理体系和治理能力现代化是全面深化改革的总目标。"治理体系"是"治理能力现代化"的前提和基础，"治理能力现代化"是"治理体系"的目的和结果。国家治理体系由经济治理、政治治理、文化治理、社会治理、生态治理五大体系构成。"党、政、企、社、民、媒"六位一体形成治理结构体系。动员、组织、监管、服务、配置是治理的功能体系。法制、激励、协作是三大治理制度体系。治理方法体系包括法律、行政、经济、道德、教育、协商等。治理运行体系主要是自上而下、自下而上、横向互动。这些方面分别回答了"治理主体是谁和治理主体之间是什么关系""治理体系主要发挥什么作用""如何保障治理结构有效运转""依靠什么手段进行治理""治理体系采取何种方式、路径运转"等问题。

[②] 参见：《党的十九大报告辅导读本》，人民出版社2017年版，第371～377页。

一、构成生态环境损害控制体系的"三道防线"

从发挥作用的时间维度来看,控制体系可以分为预防控制、发现控制和纠正控制。生态环境保护机制是一套控制体系,同样也可以分成这样三个子体系,或者通俗地称为"三道防线"。如图8-1所示。

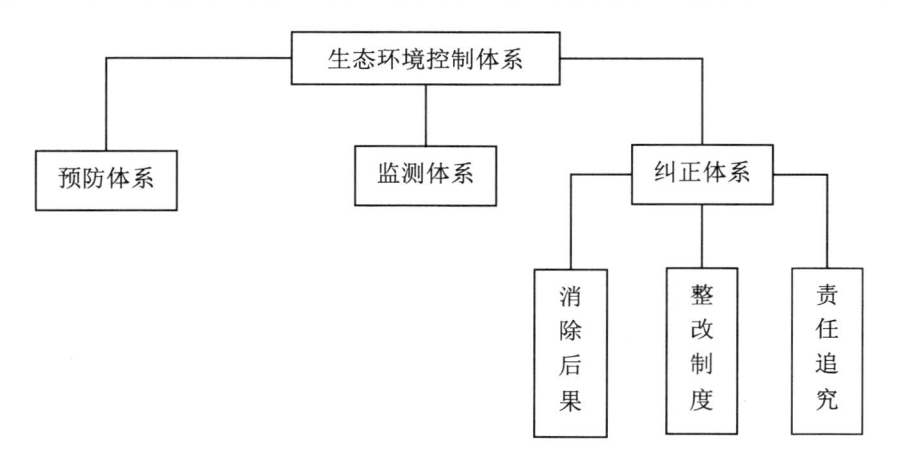

图8-1

第一,生态环境损害控制体系应该预防损害行为的发生。预防体系的作用在于防患于未然。生态环境损害的预防体系主要由自然资源利用规划、审批、许可等机制构成。生态环境损害主要发生在自然资源的开发利用过程中,因此保护生态环境与自然资源开发利用两者紧密联系。自然资源利用的规划、审批、许可,是合理利用自然资源、保护生态环境的第一道防线。

第二,在发生生态环境损害的过程中,监测体系应该及时发现,提示采取必要的行动加以应对。这一环节的控制机制属于发现控制机制。监测机制是合理利用自然资源、保护生态环境的第二道防线。

第三，生态环境损害行为发现之后，应及时作出处理，予以纠正。一是最大限度地消除生态环境损害的后果；二是对现有机制存在的漏洞进行整改；三是对相关责任人进行责任追究和处罚。这一环节的控制机制属于纠正控制机制。该机制是合理利用自然资源、保护生态环境的第三道防线。

从上面的分析可以看出，生态环境损害责任终身追究机制是合理利用自然资源、保护生态环境的最后一道防线。该机制发挥作用依赖于前一道防线——生态环境损害能够及时发现。责任追究是纠正机制的一个重要组成部分，但不是全部。

二、生态环境损害责任终身追究制的焦点在"终身"

生态环境损害责任终身追究制是指，法规授予其权力的机构根据对生态环境损害责任的确定，对责任承担者追究责任的执行机制。即依据一定的追究方式、程序和手段启动责任追究，以特定的责任形式落实责任终身追究。

毛泽东同志在《矛盾论》中指出："当着我们研究矛盾的特殊性和相对性的时候，要注意矛盾和矛盾方面的主要的和非主要的区别；当着我们研究矛盾的普遍性和斗争性的时候，要注意矛盾的各种不同的斗争形式的区别。"本研究认为，生态环境损害责任终身追究区别于一般意义的责任追究，其矛盾的主要方面即实行生态环境损害责任追究的焦点在"终身"。其理由有以下三点。

第一，责任追究是一种事后行为，是一种弥补性、警示性的制度安排。生态环境损害对生态系统特别是不可再生资源等造成的破坏和影响往往是毁灭性的。其损失和危害不仅仅是通过追究某个单位或某个人的责任可以弥补的。因此，加大责任追究力度，更要重视"终身"追责，强化其预防和警示作用，使责任追究机制更好地发挥防患于未然的效果。

第二，生态环境损害责任终身追究对象更为直接地指向党政领导干部。《中国共产党章程》规定，党的各级领导干部必须坚决执行党的基本路线和各项方针、政策，树立正确政绩观，做出经得起实践、人民、历史检验的实绩。[①] 党的十八大报告提出健全权力运行制约和监督体系，要确保决策权、执行权、监督权既相互制约又相互协调，确保国家机关按照法定权限和程序行使权力，建立健全决策问责和纠错制度。党的十八届四中全会通过的《中共中央关于全面推进依法治国若干重大问题的决定》强调健全依法决策机制，建立重大决策终身责任追究制度及责任倒查机制，严格追究行政首长、负有责任的其他领导人员和相关责任人员法律责任。资源节约型、环境友好型社会建设取得重大进展，列入了党的十八大全面建成小康社会和全面深化改革开放的目标。坚持人与自然和谐共生，是党的十九大确定的新时代中国特色社会主义思想和基本方略之一。因此，各级党政领导干部应当履职尽责贯彻落实。

[①] 参见：《中国共产党章程》，中国共产党第十九次全国代表大会 2017 年 10 月 24 日通过，人民出版社 2017 年版，第 49 页。

第三，我国生态环境损害责任追究实践中，已有依法应当承担责任人员虽然已经离开岗位，但仍受到责任追究的先例。这些实践的效果证明，既对不当作为者进行了惩处，体现了责任与担当的公平性；也对类似作为者发出了警示，起到了惩一儆百的作用。与此同时，推进了三道防线之第一道防线和第二道防线更加有效地完善机制、发挥作用。

三、生态环境损害责任终身追究制有效运行的前提条件

构建有效的生态环境损害责任终身追究体系，必须满足机构独立性、技术专业性和信息公开性三项前提条件。

（一）机构独立性

职责分离是内部控制制度设计遵循不相容职责相分离的最重要的基本原则。该原则一方面要求某些相互关联的职责不能集中由一人负责；另一方面，同一人员如果承担多项职责，职责之间不能存在利益冲突。职责分离原则在组织内部岗位职能设计中至关重要，在组织间职能划分上也同样适用。如前所述，审批、监测、追责是自然资源和环境保护的三项基本控制职能。在组织机构设计上，三者必须保持彼此独立，既不能由同一部门兼任，也不能是隶属于同一机构。否则，就会增加发生差错和舞弊的可能性，或者增加了发生差错和舞弊后进行掩饰的可能性，对于前一环节出现的问题，后续环节很难有效发挥控制作用。因此，必须设立独立的自然资源管理和生态环境监管机构，

从根本上对权力运行进行制约和监督,实现严格意义上的行政、组织、法律追责,摆脱"前任与后任、上级与下级、在岗与离职"等制度设计缺陷给生态环境损害责任终身追究带来的瓶颈制约。

(二)技术专业性

生态环境损害责任追究需要具备两个前提——损害的认定和责任的认定。有些生态环境损害情况能够被一般公众和受害人感知,但做不到精确量化,另外一些生态环境问题靠普通人的直观感受无法察觉。因此,对损害的认定需要具备相关领域的专业知识、专业技能的机构和人员并配备专业技术设备才能胜任。

对于损害生态环境相关人员责任的认定,需要建立生态环境损害事实、结果与责任人过错行为之间的逻辑对应关系。在此基础上才能针对不同生态环境损害情形追究应当承担的责任。这种对应关系的建立也需要以专业技术为基础。需要注意的是,责任认定不仅要起到量化处理处罚的作用,还应起到对责任人合法权益的保护作用。责任认定中应当防止作出情绪化和非理性判断的情形。

总之,损害和责任两者的认定,都要求有专业机构和人员的参与,才能使终身追责制得以运转。

(三)信息公开性

建立生态环境损害责任终身追究制,必须以保证信息公开为前提。信息公开性既是成本效益的要求、控制环境的要求,也是道德责任发挥作用的要求。

首先,信息公开是成本效益的要求。控制机制越完善,花费的成本越高,执行效率越低。这是控制制度设计的一般规律。自然资源利用和生态环境保护涉及人类生产生活的所有领域,完全依赖专业机构进行监督控制,运行成本可能极为高昂。因此,在选用控制手段时,必须考虑成本因素。"阳光是最好的反腐剂",通过编制自然资源资产负债表并建立核算、报告体系,确认、计量、记录、反映自然资源资产负债存在状况和变化情况,可以界定党政领导干部任期内自然资源资产管理、开发、利用及生态环境保护的职责履行情况。这些信息的公开,可以充分发挥媒体监督、公众舆论监督的作用,降低对专业监督机构的过度依赖,降低专业监督成本。

其次,有效的控制制度必须要有控制环境作为保障。通过信息公开,可以提升社会各界生态环境保护意识,形成有利于生态环境保护的舆论环境,促使生态环境损害责任追究的落实。

最后,生态环境损害责任终身追究体系的"责任"包括法律责任、岗位责任和道德责任三个层面。其中,道德责任追究机制作用的发挥必须以信息公开为前提。

第二节 生态环境损害责任追究的主体

生态环境损害责任追究的主体设定,旨在解决"由谁来追究责任"

的问题。生态环境损害责任追究主体是指，在责任追究过程中，由法规授予其权力，起决策、组织、协调、领导和执行作用的机构。它在整个生态环境损害责任追究体系中处于核心地位，并起主导作用。不同的生态环境损害责任类型，不同的生态环境损害责任主体，生态环境损害责任追究的主体也不同。本研究认为，从我国实际出发，生态环境损害责任追究主体构成应当包括立法机关、行政机关、监察机关、司法机关、党的纪律检查机关。

一、立法机关

《中华人民共和国宪法》第二条规定："中华人民共和国的一切权力属于人民。人民行使国家权力的机关是全国人民代表大会和地方各级人民代表大会。"人民当家作主是社会主义民主政治的本质特征。人民代表大会制度作为我国的根本政治制度，是广大人民群众实现其当家作主权利的实体渠道。

全国人民代表大会和地方各级人民代表大会作为国家权力机关和立法机关，有权罢免政府组成人员、常委会组成人员和法院院长、检察院检察长。《中华人民共和国环境保护法》第二十七条规定："县级以上人民政府应当每年向本级人民代表大会或者人民代表大会常务委员会报告环境状况和环境保护目标完成情况，对发生的重大环境事件应当及时向本级人民代表大会常务委员会报告，依法接受监督。""人大主导的问责具有更高的法理权威以及外在于行政体制的超然地位，权威性可以使它居高临下地审视和督察政府的工作，超然性则可以使它摆脱部门利益关系的纠葛而能更好地监督政府的工作，追究政府官员的责任。"[1] 因此，在生态环境损害责任终身追究中，人民代表大会以立法机关地位作为生态环境损害责任追究主体，可以通过行使法律授予的立法权、决定权、任免权、监督权，追究各级人民政府及其组成部门的生态环境损害责任。

二、监察机关

第十三届全国人民代表大会第一次会议通过的《中华人民共和国宪法》规定，我国设立国家监察委员会和地方各级监察委员会。中共中央印发的《深化党的国家机构改革方案》明确，组建国家监察委员会，实现对所有行使公权力的公职人员监察全覆盖。《中华人民共和国监察法》第十一条规定，监察委员会依照监察法和有关法律规定履行监督、调查查、处置职责，对公职人员开展廉政教育，对其依法履职、公用权、廉洁从政以及道德操守情况进行监督检查，对涉嫌贪污贿赂、滥用职权、玩忽职守、权力寻租、利益输送、徇私舞弊以及浪费国家资财等职务违法和职务犯罪进行调查，对违法的公职人员依法作出政务处分决定，对履行职责不力、失职失责的领导人员进行问责。根据《党政领导干部生态环境损害责任追究办法（试行）》第二条至第四条，关于该办法适应范围、责任划分和责任追究原则的规定，行使生

---

[1] 张贤明：《官员问责的政治逻辑、制度建构与路径选择》，载《学习与探索》2005年第2期。

态环境保护责任的公职人员应当纳入《中华人民共和国监察法》规定范畴。也就是说，监察委员会应当作为生态环境损害责任追究的主体。

三、行政机关

行政机关是按照国家宪法和有关组织法的规定而设立的，代表国家依法行使职权，组织和管理国家行政事务的国家机关。它是国家权力机关的执行机关，也是国家机构的重要组成部分。行政机关按照管辖范围分为中央行政机关和地方各级行政机关。行政机关的职权包括执行和管理，通常由宪法和法律规定，有权作出行政决策、发布行政命令和行政决定并采取必要的行政措施。我国的最高国家行政机关是国务院即中央人民政府，地方国家行政机关即地方各级人民政府，行使国家行政职权管理国家事务。行政机关组织体系上实行领导从属制，决策体制上实行首长负责制，行使职能具有主动、经常和不间断的特征。因此，将行政机关作为追究损害生态环境行为责任的主体，是现代法治国家建设责任政府的逻辑结果和必然选择。

我国行政机关的管理体制决定了上级人民政府作为主管机关，对于行政系统内部发生损害生态环境的行为（既包括主动作为，也包括消极不作为），应当履行追究责任的主体职责。行政机关的行政管理属性同时决定了其还应当履行保护生态环境的法定职责，对于公民、法人和其他组织损害生态环境的违法行为进行责任追究。前者是基于上下级行政领导关系而进行的责任追究，而后者是基于行政管理职能而进行的责任追究。具体来讲，主要包括两个层面。

一是国务院和地方各级人民政府在政府内部实施自上而下的责任追究。这种"上问下"的责任追究对象主要针对的是部门或单位，指向的是下级人民政府及其组成部门，追责的内容主要指其作出的行政决策损害了生态环境或者履行保护生态环境职责不到位等情况。

二是各级人民政府的相关组成部门对个人的责任追究。根据"个人"的类别不同，责任追究主体主要包括各级环境保护主管部门和公务员管理机关。前者主要对不构成犯罪的、拒不执行相关环境保护政令等的公民、法人和其他组织实施责任追究。后者主要指依法追究国家工作人员的行政责任。《中华人民共和国环境保护法》第六十七条规定："上级人民政府及其环境保护主管部门应当加强对下级人民政府及其有关部门环境保护工作的监督。发现有关工作人员有违法行为，依法应当给予处分的，应当向其任免机关或者监察机关提出处分建议。依法应当给予行政处罚，而有关环境保护主管部门不给予行政处罚的，上级人民政府环境保护主管部门可以直接作出行政处罚的决定。"

四、司法机关

《生态文明体制改革总体方案》从四个方面就司法机关追究生态环境保护责任提出了措施。一是强化生产者环境保护法律责任，大幅度提高违法成本；二是健全环境损害赔偿方面的法律制度、评估方法和实施机制，对违反环境保护法律法规的，依法严惩重罚，对造成严重

编制自然资源资产负债表与
生态环境损害责任终身追究制研究

后果的，依法追究刑事责任；三是区分地方党委和政府领导成员造成生态环境损害情节轻重，构成犯罪的依法追究刑事责任；四是从健全环境保护管理制度，提出完善行政执行和环境司法的衔接机制。

司法机关包括人民法院和人民检察院。它们作为行使审判权和法律监督权的独立监督机构，对涉嫌犯罪的违法行为进行监督是其应当履行的职责。"在所有这些错综复杂的权力关系中，司法部门具有一种更为专门化的权力制约能力，其地位也更为特殊，它可以对立法和行政部门的权力进行制度化的约束。司法机关的作用是其他国家机关望尘莫及的。"[①]

《中华人民共和国刑法》将保护国有财产和劳动群众集体所有的财产，维护社会秩序、经济秩序作为其立法目标。第六章第六节设立"破坏环境资源保护罪"。在对具体犯罪行为量刑处罚规定的基础上，第三百四十六条"单位犯破坏环境资源保护罪的处罚规定"明确规定，单位违犯第三百三十八条至第三百四十五条规定的，对单位判处罚金，并对其直接负责的主管人员和其他直接责任人员，依照第六节各该条的规定处罚。因此，将人民法院和人民检察院作为生态环境损害责任追究主体，既是依法治国的制度设计，也是保护生态环境的必然选择。其中，各级人民法院主要通过生态环境保护方面的诉讼以及审理职务犯罪案件进行责任追究。各级人民检察院主要通过对涉及环境保护的主要领导干部和工作人员的滥用职权、渎职侵权、贪污受贿等刑事案件进行侦查、提起公诉进行责任追究。当然，司法机关对于损害生态

---

① 胡伟：《司法政治》，香港三联书店1994年版，第42页。

环境的违法行为进行责任追究，只能是法律责任层面。政治责任、违纪责任和道德责任等层面的生态环境保护责任问题，不属于司法机关追究范围。

五、党的纪律检查机关

中国共产党是中国工人阶级的先锋队，同时是中国人民和中华民族的先锋队，是中国特色社会主义事业的领导核心，代表中国先进生产力的发展要求，代表中国先进文化的前进方向，代表中国最广大人民的根本利益。"党员对党负责、党对行政官员政治责任的追究是社会主义民主的要求，因为这从本质上体现的是人民对政治责任的追究。"[1]

党的十九大报告强调指出，凡是群众反映强烈的问题都要严肃认真对待，凡是损害群众利益的行为都要坚决纠正。同时明确赋予有干部管理权限的党组相应纪律处分权限，强化执纪问责。要求强化对权力运行的制约和监督，强化自上而下的组织监督，建立巡视巡察上下联动的监督网，实现对所有行使公权力的公职人员监察全覆盖。《中国共产党章程》规定，党的各级纪律检查委员会是党内监督专责机关，职责是监督、执纪、问责，内容包括检查党的路线、方针、政策和决议的执行情况，对党的组织和党员领导干部履行职责、行使权力进行监督等方面。

《党政领导干部生态环境损害责任追究办法（试行）》规定，生态环境和资源损害问题需要追究党纪政纪责任的，由纪检监察机关按照

---

[1] 张贤明：《论政治责任——民主理论的一个视角》，吉林大学1998年博士学位论文。

有关规定办理。行政机关主要领导干部往往兼具党内职务，其任用也是通过各级党组织推荐，并经各级人民代表大会或常务委员会任命的。因此，各级党组织及其纪律检查机关有权力和责任监督领导干部履行生态环境保护责任情况。《中国共产党党内监督条例》第二十六条规定："党的各级纪律检查委员会是党内监督的专责机关，履行监督执纪问责职责，加强对所辖范围内党组织和领导干部遵守党章党规党纪、贯彻执行党的路线方针政策情况的监督检查……"因此，党的纪律检查机关主要追究的是领导干部的政治责任和纪律责任，即主要针对存在损害生态环境行为不构成犯罪的、拒不执行相关环境保护政令等的党政主要领导干部和其他公职人员实施纪律责任追究，作出组织处理和处分。

第三节 生态环境损害责任追究的客体

生态环境损害责任追究的客体[①]研究，旨在解决"向谁追究责任"

---

① 客体是与主体相对应的概念。哲学上将客体界定为主体以外的客观事物，是主体认识和实践的对象。法律关系的客体是指法律关系主体的权利和义务所指向的对象，一般包括物、行为、智力成果和人身利益。人类社会自身关系中存在主体与客体关系，当把人类作为主体时，地理环境、气候条件、物质基础等就成为客体，形成了人类社会与自然界的主体与客体关系。对象在汉语言中是行动或者思考时作为目标的事物，计算机语言中是客观世界中存在的人、事、物体等实体在计算机逻辑中的映射。哲学上指的是不以人的意志为转移而又与自我的存在通过感性确定性进行关联的客体事物，是简单的、直接性的存在、本质性的现实。哲学上还认为，对象是知识的生成者，没有对象就没有知识。对象与自我共同构成感性确定性中两个充分必要条件，它是不依附任何关系的存在。本研究按人类社会关系运用主体与客体概念，将对象概念用于自然界。

的问题。本研究将生态环境损害责任追究的客体定义为，生态环境损害责任追究主体确认对生态环境损害应当最终承担责任的单位和个人。其中，单位指党政机关、企事业单位、法人和其他组织；个人既包括一般的公民，也包括党政机关和社会团体的公职人员。

《党政领导干部生态环境损害责任追究办法（试行）》强调，凡是在生态环境和资源保护方面负有职责、行使权力的党政领导干部，均应纳入责任追究范围并终身追责。从我国法律法规规定和职责体系构成情况看，生态环境损害责任追究的客体应当包括三大类：地方各级党委和政府及其主要领导干部；自然资源、生态环境主管部门和其他对于生态环境保护负有监督管理职责的相关部门及其主要负责人；开发利用自然资源的相关单位和个人等。主要依据有：《中华人民共和国宪法》第二十六条第一款规定"国家保护和改善生活环境和生态环境，防治污染和其他公害"。《中华人民共和国环境保护法》第六条第二款规定"地方各级人民政府应当对本行政区域的环境质量负责"。第三款规定"企业事业单位和其他生产经营者应当防止、减少环境污染和生态破坏，对所造成的损害依法承担责任"。《中国共产党地方委员会工作条例》第三条规定："党的地方委员会在本地区发挥总揽全局、协调各方的领导核心作用，按照协调推进'四个全面'战略布局，对本地区经济建设、政治建设、文化建设、社会建设、生态文明建设实行全面领导，对本地区党的建设全面负责。"第十七条规定："党的地方委员会应当坚持民主集中制，实行集体领导和个人分工负责相结合的制度。"《中华人民共和国地方各级人民代表大会和地方各级人民政府组织法》第六十二条第一款规定"地方各级人民政府分别实行省长、自治区主席、市长、州长、县长、区长、乡长、镇长负责制"。

一、地方各级党委和政府及其主要领导干部

习近平同志在中央全面深化改革领导小组第十四次会议上指出，"重点督察贯彻党中央决策部署、解决突出环境问题、落实环境保护主体责任的情况。要强化环境保护'党政同责'和'一岗双责'[①]的要求，对问题突出的地方追究有关单位和个人责任。"目前，在生态环境损害责任追究实践中，还存在着责任主体不明确、不恰当等问题。如"领导决策、下属担责""党委决定、政府担责"等有权无责或有责无权的现象仍然存在；最终作出损害或严重破坏生态环境决策的主要领导干部，不能明确应当承担或是否承担了与其行使权力不相适应的责任的问题仍然存在。

《党政领导干部生态环境损害责任追究办法（试行）》和《关于完善审计制度若干重大问题的框架意见》及相关配套文件，对实行党政同责追究地方党委和政府及其领导干部应当承担的相关责任作出了规

[①] 党政同责指中央和地方从省到乡镇街道党委和政府在环境保护决策、执行和监督方面同样承担责任。各级行政首长对上级党委或政府的要求和安排要贯彻执行，对同级党委常委会的环境保护决议要认真执行，对本行政区域的事项负全责。发生生态环境事故或者环境保护目标未能实现时，党委和政府主要负责同志要承担政治责任、纪律责任甚至法律责任。一岗双责是指党政机关、企事业单位及其领导和工作人员，除了履行业务职责外，还要承担本领域环境保护管理或者监督职责。环境保护党政同责、一岗双责、齐抓共管强调责任的共同但有区别的承担，解决各级党委和政府履行环境保护职责的同心、同向与同行问题，实现基于各自角色共同保护环境的目标。

定。《党政领导干部生态环境损害责任追究办法（试行）》第二条规定："本办法适用于县级以上地方各级党委和政府及其有关工作部门的领导成员，中央和国家机关有关工作部门领导成员；上列工作部门的有关机构领导人员。"第三条规定："地方各级党委和政府对本地区生态环境和资源保护负总责，党委和政府主要领导成员承担主要责任，其他有关领导成员在职责范围内承担相应责任。中央和国家机关有关工作部门、地方各级党委和政府的有关工作部门及其有关机构领导人员按照职责分别承担相应责任。"《关于实行审计全覆盖的实施意见》规定："坚持党政同责、同责同审，通过在一定周期内对依法属于审计监督范围的所有管理、分配、使用公共资金、国有资产、国有资源的部门和单位，以及党政主要领导干部和国有企事业领导人员履行经济责任情况进行全面审计，实现审计全覆盖，做到应审尽审、凡审必严、严肃问责。"

根据上述规定，为了明确界定生态环境损害责任主体，应当将党委和政府及其主要领导干部纳入责任追究的客体中来，使决策者为重大决策失误"终身负责"。除了强调地方各级政府主要领导干部的生态环境损害责任之外，还要强调并推行"党政同责"，即地方各级党委主要领导干部应承担与其履行职责、行使权力相对应的责任。因为，在生态环境保护方面，地方各级党委和政府及其主要领导干部都承担着重大责任。如果"党政不同责"，在进行责任追究时，就会面临着生态环境损害责任难以追究到具体责任人的问题。

二、环境保护主管部门和其他对生态环境保护负有监督管理职责的相关部门及其主要负责人

十二届全国人大常委会第八次会议通过，从 2015 年起施行的《中华人民共和国环境保护法》第十条规定："国务院环境保护主管部门，对全国环境保护工作实施统一监督管理；县级以上地方人民政府环境保护主管部门，对本行政区域环境保护工作实施统一监督管理。县级以上人民政府有关部门和军队环境保护部门，依照有关法律的规定对资源保护和污染防治等环境保护工作实施监督管理。"在地方各级人民政府组成部门中，环境保护部门作为专职监督管理环境保护的行政机关，其职责在于负责对环境污染行为进行监督管理、指导协调监督生态保护等工作，并承担从源头上预防、控制环境污染和环境破坏的责任。[①] 中共中央印发的《深化党和国家机构改革方案》明确，自然资源部主要职责是"对自然资源开发利用和保护进行监管，建立空间规划体系并监督实施，履行全民所有各类自然资源资产所有者职责，统一调查和确权登记，建立自然资源有偿使用制度，负责测绘和地质勘查行业管理等"；生态环境部的主要职责是"拟订并组织实施生态环境政策、规划和标准，统一负责生态环境监测和执法工作，监督管理污染防治、核与辐射安全，组织开展中央环境保护督察等"。

---

① 参见《国务院办公厅关于印发环境保护部主要职责内设机构和人员编制规定的通知》（国办发〔2008〕73号）。

遵循法规制度，当生态环境损害事件发生时，所在地区的环境保护主管部门应当承担首要责任。其责任在于"监管不力"，监督管理职责履行不到位。例如，2015年6月，甘肃省14名国家机关工作人员因腾格里沙漠污染事件①而被追责。其中，武威市环保局局长和分管副局长被给予撤销党内职务、行政撤职处分；武威市委、市政府和甘肃省环保厅主要负责人被诫勉谈话；凉州区环保局局长、副局长还因涉嫌玩忽职守罪被检察机关立案侦查。② 除了环境保护主管部门之外，其他对生态环境保护负有监督管理职责的相关部门及其主要负责人也应当成为责任追究的客体。例如，地方各级人民政府的发展和改革委员会在批准开发利用规划或者进行项目审批（核准）时，有义务审核该规划或项目是否违反生态环境和自然资源方面的政策和法律法规；安全监督部门在审批化工、医药、危险化学品等重点项目时，也有义务对申请企业的环保要求是否达标进行严格审核。

三、开发利用自然资源的相关单位和个人

《中华人民共和国环境保护法》第六条第一款规定："一切单位和

---

① 腾格里沙漠位于内蒙古、宁夏和甘肃交界处，是中国第四大沙漠，也是中国沙区治沙科研示范区，曾被联合国授予"全球环保500佳"。2014年，媒体报道腾格里沙漠腹地部分地区出现排污池。当地牧民反映，当地企业将未经处理的废水排入排水池，让其自然蒸发，然后将黏稠的沉淀物铲出，直接埋在沙漠里面。对此，国务院专门成立督察组，敦促腾格里工业园进行大规模整改，并由此开展全国范围内的环境整治工作。

② 《四问生态环境损害责任追究办法：红线怎么划》，访问地址：http://www.chinacourt.org/article/detail/2015/08/id/1692839.shtml，访问时间：2016年10月7日。

个人都有保护环境的义务。"与保护环境义务相对应的是，一切单位和个人都依法享有合法、合理、有效开发利用自然资源的权利。当该项权利没有得到正确行使时，即出现损害生态环境的行为时，相关单位和个人则成为责任追究的客体。《中华人民共和国环境保护法》第四十六条第一款规定："国家对严重污染环境的工艺、设备和产品实行淘汰制度。任何单位和个人不得生产、销售或者转移、使用严重污染环境的工艺、设备和产品。"当单位或者个人存在类似污染环境和破坏生态行为时，应当承担相应的责任。

第四节 生态环境损害责任追究的情形

研究生态环境损害责任追究的情形，旨在解决"在什么情况下追责"的问题。生态环境损害责任追究的情形是指，生态环境损害责任追究主体在何种情况下对哪些事情追究责任。厘清生态环境损害责任追究的情形，不仅可以明确损害生态环境的责任主体应当对哪些问题承担什么样的责任，给依法追究责任提供事实依据，还便于明确划分相关责任主体之间的责任，避免出现有权无责或有责无权等损害生态环境的责任界定不清晰、不合理的现象。因此，确定责任追究的情形，是研究生态环境损害责任终身追究制的关键环节。它决定着整个制度的科学性及其工作机制的可操作性。正因为如此，生态环境损害责任追究的情形设定应当科学合理,边界清晰明确,并符合我国经济社会发展的总体目标和现状。在现有关于生态环境保护和生态环境侵害责任追究的法律制度体系下,考虑到生态环境损害成因的复杂性,以及责任追究对象的多元性,较难穷尽现实中的各种情形。本节按照各责任主体在生态环境保护中的定位和角色,对照现有法律法规和政策要求,以概括为主、列举为辅,分别讨论其应承担的生态环境保护和损害责任的追究情形。

一、从自然资源的管理、利用和生态环境保护机制看生态环境损害责任追究的情形

生态环境损害情形发生在自然资源管理、利用等生产过程中。对生态环境损害情形的研究,目的是针对不同的损害情形,设计有效的预防、监测、纠正和追责机制。

自然资源管理、利用和生态环境保护的机制可以简述为:自然资源利用规划是保证自然资源有序利用的最基本手段,规划的制定需要以守法为前提;企业为从事生产经营需要向政府申请利用自然资源,政府及其主管部门依据规划和相关法律对企业的申请进行审批或许可;企业严格按照审批或许可范围开发使用自然资源,在生产过程中遵守污染排放的相关法律制度。如图 8-2 所示。

对上述机制进行分析,我们可以得出以下三点结论:

(1) 规划、审批、使用、排放是生态环境保护机制的四个环节。

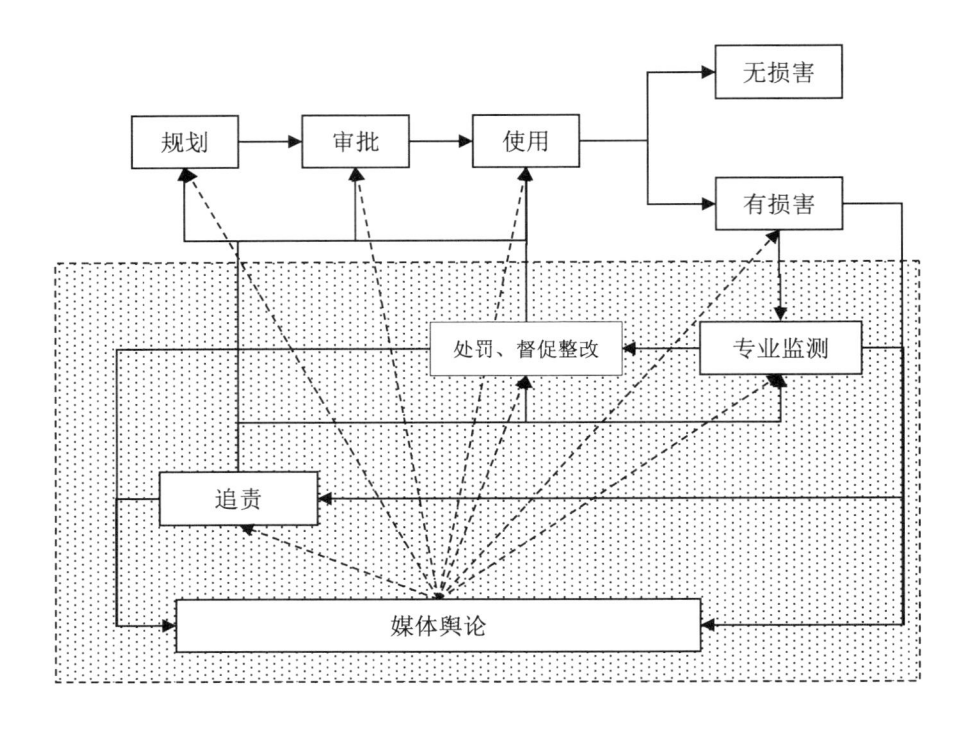

图 8－2

（2）这四个环节中任何一项出现问题，都会导致生态环境损害情形的发生。

（3）生态环境损害的结果发生在企业生产环节。原因则可能存在于整个过程的各个环节。

基于上述四个环节分析，生态环境损害责任追究应当包括以下七种情形：

（1）企业排放污染对生态环境造成损害。

（2）企业超范围开发利用自然资源对生态环境造成损害。

（3）政府超规划审批造成生态环境损害。

（4）政府规划不当造成生态环境损害。

（5）专业监测不当造成生态环境损害。

（6）处理处罚、督促整改不当造成生态环境损害。

（7）责任追究不当造成生态环境损害。

其中，（1）至（6）项均可由具体责任追究机关执行。责任追究机关自身存在的问题，则需借助媒体舆论的监督。

二、地方各级党委和政府及其主要领导干部生态环境保护和损害责任的追究情形

地方各级党委和政府及其主要领导干部承担的生态环境损害责任主要体现在前期规划制定环节，以及监控机制的建立环节。

第一，地方党委贯彻落实中央关于生态文明建设的决策部署不力，制定重大经济发展规划和生产力布局规划时未进行环境影响评估，违反主体功能区定位或者突破资源环境生态红线和城镇开发边界，以牺牲环境质量为代价追求经济增长。

第二，地方政府未按照国务院要求制定本区域环境保护规划，或制定的规划与国家规划相违背，造成重大环境污染、生态破坏或恶劣影响。

第三，地方党委和政府主要领导干部作出的决策违反生态环境保护和自然资源管理法律、政策和规定，或者存在严重失误，造成重大环境污染、生态破坏或恶劣影响。

第四，地方党政主要领导干部任职期间，未能建立生态环境监控

机制，对本地区出现土地、矿产、水、森林（草原）、海洋等自然资源资产总量急剧下降、质量恶化等情况未能及时发现并采取有效的应对措施。

第五，地方党委和政府主要领导干部限制、干扰、阻碍生态环境和资源监管执法工作、干预司法案件处理。

第六，地方党委和政府主要领导干部干预、插手建设项目，致使不符合生态环境保护和自然资源管理政策、法律法规的建设项目得以审批（核准）、建设或者投产（使用）。

三、对生态环境保护负有监督管理职责部门及其主要负责人的责任追究情形[①]

负有生态环境保护监督管理职责的部门及其主要负责人的生态环境损害责任，主要体现在对企业生产活动的相关审批、监测及处理处罚环节。

第一，在履行行政审批、行政许可、环境监测、环境影响评价、环境信息公开、行政处罚等职责过程中，超越职权、滥用职权、怠于行使职权或行政不作为，或者利用职权收受他人财物、谋取不正当利益，并引发重大环境污染或生态破坏事故、群体性或其他重大环境事件。

第二，因执法监管不力，致使本地区、本部门、本系统或其他负

---

① 对应责任追究客体第二类，即环境保护等主管部门。

责监管单位发生特别重大的环境污染或生态破坏事故、案件、事件，或在较短时间内连续发生重大环境污染或生态破坏事故、案件、事件，造成恶劣影响。

第三，截留、挪用环境治理专项资金。

第四，编制虚假的自然资源资产负债表，发布虚假生态环境和自然资源调查和监测数据。

第五，部门之间在生态环境保护和自然资源管理协作方面推诿扯皮，主要领导干部和相关人员不担当、不作为，造成严重后果。

第六，其他造成生态环境特别重大危险，或重大损害和恶劣影响的行为。

四、开发利用自然资源相关单位和个人的责任追究情形

企业是自然资源开发利用的直接主体，也是造成生态环境损害最主要的直接责任者。

第一，提供虚假资料，骗取自然资源利用和生态环境保护相关审批或许可。

第二，拒不执行环境保护各项法规和制度，违法排放污染或超范围开发使用自然资源，造成环境损害。

第三，提供虚假数据、报表等信息，欺瞒相关执法和检查机构。

第四，对生态环境隐患或问题相关裁决或督查整改要求拒不执行，或者接受经济处罚但拒不按要求整改，造成或者可能造成环境损害。

第五节　生态环境损害责任追究的程序

法律意义上的程序是人们遵循法定的时限和时序并按照法定的方式和关系进行法律行为。它具有针对特定的行为而作出要求、以法定时间和法定空间方式作为基本要素、形式性表现三个特点。生态环境损害责任追究的程序研究需要解决的是生态环境损害责任"怎么追"的问题。本研究所指生态环境损害责任追究的程序是指，对损害生态环境行为进行责任追究时所应遵循的步骤、时间和顺序。它遵循法律意义上的程序规定，体现的是合法有效的程序，是行政问责在法治轨道健康发展的保证。从某种意义上说，程序决定了法治与人治的差别，也只有程序才能把内在扩张的行政权约束在法律架构中。因此，设置正当合理的生态环境损害责任追究程序，对于规范生态环境损害责任追究主体权力的合法运行、保护责任追究客体的合法权益、实现责任追究结果的公正性具有重要意义。

中共中央办公厅、国务院办公厅《关于实行党政领导干部问责的暂行规定》对实行问责的程序作出了专章规定。其第三章规定的主要程序包括三个方面：一是针对党政领导干部生态环境损害责任的问题线索，纪检监察机关或组织人事部门按照权限和程序进行调查后，对需要实行问责的，按照干部管理权限向问责决定机关提出问责建议；

二是问责决定机关可以根据纪检监察机关或组织人事部门提出的问责建议,听取被问责的党政领导干部的陈述和申辩,采纳其合理意见,对事实清楚不需要进行问责调查的,经领导班子集体讨论作出问责决定;三是问责决定机关作出问责决定后,由组织人事部门或问责决定机关责成有关部门办理拟送党政领导干部问责决定书,并做好思想工作、督促工作交接、建立问责档案、向上级部门备案、问责决定公开、受理不服问责申诉等相关事宜。

根据此暂行规定和《党政领导干部生态环境损害责任追究办法(试行)》的规定,本研究认为可以将生态环境损害责任终身追究归结为启动、调查、决定和申诉等四个程序。

一、启动程序

生态环境损害责任终身追究启动程序是指,生态环境损害责任终身追究的主体在什么情况下可以决定启动实施生态环境损害责任终身追究。它是生态环境损害责任终身追究程序的第一个环节。结合现行法律法规和制度设计,如果出现以下四种情形之一,即可启动生态环境损害责任追究程序。

第一,发生重大环境损害事故或者群体性事件等,由受害人、纠纷当事人、新闻媒体或司法机关通过检举、信访以及司法建议等提请相关部门启动责任追究程序,或者司法机关同时启动调查等程序。

第二,负有环境保护监督管理职责的行政机关,在日常监管或执

编制自然资源资产负债表与
生态环境损害责任终身追究制研究

法过程中,发现地区、部门和单位以及党政领导干部或相关人员存在损害生态环境的违纪违法情形,在职责范围内直接启动责任追究程序,同时报请干部监督管理部门或者司法机关启动责任追究程序。

第三,干部监督管理部门在对领导干部日常监督管理工作中,发现有损害生态环境行为且需要追究责任时,启动责任追究程序。

第四,在开展领导干部自然资源资产离任审计[①]过程中,审计机关发现党政主要领导干部和相关人员存在需要追究责任的损害生态环境行为线索,移送司法机关、转送干部监督管理部门或者负有环境保护监督管理职责的行政机关启动责任追究程序。

以自身是否可以直接主动实施生态环境损害责任终身追究为标准,以上四种情形可以分为依申请启动程序和依职权启动程序。其中,第一种和第四种属于前者,第二种和第三种属于后者。换言之,生态环境损害的受害人、新闻媒体及审计机关等都不是责任追究的主体,其自身无法决定是否实施生态环境损害责任追究,需向责任追究的法定主体提供线索来源以申请启动。责任追究的法定主体有义务对线索来源的真实性等进行初步核查,并作出受理或不予受理的决定。责任追究的法定主体对于不属于自身权限范围的,应移送至具有受理权限的

---

① 生态环境保护责任审计是国家审计围绕生态环境保护责任独立实施的监督、鉴证和评价活动。一方面,它是生态环境保护责任离任审计、生态环境保护专项审计等审计方式集合而非等同的审计方式,三者均以生态环境保护为基本审计内容,但生态环境保护责任审计不以任期时间为标准,而且涉及审计范围不局限于某专项。另一方面,它是与党政领导干部经济责任审计、自然资源资产离任审计相关联、可结合而又相区别、不等同的审计方式,这是由于生态环境保护责任履行既与经济相关又非完全的经济范畴,自然资源资产既是影响生态环境的因素又不等于生态环境。

机关处理。依职权启动程序无须经过其他部门的审查或审核，自身即可按照职责权限和规定流程决定是否启动责任追究程序。

二、调查程序

生态环境损害具有复杂性的特征。为了科学合理、合法合规界定相关责任主体的责任，当启动实施生态环境损害责任终身追究程序后，还应当进行全面深入的调查。责任追究的主体在调查程序中应当全面查清问题起因、经过、结果等事实，并收集各种相关证据材料。例如，对启动程序中公民检举材料、新闻媒体报道等信息来源的真实性进行调查，对责任追究客体是否存在法定免责事由进行调查，等等。

根据行政诉讼法律规定，在作出追责决定之前，应该给可能受到影响的相对人、利害关系人听证、发表意见或者申诉的机会，让其参加到问责程序之中来。[1] 因此，为了查清生态环境损害问题的事实真相，责任追究的主体必须在作出责任追究决定前，充分听取当事人的陈述和申辩，并记录在案。对于其合理意见，应当予以采纳。[2] 虽然听取意见程序的设置可能会导致问责效率的降低，但有利于形成公正合理的处理结果，反映了程序正当的核心价值。其重要性表现在，有利于责任追究的主体全面客观地了解事实，客观公正地使生态环境损害

---

[1] 应松年主编：《行政法与行政诉讼法》（第二版），法律出版社2009年版，第41页。
[2] 例如，《关于实行党政领导干部问责的暂行规定》第十四条规定："作出问责决定前，应当听取被问责的党政领导干部的陈述和申辩，并且记录在案；对其合理意见，应当予以采纳。"

行为及其责任者承担其应当承担的责任，实事求是地使生态环境保护责任追究客体的合法权益得到保护，最终有利于责任追究决定的顺利执行，也有利于实现责任追究应当达到的效果。

调查程序结束后，生态环境损害责任追究的主体应当根据调查的结果作出决定。一是对于事实清楚、证据确凿的，责任追究的主体应当形成书面的调查报告，并向责任追究的最终决定者提出初步建议。调查报告应当包括责任追究客体的基本情况以及对问题事实的调查认定结果与支持证据。二是经过调查取证，发现责任追究客体不存在损害生态环境的违法违纪行为，或者情节显著轻微、危害不大，可以予以免责的，责任追究的主体应当向责任追究最终决定者提出建议终止责任追究程序。

三、决定程序

调查程序结束之后，对于符合生态环境损害责任追究情形的，责任追究的主体应当根据调查报告以及相关证据材料，作出责任追究的决定。

根据责任追究客体及其应当承担责任方式不同，责任追究的主体在作出是否追责以及如何追责的决定时所采取的决定方式也不尽相同。例如，对于地方各级党委、政府及其组成部门主要领导干部的责任追究，一般应当经过领导干部有权任免机关集体讨论来决定。《行政机关公务员处分条例》第三十九条规定："任免机关对涉嫌违法违纪的行政机关公务员的调查、处理，按照下列程序办理：……（五）经任免机关领导成员集体讨论，作出对该公务员给予处分、免予处分或者撤销案件的决定。"《中国共产党纪律处分条例》第四条也明确规定了民主集中制的原则，即实施党纪处分，应当按照规定程序经党组织集体讨论决定，不允许任何个人或者少数人擅自决定和批准。而对于公民、法人和其他组织损害生态环境的违法行为，一般由环境保护主管部门和其他负有环境保护监督管理职责部门的执法机构直接作出处理处罚决定。对于情节复杂或者重大违法行为需要给予较重的行政处罚时，应当由执法机构领导集体讨论决定。

责任追究的主体在作出责任追究决定之后，还应当制作《生态环境损害责任追究决定书》，并将该决定书送达责任追究客体及其所在单位，并抄送组织（人事）部门备案。《生态环境损害责任追究决定书》应当包括责任追究的事实、依据、方式、批准机关、生效时间、当事人的申诉期限及受理机关等要素。

四、申诉程序

申诉程序并不是生态环境损害责任追究的必经程序，只有当责任追究客体对责任追究决定不服并提起申诉时，才会出现。申诉程序的存在为责任追究客体提供了一条再次申辩的合法路径。该程序旨在保护责任追究客体的合法权益，并力求达到责任追究结果的实质正义。因此，责任追究客体对责任追究决定不服的，可在收到《生态环境损害责任追究决定书》之日起15个工作日内,向作出责任追究决定的机关提出申诉。责任追究决定机关应当自接到书面申诉之日起30个工作日内,作出维持或撤销责任追究决定的书面决定,并告知申诉人及其所在单位。申诉期间,不停止原责任追究决定的执行。[①]

第六节 生态环境损害责任追究的类型和形式

一、生态环境损害责任追究的类型

生态环境损害责任追究的类型是指生态环境损害责任追究的客体在何种情形下应当承担何种类型的责任。在确定具体生态环境损害责任类型时,可以从以下三个方面区分:

第一,从责任追究客体损害生态环境行为的性质看,应当分别确定其损害生态环境的政治责任、道德责任、违纪责任和法律责任。不同责任主体所承担的责任类型也不相同。此外,在生态环境损害责任认定过程中要客观、全面、准确地界定需要追究其中一种或者几种责任。

第二,从实施生态环境损害行为的责任追究客体本身来看,应当

---

① 参见《关于实行党政领导干部问责的暂行规定》第二十二条和第二十三条。

区分生态环境损害责任是属于集体责任还是个人责任。如为集体责任，首先应当追究地区、部门和单位责任，然后追究相关主要负责人的连带责任；如仅为个人责任，则应当按照其行为性质追究违纪、违法、行政等相应责任。

第三，从生态环境损害责任追究客体实施生态环境损害行为的不同环节来看，应当准确区分生态环境损害结果的决策责任、执行责任、监管责任。如因决策失误，特别是不顾自然资源和生态环境状况和可承载力盲目决策、造成严重后果的，应当从重界定责任；在生态环境保护执行和监管环节，如因失职、渎职造成严重后果（包括特别重大危险，或重大损害或恶劣影响）的，应当从重界定责任。

二、生态环境损害责任追究的形式

根据《中华人民共和国刑法》《中华人民共和国环境保护法》《中华人民共和国侵权责任法》等法律规定，以及《中国共产党纪律处分条例》《中国共产党党内监督条例》，涉嫌违法犯罪行为和违纪行为的责任追究形式不在此详细讨论。本节重点从行政问责分析具体行为的责任追究形式。

第一，对地方政府和生态环境管理监督机构的责任追究形式。

（1）质询。《中华人民共和国宪法》赋予了立法机关质询的权力。这里所说的"质询"方式主要适用于各级人民代表大会，通过听取和审议地方政府生态环境保护专题工作报告、党政主要领导干部自然资源资产离任审计报告等，就重大生态环境损害问题提出质询。政府负责作出答复并对社会公开。

（2）通报批评。主要适用于地区或部门造成或可能造成生态环境损害的行政不作为、拒不整改的地区、部门和单位，以及弄虚作假的环境保护服务机构。通报批评可与相关考核评比办法衔接。例如，受到通报批评的地区、部门和单位取消相关资格或一定期限内没有参加评选资格。

第二，对地方政府和生态环境管理监督机构的党政主要领导干部和相关人员的追责形式。

可以依据追责客体生态环境损害具体行为的性质和造成后果的严重程度，按照责任轻重分为五个档次[1]：一是较为轻微的问责形式，主要包括诫勉、责令公开道歉。二是一般的组织处理，主要包括调离岗位、降职。三是较重的组织处理，主要包括引咎辞职、责令辞职、免职。四是实施党纪政纪处分。五是移送司法机关。生态环境损害责任追究的客体涉嫌犯罪的，移送司法机关依法处理。组织处理和党纪政纪处分[2]可以单独使用，也可以同时使用。

---

[1] 参见《党政领导干部生态环境损害责任追究办法（试行）》第十条规定："党政领导干部生态环境损害责任追究形式有：诫勉、责令公开道歉；组织处理，包括调离岗位、引咎辞职、责令辞职、免职、降职等；党纪政纪处分。组织处理和党纪政纪处分可以单独使用，也可以同时使用。追责对象涉嫌犯罪的，应当及时移送司法机关依法处理。"

[2] 组织处理主要有批评教育、通报批评、调离、降职、责令辞职、免职等。党纪处分包括对党员的纪律处分和对党组织的纪律处分，前者有警告、严重警告、撤销党内职务、留党察看、开除党籍五种，后者有改组、解散两种。政纪处分分为警告、记过、记大过、降级、降职、开除六种。

第三，对于生态环境保护服务机构、利用自然资源资产的机构及其主要负责人和相关人员的其他责任追究形式。

可以依据《中华人民共和国行政处罚法》第八条，主要采取警告、罚款、没收违法所得和非法财物、责令停产停业、暂扣或者吊销许可证和执照等方式。

【本章小结】

本章探讨了生态环境损害责任终身追究制体系的构建问题。

从总体上看，生态环境损害责任终身追究制体系包括预防、发现、纠正三道防线。生态环境损害责任终身追究制体系构建的焦点是"终身"，前提条件是机构独立性、技术专业性、信息公开性。

从构成要素上看，生态环境损害责任终身追究制体系包括责任追究主体、客体、情形、程序、类型和形式等方面。其中：生态环境损害责任终身追究的主体包括立法机关、行政机关、监察机关、司法机关和党的纪律检查机关；生态环境损害责任终身追究的客体包括地方党委、政府和相关部门及其主要领导干部、企业等直接利用自然资源的单位和个人。生态环境损害责任终身追究的情形可以归纳为七种情况。

从体系的运行过程上看，生态环境损害责任追究的程序包括启动、调查、决定、申诉等四个环节。

从责任追究的形式看，对负有生态环境损害责任的政府、部门、单位进行追究的形式包括质询和通报批评；对党政领导干部、部门负责人的责任追究形式包括行政处分、党纪处分、司法处理三种形式；对生态环境保护服务机构、利用自然资源资产的机构及其主要负责人和相关人员的责任追究形式包括警告、罚款、没收违法所得和非法财物、责令停产停业、暂扣或者吊销许可证和执照等形式。

第九章　我国生态环境损害责任追究的现状

有权必有责，用权必担责，滥权必追责。责任追究与权力运行相伴而生。责任追究是生态环境保护体系的最后一道防线。责任追究不落实，生态环境保护机制就会流于形式，"劣币驱逐良币"效应就会发生，最终必将演化为生态环境保护体系的整体失效。

本章从制度建设、实践做法和存在问题三个方面，讨论我国生态环境损害责任追究的现状。

第一节　我国生态环境损害责任追究的制度建设现状

在课题研究过程中，我们从一般性的生态环境保护和土地、水、森林、矿产四类主要自然资源开发、利用和保护制度中，选取了32部涉及生态环境损害责任追究的法律法规，采用矩阵图法进行了整理分析[①]。其中包括法律14部、行政法规9部、部门规章5部、规范性文件4部。通过汇总分析231条涉及责任追究的法条，归纳出生态环境损害应当追究责任的101种违法违纪违规行为。矩阵列示表明，随着生态环境保护重视程度的增强和责任追究制度的建立健全，生态环境损害责任追究制度也正在不断健全和完善，形成了以国家政策、法律规范、部门规章、地方性法规为主体的生态环境损害责任追究制度体系。生态环境损害责任追究有法可依、有规可循的局面初步形成。

一、生态环境损害责任追究的政策规定

政策是政党和政权价值观的体现，也是实践这种价值观的战略部署。党中央、国务院高度重视建立健全服务生态文明建设的保护生态环境、防治生态环境损害政策体系。为完善生态环境损害责任追究制陆续出台了一系列政策规定，明确生态环境损害责任追究原则、方式、途径和保障措施，加大生态环境损害责任追究的力度，并将其作为严惩破坏生态环境违法行为、保护生态环境和促进生态文明建设的重要举措。

党的十八报告以大力推进生态文明建设，资源节约型、环境友好型社会建设取得重大进展为目标，从制度建设、实现途径等方面指明

---

① 见附件《与土地、矿产、森林、水资源相关的生态环境损害违法违纪违规行为责任追究法规综合分析矩阵》。

第九章 我国生态环境损害责任追究的现状

了方向。① 党的十九大报告以坚持人与自然和谐共生,坚定走生产发展、生活富裕、生态良好的文明发展道路,建设美丽中国为目标,进一步提出加快生态文明体制改革。② 党的十八大和十九大为强化生态环境损害责任追究及其体系建设指明了方向,提供了依据。党中央、国务院已经作出系列决策部署,这些政策在以下五个文件(见表9-1)中得到充分体现。

表 9-1

序号	时间	文件名称	发文机构
1	2005 年 12 月	关于落实科学发展观加强环境保护的决定	国务院
2	2013 年 12 月	关于改进地方党政领导班子和领导干部政绩考核工作的通知	中共中央组织部
3	2014 年 11 月	关于加强环境监管执法的通知	国务院办公厅
4	2015 年 3 月	关于加快推进生态文明建设的意见	中共中央、国务院
5	2015 年 8 月	党政领导干部生态环境损害责任追究办法(试行)	中共中央办公厅、国务院办公厅

---

① 制度建设上包括建立体现生态文明要求的经济社会发展目标体系、考核办法、奖惩机制,完善最严格的耕地保护、水资源管理、环境保护制度,建立资源有偿使用和生态补偿制度,特别强调健全生态环境保护责任追究制度和环境损害赔偿制度。在实现途径上包括控制土地开发强度、调整空间结构,推动各地区严格按照主体功能定位发展,推动资源利用方式根本转变,控制能源消耗总量,加强水源地保护和用水总量管理,严守耕地保护红线,加强矿产资源勘查、保护、合理开发,实施重大生态修复工程,加快水利建设,加强防灾减灾体系建设,强化水、大气、土壤等污染防治。参见中国共产党第十八次全国代表大会报告《坚定不移沿着中国特色社会主义道路前进 为全面建成小康社会而奋斗》。

② 十九大报告在明确改革生态环境监管体制的同时,特别强调着力解决突出环境问题。反对奢侈浪费和不合理消费;打赢蓝天保卫战,加快水污染防治,强化土壤污染管控和修复,开展农村人居环境整治行动,提高污染排放标准,强化排污者责任,健全环保信用评价、信息强制性披露、严惩重罚等制度;完成生态保护红线、永久基本农田、城镇开发边界三条控制线划定工作。参见中国共产党第十九次全国代表大会报告《决胜全面建成小康社会 夺取新时代中国特色社会主义伟大胜利》。

编制自然资源资产负债表与生态环境损害责任终身追究制研究

（一）关于落实科学发展观加强环境保护的决定（国发〔2005〕39号）

该决定由国务院于 2005 年 12 月印发。它强调把环境保护摆在更加重要的战略位置，坚持强化法治、综合治理等原则，围绕七个重点[①]切实解决突出的环境问题，实现到 2010 年和 2020 年环境目标。该决定提出建立和完善环境保护的长效机制，在生态环境保护责任追究方面包括认真评估环境立法和执行情况，作出加大违法行为处罚规定，重点解决"违法成本低、守法成本高"的问题；规范环境执法行为，实行执法责任追究制，加强对环境执法活动的行政监察；完善环境犯罪案件的移送程序，配合司法机关办理各类环境案件；完善环境监察制度，强化现场执法检查，严格执行突发事件应急预案；建立问责制，切实解决地方保护主义干预环境执法的问题，对因决策失误造成重大环境事故、严重干扰正常环境执法的领导干部和公职人员要追究责任。

（二）关于改进地方党政领导班子和领导干部政绩考核工作的通知

该通知由中共中央组织部于 2013 年 12 月印发。为促进各级领导干部树立正确政绩观，在生态环境保护方面强调加大资源消耗、环境

[①] 七个重点：以饮水安全和重点流域治理为重点，加强水污染防治；以强化污染防治为重点，加强城市环境保护；以降低二氧化碳排放总量为重点，推进大气污染防治；以防治土壤污染为重点，加强农村环境保护；以促进人与自然和谐发展为重点，强化生态保护；以核设施和放射源监管为重点，确保核与辐射环境安全；以实施国家环保工程为重点，推动解决当前突出的环境问题。

保护、消化产能过剩等指标的权重，防止和纠正以高投入、高排放、高污染换取经济增长速度。通知提出实行责任追究制度，对造成生态严重破坏的地方党政领导班子和领导干部"要记录在案，视情况轻重，给予组织处理或党纪政纪处分，已经离任的也要追究责任"。

(三) 关于加强环境监管执法的通知（国办发〔2014〕56号）

该通知于2014年11月由国务院办公厅印发。通知部署全面加强环境监管执法，推动监管执法全覆盖，对各类环境违法行为"零容忍"，积极推行"阳光执法"，严惩环境违法行为，强化监管责任追究。通知明确提出实施生态环境损害责任终身追究，建立倒查机制，对发生重特大突发环境事件，任期内环境质量明显恶化，不顾生态环境盲目决策、造成严重后果，利用职权干预、阻碍环境监管执法的，要依法依纪追究有关领导和责任人的责任。

(四) 关于加快推进生态文明建设的意见

该意见要求"完善责任追究制度。建立领导干部任期生态文明建设责任制，完善节能减排目标责任考核及问责制度"。进一步提出要对损害生态环境的行为严格责任追究，明确了责任追究的具体内容和情形。强调指出："对违背科学发展要求、造成资源环境生态严重破坏的要记录在案，实行终身追责，不得转任重要职务或提拔使用，已经调离的也要问责。对推动生态文明建设工作不力的，要及时诫勉谈话；对不顾资源和生态环境盲目决策、造成严重后果的，要严肃追究有关人员的领导责任；对履职不力、监管不严、失职渎职的，要依纪依法追究有关人员的监管责任。"

（五）党政领导干部生态环境损害责任追究办法（试行）

该办法是我国第一部专门用于生态环境损害责任追究的规定，于2015年8月由中共中央办公厅、国务院办公厅印发。这是生态环境损害责任追究制度建设中一个具有里程碑意义的文件，是中央层面在生态文明建设领域推出的重大制度安排。该办法主要规定了党政领导干部生态环境损害责任的追责对象和范围、责任追究原则、追责情形、责任追究主要方式以及责任追究结果运用等，并且提出了党政同责、差别追责、联动追责、主体追责、终身追责等具有重大创新和突破的举措。

上述列举的生态环境损害责任追究政策规定表明，党中央、国务院对生态环境保护日益重视，政策规定越来越完善，措施越来越具体，力度也越来越加大。它们既反映了我国生态环境面临的形势越来越严峻，也体现了党中央、国务院对加大生态文明建设越来越重视。政策发展的轨迹证明，党的十八届三中会作出探索编制自然资源资产负债表、对领导干部实行自然资源资产离任审计、建立生态环境损害责任终身追究制的决定是经济社会发展的客观必然，是自然资源科学利用和生态环境严格保护从观念认识向可操作的具体实践不断推进的必然要求。

二、生态环境损害责任追究的法律规范

从总体上看，对生态环境损害责任追究的法律规范可分为通用法律规范和专项法律规范两类。通用法律规范包括《中华人民共和国宪法》和宪法相关法、《中华人民共和国刑法》《中华人民共和国民法通则》《中华人民共和国侵权责任法》等基本法律。这些法律包含了追究损害生态环境的单位和人员责任的相关条款。专项法律规范是指专门服务于保护生态环境和约束生态环境损害行为的法律，主要包括《中华人民共和国环境保护法》《中华人民共和国环境影响评价法》《中华人民共和国大气污染防治法》《中华人民共和国水污染防治法》等。

（一）通用法律规范关于生态环境损害责任追究的规定

《中华人民共和国宪法》第二十六条明确规定，国家保护和改善生活环境和生态环境，防治污染和其他公害。

《中华人民共和国刑法》等通用法律规范在各自法律条文中设置了生态环境损害责任追究的有关条款。它们与生态环境损害专项法律规范相衔接，分别从刑事责任、民事责任、行政责任等方面对损害生态环境行为的责任追究进行了规范。这些法律规范是当前对生态环境损害行为进行责任追究的主要法律依据。

我国1997年《中华人民共和国刑法》第三百三十八条首次规定了重大环境污染事故罪，对重大环境污染事故要追究刑事责任，可处以

有期徒刑、拘役和罚金等刑事处罚。2011年5月1日起施行的《中华人民共和国刑法修正案（八）》第三百三十八条将"重大环境污染事故罪"修改为"污染环境罪"。与之相适应，最高人民法院和最高人民检察院联合制定了《最高人民法院、最高人民检察院关于办理环境污染刑事案件适用法律若干问题的解释》。两高的解释中，将造成生态环境严重损害，列入应当认定为属于《中华人民共和国刑法》第三百三十八条规定的"严重污染环境"的情形；将造成生态环境特别严重损害，列入应当认定为属于《中华人民共和国刑法》第三百三十八条和第三百三十九条规定的"后果特别严重"的情形；将阻挠环境监督检查或者突发环境事件调查，尚不构成妨害公务等犯罪等四种情形，规定为应当从重处罚范围。解释中明确，对因污染环境而造成生态环境损害的要追究其刑事责任，对负有环境保护职责的国家机关工作人员滥用职权、玩忽职守等不负责任导致环境损害的行为，也要对相关人员追究刑事责任。1997年《中华人民共和国刑法》第四百零八条"环境监管失职罪"规定，对负有环境保护监督管理职责的国家机关工作人员严重不负责任，导致发生重大环境污染事故，致使公私财产遭受重大损失或者造成人身伤亡严重后果的，处三年以下有期徒刑或者拘役。

《中华人民共和国侵权责任法》第八章对环境污染责任作出规定，明确了因环境污染造成的侵权责任四种情形。第六十六条和第六十八条规定，污染者承担对污染环境纠纷不承担责任或行为与损害不存在因果关系的举证责任；被侵权人因第三方过错污染环境造成损害可向污染者或第三方请求赔偿。第六十五条和第六十七条规定,因污染环境造成损害的,污染者应当承担侵权责任;两个以上污染者污染环境,污染者承担责任的大小,根据污染物的种类、排放量等因素确定。

《中华人民共和国民法通则》第一百二十四条规定,违反国家保护环境防止污染的规定,污染环境造成他人损害的,应当依法承担民事责任。

(二) 专项法律规范关于生态环境损害责任追究的规定

与生态环境损害责任追究相关的专项法律规范主要包括两种类型:一类是专门针对生态环境保护制定的法律规定;一类是自然资源开发利用等法律规范的规定,针对或者有利于生态环境保护,如涉及水资源、土地资源、矿产资源、森林资源等自然资源的专门法律。这些法律由不同的职能部门主导实施,是环境污染防治、资源有效利用和保护生态环境的法律依据和规范。由于涉及这两种类型特别是第二种类型的法律文本较多,本节仅以《中华人民共和国环境保护法》《中华人民共和国环境影响评价法》《中华人民共和国水污染防治法》《中华人民共和国土地管理法》《中华人民共和国矿产资源法》《中华人民共和国森林法》为例。

《中华人民共和国环境保护法》规定了生态环境保护的基本原则和基本制度。它是环境保护领域基础性和综合性的法律规范。该法明确规定,地方各级人民政府应当对本行政区域的环境质量负责。地方政府是本行政区域生态环境保护的责任单位。对于该区域生态环境的损害，地方党政领导班子和领导干部应负相应责任，也应接受相应的责任追究。第六十八条规定了地方各级人民政府及环境保护部门的行政责任。第六十四条和六十五条对损害生态环境的责任追究作了具体规定。第六十四条规定，因污染环境和破坏生态造成损害的，应当依照《中华人民共和国侵权责任法》的有关规定承担侵权责任。第六十五条规定，环境影响评价机构、环境监测机构以及从事环境监测设备和防治污染设施维护、运营的机构，在有关环境服务活动中弄虚作假，对造成的环境污染和生态破坏负有责任的，除依照有关法律法规规定予以处罚外，还应当承担与造成环境污染和生态破坏的其他责任者相关的连带责任。

《中华人民共和国环境影响评价法》主要针对规划和建设项目实施后可能造成的环境影响作出规定。它规定必须客观、公开、公正，综合考虑规划或者建设项目实施后对各种环境因素及其所构成的生态系统可能造成的影响进行评价，为决策提供科学依据。环境保护行政主管部门应当跟踪检查建设项目投入生产或者使用后所产生的环境影响，查清造成严重环境污染或者生态破坏的原因和责任。如果提供建设项目环境影响评价的技术服务机构不负责任或者弄虚作假，致使环境影响评价文件失实，采取降低资质等级或者吊销资质证书、处以罚款、依法追究刑事责任的处理。如果审批部门工作人员徇私舞弊、滥用职权、玩忽职守，违法批准建设项目环境影响评价文件，依法给予行政处分或追究刑事责任。该法同时规定，如果规划编制机关应组织未组织环境影响评价、组织环境影响评价弄虚作假或者失职，造成环境影响评价严重失实,以及规划审批机关违法批准规划草案,由其上级机关或者监察机关依法对直接负责的主管人员和其他直接责任人员给予行政处分。如果建设单位未依法报批即擅自开工建设,由县级以上环境保护行政主管部门责令停止建设、处以罚款、责令恢复原状,依法给予建设单位直接负责的主管人员和其他直接责任人员行政处分。

《中华人民共和国水污染防治法》坚持预防为主、防治结合、综合治理原则,实行水环境保护目标责任制和考核评价制度,优先保护饮用水资源,严格控制工业污染、城镇生活污染,防治农业面源污染,积极推进生态治理工程建设。该法旨在保护和改善环境,预防、控制和减少水环境污染和生态破坏,促进经济社会全面协调可持续发展。该法第六十九条至第九十条除对具体违法行为处罚、申请复议和起诉作出规定外,特别针对两个主体及其违法行为明确规定了法律责任。一是针对环境保护主管部门或者其他依法行使监督管理权部门。如果不依法作出行政许可或者办理批准文件,发现违法行为或者接到对违法行为的举报不予查处等,未依法履行职责,依法给予直接负责的主管人员和其他直接责任人员处分。二是针对企事业单位。如果不按照规定制订水污染事故应急方案,或者未及时启动水污染事故应急方案,不按要求采取治理措施或者不具备治理能力,造成重大或特大水污染事故,由县级以上人民政府环境保护主管部门依法采取责令改正或关闭、处以罚款、指定代为治理单位,对直接负责的主管人员和其他直接责任人员处以罚款。

《中华人民共和国土地管理法》明确规定,我国实行土地的社会主义公有制，即国务院代表国家行使所有权的全民所有制和劳动群众集体所有制。该法专门对土地所有权和使用权、土地利用总体规划、耕地保护和建设用地、监督检查作出了规定。一方面，从违法行为角度作出了处理、处罚和追究刑事责任规定；另一方面，在第八十四条明确规定"土地行政主管部门的工作人员玩忽职守、滥用职权、徇私舞弊，构成犯罪的，依法追究刑事责任；尚不构成犯罪的，依法给予行政处分"。

《中华人民共和国矿产资源法》以发展矿业，加强矿产资源的勘查、开发利用和保护工作为立法宗旨，规定矿产资源属于国家所有。由国务院行使国家对矿产资源的所有权，禁止任何组织或者个人用任何手段侵占或者破坏矿产资源。该法规定，设立矿山企业必须符合国家规定的资质条件，并依照法律和国家有关规定，由审批机关对环境保护措施等进行审查后方可批准。开采矿产资源必须遵守环境保护法律规定，防止环境污染。如果耕地、草原、林地因采矿受到破坏，矿山企业应当采取复垦利用、植树种草或者其他利用措施。第三十九条至第四十九条明确了违法行为的法律责任。其中第四十七规定，如果负责矿产资源勘查、开采监督管理工作的国家工作人员和其他有关国家工作人员玩忽职守、滥用职权、徇私舞弊，违法批准勘查、开采矿产资源和颁发勘查许可证、采矿许可证，或者对违法采矿行为不依法予以制止、处罚，根据情节给予行政处分或者追究刑事责任。

《中华人民共和国森林法》的立法目的定位于保护、培育和合理利用森林资源，加快国土绿化，发挥森林蓄水保土、调节气候、改善环境和提供林产品的作用，适应社会主义建设和人民生活改善的需要。该法规定，林业主管部门依法管理和监督森林资源的保护、利用、更新，如果从事森林资源保护、林业监督管理工作的林业主管部门的工作人员和其他国家机关的有关工作人员玩忽职守、滥用职权、徇私舞弊，构成犯罪的依法追究刑事责任，尚不构成犯罪的依法给予行政处分。

如上所述，《中华人民共和国环境保护法》和《中华人民共和国环境影响评价法》直接针对环境行为及其实施者，根据产生的后果或者影响确定相关人员应承担的责任，并明确了追究规定。《中华人民共和国水污染防治法》《中华人民共和国土地管理法》《中华人民共和国矿产资源法》《中华人民共和国森林法》四部专项法规，除《中华人民共和国水污染防治法》与生态环境损害责任追究直接相关外，其他三部专项法规主要从各项资源本身的管理、开发、利用、保护等方面明确责任类型、归属及追究的规定。这种规定与生态环境损害责任追究之间的关系，决定于自然资源及其管理、开发、利用、保护与生态环境损害之间的关系。因此，有必要从自然资源管理、开发、利用、保护等行为中界定对生态环境产生的影响，判断不良影响的程度和后果，明辨产生问题的原因，明确各行为主体的责任、追究方式和程度。

三、生态环境损害责任追究的部门规章和地方性法规

（一）部门规章

2006年2月，为了加强环境保护工作，惩处环境保护违法违纪行

为，促进环境保护法律法规贯彻落实，监察部和原国家环境保护总局第 10 号令发布了《环境保护违法违纪行为处分暂行规定》。这是我国第一部关于环境保护违法违纪行为处分方面的专门规章。该暂行规定明确了国家行政机关及其工作人员、企业中由国家行政机关任命人员如果发生暂行规定列举的各种环境保护违法违纪行为，对直接责任人员给予警告、记过或者记大过处分，根据情节轻重给予降职或撤职处分，涉嫌犯罪的移送司法机关依法处理。

（二）地方性法规

在地方层面，各地通过制定地方性法规和政府规章的形式，逐步建立了党政领导干部生态环境保护责任追究制度。2016 年以来，按照《党政领导干部生态环境损害责任追究办法（试行）》要求，各地也相继制定并印发了本地区党政领导干部生态环境损害责任追究实施细则等。下面以山东、浙江、贵州、江苏为例，介绍地方性法规关于生态环境损害责任追究的基本内容并就主要方面进行比较。

1. 山东省环境污染行政责任追究办法[①]

办法所指追究责任客体为各级人民政府和政府有关部门、各类企事业单位及其行政工作人员。该办法规定各级人民政府和政府有关部门按照人事管理权限和处理程序，对环境污染责任人员给予警告、记

[①] 该办法于 2002 年 3 月山东省政府常务会议通过，4 月省政府令颁发，5 月 1 日起施行。制定办法的目的是保证环境保护法律、法规、规章贯彻执行，及时有效查处环境污染违法行为，改善环境质量。

过或者记大过处分，情节严重，造成恶劣影响的，给予降级、撤职或者开除处分，并对从重和从轻处分的情形作了区分。

2. 浙江省环境违法行为责任追究办法（试行）①

责任追究客体包括四种类型，即各级党委、政府及其领导干部，各级环境保护行政主管部门和其他依法负有环境监督管理职责的部门及其国家公务员、环境监察人员，各级发展改革、经贸、工商、建设、规划等部门，各机关、团体、企事业单位及其中由国家行政机关任命的人员。办法规定的责任追究方式包括对责任单位予以责令限期整改、通报批评，对责任人员给予党内警告至严重警告、行政警告至记大过处分，造成特大损失或特别恶劣影响的给予撤销党内职务、行政降级至撤职处分，情节严重的直至给予开除党籍、行政开除处分。同时，该办法对责任追究权限作出了规定：对下级党委、政府领导干部的批评教育、责令限期整改、通报批评、谈话诫勉，或对同级有关部门的通报批评处理决定，由环境保护行政主管部门提请同级党委、政府或纪检监察机关作出；对环境保护行政主管部门的通报批评处理决定，由同级党委、政府、纪检监察机关或上级环境保护行政主管部门作出；对责任人员的党纪政纪处分决定，按照干部管理权限和法定程序分别由有权机关作出。

---

① 该办法于2004年2月经浙江省委、省政府印发并施行。制定办法的目的是进一步明确环境保护责任，强化责任追究意识，营造依法行政的良好氛围，推动生态省建设的顺利实施。

3. 贵州省生态环境损害党政领导干部问责暂行办法和贵州省林业生态红线保护党政领导干部问责暂行办法①

二者的责任追究客体主要是指党委、政府及其工作部门（内设机构）的领导成员，法律法规授权履行公共管理职能单位的领导干部，各类事业单位、国有及国有控股企业领导干部。两个办法规定的追究责任方式包括责令公开道歉、停职检查、引咎辞职、责令辞职、免职。这两个办法同时规定，追究责任的情况作为被追究责任领导干部选拔任用的重要依据和考核的重要内容。

4. 江苏省生态环境保护工作责任规定（试行）②

在党政同责、一岗双责原则下，该规定分别规定了包括省委、省政府、省高级人民法院、省人民检察院在内的 50 个机关、部门生态环境保护工作职责。同时，要求将生态环境保护任务分解为具体目标，建立严格的督促检查制度、考核评价制度、奖励惩戒制度。省委常委会执行生态环境保护目标责任制情况纳入向省委全会报告内容，党政领导班子和有关领导干部将履行生态环境保护工作责任情况纳入述职报告。在明确各部门生态环境保护职责基础上，规定按《党政领导干部生态环境损害责任追究办法（试行）》《江苏省党政领导干部生态环

---

① 贵州省围绕生态环境损害、林业生态红线保护制定的两个办法，经省政府常务会议审议、省委常委会审定通过，2015 年 4 月发布并施行。前者的立法目的是保障全省生态环境安全，进一步增强领导干部的生态环境保护责任意识，督促各级领导干部依法履行生态环境保护管理职责。后者的立法目的是"为增强党政领导干部的责任意识和生态意识，督促各级领导干部依法履行林业生态红线保护管理职责"。后者与前者基本一致，只不过更加聚焦于林业生态红线保护责任。

② 该规定由江苏省委、省政府于 2016 年 8 月印发，目的在于严格落实生态环境保护责任，进一步强化绿色发展鲜明导向，加快推进生态文明建设。

境损害责任追究实施细则》进行责任追究。

(三) 不同地区地方性法规比较

1. 各办法对党委、政府及其领导干部追责范围异同

共同涵盖的问责情形有六种，即违反政策导致污染，治污不力导致恶化，包庇、纵容排污单位，阻挠、限制环保执法，对社会反映强烈的污染问题处置不当，未及时妥善处置污染事故造成污染加重。在共同的问责情形外，各地方制定的规章明确了特别的问责情形。《山东省环境污染行政责任追究办法》规定的问责情形包括：法律、法规、规章规定必须编报环境影响报告书（表）的建设项目，未经环境保护行政主管部门审批而为其办理立项、用地、设计、证照等审批手续；新建或者未按规定取缔国家和省明令禁止的污染项目。《浙江省环境违法行为责任追究办法（试行）》明确属于问责情形的有：授意、指使、强令环境保护行政主管部门违反规定，对不符合要求的建设项目予以批准，或对不符合要求的污染防治设施予以验收通过。《贵州省生态环境损害党政领导干部问责暂行办法》提出的问责情形涵盖八种类型[①]。比如，制定与国家生态环境保护法律和省生态环境保护法规相违背的

---

① 其他六种类型是：辖区内环境质量明显恶化，影响群众健康，造成恶劣社会影响；擅自变更已批准实施的城乡规划、林地保护利用规划、生态红线保护管控区规划等涉及生态环境保护的规划，对生态环境造成破坏或不良社会影响；对铁路、高速公路、国道、省道两侧可视范围内的露采矿山，未完成限期关闭和逐步退出任务，未督促矿山企业开展矿山环境保护与恢复治理工作，对生态环境安全造成威胁；不按规定划定饮用水水源保护区，或者擅自变更保护区范围，或者不按规定取缔饮用水水源保护区排污口；因生态环境保护工作不力，导致环境保护部对本地区实行环境影响评价区域限批；谎报、瞒报有关突发环境污染和生态破坏事件信息，迟报、漏报环境污染和生态破坏信息造成恶劣社会影响等。

文件及规定，造成重大损失或者恶劣影响；连续两年未实现本地区年度环境保护目标，造成环境污染或不良社会影响。

2. 各办法对环境保护职能部门追责范围的异同

共同涵盖的问责情形有违反环境保护审批规定造成环境污染，违规验收不符合要求的项目，谎报、瞒报、拒报污染事故或监测数据。各办法提出的追究责任特别情形反映了本地区环境保护的重点。《山东省环境污染行政责任追究办法》规定，属于责任追究的情形包括未按规定征收、上解排污费或者挪用排污费，其他玩忽职守、滥用职权、徇私舞弊的行为。《浙江省环境违法行为责任追究办法（试行）》规定的责任追究情形包括：越权、滥用职权或违反法定程序实施审批（审查）、许可、检查、验收、收费、处罚等环保执法行为，在环保执法活动中通风报信或有放任、包庇、纵容环境违法活动等失职行为，不履行或不严格履行职责，对辖区内发生的环境污染或生态破坏问题长期失察。《贵州省生态环境损害党政领导干部问责暂行办法》规定的责任追究情形包括：违法批准缓缴、减缴、免缴排污费及水土保持费等相关规费，不依法履行职责，取缔淘汰落后产能不力，对依法应当移送有关机关处理的生态环境违法违纪案件不移送，致使应当受到追究的人员未受到处分、处罚或者追究刑事责任等七个方面[①]。

[①] 其他四个方面是：在山区、河谷区、陡坡区等水土流失易发区域开办可能造成水土流失的建设项目；没有编制水土保持方案擅自审批对生态环境造成严重破坏或恶劣社会影响；对在水土保持方案确定的专门存放地以外的区域倾倒沙、石、土、矸石、尾矿、废渣等行为不制止、不查处；擅自批准勘查、开采矿藏和修建道路、水利、电力、通信、宾馆等工程项目对生态环境造成严重破坏或恶劣社会影响。

3. 各办法对国有企事业单位追责范围的异同

共同涵盖的问责情形主要围绕拒不执行整改决定、处罚决定，未经审批、验收擅自施工、投产，妨碍、抗拒环境保护行政执法，不执行建设项目"三同时"制度①，对群众反映强烈的环境污染未及时治理，不当使用环境保护设施。相比较而言，《贵州省生态环境损害党政领导干部问责暂行办法》规定的特别追究责任情形更加具体。涉及偷排或篡改、伪造数据逃避监管，向对生态环境有较大损害未通过环境影响评价的项目发放贷款等六个方面。②

从上述四省生态环境保护和损害责任追究地方性法规的比较中可以看出：生态环境保护和损害责任追究意识及力度与地方经济社会发展水平、环境资源承载能力密切相关。经济社会发展水平越高，越重视生态环境保护；环境承载能力越弱，生态环境保护越是重要。

第二节 我国生态环境损害责任追究的实践模式

目前，生态环境损害责任追究实践处于探索完善阶段，从目标确

---

① "三同时"制度：防治污染设施应当与主体工程同时设计、同时施工、同时投产使用。
② 其他四个方面是：发生环境污染或生态破坏事故不及时报告或者隐瞒不报、不及时采取应急措施；擅自在水土保持方案确定的专门存放地以外的区域倾倒沙、石、土、矸石、尾矿、废渣等造成严重环境污染或生态破坏；擅自在城乡建设规划区内开矿采石、挖沙取土、掘坑填塘等改变地形地貌活动对生态环境造成严重破坏或恶劣社会影响；擅自更改环境影响评价文件确定的生产工艺流程造成环境污染或生态破坏。

立、原则构建到责任体系、实现方式和沟通协作机制均取得了一定成果。党中央、国务院和地方各级党委与政府推动生态环境损害责任追究取得了阶段性成效。本节选取媒体公开的典型案例，探讨其中的责任追究模式。

一、责任追究实践模式

责任追究实践模式类型可以基于不同的角度来划分，如追责主体、责任人、责任类型等角度。通过综合对比，我们发现按照追责程序的关键驱动力来源来划分责任追究模式是一种可行的方法。

采用这个视角的主要理由是，责任追究程序的启动具有天然的阻力。责任追究涉及责任人的切身利益，而且一项生态环境损害事件的发生，往往涉及政府、企业、个人等多方面的责任人。而责任追究的受益方却不一定很明确。这种现实导致责任追究程序的启动和进展过程都会面临很大的阻力。阻力大，就需要更大的驱动力，才能使追责程序启动并进展下去。

按照追责程序关键驱动力的来源，我们将责任追究实践模式归纳为以下六种类型：

（1）中央直接组织的专项督查模式。

（2）全国性的环境保护督察模式。

（3）各省接受中央环境保护督察组移交问题模式。

（4）地方环保机构专项核查模式。

(5) 审计机关发现并移交问题模式。

(6) 群众反映、媒体追踪模式。

二、各类追责实践典型案例

(一) 中央直接组织的专项督查模式

祁连山生态环境问题的责任追究是典型的案例。祁连山是我国西部重要生态安全屏障，是黄河流域重要水源产流地，于1988年5月9日成为第二批国家级森林和野生动物自然保护区。长期以来，祁连山保护区存在严重的生态破坏问题。中央有关部门多次督促，情况未得到明显改善。2017年2月至3月，党中央、国务院有关部门组成中央督查组就此开展专项督查。督查发现，祁连山国家级自然保护区的问题主要包括四个方面：违法违规开发矿产资源问题严重，部分水电设施违法建设、违规运行，周边企业偷排偷放问题突出，生态环境突出问题整改不力。中央政治局常委会会议听取督查情况汇报，对甘肃祁连山国家级自然保护区生态环境破坏典型案例进行了深刻剖析，并对有关责任人作出严肃处理。三名副省级干部同时因环境保护问题被严肃问责，其中两名为时任省领导。同时，有8名负有主要领导责任的责任人由中央纪委、监察部按相关程序进行问责，其中4人被行政撤职，包括多名厅级干部。①

中央组织环境保护专项督查组对环境保护问题突出、形势严峻、整改不力的地区进行专项督查。专项督查重点盯住地方党委、政府及其有关部门在环境保护工作方面不作为、慢作为、责任落实不到位、整改不力的行为，以及企业的严重环境问题严肃查处，追究责任。祁连山国家级自然保护区的问题督查和追责的规格高、力度大，彰显了党中央开展生态环境损害责任追究的坚定决心，并体现了生态环境损害责任终身追究的特点。

(二) 全国性的环境保护督察模式

2015 年 7 月，中央深化改革领导小组第十四次会议审议通过了《环境保护督察方案（试行）》。该方案部署建立环境保护督察机制，提出由环境保护部牵头，设立中央环境保护督察组，由省部级干部任组长，中央纪律检查委员会、中央组织部领导参加。中央环境保护督察组代表党中央、国务院对各省（自治区、直辖市）党委和政府及其有关部门开展环境保护督察，督察重点由以往的"督企"转向"督政"，实现了对"党政企"的全覆盖。从 2015 年底河北试点到党的十九大召开之前，中央环境保护督察已经实现 31 个省区市全覆盖。四批中央环境保护督察受理群众举报 13.5 万件，其中向地方交办了 10.4 万件。督察组在生态文明意识、环境执法、环境保护问责、环境保护

---

① 人民网：《3 副省级干部因祁连山生态环境问题被问责》，访问地址：http://leaders.people.com.cn/n1/2017/0721/c58278-29419259.html，访问时间：2017 年 10 月 24 日。

基础设施等方面，发现了一些比较严重的共性问题。如地方党政领导干部对环境保护和生态文明建设的认识不到位；监管监察不力，执法松软现象普遍存在；部分环境问题依然突出甚至恶化，环境保护基础设施建设缓慢；重发展、轻保护的粗放式发展方式未能根本改变等。截至2017年10月，已有10.2万件举报办结。经统计，约有8万件涉及垃圾、油烟、恶臭、噪声、散乱污企业污染，以及黑臭水体问题，问责1万余人。[1]

（三）各省接受中央环境保护督察组移交问题模式

2015年12月至2016年2月期间，河北省委、省政府根据中央环境保护督察组移交的问题线索，成立调查问责工作领导小组，查清事实、厘清责任，对487名责任人严肃问责。其中，厅级干部4人、处级干部33人、科级及以下干部431人、企业主要负责人7人、企业其他管理人员12人，给予党纪政纪处分294人、诫勉谈话117人、免职或调离10人、移送司法机关5人。2016年11月通报了其中6起典型案例。其中，时任深州市政府市长因超越权限，审批应由国家发改委核准的年产22万吨乙二醇项目，被记大过，体现了对生态环境损害责任的终身追究。[2] 同时，该案例体现了多种责任追究类型和形式。

---

[1] 人民网：《中央环保督察已经问责1万余人》，访问地址：http://sn.people.com.cn/n2/2017/1024/c378291-30853479.html，访问时间：2017年10月26日。
[2] 人民网：《河北就环保督察发现的问题问责487人 通报6起典型案例》，访问地址：http://politics.people.com.cn/n1/2016/1109/c1001-28847731.html，访问时间：2017年10月25日。

（四）地方环保机构专项核查模式

近年来，地方政府、纪检监察机关高度重视环境保护和环境损害责任追究工作，严肃对待信访举报、巡视督查发现的问题，认真受理环保、国土、林业、水利等部门移送的线索，强化监督执纪问责，大力查处破坏生态环境和在环保工作中不作为、乱作为等问题，对生态环境损害责任人追责到底。例如，2017年8月至9月，青海省纪律检查委员会通报了6起生态环境损害典型案例。包括滥采滥挖造成部分山体破坏、农田被毁；擅自使用危险化学品，使矿产资源及周边环境受到破坏；景区沿线私搭帐篷和私开旅游通道等。相关部门的多名干部被追责。[①] 湖北省环境保护厅在总量减排核查中发现，襄阳市余家湖污水处理厂存在配套管网严重滞后，且长期未整改到位。2016年2月，湖北省纪律检查委员会、监察厅通报了该问题，12名干部被问责，其中9人受到处分。[②] 此案例中湖北省环境保护厅为责任追究的启动主体，湖北省纪律检查委员会、监察厅为实施主体。

（五）审计机关发现并移交问题模式

实践中，审计机关扮演了生态环境损害责任追究启动主体的角色。其启动的方式侧重于提供问题线索。审计部门2010年对黄河流域水污

---

① 人民网：《青海省纪委通报六起生态环境保护领域问责典型案例》，访问地址：http://fanfu.people.com.cn/n1/2017/0823/c64371-29489446.html，访问时间：2017年10月21日。

② 新华网：《湖北环保局长等12名干部被问责》，访问地址：http://news.xinhuanet.com/2016-02/11/c_1118021877.html，访问时间：2017年10月23日。

染防治、水资源保护、城镇污水垃圾处理和节能减排等情况审计发现，一些地区的领导干部在相关政策执行中存在不到位、不规范、不科学的问题，导致资源过度浪费、环境严重破坏，直接影响了流域内居民的生产与生活。审计部门将问题线索移送有关部门后，138名责任人员被严肃追究责任。[1] 审计机关开展的党政领导干部自然资源资产离任审计、经济责任审计等也是开展生态环境损害责任终身追究工作的重要抓手。例如，2014年11月，贵州省审计厅完成对赤水市、荔波县的自然资源资产责任审计，向有关部门移送了14项破坏资源和对环境造成危害的违法事项，相关责任人被严肃查处。[2] 党的十八届三中全会《决定》提出，要对领导干部实行自然资源资产离任审计，并建立生态环境损害责任终身追究制。审计机关应积极探索追究生态环境损害责任的方式，结合领导干部经济责任审计以及其他专业审计，在保护生态环境方面进一步发挥审计监督作用。

（六）群众反映、媒体追踪模式

2015年7月，环境保护部公布了基于兰州市部分市民反映，2015

---

[1] 中国政府网：《黄河流域水污染防治与水资源保护专项资金审计调查结果》，访问地址：http://www.gov.cn/zwgk/2011-08/01/content_1917447.html，访问时间：2017年10月21日。
[2] 贵州省人民政府网：《贵州探索自然资源资产责任审计》，访问地址：http://info.gzgov.gov.cn/system/2014/12/30/014016406.shtml，访问时间：2017年10月22日。

编制自然资源资产负债表与
生态环境损害责任终身追究制研究

年3月发生的兰州市自来水异味事件[①]调查结果，甘肃省兰州市、青海省民和县政府对肇事企业和相关责任人员进行了严肃问责。肇事企业已被青海省民和县环保局处以10万元罚款，企业法人因阻碍国家机关工作人员执行公务被处行政拘留10日。同时，因日常履职不到位，甘肃省兰州市红古区政府、水务局、环保局、住建局，青海省民和县水利局、环境保护局的8名相关人员分别被处以党纪政纪处分，其中兰州市红古区水务局副局长被处以党内严重警告、行政撤职处分。[②]

湖北省汉川市马口工业园区污水处理久拖不决问题，在省环境保护部门向地方政府交办后，地方政府和相关部门仍然重视不够，整改进度缓慢，违法问题突出。2016年8月，湖北省纪律检查委员会交办群众反映的问题线索后，孝感市成立联合调查组进行调查，查清事实并认定了责任。因主体责任落实不力，汉川市政府被责令作出书面检查，市委书记、市长被工作约谈，市政府分管副市长被诫勉谈话。因环境保护执法监管不力，汉川市环境保护局被通报批评，局党组书记、局长受到行政记过处分，其他责任人均被严肃问责。[③]

备受关注的跨省倾倒垃圾案处理较好，体现了依法追究责任、损

---

① 兰州市自来水异味事件的直接原因是青海民和湟水河金星水电公司开闸泄水排沙，部分底泥及沉积物随排水流入湟水河下游并进入黄河。间接原因：一是金星水电公司选址和设计存在缺陷，不利于发电和正常排沙；二是甘肃省兰州市红古区有关部门通报和报告不及时；三是青海省民和县水利、环保部门日常监管职责落实不到位；四是甘肃、青海两地缺乏有效的跨界建设项目联合监管措施；五是湟水河流域水质在枯水期超过功能区划标准。（腾讯网新闻据环保部网站）

② 环境保护部网站，访问地址：http://www.mep.gov.cn/gkml/hbb/qt/201507/t20150706_304891.htm，访问时间：2016年11月1日。

③ 湖北省监察厅网站，《孝感：严查马口镇严重环境污染及整改不力问题》，访问地址：http://www.hbjwjc.gov.cn/lzyw/79653.htm，访问时间：2017年10月22日。

害为因处理是果关系。2016年5月至6月,不法分子将两万余吨垃圾从上海运至太湖强制隔离戒毒所码头,未经处理直接倾倒至宕口内,造成了严重的水污染,破坏了生态环境和自然景观。由于倾倒地点离取水点较近,还对城市生活用水形成了威胁。此问题被当地村民发现并举报。公安机关、检察机关迅速介入,查明事实。2017年10月,江苏省苏州市姑苏区人民法院对本案作出一审公开宣判,三名涉案人员分别因诈骗罪、环境污染罪被判处有期徒刑,并处以罚金。同时,江苏省太湖强制隔离戒毒所原副所长和基建科原科长涉嫌滥用职权,2017年5月在苏州市吴中区人民法院公开受审。[①] 本案中不法分子倾倒每吨垃圾仅获利7到10元,却造成了数十倍的生态环境损害,可见环境损害的影响之巨大、后果之严重,必须严厉打击。

三、终身追责在实践中的体现

生态环境损害责任终身追究制的关键在于"终身",即打破任期制时间限制,不仅针对"在现职"和"在现岗"的政府生态环境保护负责人,还应追溯已离任、调任的负责人的责任。例如,2017年8月,江西省抚州市纪律检查委员会通报了4起生态环境损害责任追究典型问题,包括对违规采砂行为监管不严、城镇化污水处理管网建设滞后等。11名领导干部被追责。其中,市纪律检查委员会、监察局对负有

---

① 央视网:《垃圾跨省倾倒太湖西山案一审宣判 两名公职人员涉案》,访问地址:http://news.cctv.com/2017/11/01/ARTIthrskqHgx74yA7SwIgBy171101.shtml,访问时间:2017年11月2日。

重要领导责任的时任市水利局局长、时任宜黄县副县长进行诫勉谈话，金溪县纪律检查委员会给予时任县城管局局长党内警告处分。[①] 案例中，11名干部即为追责客体，时任市水利局局长等干部被追责体现了终身追究的特点。

四、生态环境损害责任追究实践中体现出的一些特点

从上述案例可以看出，这些实践之所以能够取得明显成效，共同之处是追究责任的过程中体现了以下几个方面的特点。

一是遵循责任追究程序，落实生态环境损害责任公平、公正原则。责任追究程序确立了追责过程中应遵循的步骤和规定。生态环境损害责任追究应当根据《党政领导干部生态环境损害责任追究办法（试行）》的规定，实施统一的规定程序，以实现责任追究结果的公平、公正。

二是界定责任追究类型和方式，落实生态环境损害责任法定与因果联系原则。按照责任承担形式，我国目前生态环境损害责任追究制度体系可以将责任追究的主要类型分为刑事责任、民事责任、行政责任、党纪责任等。在生态环境损害责任追究中，应依据相关法规和实际情况，谨慎、准确地界定责任类型和追责方式。

三是坚持"谁损害，谁负责"、权责一致原则，落实生态环境损害

---

① 中国政府网：《通报4起生态环境损害责任追究典型问题》，访问地址：http://www.gov.cn/xinwen/2017-08/03/content_5215721.html，访问时间：2017年10月22日。

责任者应当承担的责任。追究生态环境损害责任应遵循"谁损害，谁负责"的原则，按照所承担的责任和损害程度，直接或间接追究损害生态环境者的责任。值得注意的是，拥有公权力的组织及其工作人员都必须对其掌握的公权力负责，根据权责一致的原则，都应纳入追责问责的客体范围。①

第三节 我国生态环境损害责任追究面临的主要问题

随着生态环境损害责任追究系列法规出台，尤其是《党政领导干部生态环境损害责任追究办法（试行）》的施行，我国生态环境损害责任追究制度体系建设有了较大进展，对损害生态环境行为人的责任追究也逐渐展开。但也应当看到，由于我国经济社会发展的阶段性特征，地方政府长期以来对生态环境保护工作的重要性认识不够，责任追究的主动性不强、力度不大、措施不多，生态环境损害责任追究还面临不少问题。

---

① 刘厚金：《我国行政问责制的多维困境及其路径选择》，载《学术论坛》2005年第11期。

编制自然资源资产负债表与生态环境损害责任终身追究制研究

一、生态环境损害责任追究法规体系建设存在的主要问题

（一）生态环境损害责任追究存在"重行政，轻刑事和民事"的倾向

我国现行生态环境保护法律体系侧重强调用行政手段保护生态环境，矩阵分析法规56%属于行政性法规。发挥刑事处罚和民事赔偿责任在生态环境保护中的作用不够，矩阵分析涉及的231条法规来自《中华人民共和国刑法》《中华人民共和国民法通则》18条，约为8%，出现了"重行政，轻刑事和民事"的现象。这种状况不符合"依法治国"和"减政放权"的理念，也不利于使用法律、行政等多种手段，根据损害生态环境的不同性质和程度，解决生态环境损害问题。矩阵分析的32部法规，除《中华人民共和国环境保护法》《中华人民共和国环境影响评价法》《中华人民共和国刑法》《中华人民共和国民法通则》外的28部，达87.5%，以行业、部门、领域名义出台，在法律、制度、责任目标等层面，带来生态环境损害责任追究的规定之间衔接不到位的问题，缺乏整体统一的制度设计和安排。不同地区在生态环境损害责任追究依据的运用上，也存在着应当一致而不一致的现象。

（二）损害生态环境行为的违法成本偏低

行政处罚是追究行政责任的重要手段，而法律规定对于生态环境损害的处罚力度偏小。矩阵中涉及行政处罚的法条共146条，其中116

条涉及罚款，占比 79.45%。有 46 条明确规定了罚款的上下限，占比 31.51%。这些法条所规定最低罚款金额为 2000 元，最高金额是在逾期重罚的情况下达到 200 万元，次高金额为 100 万元。另有 15 条只规定了罚款金额的上限，占比 10.27%，最低罚款为 500 元，最高罚款为 10 万元。与生态环境损害给社会和环境带来的经济损失和生态损失相比，存在处罚力度明显偏小的问题。

二、生态环境损害责任追究机制建设存在的问题

（一）生态环境损害责任界定缺乏科学和准确的量化标准

责任追究的基本前提是责任必须能明确认定和准确量化。生态环境损害产生的影响周期长，损害及其程度确认专业性强，损害责任追究往往涉及面广。目前，生态环境损害缺乏量化标准，生态环境损害的程度缺乏一般公认的量化尺度。由谁追究责任，追究谁的责任，以及追究什么责任，在实际工作中尚不具体明晰，导致责任界定还不够科学、准确。矩阵分析结果（见图 9-1）是，32 部法规涉及追责客体 101 项次，231 条法条涉及追责客体 523 条次，法规和法条成倍涉及追责客体的原因主要表现为三种情况：一是环境保护、农业、水利、国土资源等部门之间，不同程度存在着职责交叉现象，在权力和责任划分上不明晰。二是在生态环境损害责任追究过程中，是追究单位"一把手"的责任，还是追究分管领导的责任，或者追究部门负责人的责

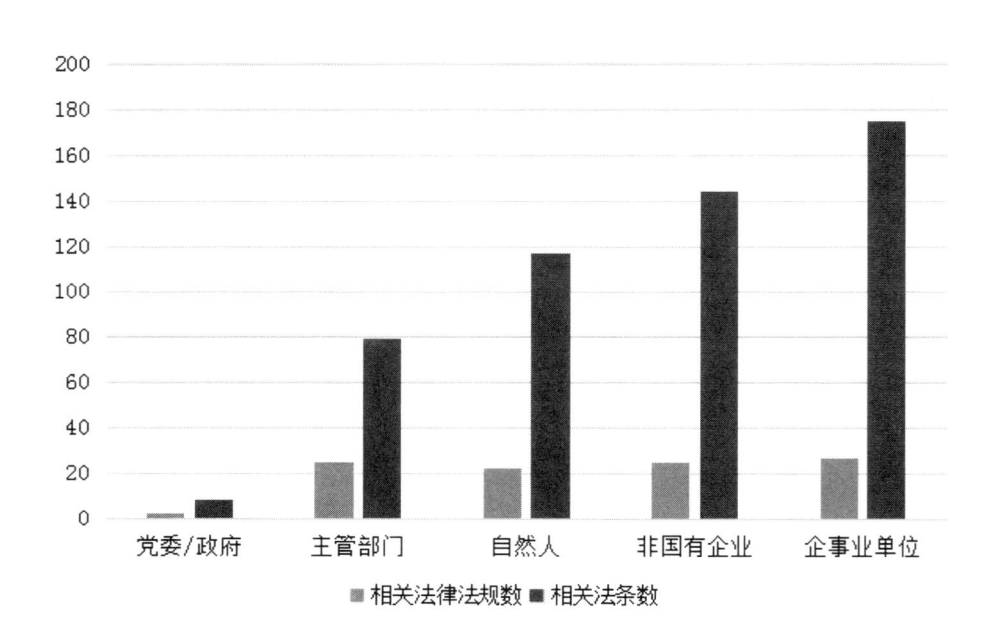

图 9-1 追责客体分类

任,责任区分缺乏细化的标准。在追究领导者个人责任和领导班子集体责任上,缺乏有效区分和界定责任的方法依据。集体决策往往成为决策责任追究的"挡箭牌""护身符"和"保护伞"。有人甚至认为,只要是集体决策,即使出现重大决策失误,也难以进行责任追究。集体决策中的"法不责众"难题,一定程度上助长了个人在集体决策中的随意性和盲目性。三是地方党委和政府之间、上下级政府之间、正职和副职之间在重大决策中存在职责交叉等现象,加上专家和公众等主体参与重大决策的过程,缺乏客观、公正和准确的责任界定,缺乏区分决策者和参与者责任的制度设计和操作模式。矩阵分析发现,凡涉及追责客体为党政机关时,均以国家行政机关、地方各级人民政府或相关行业主管部门表述,未发现有法规条款明确到具体党政机关层级。

从原理上讲,应该按照生态环境损害责任归属确定不同的追究客体,追究生态环境损害相关人员的责任,追究损害环境者的直接责任,生态环境保护监管者的监管责任,地方各级党委和政府的决策责任、相关部门及单位的执行责任等。但是,将原理运用于实践的制度支持还没有确立起来。基于生态环境损害及其责任追究的特点和我国组织体系职责设置现状,生态环境损害责任追究客体认定上的标准差异,容易导致追责不公或追责不实。因此,追究生态环境损害主体责任,需要研究细分并建立与损害情况具有因果关系的责任追究客体体系。依据这种责任追究客体体系为明确界定生态环境损害责任追究客体,保障生态环境损害责任终身追究制度的有效性、责任追究结果的权威性和公正性提供前提。

(二)生态环境损害程度评估和鉴定缺乏完整、科学的标准和程序体系

实施生态环境损害责任终身追究制,对生态环境损害的评估和鉴定是其重要环节。生态环境损害评估和鉴定是依据一定的标准和程序,对生态环境损害的范围、程度等进行判断,为责任界定和追究提供依据的一种专业行为。健全生态环境损害评估体系,科学评估生态环境污染造成的人身伤害、经济损失和资源损失,有效评估和防范生态环境风险,才能全面追究有关各方的生态环境损害责任,有效应对生态环境损害带来的挑战,保护生态环境损害受害者合法权益。但现实的状况是:一方面生态环境污染事件频发,对生态环境造成极大损害;

另一方面，生态环境损害评估定损体系不健全，导致责任追究困难。具体表现在以下三个方面：

一是评估标准不科学。在评估过程中，往往存在评估者用价值判断取代事实分析的思维惯性。评估和鉴定者考虑生态环境损害影响的多面性、潜在性和长久性不充分，使用的评估标准和衡量指标缺乏全面性和综合性。评估过程中更多地侧重于生态环境损害的区域性和短期性影响，对跨区域的负面作用和持续性影响关注不够。生态环境损害评估标准不全面不科学，给终身追究的责任确定带来了不利影响。

二是评估方法不科学。评估方法的科学性，对评估生态环境损害的程度和范围有重要影响。选择合适的评估方法，有助于在生态环境损害评估过程中，优化配置各种评估资源，形成科学的评估结论。评估方法一般分为定性评估方法和定量评估方法。与定性评估方法比较，定量评估方法是以数据资料为基础，把逻辑推理、数学计算作为评估基本工具，来有效弥补定性评估方法中直觉判断的局限性。[1] 但在实践过程中，科学的定量评估方法并没有广泛推行，从而造成评估结果笼统，不能科学地、准确地界定生态环境损害的程度和范围。

三是评估内容不完善。环境损害评估的具体业务内容可概括为现场取证、检测、专业分析判断三个方面。我国现有的环境损害评估实践，大部分活跃于前两方面，主要鉴别是否存在污染以及污染物质的含量分析，并与相关背景值、基准值或标准值进行比较，判别是否存

---

[1] 郭渐强、寇晓霖：《论公共政策评估中行政决策失误责任追究制的有效实施》，载《东南学术》2013 年第 3 期。

在潜在的风险或损害。尽管因果关系判定和损害量化对环境损害认定和量化至关重要,但是在我国还属于薄弱环节,评估机构的专业胜任能力有待提升。①

(三) 生态环境损害责任终身追究的制度和规范尚未健全

生态环境损害责任终身追究机制的启动和运行程序不健全。矩阵分析结果(见图9-2)表明,生态环境损害责任追究以行政处分为主(涉及25部60条法规),其次是行政处罚(涉及23部149条法规)。32部法规除《党政领导干部生态环境损害责任追究办法(试行)》第

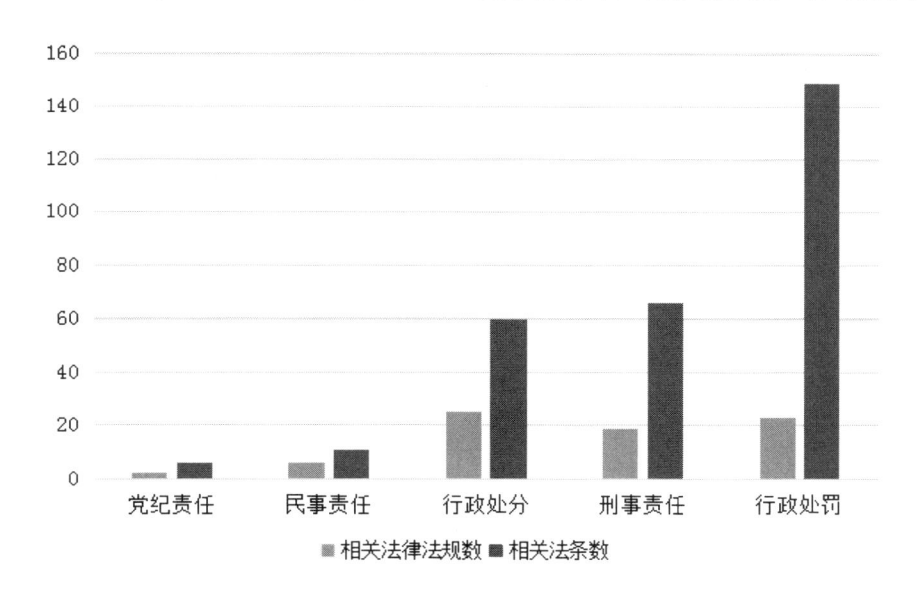

图9-2 处罚方式分类

---

① 张红振、曹东、於方、王金南:《环境损害评估制度亟待完善》,载《中国环境报》2014年2月18日。

四条作出"党政领导干部生态环境损害责任追究,坚持依法依规、客观公正、科学认定、权责一致、终身追究的原则"的原则性规定外,没有其他具体属于操作性的终身追究责任规定。责任追究程序启动之后,怎样执行听取报告、质询、调查、罢免、撤职等追究环节,仍然缺乏可操作的程序。而且,在以何种追究方式、要履行哪些手续等方面也没有明确的实施程序,从而导致生态环境损害责任终身追究的不确定性。

实行责任追究时,既可以对责任人采取组织处理,又可以采取党纪政纪处理等方式。前者包括调整职务、责令辞职、免职和降职等,后者包括警告、严重警告、撤职等。但由于难以量化衡量,使得自由裁量空间较大。在责任人应承担的政治责任、行政责任、纪律责任、法律责任等责任中,责任追究的主体可能会存在择其利者取之,避重就轻,甚至有选择地对责任追究客体追究责任。

三、实施生态环境损害责任追究存在的问题

(一)自然资源资产负债表编制进度缓慢

党的十八届三中全会确定了编制自然资源资产负债表的重大决策后,有关部门和单位相继开展工作,加强学习、组织研究、专题调研,探索自然资源资产负债表编制取得了一定进展。但由于这是一项开创性的工作,自然资源资产负债的含义、自然资源资产负债表的表式、

自然资源估值、自然资源分类标准和调查方法等方面，无完整系统特别是与我国实际相吻合的经验模式可资借鉴，理论界和实务界均处于探索阶段。自然资源资产负债表是衡量一个地区自然资源增减变动的重要依据，也是对损害生态环境进行责任追究的重要依据和标准。自然资源资产负债表编制进度缓慢，使生态环境损害责任追究处于一种既无基础又无依托的尴尬境地。如果不能得到实质性推进并取得真正意义上的效果，势必影响到生态环境损害责任终身追究制度的落实。

（二）生态环境损害责任尚未做到"终身"追究

如前所述，党的十八届三中全会发出了对生态环境损害责任实行终身追究制的号召，生态环境损害责任追究实践也有了对"时任"领导具有终身意义上的责任追究。但是，迄今为止，生态环境损害责任追究仍然缺乏终身追究的制度安排。领导干部在职时对生态环境造成损害，离任后无任何责任地遗留给下一任，既不需要对其损害予以弥补，也不承担损害生态环境的责任。《党政领导干部生态环境损害责任追究办法（试行）》要求对损害生态环境的领导干部实行终身责任追究，但如何进行"终身"责任追究，如何界定在岗责任，如何实施追责程序等，这些虽属具体事项却是至关重要的方面尚未制定应对措施。

（三）责任追究程序的启动过多依赖上级机关

从前述实践模式中可以看出，有效的责任追究往往由上级组织、政府部门驱动。由群众和受害人直接发起的成功案例比例较少。

由上级组织发起的责任追究具有力度更大、处理处罚受到的干扰少等优势。但这类行动往往只能针对生态环境损害已经发生且持续较长时间无法解决、影响足够恶劣的情况，相应地也存在时效性不够的劣势。

由群众发起、媒体辅助的模式，往往具有反应快、节省上级组织行政资源的优势，更有助于形成全民监督、依法追责的效果。这种模式与"减政放权""依法治国"的理念不谋而合。生态环境信息公开是这种模式能够有效运转的必要前提。

四、生态环境信息公开和公众参与生态环境保护制度建设存在的问题

建立生态环境信息公开和公众参与生态环境保护制度，是各国采取的普遍做法，是生态环境损害责任追究制的重要保障。有了生态环境信息的公开和透明，有了公众参与的社会监督，将生态环境损害的责任追究置于公开监督之下，将有力促进生态环境损害责任追究制度落实。正因如此，党的十八届三中全会《决定》明确要求，改革生态环境保护管理体制，及时公布环境信息，健全举报制度，加强社会监督。目前，生态环境信息公开和公众参与生态环境保护的制度建设和具体实施还存在一些问题。

（一）生态环境信息公开配套措施不完善

1. 生态环境信息公开的理念仍比较落后

我国生态环境信息公开法律法规以列举的方式规定需要公开的信息。涉及国家秘密、商业机密、个人隐私，可以免于公开的生态环境信息的规定比较笼统。所体现的理念是只有法律法规明确列举的才公开。矩阵分析的231条法规只有5条（2.16%）对主管部门不按规定公开环境损害事件及处罚情况作出处罚规定。国外生态环境信息公开立法严格规定了生态环境信息公开豁免的情形，所体现的理念是原则上所有生态环境信息都需要公开，即"以公开为原则、以不公开为例外"。我国生态环境信息公开需要破除旧思维束缚，进一步加大公开力度。

2. 企业强制信息公开立法缺乏"刚性"

根据《环境信息公开办法（试行）》（国家环保总局令第35号）的规定，环境信息包括政府环境信息和企业环境信息。其中，政府环境信息是指环境保护部门在履行环境保护职责中制作或者获取的，以一定形式记录、保存的信息。企业环境信息是指企业以一定形式记录、保存的，与企业经营活动产生的环境影响和企业环境行为有关的信息。《环境信息公开办法（试行）》第四条第二款规定，我国在企业环境信息公开方面实行自愿公开与强制性公开相结合的原则。一方面通过制定强制公开标准，要求污染物排放超过标准或控制指标的重污染企业公开环境信息；另一方面，鼓励企业自愿公开自己掌握的环境信息。

从实施情况看，地方政府为了经济增长的政绩考虑，在对重点排污企业环境信息公开方面力度不够。企业由于自身利益的局限也不愿意公开敏感的环境信息。企业公开的大多数环境信息公众并不感兴趣，而公众感兴趣的敏感环境信息企业公开的动力不足。在企业强制信息公开方面，执法机构处于两难境地：担心强制企业信息公开过多产生负面影响，甚至影响企业发展和地方经济增长；强制信息过少则难以让公众满意。从公众需求的角度来看，企业强制信息公开方面的立法强度不够。

3. 环境信息公开的救济机制不完善

矩阵分析结果是，231条法规只有1条（0.43%）对未按规定查处群众举报的环境问题作出处罚规定。在政府环境信息公开救济方面，公民、法人和其他组织可以依法申请行政复议或提起行政诉讼，但必须证明环境保护部门的信息公开行为侵犯了其合法权益。如果政府环境信息公开不作为尚未造成损害，或被损害的公众没有主张权利，那么公民、法人无权提出行政复议和诉讼。由于环境损害后果显现具有时间上的滞后性，环境损害当事人主张权利的意识不强，使得环境信息公开的救济机制难以发挥实际作用。在企业环境信息公开救济方面，目前并没有关于公民、法人可以提出行政复议和诉讼的具体详细规定。当然，公民、法人在面对政府和企业环境信息公开的不作为时，可以向环境保护部门进行举报，但这种救济的法律威慑力度非常有限。

（二）公众参与生态环境保护的推动力不够

1. 公众参与生态环境保护的信息渠道不通

生态环境信息是公众参与环境保护的基础，没有公众对环境信息的知情权，生态环境保护参与权就难以保障。在企业的生态环境信息提供方面，我国虽然有重点排污企业的强制信息公开制度，但由于地方政府发展经济的任务重，地方政府环境保护部门监管动力和能力不足，公众难以获取参与生态环境保护的企业生态环境影响信息。政府环境保护部门受地方政府制约，对敏感的生态环境信息，如本地区重点排污企业排放污染的数量、种类和水平等信息向公众披露的力度小，披露的生态环境保护法规、动态新闻等难以满足公众参与生态环境保护的信息要求。

2. 生态环境公益诉讼制度还没有完全建立起来

矩阵分析了5类生态环境损害责任追究主体（见图9-3）。32部法规和231条法条未对人民代表大会追责作出规定，组织人事部门和纪检监察机关、司法机关、行政机关分别涉及法规2、19、30部，涉及法条6、66、198条。与受损害人维权相关的法规6部（18.75%）、法条11条（4.76%），而且我国环境保护法规对可以提起环境诉讼的公民和社会组织设定了限制。按照规定，只有受到环境损害直接影响的公民，才可以提起环境损害赔偿诉讼，而环境公益诉讼的主体，只能是市级政府登记的连续五年无违法记录的环境公益社会组织。由于环境损害后果显现时间的滞后性，加上诉讼成本高昂、专业性强，使得

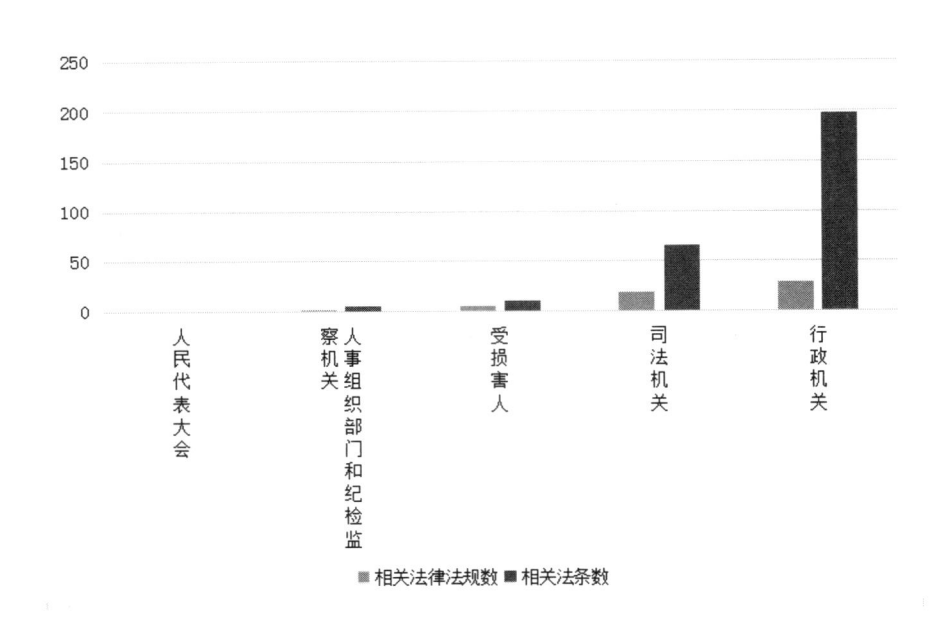

[图表：追责主体分类，纵轴0-250，横轴类别包括人民代表大会、人事组织部门和纪检监察机关、受损害人、司法机关、行政机关；图例：相关法律法规数、相关法条数]

图9-3 追责主体分类

普通公民很难发起环境诉讼。对社会公益组织发起环境诉讼的规定虽然法律上予以支持，但受诉讼成本、传统观念等，公益组织发起的环境诉讼仍然较少。

3. 公众参与生态环境保护的理念还未完全树立

我国生态环境保护工作开展比较晚，生态环境保护理念所处的阶段和层次还比较低。作为发展中国家，发展经济仍然是第一要务。一些地区仍然在发展经济和保护环境之间作艰难平衡，有时可能引进一些污染较重的工业项目来发展经济。这类做法必然对生态环境造成负面影响。从公众参与生态环境保护的理念来看，"不在其位，不谋其政"反映了传统观念对公众参与意识的影响，即要求"安分守己"，不逾越"礼制"。虽然随着近些年生态环境保护意识的加强，公众参与生态环境保护的积极性有所增强，但普遍意义上的公众参与生态环境保护理念还远未确立。

【本章小结】

法规制度矩阵分析和规范研究表明，我国生态环境保护日益受到重视，生态环境损害责任追究制度逐步建立。以政策为先导、法律为基本、规章为基础的制度体系建设初见端倪。以典型案例处理为主要特征的生态环境损害责任追究工作逐步开展。生态环境损害责任追究合作机制和保障措施，权责一致、公平公正、责任法定、因果联系等原则逐步落实。目前生态环境损害责任追究存在的主要问题包括：存在"重行政，轻刑事和民事"的倾向；处罚力度偏弱；责任界定缺乏科学和准确的量化标准，责任评估和鉴定缺乏完整、科学的标准和程序体系，"终身"追究责任虽然已有个例但制度和规范尚未健全；自然资源资产负债表编制进展缓慢，生态环境信息公开配套措施不完善，公众参与生态环境保护推动力不够。

第十章 研究结论与主要建议和实施路径

本章是对前述研究的总结。基于前述研究,本章继续探讨编制自然资源资产负债表与生态环境损害责任追究的制度设计和实施路径方面的建议,提出后续研究的展望。

第一节 研究结论

本研究通过编制自然资源资产负债表以及对生态环境损害责任终身追究制探讨,得出以下五个方面的结论。

一、编制自然资源资产负债表具有理论基础和实践可能

本研究认为,产权明晰和价值计量是编制自然资源资产负债表的两个基本问题。文献回顾发现,无论侧重自然资源对人类的功用、自

然属性，还是强调自然资源存在的时空条件，或者将人工环境纳入自然资源范畴，其定义都表达了自然资源所具有的价值属性。在考虑边际成本、稀缺性、供求关系等因素的基础上，可以采取适当的方法从内在价值和外部性出发进行自然资源资产价值计量。自然资源资产产权权属明晰是编制自然资源资产负债表的必要前提。马克思主义政治经济学产权理论着眼于整体和宏观，将人的行为纳入社会关系之中，将产权视为不同生产关系基础上的法律体现，采取联系的、发展的产权观点。它为公有制为主体的中国特色社会主义市场经济条件下，明晰自然资源资产产权提供了理论支持。随着我国社会主义市场经济持续健康发展，自然资源产权明晰问题已经基本解决。这为自然资源资产负债表的编制提供了法律和制度前提。总结我国森林资源领域为代表的探索和研究，既证明了进行自然资源核算和编制相应资产负债表的可能性，也反映了进一步研究和探索的必要性。

二、自然资源资产负债核算应遵循会计核算的原理和方法

统计着眼于宏观、会计着眼于微观。本研究证明，账户模式不是完整意义上的自然资源资产负债表。这种模式的局限性根源在于它是基于统计的观点而不是会计的观点。具体表现在，这种方式只能单独反映某一类自然资源的情况，不同自然资源之间不能汇总，也无法反映负债。在核算过程中仅仅针对自然资源资产的增减变化进行记录和反映，没有体现自然资源负债部分，对于自然资源负债部分的责任界

定也无从说明。自然资源资产负债表的"报表模式"是指按照会计原理和方法对自然资源资产进行核算,将不同类别的自然资源进行汇总,既可以反映资产,也可以反映负债,形成反映总体情况的报表,从而满足自然资源管理、开发、利用对自然资源资产负债表的需要。本研究认为,自然资源资产、负债、所有者权益等概念满足会计学相关概念要素的要求。自然资源资产负债核算可以建立在会计主体、持续经营、会计分期和货币计量等会计基本假设基础之上。本研究遵循会计核算的原理和方法,明确政府和企业作为自然资源资产负债核算的主体,遵循会计核算一般原则,进行自然资源资产的存量核算和交易量核算,并在此基础上提出编制自然资源资产负债表的框架和方法。

三、自然资源资产负债表可以为生态环境损害责任追究提供依据

责任是所有权与控制权分离的产物。自然资源资产负债表的本质是自然资源管理利用责任履行情况的报告。探索编制自然资源资产负债表,是坚持节约资源和保护环境基本国策的基础性工作。本研究认为,这种基础性作用主要表现在四个方面:一是有效促进明晰自然资源产权和价值评估方法优化;二是对核算主体在自然资源的占有、使用、消耗、恢复和增值等方面的活动进行量化记录;三是从自然资源资产负债表的角度分析我国生态环境损害责任追究问题;四是综合利用市场、法律、行政、技术等多种手段为保护和修复生态环境提供基

础信息。基于会计记录编制的自然资源资产负债表可以完整反映自然资源资产、负债和所有者权益情况，可以体现主要存在于企业的自然资源负债与政府报表中债权的对应关系。自然资源资产负债表可以反映生态环境损害行为产生的后果，结合作为生态环境损害评判标准的环境治理、用途管制、有偿使用、生态环境补偿等基本制度，将生态环境损害责任予以量化并落实到人。

四、责任追究是生态环境控制体系的最后一道防线

生态环境保护机制的本质是一种控制机制。预防、发现、纠正是控制机制的三道防线。责任追究是最后一道防线的重要组成部分。责任包括积极责任和消极责任两个层面的含义。本研究认为，生态环境损害责任追究中的责任包括法律责任、岗位责任和道德责任三个层次，属于消极责任范畴。生态环境损害责任终身追究制体系构建的焦点是"终身"，前提条件是责任追究机构独立性、技术专业性、信息公开性。法律责任、岗位责任和道德责任在时空范围和强制力方面相互补充，可以构建"终身"责任追究体系。本研究构建的生态环境损害责任终身追究制体系包括责任追究主体、客体、情形、程序、类型和形式等。其中，生态环境损害终身追究的主体包括立法机关、监察机关、行政机关、司法机关和党的纪律检查机关。生态环境损害责任终身追究的客体包括地方党政领导、环境保护职能部门及相关部门负责人、企业等直接利用自然资源的单位和个人。如果发生生态环境损害责任终身

追究的七种情形，即可实施包括启动、调查、决定、申诉等环节的生态环境损害责任追究程序。该体系构建了作用于合理利用自然资源、保护生态环境的自然资源利用规划、审批（许可）等的第一道防线，在生态环境损害已经发生的情况下及时发现和提示采取必要的行动加以应对的第二道防线，以及生态环境损害行为发现之后及时作出处理加以纠正的第三道防线。

五、加强生态环境损害责任终身追究制系统性建设是当前的重要任务

法规制度矩阵分析和规范研究表明，我国生态环境保护日益受到重视，生态环境损害责任追究制度逐步建立。以政策为先导、法律为基本、规章为基础的制度体系建设初见端倪，以典型案例处理为主要特征的生态环境损害责任追究工作逐步开展。生态环境损害责任追究合作机制和保障措施，权责一致、公平公正、责任法定、因果联系等原则逐步落实。目前生态环境损害责任终身追究制存在的问题主要包括：责任追究中存在"重行政，轻刑事和民事"的倾向；损害生态环境行为的违法成本偏低；责任界定缺乏科学和准确的量化标准；责任评估和鉴定缺乏完整、科学的标准和程序体系；"终身"追究责任虽然已有个例但制度和规范尚未健全；自然资源资产负债表编制进展缓慢；生态环境信息公开配套措施不完善，公众参与生态环境保护推动力不够等。因此，加强生态环境损害责任终身追究制系统性建设是当前的

第十章 研究结论与主要建议和实施路径

重要任务。

第二节 主要建议和实施路径

党的十八大报告指出，我国面临资源环境约束加剧的困难和问题。党的十九大报告更加强调，我国面临的困难和挑战之一是生态环境保护任重道远。党的十九大在十八大提出的大力推进生态文明建设的基础上，更加注重根本性、目标性设计，提出"加快生态文明体制改革，建设美丽中国"。本研究认为，编制自然资源资产负债表和实行生态环境损害责任终身追究制是两项系统性工作，需要全面统筹基础性工作，全方位设计部署各项措施。本节基于本研究内容，围绕深入贯彻落实党的十八大、十九大精神，提出编制自然资源资产负债表和实行生态环境损害责任追究制的政策建议和实施路径。具体来说，包括自然资源产权制度、责任报告制度和控制制度三大制度建设。

一、以明确自然资源利用行为的经济性质为核心，落实自然资源产权制度

自然资源公有制是我国的基本经济制度。公有制不等于产权模糊。自然资源公有制需要配套的具体的产权制度加以落实，才能发挥公有

制的优势，否则很可能落入"公地悲剧"的陷阱。

(一) 明确自然资源相关人的身份和法律地位

从产权的角度看，全体人民是自然资源的所有者，政府是自然资源的管理者，企业和个人是自然资源的使用者。明确了这三类主体的身份，就可以进一步明确各自的权力（或权利）和责任，依法行使有限的权力（或权利），承担必要的责任。

从法律的角度看，全体人民作为自然资源的所有者，也应当是自然资源利用的受益者。利用自然资源的企业和个人是自然资源利用的受益者。当自然资源和生态环境遭到破坏时，相关责任企业和个人就成为加害者；受到环境直接影响的人成为人身权利受到侵害的受害者；全体人民作为自然资源的所有者，则成为财产权利受到侵害的受害者。明确了生态环境受到损害时各相关方的法律地位，就可以采用法律的手段，按照依法维权的思路，追究相关违法主体的法律责任，维护和保障受害人的合法权利。

(二) 明确自然资源利用行为的经济性质

在产权明确的基础上，对自然资源利用行为的经济性质就可以得出更加清晰的认定。自然资源的利用，从产权的角度看，是自然资源所有权的转移过程，或者是所有权与使用权的分离过程。自然资源利用行为是具体的经济活动，其性质可以分为出售、投资、出租、无偿赠予四种类型。明确这些行为的经济性质，就可以在具体的经济活动中依法约定各方的权利和义务，所有者在经济活动中要有收益，使用者要付出成本，违约者要承担责任。

通过具体、微观经济活动领域的规范操作，限制个别企业滥用自然资源的冲动，使经济规律自然发挥作用，达到自然资源合理利用的目标。

（三）落实自然资源产权制度的实施路径

1. 以统一确权登记，明确责任权利为先导，实现编制自然资源资产负债表、实行生态环境损害责任终身追究的制度化

统一确权登记解决的是谁拥有或者控制自然生态空间的问题，明确责任权利解决的是谁应当履行和履行什么责任的问题，提供科技支持解决的是怎样确认造成的生态环境损害及其程度的问题。只有对自然生态空间进行统一确权登记，明确自然资源资产所有者、监管者及其责任和权利，根据自然生态空间存在状态的特点运用科学技术手段，才有可能编制自然资源资产负债表，也才能够准确界定责任，合理合法追究责任。

2. 以自然资源资产负债表为依据，实现生态环境损害责任评估鉴定的科学化

生态环境损害评判应当建立在科学、统一的依据和标准基础上。生态环境损害的评判标准是用来评价生态环境损害的客观评判尺度和界限。所谓的"生态环评没有标准"的观点应当转化为"没有标准就没有环评"。这是因为标准是实现是与非、可行与否、合理不合理评价

编制自然资源资产负债表与
生态环境损害责任终身追究制研究

判断的充分必要条件，摆脱生态环境损害评判似是而非、只做常识性描述、只有调查没有评价、只有情况没有判断等状况的保障性措施。依据即基础、根据。宋司马光《祔庙议》说"事不经见，难可依据"，汉郑玄注《礼记·曲礼上》"必则古昔，称先王"为"言必有据"，表达的就是这个意思。生态环境损害评判关系到如何实现生态环境可持续发展，如何客观公正地落实和追究生态环境损害者的责任，应当建立在真实、可靠的基础和根据之上。

结合自然资源资产负债表评估鉴定生态环境损害责任应加强三个方面工作。一是健全自然资源资产产权制度，清晰界定自然资源资产的产权主体，逐步划清全民所有与集体所有、全民所有与不同层级政府行使所有权、不同集体所有者之间三个边界。二是根据不同的自然资源和生态环境特性与现状，区别党政领导干部、职能管理部门、资源环境开发利用者制定权利清单和责任清单。将权利清单和责任清单与生态环境评估指标、生态环境保护目标责任和自然资源资产负债表的反映进行对照并深入调查分析，确定生态环境损害的影响范围和影响程度[①]，查明造成生态环境损害的损失及其原因和责任主体。三是运用科学的方法，借助企业环境信用记录和生态环境损害黑名单记录，查阅生态环境管理监督职能机构在线监测记录和履行决策、执行、监督职责记录，充分利用自然资源资产负债表信息，依据一定的标准和程序，对生态环境损害进行多维度、全方位的判断，有效界定生态环

---

① 郭渐强、寇晓霖：《论公共政策评估中行政决策失误责任追究制的有效实施》，载《东南学术》2013年第3期。

境损害的客观事实①。

3. 以构建生态环境监测大数据平台②为手段，实现自然资源管理利用的信息化

目前对于建立生态环境损害监测数据集成共享机制已在学术界与实务界达成了共识。构建生态环境监测大数据平台应当深入推进四项工作：第一，实现环境保护、国土资源、水利、林业等部门关于环境治理、污染源、生态状况监测数据的有效集成、互联共享。只有对现有部门的监测数据进行有效的整合才能在一定程度上实现基础平台的建设。第二，加大力度开发和应用生态环境监测③数据资源，开展大数据关联分析，统一发布生态环境监测信息。第三，依法建立统一的生态环境监测信息发布机制，规范发布流程、权限、内容和渠道等，及时准确发布全国环境质量、重点污染源和生态状况监测结果数据，提高政府环境信息发布的权威性和公信力，保障群众知情权。④ 第四，积

---

① 编制自然资源资产负债表与生态环境损害责任终身追究制研究课题组：《审计视域下自然资源治理体系现代化的三部曲》，载《中共贵州省委党校学报》2016 年第 11 期，本研究的阶段性成果之一。

② 参见《国务院办公厅关于印发生态环境监测网络建设方案的通知》（国办发〔2015〕56 号）第九点。

③ 生态环境监测是通过对人类和环境有影响的各种物质的含量、排放量的检测，跟踪环境质量的变化，确定环境质量水平，为环境管理、污染治理等工作提供基础和保证。生态环境监测通常包括背景调查、确定方案、优化布点、现场采样、样品运送、实验分析、数据收集、分析综合等过程。环境监测的手段主要包括物理手段、化学手段、生物手段。按照监测对象不同，生态环境监测分为环境质量监测和污染源监测两种。2015 年 8 月 12 日印发的《生态环境监测网络建设方案》明确坚持全面设点、全国联网、自动预警、依法追责，形成政府主导、部门协同、社会参与、公众监督的生态环境监测新格局，突出生态环境监测与监管执法联动。

④ 参见《国务院办公厅关于印发生态环境监测网络建设方案的通知》（国办发〔2015〕56 号）第九点。

极培育生态环境监测市场。开放服务性监测市场，鼓励社会环境监测机构参与排污单位污染源自行监测、污染源自动监测设施运行维护、生态环境损害评估监测、环境影响评价现状监测等环境监测活动。制定相关政策和制度办法，有序推进环境监测服务社会化、制度化和规范化。[①]

二、以自然资源资产负债表为核心，建立自然资源管理、使用责任报告制度

（一）建立以政府为主体的自然资源管理责任履行情况报告制度

全体人民是自然资源的所有者，政府是自然资源的管理者。政府向人民代表大会报告工作，其中应包括自然资源管理责任的履行情况。或者可以将自然资源管理责任履行情况报告作为专项报告加以反映，接受全体人民的监督。

政府编制的自然资源资产负债表，一方面是自然资源管理责任履行情况全面、综合、量化的反映；另一方面，也是生态环境损害及处理情况的反映。生态环境损害，最终必然反映到自然资源资产负债核算中。自然资源资产负债表提供的自然资源管理、开发、利用和保护等方面的信息，可以为政府在生态环境损害评判基础上制定发展目标

---

① 参见《国务院办公厅关于印发生态环境监测网络建设方案的通知》（国办发〔2015〕56号）第十八点。

和经济社会政策、调控宏观经济运行、促进经济社会的低碳可持续发展提供依据和标准。这将直接贡献于生态环境损害的评判，服务于政府的监督和管理部门决策。本研究提出的自然资源资产负债表内容和结构，是以产权界定为基础基于具体交易活动记录自然资源资产，持续多期编制的静态报表实现自然资源资产的动态反映。其中的实物资产核算与货币价值核算互为支持，反映拥有或者控制的自然资源资产与因拥有或者控制自然资源资产应承担的负债相结合。表上数据列示与表外附注揭示情况相互映衬，专业机构核实编制与责任人签署认可共同保障，以法律法规、目标责任等作为负债界定基础。因此，自然资源资产负债表可以作为政府履行自然资源管理责任的依据，以及生态环境损害评判及责任界定的依据。

（二）建立以企业为主体的自然资源使用责任履行情况报告制度

企业是自然资源的直接利用者，同时也可能是生态环境的直接破坏者。企业从政府取得自然资源的使用权，除按照有偿使用的相关法律法规支付必要的费用之外，还应按照相关法律履行生态环境保护义务。

企业编制的自然资源资产负债表，可以作为企业利用自然资源和保护生态环境情况的全面、综合、量化的报告和说明。由于自然资源的所有者是全体人民，管理者是政府，所以企业的报告对象既包括政府，也包括社会公众。

（三）发挥国家审计作用，保证自然资源管理利用责任报告的公信力

党的十八届三中全会《决定》将对领导干部实行自然资源资产离任审计与探索编制自然资源资产负债表，建立生态环境损害责任终身追究制，共同构成了"三位一体"逻辑体系的顶层设计。国民经济和社会发展第十三个五年规划纲要提出实行领导干部环境保护责任离任审计，作为加大环境综合治理力度的重要措施。[①] 生态环境损害责任终身追究制是一项系统工程，审计监督在其间的作用不可或缺。[②] 近年来，审计机关开展的领导干部自然资源资产离任审计试点工作，也在不断地推进自然资源资产负债表的编制，并将其应用于领导干部生态环境保护责任履行的评价与界定，以此作为推进落实生态环境损害责任终身追究的举措之一。

本研究的重点是探索编制自然资源资产负债表，建立生态环境损害责任终身追究制，对实行领导干部自然资源资产离任审计、领导干部环境保护责任离任审计未作专门、系统的研究。综合本研究内容，我们认为审计机关应该基于已有的资源环境审计、党政主要领导干部经济责任审计等实践，研究各种类型审计的条件和特点、联系与区别，总结资源环境审计工作中的有效经验，推进生态环境保护责任审计工

[①] 2016年第十二届全国人民代表大会第四次会议通过的《中华人民共和国国民经济和社会发展第十三个五年规划纲要》。

[②] 韩金红、刘西友：《论生态文明建设审计的内容体系与范围边界》，载《会计之友》2014年第6期。

作。审计机关应当发挥其财政财务收支审计的专业优势,探索融合自然资源、生态环境管理和监督的技术方法。通过开展地区试点、项目审计、典型案例解剖等,在积累审计工作经验的同时,推进自然资源资产负债表编制。审计机关推进生态环境损害责任终身追究制,应当与自然资源和生态环境管理、监督的职能部门密切配合,借助并发挥党内监督、行政监督、民主监督、司法监督、群众监督、舆论监督的优势和合力。无论是编制自然资源资产负债表,还是自然资源资产离任审计、生态环境保护责任审计,都属于探索和开创性的工作。审计机关在实践探索的同时,还应当从理论层面进行归纳、概括,在持续发展和创新审计理念的基础上,厘清有助于生态环境损害责任终身追究的自然资源资产离任审计思路[①],在促进生态文明建设的同时,促进国家审计的自我完善。

(四) 自然资源管理使用责任履行情况报告制度的实施路径

1. 明确政府和企业的自然资源会计责任,实现自然资源会计核算,编制并逐步完善自然资源资产负债表

自然资源管理利用以及责任追究属于微观、具体的经济管理活动,相关的责任履行情况报告必须采用会计核算的方法,落实各自然资源管理使用单位的会计责任。实践证明,采用统计的思路编制自然资源资产负债表不是可行的方法。自然资源会计核算在资产上

---

① 韩金红、刘西友:《论生态文明建设审计的内容体系与范围边界》,载《会计之友》2014年第6期。

编制自然资源资产负债表与
生态环境损害责任终身追究制研究

与企业存货核算原理相同，尽管存货表现为不同的实物形态和计量单位，但通过适当方式和途径能够将其表达为统一的货币计量。本研究认为，价值量核算是编制真正意义上的自然资源资产负债表的必然要求，自然资源合理定价是进行价值量核算的基础。为此，需要进一步完善可操作性较强的核算规范，制定具体的核算和报表编制方法规则。

2. 采用试点—推广的模式，分类推进自然资源资产负债表的编制工作

自然资源资产负债核算的主体既包括政府，也包括企业。原国土资源部等七部委部署，我国于2016年12月至2018年2月在部分地区开展试点，对水流、森林、山岭、草原、荒地、滩涂以及探明储量的矿产资源等自然资源的所有权统一进行确权登记[①]。其中，自然资源的调查以土地利用现状调查成果为底图，结合各类自然资源普查或调查成果，通过实地调查的方式开展[②]。这些工作的开展能够为自然资源资产负债表的编制提供基础数据与支持。在此基础上，应当选取一些地区、企业和某几类重点自然资源，开展自然资源核算和报表编制试点

---

① 国土资源部、中央编办等七部委联合印发的《自然资源统一确权登记办法（试行）》要求，除涉及国家秘密及不动产登记信息外，自然资源确权登记结果向社会公开，相关登记信息纳入不动产登记信息管理基础平台，并与农业、水利、林业、环保、财税等相关部门管理信息互通共享。访问地址：http://www.gov.cn/xinwen/2016-12/25/content_5152486.htm，访问时间：2017年10月21日。

② 自然资源的调查以土地利用现状调查成果为底图，结合各类自然资源普查或调查成果，通过实地调查开展。参见《我国自然资源将统一确权登记 今年12月至2018年2月开展试点》，载《经济日报》2016年12月25日。访问地址：http://www.gov.cn/xinwen/2016-12/25/content_5152486.htm，访问时间：2017年10月21日。

工作，取得经验，并逐步总结形成统一的制度加以推广。

三、以责任追究为底线，完善自然资源管理利用控制制度

（一）完善预防、发现、纠正三位一体的自然资源管理利用控制制度

自然资源管理利用的控制体系是由预防、发现、纠正三个子系统构成的整体。在这三个子系统中，预防是第一位的，发现是第二位的。如果这两个环节能够发挥作用，就不会造成重大生态环境损害，也就没有必要启动追责程序。因此，树立预防为主、及早发现、及早处理的理念，比出了问题再去追责更加重要。

自然资源和生态环境预防体系主要通过政府的自然资源规划、审批职能来落实；发现体系由政府相关专业监测体系来实现。

一旦出现预防和发现体系失效的情况，就会对自然资源和生态环境造成实质性的损害。只有这种情况出现，才需要启动应急处理和追责程序。因此，责任追究所起到的是底线保障作用。明确预防、发现、纠正三者之间的关系，把自然资源和生态环境保护体系建设的重点放在预防和发现环节，不能以追责代替预防和发现。

（二）建立公平、可行、有效的责任追究模式

终身追责，强调的是责任的不可推卸性，并不意味着无限责任。或者以追究责任掩盖预防、发现制度设计或执行中的缺陷。建立公平、

可行、有效的责任追究方式，应该重点做好以下三项工作。

1. 建立并实施权责清单制度

责任要事先明确，不能等出了问题再研究相关人员应该承担什么责任。对党政领导干部和政府其他公职人员来说，应明确制定不同岗位的权责清单，并将责任承诺作为上岗条件。愿意承担这些责任，签字认可，才能从事此项工作。对企业来说，向政府申请使用自然资源，也必须签订相应的生态环境保护责任约定，列明使用自然资源可享有的权利和应承担的义务，事先知晓损害生态环境应承担的责任和可能给企业自身带来的损失。

权责清单对政府和企业的自然资源管理使用人员不仅是约束，同时也是保护。在发生生态环境损害事项，需要追究相关人员责任时，权责清单可以更加公平合理地界定政府和企业以及不同岗位人员之间的责任。

2. 建立生态环境保护责任履行情况报告和信息公开制度

基于权责清单履行自然资源管理利用和生态环境保护责任的公职人员和企业人员，应定期报告责任履行情况，并在一定范围内公开信息。一方面使利益相关人了解其责任履行情况，实施有效的组织监督和社会监督；另一方面，对责任人自身也是一种提醒和约束。

3. 建立以受害人为中心的责任追究制度

生态环境损害责任追究的实施主体包括立法机关、监察机关、行政机关、司法机关和纪检监察机关。追究责任的根本目的是保护自然资源和生态环境所有者的财产权益和受害者的人身财产权益。建立依法治国、依法环保的机制，就要建立以生态环境受害人为中心的责任追究制度。让人民群众满意，是我们党和政府工作的努力方向。生态环境损害的受害者本质上就是人民群众，以受害人为中心，也就是以人民群众为中心。

建立以受害人为中心的责任追究制度，可以使人民群众成为自然资源和生态环境保护机制有效运转的内在动力。只有当人民群众拿起法律武器，自觉维护自己作为自然资源所有者和生态环境损害受害者的权益，自然资源有效利用和生态环境损害责任追究机制才能具有内在的生命力，并逐步走向成熟。

（三）生态环境损害责任追究体系建设的实施路径

生态环境损害责任追究机制的建设是一项系统工程，涉及国家政治、经济、社会、生产、生活方方面面。在党中央、国务院相关政策和顶层设计的框架下，各地可以有选择地安排一些试点性项目为突破口，通过实践探索，逐步推进和完善责任追究体系。

1. 选准典型案件，以追究企业责任为突破口

企业是生态环境损害的直接实施者，人民群众是直接受害人。聚焦解决人民群众与违法企业之间的环境利益冲突，选取实践中典型的企业生态环境损害案件，以受害人权益维护、赔偿为目标，启动责任追究程序，树立依法保护自然资源和生态环境的示范和典型。

2. 以企业损害生态环境问题为切入点，倒查政府责任履行和制度建设

在追究企业直接责任的基础上，相关监督部门应启动对政府相关

管理部门的责任履行情况调查。调查内容包括自然资源的规划、审批、监管相关岗位的权责清单是否清楚，具体工作职责是否履行到位等情况。依据调查结果，根据法律法规和纪律规定，追究相关责任人的管理责任。

3. 以信息公开为推动力，防止责任追究暗箱操作或不了了之

加强媒体宣传引导，如实披露问题性质、影响，多角度分析技术、制度、人为原因，增强全社会法治观念，引导群众依法、理性维权，避免恶意炒作。

对政府在相关工作中的责任履行情况应相应予以披露，接受监督和批评。如存在政府责任履行不到位的情况，也应如实披露，并持续公开后续整改结果。政府职能部门应摆正位置，一方面帮助人民群众依法维护自身权益，另一方面勇于承认自身工作中存在的问题。

根据调查事实、权责清单，党的干部管理和纪律检查机关对不能履职尽责的领导干部和工作人员应进行相应的责任追究。对责任人的处理情况同样做到信息公开，更好地树立我们党"立党为公，执政为民"的良好形象。

第三节 研究展望

本研究以自然资源资产负债表为对象，在自然资源资产负债表编

制探索的基础上,对生态环境损害责任终身追究制进行了研究。尽管取得了一定研究成果,但依然存在很多不足。在后续研究中,需要进一步深入探讨的问题包括两个方面。

一是自然资源资产负债表编制的基础研究。本研究尝试着从实物量和价值量两个层面编制了自然资源资产负债表,从原则、假设、核算方法等展开基础理论研究,构建了自然资源资产负债核算体系。同时,也对自然资源资产负债表进行了基础设计。可以说,这是在该领域的一次理论尝试和探索。在实践层面,以自然资源实物量衡量成为当前主流。就按会计原理编制自然资源资产负债表而言,应当设计会计核算科目体系进行会计核算,并以此为基础编制自然资源资产负债表。因此,基于会计核算原理进行自然资源资产会计核算科目体系设计是需要进一步研究的课题。

二是发挥审计监督在生态环境损害责任终身追究中作用的研究。本研究以自然资源资产负债表作为生态环境损害责任的评判依据,并从责任追究机制的有关概念、原则、构成、必要性等方面展开分析与研究。可以说,这为自然资源资产负债表与生态环境损害责任终身追究的关系研究奠定了理论基础。但是如何发挥国家审计在生态环境损害责任终身追究中界定责任、落实责任等作用也应作为重要的研究方向。

附件：与土地、矿产、森林、水资源相关的生态环境损害

序号	损害情形		追责客体								
	违法违纪违规情形概况	违法违纪违规情形	党委/政府		主管部门			企事业单位			非国有企业、自然人	
			单位	直接责任人	主要领导干部	单位	直接责任人	主要领导干部	单位	直接责任人	主要领导干部	非国有企业	自然人
1	国家行政机关的环境保护违法违纪行为	有环境保护违法违纪行为的国家行政机关，对其直接负责的主管人员和其他直接责任人员，以及对有环境保护违法违纪行为的国家行政机关工作人员（以下统称直接责任人员）	—	—	—	—	√	√	—	—	—	—	—
2	企业的环境保护违法违纪行为	企业有环境保护违法违纪行为的，对其直接负责的主管人员和其他直接责任人员中由国家行政机关任命的人员	—	—	—	—	—	—	—	√	√	—	—
3	国家行政机关及其工作人员未执行环境保护法律法规、人民政府决定或命令、国家环境保护政策、国家有关产业政策等	（一）拒不执行环境保护法律、法规以及人民政府关于环境保护的决定、命令的； （二）制定或者采取与环境保护法律、法规、规章以及国家环境保护政策相抵触的规定或者措施，经指出仍不改正的； （三）违反国家有关产业政策，造成环境污染或者生态破坏的； （四）不按照国家规定淘汰严重污染环境的落后生产技术、工艺、设备或者产品的； （五）对严重污染环境的企业事业单位不依法责令限期治理或者不按规定责令取缔、关闭、停产的； （六）不按照国家规定制定环境污染与生态破坏突发事件应急预案的。	—	—	—	—	√	—	—	—	—	—	—
4	国家行政机关及其工作人员违反环境保护的规定进行许可或者审批行为	（一）在组织环境影响评价时弄虚作假或者有失职行为，造成环境影响评价严重失实，或者对未依法编写环境影响篇章、说明或者未依法附送环境影响报告书的规划草案予以批准的； （二）不按照法定条件或者违反法定程序审核、审批建设项目环境影响评价文件，或者在审批、审核建设项目环境影响评价文件时收取费用，情节严重的； （三）对依法应当进行环境影响评价而未评价，或者环境影响评价文件未经批准，擅自批准该项目建设或者擅自为其办理征地、施工、注册登记、营业执照、生产（使用）许可证的； （四）不按照规定核发排污许可证、危险废物经营许可证、医疗废物集中处置单位经营许可证、核与辐射安全许可证以及其他环境保护许可证，或者不按照规定办理环境保护审批文件的； （五）违法批准减缴、免缴、缓缴排污费的； （六）有其他违反环境保护的规定进行许可或者审批行为的。	—	—	—	—	√	—	—	—	—	—	—

违法违纪违规行为责任追究法规综合分析矩阵

追责主体					追责依据	
人民代表大会	司法机关	行政机关	组织人事部门和纪检监察机关	受损害人	法规名称和条款	法规处罚规定
		由任免机关或者监察机关按照管理权限，依法给予行政处分			《环境保护违法违纪行为处分暂行规定》第三条	有环境保护违法违纪行为的国家行政机关，对其直接负责的主管人员和其他直接责任人员，以及对有环境保护违法违纪行为的国家行政机关工作人员（以下统称直接责任人员），由任免机关或者监察机关按照管理权限，依法给予行政处分。
			由任免机关或者监察机关按照管理权限，依法给予纪律处分		《环境保护违法违纪行为处分暂行规定》第三条	企业有环境保护违法违纪行为的，对其直接负责的主管人员和其他直接责任人员中由国家行政机关任命的人员，由任免机关或者监察机关按照管理权限，依法给予纪律处分。
		对直接责任人员，给予警告、记过或者记大过处分；情节较重的，给予降级处分；情节严重的，给予撤职处分			《环境保护违法违纪行为处分暂行规定》第四条	国家行政机关及其工作人员有下列行为之一的，对直接责任人员，给予警告、记过或者记大过处分；情节较重的，给予降级处分；情节严重的，给予撤职处分：（一）拒不执行环境保护法律、法规以及人民政府关于环境保护的决定、命令的；（二）制定或者采取与环境保护法律、法规、规章以及国家环境保护政策相抵触的规定或者措施，经指出仍不改正的；（三）违反国家有关产业政策，造成环境污染或者生态破坏的；（四）不按照国家规定淘汰严重污染环境的落后生产技术、工艺、设备或者产品的；（五）对严重污染环境的企业事业单位不依法责令限期治理或者不按规定责令取缔、关闭、停产的；（六）不按照国家规定制定环境污染与生态破坏突发事件应急预案的。
		对直接责任人员，给予警告、记过或者记大过处分；情节较重的，给予降级处分；情节严重的，给予撤职处分			《环境保护违法违纪行为处分暂行规定》第五条	国家行政机关及其工作人员有下列行为之一的，对直接责任人员，给予警告、记过或者记大过处分；情节较重的，给予降级处分；情节严重的，给予撤职处分：（一）在组织环境影响评价时弄虚作假或者有失职行为，造成环境影响评价严重失实，或者对未依法编写环境影响篇章、说明或者未依法附送环境影响报告书的规划草案予以批准的；（二）不按照法定条件或者违反法定程序审核、审批建设项目环境影响评价文件，或者在审批、审核建设项目环境影响评价文件时收取费用，情节严重的；（三）对依法应当进行环境影响评价而未评价，或者环境影响评价文件未经批准，擅自批准该项目建设或者擅自为其办理征地、施工、注册登记、营业执照、生产（使用）许可证的；（四）不按照规定核发排污许可证、危险废物经营许可证、医疗废物集中处置单位经营许可证、核与辐射安全许可证以及其他环境保护许可证，或者不按照规定办理环境保护审批文件的；（五）违法批准减缴、免缴、缓缴排污费的；（六）有其他违反环境保护的规定进行许可或者审批行为的。

序号	违法违纪违规情形概况	损害情形 违法违纪违规情形	追责客体								
			党委/政府			主管部门			企事业单位			非国有企业、自然人	
			单位	直接责任人	主要领导干部	单位	直接责任人	主要领导干部	单位	直接责任人	主要领导干部	非国有企业	自然人
5	国家行政机关及其工作人员涉及自然保护区的环保违法违纪行为	（一）未经批准，擅自撤销自然保护区或者擅自调整、改变自然保护区的性质、范围、界线、功能区划的； （二）未经批准，在自然保护区开展参观、旅游活动的； （三）开设与自然保护区保护方向不一致的参观、旅游项目的； （四）不按照批准的方案开展参观、旅游活动的。	—	—	—	—	√	—	—	—	—	—	—
6	国家行政机关及其工作人员违反环境保护的规定进行行政处罚或者实施行政强制措施行为	（一）不按照法定条件或者违反法定程序，对环境保护违法行为实施行政处罚的； （二）擅自委托环境保护违法行为行政处罚权的； （三）违法实施查封、扣押等环境保护强制措施，给公民人身或者财产造成损害或者给法人、其他组织造成损失的； （四）有其他违反环境保护的规定进行行政处罚或者实施行政强制措施行为的。	—	—	—	—	√	—	—	—	—	—	—
7	国家行政机关及其工作人员不履行环境保护监督管理职责行为	（一）发现环境保护违法行为或者接到对环境保护违法行为的举报后不及时予以查处的； （二）对依法取得排污许可证、危险废物经营许可证、核与辐射安全许可证等环境保护许可证件或者批准文件的单位不履行监督管理职责，造成严重后果的； （三）发生重大环境污染事故或者生态破坏事故，不按照规定报告或者在报告中弄虚作假，或者不依法采取必要措施或者拖延、推诿采取措施，致使事故扩大或者延误事故处理的； （四）对依法应当移送有关机关处理的环境保护违法违纪案件不移送，致使违法违纪人员逃脱处分、行政处罚或者刑事处罚的； （五）有其他不履行环境保护监督管理职责行为的。	—	—	—	—	√	—	—	—	—	—	—

续表

追责主体					追责依据	
人民代表大会	司法机关	行政机关	组织人事部门和纪检监察机关	受损害人	法规名称和条款	法规处罚规定
		对直接责任人员，给予警告、记过或者记大过处分；情节较重的，给予降级处分；情节严重的，给予撤职处分			《环境保护违法违纪行为处分暂行规定》第六条	国家行政机关及其工作人员有下列行为之一的，对直接责任人员，给予警告、记过或者记大过处分；情节较重的，给予降级处分；情节严重的，给予撤职处分：（一）未经批准，擅自撤销自然保护区或者擅自调整、改变自然保护区的性质、范围、界线、功能区划的；（二）未经批准，在自然保护区开展参观、旅游活动的；（三）开设与自然保护区保护方向不一致的参观、旅游项目的；（四）不按照批准的方案开展参观、旅游活动的。
		对直接责任人员，给予警告、记过或者记大过处分；情节较重的，给予降级处分；情节严重的，给予撤职处分			《环境保护违法违纪行为处分暂行规定》第七条	依法具有环境保护监督管理职责的国家行政机关及其工作人员有下列行为之一的，对直接责任人员，给予警告、记过或者记大过处分；情节较重的，给予降级处分；情节严重的，给予撤职处分：（一）不按照法定条件或者违反法定程序，对环境保护违法行为实施行政处罚的；（二）擅自委托环境保护违法行为行政处罚权的；（三）违法实施查封、扣押等环境保护强制措施，给公民人身或财产造成损害或者给法人、其他组织造成损失的；（四）有其他违反环境保护的规定进行行政处罚或者实施行政强制措施行为的。
		对直接责任人员，给予警告、记过或者记大过处分；情节较重的，给予降级或者撤职处分；情节严重的，给予开除处分			《环境保护违法违纪行为处分暂行规定》第八条	依法具有环境保护监督管理职责的国家行政机关及其工作人员有下列行为之一的，对直接责任人员，给予警告、记过或者记大过处分；情节较重的，给予降级或者撤职处分；情节严重的，给予开除处分：（一）发现环境保护违法行为或者接到对环境保护违法行为的举报后不及时予以查处的；（二）对依法取得排污许可证、危险废物经营许可证、核与辐射安全许可证等环境保护许可证件或者批准文件的单位不履行监督管理职责，造成严重后果的；（三）发生重大环境污染事故或者生态破坏事故，不按照规定报告或者在报告中弄虚作假，或者不依法采取必要措施或者拖延、推诿采取措施，致使事故扩大或者延误事故处理的；（四）对依法应当移送有关机关处理的环境保护违法违纪案件不移送，致使违法违纪人员逃脱处分、行政处罚或者刑事处罚的；（五）有其他不履行环境保护监督管理职责行为的。

序号	损害情形		追责客体									
	违法违纪违规情形概况	违法违纪违规情形	党委/政府			主管部门			企事业单位			非国有企业、自然人	
			单位	直接责任人	主要领导干部	单位	直接责任人	主要领导干部	单位	直接责任人	主要领导干部	非国有企业	自然人
8	国家行政机关及其工作人员利用职务便利，侵吞	（一）利用职务上的便利，侵吞、窃取、骗取或者以其他手段将收缴的罚款、排污费或者其他财物据为己有的； （二）利用职务上的便利，索取他人财物，或者非法收受他人财物，为他人谋取利益的； （三）截留、挤占环境保护专项资金或者将环境保护专项资金挪作他用的； （四）擅自使用、调换、变卖或者毁损被依法查封、扣押的财物的； （五）将罚款、没收的违法所得或者财物截留、私分或者变相私分的。	—	—	—	—	√	—	—	—	—	—	—
9	国家行政机关及其工作人员纵容环境保护违法违纪行为	国家行政机关及其工作人员为被检查单位通风报信或者包庇、纵容环境保护违法违纪行为	—	—	—	—	√	—	—	—	—	—	—
10	企业违反环境保护法律、法规进行建设、生产或者经营行为	（一）未依法履行环境影响评价文件审批程序，擅自开工建设，或者经责令停止建设、限期补办环境影响评价审批手续而逾期不办的； （二）与建设项目配套建设的环境保护设施未与主体工程同时设计、同时施工、同时投产使用的； （三）擅自拆除、闲置或者不正常使用环境污染治理设施，或者不正常排污的； （四）违反环境保护法律、法规，造成环境污染事故，情节较重的； （五）不按照国家有关规定制定突发事件应急预案，或者在突发事件发生时，不及时采取有效控制措施导致严重后果的； （六）被依法责令停业、关闭仍继续生产的； （七）阻止、妨碍环境执法人员依法执行公务的； （八）有其他违反环境保护法律、法规进行建设、生产或者经营行为的。	—	—	—	—	—	—	—	√	√	—	—

续表

追责主体					追责依据	
人民代表大会	司法机关	行政机关	组织人事部门和纪检监察机关	受损害人	法规名称和条款	法规处罚规定
		对直接责任人员,给予警告、记过或者记大过处分;情节较重的,给予降级或者撤职处分;情节严重的,给予开除处分			《环境保护违法违纪行为处分暂行规定》第九条	国家行政机关及其工作人员有下列行为之一的,对直接责任人员,给予警告、记过或者记大过处分;情节较重的,给予降级或者撤职处分;情节严重的,给予开除处分:(一)利用职务上的便利,侵吞、窃取、骗取或者以其他手段将收缴的罚款、排污费或者其他财物据为己有的;(二)利用职务上的便利,索取他人财物,或者非法收受他人财物,为他人谋取利益的;(三)截留、挤占环境保护专项资金或者将环境保护专项资金挪作他用的;(四)擅自使用、调换、变卖或者毁损被依法查封、扣押的财物的;(五)将罚款、没收的违法所得或者财物截留、私分或者变相私分的。
		对直接责任人员,给予降级或者撤职处分;致使公民、法人或者其他组织的合法权益、公共利益遭受重大损害,或者导致发生群体性事件或者冲突,严重影响社会安定的,给予开除处分			《环境保护违法违纪行为处分暂行规定》第十条	国家行政机关及其工作人员为被检查单位通风报信或者包庇、纵容环境保护违法违纪行为的,对直接责任人员,给予降级或者撤职处分;致使公民、法人或者其他组织的合法权益、公共利益遭受重大损害,或者导致发生群体性事件或者冲突,严重影响社会安定的,给予开除处分。
		对其直接负责的主管人员和其他直接责任人员中由国家行政机关任命的人员给予降级处分;情节较重的,给予撤职或者留用察看处分;情节严重的,给予开除处分			《环境保护违法违纪行为处分暂行规定》第十一条	企业有下列行为之一的,对其直接负责的主管人员和其他直接责任人员中由国家行政机关任命的人员给予降级处分;情节较重的,给予撤职或者留用察看处分;情节严重的,给予开除处分:(一)未依法履行环境影响评价文件审批程序,擅自开工建设,或者经责令停止建设、限期补办环境影响评价审批手续而逾期不办的;(二)与建设项目配套建设的环境保护设施未与主体工程同时设计、同时施工、同时投产使用的;(三)擅自拆除、闲置或者不正常使用环境污染治理设施,或者不正常排污的;(四)违反环境保护法律、法规,造成环境污染事故,情节较重的;(五)不按照国家有关规定制定突发事件应急预案,或者在突发事件发生时,不及时采取有效控制措施导致严重后果的;(六)被依法责令停业、关闭后仍继续生产的;(七)阻止、妨碍环境执法人员依法执行公务的;(八)有其他违反环境保护法律、法规进行建设、生产或者经营行为的。

— 351 —

序号	损害情形		追责客体									
	违法违纪违规情形概况	违法违纪违规情形	党委/政府			主管部门			企事业单位			非国有企业、自然人
			单位	直接责任人	主要领导干部	单位	直接责任人	主要领导干部	单位	直接责任人	主要领导干部	非国有企业	自然人
11	地方党委和政府违规决策、履职尽责不到位	（一）贯彻落实中央关于生态文明建设的决策部署不力，致使本地区生态环境和资源问题突出或者任期内生态环境状况明显恶化的； （二）作出的决策与生态环境和资源方面政策、法律法规相违背的； （三）违反主体功能区定位或者突破资源环境生态红线、城镇开发边界，不顾资源环境承载能力盲目决策造成严重后果的； （四）作出的决策严重违反城乡、土地利用、生态环境保护等规划的； （五）地区和部门之间在生态环境和资源保护协作方面推诿扯皮，主要领导成员不担当、不作为，造成严重后果的； （六）本地区发生主要领导成员职责范围内的严重环境污染和生态破坏事件，或者对严重环境污染和生态破坏（灾害）事件处置不力的； （七）对公益诉讼裁决和资源环境保护督察整改要求执行不力的； （八）其他应当追究责任的情形。 有上述情形的，在追究相关地方党委和政府主要领导成员责任的同时，对其他有关领导成员及相关部门领导成员依据职责分工和履职情况追究相应责任。	—	—	√	—	—	—	—	—	—	—	—
		（一）指使、授意或者放任分管部门对不符合主体功能区定位或者生态环境和资源方面政策、法律法规的建设项目审批（核准）、建设或者投产（使用）的； （二）对分管部门违反生态环境和资源方面政策、法律法规行为监管失察、制止不力甚至包庇纵容的； （三）未正确履行职责，导致应当依法由政府责令停业、关闭的严重污染环境的企业事业单位或者其他生产经营者未停业、关闭的； （四）对严重环境污染和生态破坏事件组织查处不力的； （五）其他应当追究责任的情形。	—	—	√	—	—	—	—	—	—	—	—

续表

追责主体					追责依据	
人民代表大会	司法机关	行政机关	组织人事部门和纪检监察机关	受损害人	法规名称和条款	法规处罚规定
			应当追究相关地方党委和政府主要领导成员的责任		《党政领导干部生态环境损害责任追究办法（试行）》第五条	有下列情形之一的，应当追究相关地方党委和政府主要领导成员的责任：（一）贯彻落实中央关于生态文明建设的决策部署不力，致使本地区生态环境和资源问题突出或者任期内生态环境状况明显恶化的；（二）作出的决策与生态环境和资源方面政策、法律法规相违背的；（三）违反主体功能区定位或者突破资源环境生态红线、城镇开发边界，不顾资源环境承载能力盲目决策造成严重后果的；（四）作出的决策严重违反城乡、土地利用、生态环境保护等规划的；（五）地区和部门之间在生态环境和资源保护协作方面推诿扯皮，主要领导成员不担当、不作为，造成严重后果的；（六）本地区发生主要领导成员职责范围内的严重环境污染和生态破坏事件，或者对严重环境污染和生态破坏（灾害）事件处置不力的；（七）对公益诉讼裁决和资源环境保护督察整改要求执行不力的；（八）其他应当追究责任的情形。有上述情形的，在追究相关地方党委和政府主要领导成员责任的同时，对其他有关领导成员及相关部门领导成员依据职责分工和履职情况追究相应责任。
			应当追究相关地方党委和政府主要领导成员的责任		《党政领导干部生态环境损害责任追究办法（试行）》第六条	有下列情形之一的，应当追究相关地方党委和政府有关领导成员的责任：（一）指使、授意或者放任分管部门对不符合主体功能区定位或者生态环境和资源方面政策、法律法规的建设项目审批（核准）、建设或者投产（使用）的；（二）对分管部门违反生态环境和资源方面政策、法律法规行为监管失察、制止不力甚至包庇纵容的；（三）未正确履行职责，导致应当依法由政府责令停业、关闭的严重污染环境的企业事业单位或者其他生产经营者未停业、关闭的；（四）对严重环境污染和生态破坏事件组织查处不力的；（五）其他应当追究责任的情形。

序号	损害情形		追责客体									
	违法违纪违规情形概况	违法违纪违规情形	党委/政府			主管部门			企事业单位			非国有企业、自然人
			单位	直接责任人	主要领导干部	单位	直接责任人	主要领导干部	单位	直接责任人	主要领导干部	非国有企业	自然人
12	党政领导干部利用职务影响，干预、干扰环保监管	（一）限制、干扰、阻碍生态环境和资源监管执法工作的； （二）干预司法活动，插手生态环境和资源方面具体司法案件处理的； （三）干预、插手建设项目，致使不符合生态环境和资源方面政策、法律法规的建设项目得以审批（核准）、建设或者投产（使用）的； （四）指使篡改、伪造生态环境和资源方面调查和监测数据的； （五）其他应当追究责任的情形。	—	—	√	—	—	—	—	—	—	—	—
13	干部在生态环境和资源方面造成严重破坏负有责任	对在生态环境和资源方面造成严重破坏负有责任	—	—	√	—	—	—	—	—	—	—	—
		因生态环境损害责任受到追究	—	—	√	—	—	—	—	—	—	—	—

续表

追责主体					追责依据	
人民代表大会	司法机关	行政机关	组织人事部门和纪检监察机关	受损害人	法规名称和条款	法规处罚规定
			应当追究其责任		《党政领导干部生态环境损害责任追究办法(试行)》第八条	党政领导干部利用职务影响,有下列情形之一的,应当追究其责任:(一)限制、干扰、阻碍生态环境和资源监管执法工作的;(二)干预司法活动,插手生态环境和资源方面具体司法案件处理的;(三)干预、插手建设项目,致使不符合生态环境和资源方面政策、法律法规的建设项目得以审批(核准)、建设或者投产(使用)的;(四)指使篡改、伪造生态环境和资源方面调查和监测数据的;(五)其他应当追究责任的情形。
			党委及其组织部门在地方党政领导班子成员选拔任用工作中,应当按规定将资源消耗、环境保护、生态效益等情况作为考核评价的重要内容,对在生态环境和资源方面造成严重破坏负有责任的干部不得提拔使用或者转任重要职务		《党政领导干部生态环境损害责任追究办法(试行)》第九条	党委及其组织部门在地方党政领导班子成员选拔任用工作中,应当按规定将资源消耗、环境保护、生态效益等情况作为考核评价的重要内容,对在生态环境和资源方面造成严重破坏负有责任的干部不得提拔使用或者转任重要职务。
			受到责任追究的党政领导干部,取消当年年度考核评优和评选各类先进的资格。受到调离岗位处理的,至少一年内不得提拔;单独受到引咎辞职、责令辞职和免职处理的,至少一年内不得安排职务,至少两年内不得担任高于原任职务层次的职务;受到降职处理的,至少两年内不得提升职务。同时受到党纪政纪处分和组织处理的,按照影响期长的规定执行		《党政领导干部生态环境损害责任追究办法(试行)》第十五条	受到责任追究的党政领导干部,取消当年年度考核评优和评选各类先进的资格。受到调离岗位处理的,至少一年内不得提拔;单独受到引咎辞职、责令辞职和免职处理的,至少一年内不得安排职务,至少两年内不得担任高于原任职务层次的职务;受到降职处理的,至少两年内不得提升职务。同时受到党纪政纪处分和组织处理的,按照影响期长的规定执行。

序号	损害情形		追责客体								
			党委/政府			主管部门			企事业单位		非国有企业、自然人
	违法违纪违规情形概况	违法违纪违规情形	单位	直接责任人	主要领导干部	单位	直接责任人	主要领导干部	单位	直接责任人	主要领导干部	非国有企业	自然人
14	对土地沙化问题不及时报告，或不责成有关部门采取措施	（一）违反本法第十五条第一款规定，发现土地发生沙化或者沙化程度加重不及时报告的，或者收到报告后不责成有关行政主管部门采取措施的； （二）违反本法第十六条第二款、第三款规定，批准采伐防风固沙林网、林带的； （三）违反本法第二十条规定，批准在沙漠边缘地带和林地、草原开垦耕地的； （四）违反本法第二十二条第二款规定，在沙化土地封禁保护区范围内安置移民的； （五）违反本法第二十二条第三款规定，未经批准在沙化土地封禁保护区范围内进行修建铁路、公路等建设活动的。	—	—	—	—	√	√	—	—	—	—	—
15	规定，截留、挪用防沙治沙资金	违反本法第三十七条第一款规定，截留、挪用防沙治沙资金	—	—	—	—	√	√	—	—	—	—	—
16	防沙治沙监督管理人员滥用职权、玩忽职守、徇私舞弊	防沙治沙监督管理人员滥用职权、玩忽职守、徇私舞弊	—	—	—	—	√	—	—	—	—	—	—
17	水行政主管部门未依法履职	水行政主管部门或者其他依照本法规定行使监督管理权的部门，不依法作出行政许可决定或者办理批准文件的，发现违法行为或者接到对违法行为的举报不予查处的，或者有其他未依照本法规定履行职责的行为的	—	—	—	—	√	—	—	—	—	—	—
18	海洋环境监督管理人员滥用职权、玩忽职守、徇私舞弊	海洋环境监督管理人员滥用职权、玩忽职守、徇私舞弊，造成海洋环境污染损害	—	—	—	—	√	—	—	—	—	—	—
19	河道主管机关的工作人员以及河道监理人员玩忽职守、滥用职权、徇私舞弊	河道主管机关的工作人员以及河道监理人员玩忽职守、滥用职权、徇私舞弊	—	—	—	—	√	—	—	—	—	—	—

续表

追责主体					追责依据	
人民代表大会	司法机关	行政机关	组织人事部门和纪检监察机关	受损害人	法规名称和条款	法规处罚规定
		由所在单位、监察机关或者上级行政主管部门依法给予行政处分			《中华人民共和国防沙治沙法》第四十三条	违反本法规定，有下列情形之一的，对直接负责的主管人员和其他直接责任人员，由所在单位、监察机关或者上级行政主管部门依法给予行政处分：（一）违反本法第十五条第一款规定，发现土地发生沙化或者沙化程度加重不及时报告的，或者收到报告后不责成有关行政主管部门采取措施的；（二）违反本法第十六条第二款、第三款规定，批准采伐防风固沙林网、林带的；（三）违反本法第二十条规定，批准在沙漠边缘地带和林地、草原开垦耕地的；（四）违反本法第二十二条第二款规定，在沙化土地封禁保护区范围内安置移民的；（五）违反本法第二十二条第三款规定，未经批准在沙化土地封禁保护区范围内进行修建铁路、公路等建设活动的。
	构成犯罪的，依法追究刑事责任	由监察机关或者上级行政主管部门依法给予行政处分			《中华人民共和国防沙治沙法》第四十四条	违反本法第三十七条第一款规定，截留、挪用防沙治沙资金的，对直接负责的主管人员和其他直接责任人员，由监察机关或者上级行政主管部门依法给予行政处分；构成犯罪的，依法追究刑事责任。
	构成犯罪的，依法追究刑事责任				《中华人民共和国防沙治沙法》第四十五条	防沙治沙监督管理人员滥用职权、玩忽职守、徇私舞弊，构成犯罪的，依法追究刑事责任。
	对直接负责的主管人员和其他直接责任人员依法给予处分				《中华人民共和国水土保持法》第四十七条	水行政主管部门或者其他依照本法规定行使监督管理权的部门，不依法作出行政许可决定或者办理批准文件的，发现违法行为或者接到对违法行为的举报不予查处的，或者有其他未依照本法规定履行职责的行为的，对直接负责的主管人员和其他直接责任人员依法给予处分。
	构成犯罪的，依法追究刑事责任	依法给予行政处分			《中华人民共和国海洋环境保护法》第九十三条	海洋环境监督管理人员滥用职权、玩忽职守、徇私舞弊，造成海洋环境污染损害的，依法给予行政处分；构成犯罪的，依法追究刑事责任。
	对公共财产、国家和人民利益造成重大损失的，依法追究刑事责任	由其所在单位或者上级主管机关给予行政处分			《中华人民共和国河道管理条例》第四十八条	河道主管机关的工作人员以及河道监理人员玩忽职守、滥用职权、徇私舞弊的，由其所在单位或者上级主管机关给予行政处分；对公共财产、国家和人民利益造成重大损失的，依法追究刑事责任。

序号	违法违纪违规情形概况	损害情形 违法违纪违规情形	追责客体									
			党委/政府			主管部门			企事业单位			非国有企业、自然人	
			单位	直接责任人	主要领导干部	单位	直接责任人	主要领导干部	单位	直接责任人	主要领导干部	非国有企业	自然人
20	水行政主管部门滥用职权、玩忽职守、徇私舞弊	水行政主管部门或者其他有关部门以及水工程管理单位及其工作人员，利用职务上的便利收取他人财物、其他好处或者玩忽职守，对不符合法定条件的单位或者个人核发许可证、签署审查同意意见，不按照水量分配方案分配水量，不按照国家有关规定收取水资源费，不履行监督职责，或者发现违法行为不予查处，造成严重后果	—	—	—	—	√	√	—	—	—	—	—
21	林业主管部门工作人员违规发放林木采伐许可证	林业主管部门的工作人员违反森林法的规定，超过批准的年采伐限额发放林木采伐许可证或者违反规定滥发林木采伐许可证	—	—	—	—	√	—	—	—	—	—	—
22	环境保护行政主管部门的工作人员徇私舞弊、滥用职权、玩忽职守	环境保护行政主管部门的工作人员徇私舞弊、滥用职权、玩忽职守	—	—	—	—	√	—	—	—	—	—	—
		负有环境保护监督管理职责的国家机关工作人员严重不负责任，导致发生重大环境污染事故	—	—	—	—	√	—	—	—	—	—	—
		上级人民政府及其环境保护主管部门工作人员有违法行为	—	√	—	—	√	—	—	—	—	—	—

续表

追责主体					追责依据	
人民代表大会	司法机关	行政机关	组织人事部门和纪检监察机关	受损害人	法规名称和条款	法规处罚规定
	造成严重后果,构成犯罪的,对负有责任的主管人员和其他直接责任人员依照刑法的有关规定追究刑事责任	尚不够刑事处罚的,依法给予行政处分			《中华人民共和国水法》第六十四条	水行政主管部门或者其他有关部门以及水工程管理单位及其工作人员,利用职务上的便利收取他人财物、其他好处或者玩忽职守,对不符合法定条件的单位或者个人核发许可证、签署审查同意意见,不按照水量分配方案分配水量,不按照国家有关规定收取水资源费,不履行监督职责,或者发现违法行为不予查处,造成严重后果,构成犯罪的,对负有责任的主管人员和其他直接责任人员依照刑法的有关规定追究刑事责任;尚不够刑事处罚的,依法给予行政处分。
	情节严重,致使森林遭受严重破坏的,处三年以下有期徒刑或者拘役				《中华人民共和国刑法》第四百零七条	林业主管部门的工作人员违反森林法的规定,超过批准的年采伐限额发放林木采伐许可证或者违反规定滥发林木采伐许可证,情节严重,致使森林遭受严重破坏的,处三年以下有期徒刑或者拘役。
	构成犯罪的,依法追究刑事责任	尚不构成犯罪的,依法给予行政处分			《建设项目环境保护管理条例》第二十六条	环境保护行政主管部门的工作人员徇私舞弊、滥用职权、玩忽职守,构成犯罪的,依法追究刑事责任;尚不构成犯罪的,依法给予行政处分。
	致使公私财产遭受重大损失或者造成人身伤亡的严重后果的,处三年以下有期徒刑或者拘役				《中华人民共和国刑法》第四百零八条	负有环境保护监督管理职责的国家机关工作人员严重不负责任,导致发生重大环境污染事故,致使公私财产遭受重大损失或者造成人身伤亡的严重后果的,处三年以下有期徒刑或者拘役。
		依法应当给予处分的,应当向其任免机关或者监察机关提出处分建议。依法应当给予行政处罚,而有关环境保护主管部门不给予行政处罚的,上级人民政府环境保护主管部门可以直接作出行政处罚的决定			《中华人民共和国环境保护法》第六十七条	上级人民政府及其环境保护主管部门应当加强对下级人民政府及其有关部门环境保护工作的监督。发现有关工作人员有违法行为,依法应当给予处分的,应当向其任免机关或监察机关提出处分建议。依法应当给予行政处罚,而有关环境保护主管部门不给予行政处罚的,上级人民政府环境保护主管部门可以直接作出行政处罚的决定。

序号	违法违纪违规情形概况	损害情形 违法违纪违规情形	追责客体 党委/政府 单位	直接责任人	主要领导干部	主管部门 单位	直接责任人	主要领导干部	企事业单位 单位	直接责任人	主要领导干部	非国有企业、自然人 非国有企业	自然人
22	环境保护行政主管部门的工作人员徇私舞弊、滥用职权、玩忽职守	有下列行为之一的： （一）不符合行政许可条件准予行政许可的； （二）对环境违法行为进行包庇的； （三）依法应当作出责令停业、关闭的决定而未作出的； （四）对超标排放污染物、采用逃避监管的方式排放污染物、造成环境事故以及不落实生态保护措施造成生态破坏等行为，发现或者接到举报未及时查处的； （五）违反本法规定，查封、扣押企业事业单位和其他生产经营者的设施、设备的； （六）篡改、伪造或者指使篡改、伪造监测数据的； （七）应当依法公开环境信息而未公开的； （八）将征收的排污费截留、挤占或者挪作他用的； （九）法律法规规定的其他违法行为。	—	√	√	—	√	√	—	—	—	—	—
		工作人员徇私舞弊，滥用职权，玩忽职守，违法批准建设项目环境影响评价文件	—	—	—	—	√	—	—	—	—	—	—
23	环境保护行政主管部门违规决策或未履行职责	（一）制定的规定或者采取的措施与生态环境和资源方面政策、法律法规相违背的； （二）批准开发利用规划或者进行项目审批（核准）违反生态环境和资源方面政策、法律法规的； （三）执行生态环境和资源方面政策、法律法规不力，不按规定对执行情况进行监督检查，或者在监督检查中敷衍塞责的； （四）对发现或者群众举报的严重破坏生态环境和资源的问题，不按规定查处的； （五）不按规定报告、通报或者公开环境污染和生态破坏（灾害）事件信息的； （六）对应当移送有关机关处理的生态环境和资源方面的违纪违法案件线索不按规定移送的； （七）其他应当追究责任的情形。 有上述情形的，在追究政府有关工作部门领导成员责任的同时，对负有责任的有关机构领导人员追究相应责任。	—	—	—	—	√	—	—	√	—	—	—

续表

追责主体					追责依据	
人民代表大会	司法机关	行政机关	组织人事部门和纪检监察机关	受损害人	法规名称和条款	法规处罚规定
		地方各级人民政府、县级以上人民政府环境保护主管部门和其他负有环境保护监督管理职责的部门有下列行为之一的,对直接负责的主管人员和其他直接责任人员给予记过、记大过或者降级处分;造成严重后果的,给予撤职或者开除处分,其主要负责人应当引咎辞职			《中华人民共和国环境保护法》第六十八条	地方各级人民政府、县级以上人民政府环境保护主管部门和其他负有环境保护监督管理职责的部门有下列行为之一的,对直接负责的主管人员和其他直接责任人员给予记过、记大过或者降级处分;造成严重后果的,给予撤职或者开除处分,其主要负责人应当引咎辞职:(一)不符合行政许可条件准予行政许可的;(二)对环境违法行为进行包庇的;(三)依法应当作出责令停业、关闭的决定而未作出的;(四)对超标排放污染物、采用逃避监管的方式排放污染物、造成环境事故以及不落实生态保护措施造成生态破坏等行为,发现或者接到举报未及时查处的;(五)违反本法规定,查封、扣押企业事业单位和其他生产经营者的设施、设备的;(六)篡改、伪造或者指使篡改、伪造监测数据的;(七)应当依法公开环境信息而未公开的;(八)将征收的排污费截留、挤占或者挪作他用的;(九)法律法规规定的其他违法行为。
	构成犯罪的,依法追究刑事责任	依法给予行政处分			《中华人民共和国环境影响评价法》第三十五条	环境保护行政主管部门或者其他部门的工作人员徇私舞弊,滥用职权,玩忽职守,违法批准建设项目环境影响评价文件的,依法给予行政处分;构成犯罪的,依法追究刑事责任。
		应当追究政府有关工作部门领导成员的责任			《党政领导干部生态环境损害责任追究办法(试行)》第七条	有下列情形之一的,应当追究政府有关工作部门领导成员的责任:(一)制定的规定或者采取的措施与生态环境和资源方面政策、法律法规相违背的;(二)批准开发利用规划或者进行项目审批(核准)违反生态环境和资源方面政策、法律法规的;(三)执行生态环境和资源方面政策、法律法规不力,不按规定对执行情况进行监督检查,或者在监督检查中敷衍塞责的;(四)对发现或者群众举报的严重破坏生态环境和资源的问题,不按规定查处的;(五)不按规定报告、通报或公开环境污染和生态破坏(灾害)事件信息的;(六)对应当移送有关机关处理的生态环境和资源方面的违纪违法案件线索不按规定移送的;(七)其他应当追究责任的情形。有上述情形的,在追究政府有关工作部门领导成员责任的同时,对负有责任的有关机构领导人员追究相应责任。

序号	违法违纪违规情形概况	损害情形 违法违纪违规情形	追责客体 党委/政府 单位	直接责任人	主要领导干部	主管部门 单位	直接责任人	主要领导干部	企事业单位 单位	直接责任人	主要领导干部	非国有企业、自然人 非国有企业	自然人
23	环境保护行政主管部门违规决策或未履行职责	环境保护主管部门或者其他依照本法规定行使监督管理权的部门，不依法作出行政许可或者办理批准文件的，发现违法行为或者接到对违法行为的举报后不予查处的，或者有其他未依照本法规定履行职责的行为	—	—	—	—	✓	✓	—	—	—	—	—
24	违法捕捞水产品	违反保护水产资源法规，在禁渔区、禁渔期或者使用禁用的工具、方法捕捞水产品	—	—	—	—	—	—	—	—	—	—	✓
25	违法狩猎、收购、运输、出售野生动物	违反狩猎法规，在禁猎区、禁猎期或者使用禁用的工具、方法进行狩猎，破坏野生动物资源	—	—	—	—	—	—	—	—	—	—	✓
		非法猎捕、杀害国家重点保护的珍贵、濒危野生动物的，或者非法收购、运输、出售国家重点保护的珍贵、濒危野生动物及其制品	—	—	—	—	—	—	—	—	—	—	✓
26	在环境影响评价工作中违规收费或弄虚作假	违反本条例规定，技术机构向建设单位、从事环境影响评价工作的单位收取费用	—	—	—	—	—	—	✓	—	✓	—
		从事建设项目环境影响评价工作的单位，在环境影响评价工作中弄虚作假	—	—	—	—	—	—	✓	—	✓	—
		在有关环境服务活动中弄虚作假，对造成的环境污染和生态破坏负有责任	—	—	—	—	—	—	✓	—	✓	—

续表

追责主体					追责依据	
人民代表大会	司法机关	行政机关	组织人事门和纪检监察机关	受损害人	法规名称和条款	法规处罚规定
		对直接负责的主管人员和其他直接责任人员依法给予处分			《中华人民共和国水污染防治法》第八十条	环境保护主管部门或者其他依照本法规定行使监督管理权的部门，不依法作出行政许可或者办理批准文件的，发现违法行为或者接到对违法行为的举报后不予查处的，或者有其他未依照本法规定履行职责的行为的，对直接负责的主管人员和其他直接责任人员依法给予处分。
	情节严重的，处三年以下有期徒刑、拘役、管制或者罚金				《中华人民共和国刑法》第三百四十条	违反保护水产资源法规，在禁渔区、禁渔期或者使用禁用的工具、方法捕捞水产品，情节严重的，处三年以下有期徒刑、拘役、管制或者罚金。
	情节严重的，处三年以下有期徒刑、拘役、管制或者罚金				《中华人民共和国刑法》第三百四十一条	违反狩猎法规，在禁猎区、禁猎期或者使用禁用的工具、方法进行狩猎，破坏野生动物资源，情节严重的，处三年以下有期徒刑、拘役、管制或者罚金。
	处五年以下有期徒刑或者拘役，并处罚金；情节严重的，处五年以上十年以下有期徒刑，并处罚金；情节特别严重的，处十年以上有期徒刑，并处罚金或者没收财产				《中华人民共和国刑法》第三百四十一条	非法猎捕、杀害国家重点保护的珍贵、濒危野生动物的，或者非法收购、运输、出售国家重点保护的珍贵、濒危野生动物及其制品的，处五年以下有期徒刑或者拘役，并处罚金；情节严重的，处五年以上十年以下有期徒刑，并处罚金；情节特别严重的，处十年以上有期徒刑，并处罚金或者没收财产。
		由县级以上环境保护行政主管部门责令退还所收费用，处所收费用1倍以上3倍以下的罚款			《建设项目环境保护管理条例》第二十四条	违反本条例规定，技术机构向建设单位、从事环境影响评价工作的单位收取费用的，由县级以上环境保护行政主管部门责令退还所收费用，处所收费用1倍以上3倍以下的罚款。
		由县级以上环境保护行政主管部门处所收费用1倍以上3倍以下的罚款			《建设项目环境保护管理条例》第二十五条	从事建设项目环境影响评价工作的单位，在环境影响评价工作中弄虚作假的，由县级以上环境保护行政主管部门处所收费用1倍以上3倍以下的罚款。
		除依照有关法律法规规定予以处罚外，还应当与造成环境污染和生态破坏的其他责任者承担连带责任			《中华人民共和国环境保护法》第六十五条	环境影响评价机构、环境监测机构以及从事环境监测设备和防治污染设施维护、运营的机构，在有关环境服务活动中弄虚作假，对造成的环境污染和生态破坏负有责任的，除依照有关法律法规规定予以处罚外，还应当与造成环境污染和生态破坏的其他责任者承担连带责任。

序号	损害情形 违法违纪违规情形概况	违法违纪违规情形	追责客体									
			党委/政府			主管部门			企事业单位			非国有企业、自然人	
			单位	直接责任人	主要领导干部	单位	直接责任人	主要领导干部	单位	直接责任人	主要领导干部	非国有企业	自然人
27	侵占、盗窃水工程设备，贪污、挪用水工程款项	侵占、盗窃或者抢夺防汛物资，防洪排涝、农田水利、水文监测和测量以及其他水工程设备和器材，贪污或者挪用国家救灾、抢险、防汛、移民安置和补偿及其他水利建设款物	—	—	—	—	—	—	—	—	—	—	√
28	水事纠纷中的犯罪行为	在水事纠纷发生及其处理过程中煽动闹事、结伙斗殴、抢夺或者损坏公私财物、非法限制他人人身自由，构成犯罪	—	—	—	—	—	—	—	—	—	—	√
29	不服从水量调度或分配	（一）拒不执行水量分配方案和水量调度预案的；（二）拒不服从水量统一调度的；（三）拒不执行上一级人民政府的裁决的；（四）在水事纠纷解决前，未经各方达成协议或者上一级人民政府批准，单方面违反本法规定改变水的现状的。	—	—	—	—	—	—	—	√	√	—	—
30	引水、截（蓄）水、排水，损害公共利益或者他人合法权益的	引水、截（蓄）水、排水，损害公共利益或者他人合法权益	—	—	—	—	—	—	√	—	—	√	√
31	阻挠环保部门的执法监督或弄虚作假	以拖延、围堵、滞留执法人员等方式拒绝、阻挠环境保护主管部门或者其他依本法规定行使监督管理权的部门的监督检查，或者在接受监督检查时弄虚作假	—	—	—	—	—	—	√	—	—	√	—
32	非法占用耕地	违反土地管理法规，非法占用耕地、林地等农用地，改变被占用土地用途，数量较大，造成耕地、林地等农用地大量毁坏	—	—	—	—	—	—	√	—	—	√	√

续表

追责主体					追责依据	
人民代表大会	司法机关	行政机关	组织人事部门和纪检监察机关	受损害人	法规名称和条款	法规处罚规定
	构成犯罪的，依照刑法的有关规定追究刑事责任				《中华人民共和国水法》第七十二条	侵占、盗窃或者抢夺防汛物资，防洪排涝、农田水利、水文监测和测量以及其他水工程设备器材，贪污或者挪用国家救灾、抢险、防汛、移民安置和补偿及其他水利建设款物，构成犯罪的，依照刑法的有关规定追究刑事责任。
	构成犯罪的，依照刑法的有关规定追究刑事责任；尚不够刑事处罚的，由公安机关依法给予治安管理处罚				《中华人民共和国水法》第七十三条	在水事纠纷发生及其处理过程中煽动闹事、结伙斗殴、抢夺或者损坏公私财物、非法限制他人人身自由，构成犯罪的，依照刑法的有关规定追究刑事责任；尚不够刑事处罚的，由公安机关依法给予治安管理处罚。
		对负有责任的主管人员和其他直接责任人员依法给予行政处分			《中华人民共和国水法》第七十三条	不同行政区域之间发生水事纠纷，有下列行为之一的，对负有责任的主管人员和其他直接责任人员依法给予行政处分：（一）拒不执行水量分配方案和水量调度预案的；（二）拒不服从水量统一调度的；（三）拒不执行上一级人民政府的裁决的；（四）在水事纠纷解决前，未经各方达成协议或者上一级人民政府批准，单方面违反本法规定改变水的现状的。
				依法承担民事责任	《中华人民共和国水法》第七十四条	引水、截（蓄）水、排水，损害公共利益或者他人合法权益的，依法承担民事责任。
		由县级以上人民政府环境保护主管部门或者其他依照本法规定行使监督管理权的部门责令改正，处二万元以上二十万元以下的罚款			《中华人民共和国水污染防治法》第八十一条	以拖延、围堵、滞留执法人员等方式拒绝、阻挠环境保护主管部门或者其他依照本法规定行使监督管理权的部门的监督检查，或者在接受监督检查时弄虚作假的，由县级以上人民政府环境保护主管部门或者其他依照本法规定行使监督管理权的部门责令改正，处二万元以上二十万元以下的罚款。
	处五年以下有期徒刑或者拘役，并处或者单处罚金				《中华人民共和国刑法》第三百四十二条	违反土地管理法规，非法占用耕地、林地等农用地，改变被占用土地用途，数量较大，造成耕地、林地等农用地大量毁坏的，处五年以下有期徒刑或者拘役，并处或者单处罚金。

序号	违法违纪违规情形概况	损害情形 违法违纪违规情形	追责客体								
			党委/政府			主管部门			企事业单位			非国有企业、自然人	
			单位	直接责任人	主要领导干部	单位	直接责任人	主要领导干部	单位	直接责任人	主要领导干部	非国有企业	自然人
32	非法占用耕地	违反本法规定，占用耕地建窑、建坟或者擅自在耕地上建房、挖砂、采石、采矿、取土等，破坏种植条件的，或者因开发土地造成土地荒漠化、盐渍化	—	—	—	—	—	—	√	—	—	√	√
33	未按规定履行土地复垦义务或恢复种植条件	违反本法规定，拒不履行土地复垦义务	—	—	—	—	—	—	√	—	—	√	√
		土地复垦义务人未按照本办法第二十五条规定开展土地复垦质量控制和采取管护措施	—	—	—	—	—	—	√	—	—	√	√
		违反本条例第二十八条的规定，逾期不恢复种植条件	—	—	—	—	—	—	√	—	—	√	√
34	在禁止开垦区进行开垦	违反本条例第十七条的规定，在土地利用总体规划确定的禁止开垦区内进行开垦	—	—	—	—	—	—	√	—	—	√	√
		违反本法规定，在禁止开垦坡度以上陡坡地开垦种植农作物，或者在禁止开垦、开发的植物保护带内开垦、开发的	—	—	—	—	—	—	√	—	—	√	√

续表

追责主体					追责依据	
人民代表大会	司法机关	行政机关	组织人事部门和纪检监察机关	受损害人	法规名称和条款	法规处罚规定
		由县级以上人民政府土地行政主管部门责令限期改正或者治理，可以并处罚款；构成犯罪的，依法追究刑事责任			《中华人民共和国土地管理法》第七十四条	违反本法规定，占用耕地建窑、建坟或者擅自在耕地上建房、挖砂、采石、采矿、取土等，破坏种植条件的，或者因开发土地造成土地荒漠化、盐渍化的，由县级以上人民政府土地行政主管部门责令限期改正或者治理，可以并处罚款；构成犯罪的，依法追究刑事责任。
		由县级以上人民政府土地行政主管部门责令限期改正；逾期不改正，责令缴纳复垦费，专项用于土地复垦，可以处以罚款			《中华人民共和国土地管理法》第七十五条	违反本法规定，拒不履行土地复垦义务的，由县级以上人民政府土地行政主管部门责令限期改正；逾期不改正，责令缴纳复垦费，专项用于土地复垦，可以处以罚款。
		由县级以上地方国土资源主管部门责令限期改正；逾期不改正的，依照条例第四十一条规定处罚			《土地复垦条例实施办法》第五十二条	土地复垦义务人未按照本办法第二十五条规定开展土地复垦质量控制和采取管护措施的，由县级以上地方国土资源主管部门责令限期改正；逾期不改正的，依照条例第四十一条规定处罚。
		由县级以上人民政府土地行政主管部门责令限期改正，可以处耕地复垦费2倍以下的罚款			《中华人民共和国土地管理法实施条例》第四十四条	违反本条例第二十八条的规定，逾期不恢复种植条件的，由县级以上人民政府土地行政主管部门责令限期改正，可以处耕地复垦费2倍以下的罚款。
		由县级以上人民政府土地行政主管部门责令限期改正；逾期不改正的，依照《土地管理法》第七十六条的规定处罚			《中华人民共和国土地管理法实施条例》第三十四条	违反本条例第十七条的规定，在土地利用总体规划确定的禁止开垦区内进行开垦的，由县级以上人民政府土地行政主管部门责令限期改正；逾期不改正的，依照《土地管理法》第七十六条的规定处罚。
		由县级以上地方人民政府水行政主管部门责令停止违法行为，采取退耕、恢复植被等补救措施；按照开垦或者开发面积，可以对个人处每平方米二元以下的罚款、对单位处每平方米十元以下的罚款			《中华人民共和国水土保持法》第四十九条	违反本法规定，在禁止开垦坡度以上陡坡地开垦种植农作物，或者在禁止开垦、开发的植物保护带内开垦、开发的，由县级以上地方人民政府水行政主管部门责令停止违法行为，采取退耕、恢复植被等补救措施；按照开垦或者开发面积，可以对个人处每平方米二元以下的罚款、对单位处每平方米十元以下的罚款。

序号	损害情形		追责客体									
	违法违纪违规情形概况	违法违纪违规情形	党委/政府			主管部门			企事业单位			非国有企业、自然人	
			单位	直接责任人	主要领导干部	单位	直接责任人	主要领导干部	单位	直接责任人	主要领导干部	非国有企业	自然人
35	违规取土取沙破坏环境并造成危险	违反本法规定，在崩塌、滑坡危险区或者泥石流易发区从事取土、挖砂、采石等可能造成水土流失的活动	—	—	—	—	—	—	—	—	—	√	√
36	存在易造成水土流失的行为或未按要求进行治理、整改	违反本法规定，采集发菜，或者在水土流失重点预防区和重点治理区铲草皮、挖树兜、滥挖虫草、甘草、麻黄等	—	—	—	—	—	—	—	—	—	√	√
		在林区采伐林木不依法采取防止水土流失措施	—	—	—	—	—	—	√	—	—	—	—
		违反本法规定，水土保持设施未经验收或者验收不合格将生产建设项目投产使用	—	—	—	—	—	—	√	—	—	√	√

— 368 —

续表

| 追责主体 ||||| 追责依据 ||
人民代表大会	司法机关	行政机关	组织人事部门和纪检监察机关	受损害人	法规名称和条款	法规处罚规定
		由县级以上地方人民政府水行政主管部门责令停止违法行为，没收违法所得，对个人处一千元以上一万元以下的罚款，对单位处二万元以上二十万元以下的罚款			《中华人民共和国水土保持法》第四十八条	违反本法规定，在崩塌、滑坡危险区或者泥石流易发区从事取土、挖砂、采石等可能造成水土流失的活动的，由县级以上地方人民政府水行政主管部门责令停止违法行为，没收违法所得，对个人处一千元以上一万元以下的罚款，对单位处二万元以上二十万元以下的罚款。
		由县级以上地方人民政府水行政主管部门责令停止违法行为，采取补救措施，没收违法所得，并处违法所得一倍以上五倍以下的罚款；没有违法所得的，可以处五万元以下的罚款			《中华人民共和国水土保持法》第五十一条	违反本法规定，采集发菜，或者在水土流失重点预防区和重点治理区铲草皮、挖树兜、滥挖虫草、甘草、麻黄等的，由县级以上地方人民政府水行政主管部门责令停止违法行为，采取补救措施，没收违法所得，并处违法所得一倍以上五倍以下的罚款；没有违法所得的，可以处五万元以下的罚款。
		由县级以上地方人民政府林业主管部门、水行政主管部门责令限期改正，采取补救措施；造成水土流失的，由水行政主管部门按照造成水土流失的面积处每平方米二元以上十元以下的罚款			《中华人民共和国水土保持法》第五十二条	在林区采伐林木不依法采取防止水土流失措施的，由县级以上地方人民政府林业主管部门、水行政主管部门责令限期改正，采取补救措施；造成水土流失的，由水行政主管部门按照造成水土流失的面积处每平方米二元以上十元以下的罚款。
		由县级以上人民政府水行政主管部门责令停止生产或者使用，直至验收合格，并处五万元以上五十万元以下的罚款			《中华人民共和国水土保持法》第五十四条	违反本法规定，水土保持设施未经验收或者验收不合格将生产建设项目投产使用的，由县级以上人民政府水行政主管部门责令停止生产或者使用，直至验收合格，并处五万元以上五十万元以下的罚款。

序号	损害情形		追责客体									
	违法违纪违规情形概况	违法违纪违规情形	党委/政府			主管部门			企事业单位			非国有企业、自然人	
			单位	直接责任人	主要领导干部	单位	直接责任人	主要领导干部	单位	直接责任人	主要领导干部	非国有企业	自然人
36	存在易造成水土流失的行为或未按要求进行治理、整改	违反本法规定，在水土保持方案确定的专门存放地以外的区域倾倒砂、石、土、矸石、尾矿、废渣等	—	—	—	—	—	—	√	—	—	√	√
		违反本法规定，开办生产建设项目或者从事其他生产建设活动造成水土流失，不进行治理	—	—	—	—	—	—	√	—	—	√	√
		违反本法规定，拒不缴纳水土保持补偿费	—	—	—	—	—	—	√	—	—	√	√
		违反本法规定，造成水土流失危害	—	—	—	—	—	—	√	—	—	√	√

续表

追责主体					追责依据	
人民代表大会	司法机关	行政机关	组织人事部门和纪检监察机关	受损害人	法规名称和条款	法规处罚规定
		由县级以上地方人民政府水行政主管部门责令停止违法行为，限期清理，按照倾倒数量处每立方米十元以上二十元以下的罚款；逾期仍不清理的，县级以上地方人民政府水行政主管部门可以指定有清理能力的单位代为清理，所需费用由违法行为人承担			《中华人民共和国水土保持法》第五十五条	违反本法规定，在水土保持方案确定的专门存放地以外的区域倾倒砂、石、土、矸石、尾矿、废渣等的，由县级以上地方人民政府水行政主管部门责令停止违法行为，限期清理，按照倾倒数量处每立方米十元以上二十元以下的罚款；逾期仍不清理的，县级以上地方人民政府水行政主管部门可以指定有清理能力的单位代为清理，所需费用由违法行为人承担。
		由县级以上人民政府水行政主管部门责令限期治理；逾期仍不治理的，县级以上人民政府水行政主管部门可以指定有治理能力的单位代为治理，所需费用由违法行为人承担			《中华人民共和国水土保持法》第五十六条	违反本法规定，开办生产建设项目或者从事其他生产建设活动造成水土流失，不进行治理的，由县级以上人民政府水行政主管部门责令限期治理；逾期仍不治理的，县级以上人民政府水行政主管部门可以指定有治理能力的单位代为治理，所需费用由违法行为人承担。
		由县级以上人民政府水行政主管部门责令限期缴纳；逾期不缴纳的，自滞纳之日起按日加收滞纳部分万分之五的滞纳金，可以处应缴水土保持补偿费三倍以下的罚款			《中华人民共和国水土保持法》第五十七条	违反本法规定，拒不缴纳水土保持补偿费的，由县级以上人民政府水行政主管部门责令限期缴纳；逾期不缴纳的，自滞纳之日起按日加收滞纳部分万分之五的滞纳金，可以处应缴水土保持补偿费三倍以下的罚款。
	构成犯罪的，依法追究刑事责任	构成违反治安管理行为的，由公安机关依法给予治安管理处罚		依法承担民事责任	《中华人民共和国水土保持法》第五十八条	违反本法规定，造成水土流失危害的，依法承担民事责任；构成违反治安管理行为的，由公安机关依法给予治安管理处罚；构成犯罪的，依法追究刑事责任。

— 371 —

序号	损害情形		追责客体									
	违法违纪违规情形概况	违法违纪违规情形	党委/政府			主管部门			企事业单位			非国有企业、自然人	
			单位	直接责任人	主要领导干部	单位	直接责任人	主要领导干部	单位	直接责任人	主要领导干部	非国有企业	自然人
37	未依法编制、补充、修改水土保持方案	（一）依法应当编制水土保持方案的生产建设项目，未编制水土保持方案或者编制的水土保持方案未经批准而开工建设的； （二）生产建设项目的地点、规模发生重大变化，未补充、修改水土保持方案或者补充、修改的水土保持方案未经原审批机关批准的； （三）水土保持方案实施过程中，未经原审批机关批准，对水土保持措施作出重大变更的。	—	—	—	—	—	—	✓	✓	✓	✓	—
38	造成土地沙化，或未按要求治理沙化	在沙化土地封禁保护区范围内从事破坏植被活动	—	—	—	—	—	—	✓	—	—	✓	✓
		违反本法第二十五条第一款规定，国有土地使用权人和农民集体所有土地承包经营权人未采取防沙治沙措施，造成土地严重沙化	—	—	—	—	—	—	✓	—	—	✓	✓
		违反本法规定，进行营利性治沙活动，造成土地沙化加重	—	—	—	—	—	—	✓	—	—	✓	✓

续表

追责主体					追责依据	
人民代表大会	司法机关	行政机关	组织人事部门和纪检监察机关	受损害人	法规名称和条款	法规处罚规定
		由县级以上人民政府水行政主管部门责令停止违法行为，限期补办手续；逾期不补办手续的，处五万元以上五十万元以下的罚款；对生产建设单位直接负责的主管人员和其他直接责任人员依法给予处分			《中华人民共和国水土保持法》第五十三条	违反本法规定，有下列行为之一的，由县级以上人民政府水行政主管部门责令停止违法行为，限期补办手续；逾期不补办手续的，处五万元以上五十万元以下的罚款；对生产建设单位直接负责的主管人员和其他直接责任人员依法给予处分：（一）依法应当编制水土保持方案的生产建设项目，未编制水土保持方案或者编制的水土保持方案未经批准而开工建设的；（二）生产建设项目的地点、规模发生重大变化，未补充、修改水土保持方案或者补充、修改的水土保持方案未经原审批机关批准的；（三）水土保持方案实施过程中，未经原审批机关批准，对水土保持措施作出重大变更的。
	构成犯罪的，依法追究刑事责任	由县级以上地方人民政府林业、农（牧）业行政主管部门按照各自的职责，责令停止违法行为；有违法所得的，没收其违法所得			《中华人民共和国防沙治沙法》第三十八条	违反本法第二十二条第一款规定，在沙化土地封禁保护区范围内从事破坏植被活动的，由县级以上地方人民政府林业、农（牧）业行政主管部门按照各自的职责，责令停止违法行为；有违法所得的，没收其违法所得；构成犯罪的，依法追究刑事责任。
		由县级以上地方人民政府农（牧）业、林业行政主管部门按照各自的职责，责令限期治理；造成国有土地严重沙化的，县级以上人民政府可以收回国有土地使用权			《中华人民共和国防沙治沙法》第三十九条	违反本法第二十五条第一款规定，国有土地使用权人和农民集体所有土地承包经营权人未采取防沙治沙措施，造成土地严重沙化的，由县级以上地方人民政府农（牧）业、林业行政主管部门按照各自的职责，责令限期治理；造成国有土地严重沙化的，县级以上人民政府可以收回国有土地使用权。
		由县级以上地方人民政府负责受理营利性治沙申请的行政主管部门责令停止违法行为，可以并处每公顷五千元以上五万元以下的罚款			《中华人民共和国防沙治沙法》第四十条	违反本法规定，进行营利性治沙活动，造成土地沙化加重的，由县级以上地方人民政府负责受理营利性治沙申请的行政主管部门责令停止违法行为，可以并处每公顷五千元以上五万元以下的罚款。

序号	违法违纪违规情形概况	违法违纪违规情形	党委/政府 单位	党委/政府 直接责任人	党委/政府 主要领导干部	主管部门 单位	主管部门 直接责任人	主管部门 主要领导干部	企事业单位 单位	企事业单位 直接责任人	企事业单位 主要领导干部	非国有企业、自然人 非国有企业	非国有企业、自然人 自然人
38	造成土地沙化，或未按要求治理沙化	违反本法第二十八条第一款规定，不按照治理方案进行治理	—	—	—	—	—	—	√	—	—	√	√
39	破坏水工程，妨碍行洪	在河道管理范围内建设妨碍行洪的建筑物、构筑物，或者从事影响河势稳定、危害河岸堤防安全和其他妨碍河道行洪的活动	—	—	—	—	—	—	√	—	—	√	√
		未经水行政主管部门或者流域管理机构同意，擅自修建水工程，或者建设桥梁、码头和其他拦河、跨河、临河建筑物、构筑物，铺设跨河管道、电缆，且防洪法未作规定	—	—	—	—	—	—	√	—	—	√	√
		虽经水行政主管部门或者流域管理机构同意，但未按照要求修建前款所列工程设施	—	—	—	—	—	—	√	—	—	√	√

续表

追责主体					追责依据	
人民代表大会	司法机关	行政机关	组织人事部门和纪检监察机关	受损害人	法规名称和条款	法规处罚规定
		由县级以上地方人民政府负责受理营利性治沙申请的行政主管部门责令停止违法行为，限期改正，可以并处相当于治理费用一倍以上三倍以下的罚款			《中华人民共和国防沙治沙法》第四十一条	违反本法第二十八条第一款规定，不按照治理方案进行治理的，或者违反本法第二十九条规定，经验收不合格又不按要求继续治理的，由县级以上地方人民政府负责受理营利性治沙申请的行政主管部门责令停止违法行为，限期改正，可以并处相当于治理费用一倍以上三倍以下的罚款。
		由县级以上人民政府水行政主管部门或者流域管理机构依据职权，责令停止违法行为，限期拆除违法建筑物、构筑物，恢复原状；逾期不拆除、不恢复原状的，强行拆除，所需费用由违法单位或者个人负担，并处一万元以上十万元以下的罚款			《中华人民共和国水法》第六十五条	在河道管理范围内建设妨碍行洪的建筑物、构筑物，或者从事影响河势稳定、危害河岸堤防安全和其他妨碍河道行洪的活动的，由县级以上人民政府水行政主管部门或者流域管理机构依据职权，责令停止违法行为，限期拆除违法建筑物、构筑物，恢复原状；逾期不拆除、不恢复原状的，强行拆除，所需费用由违法单位或者个人负担，并处一万元以上十万元以下的罚款。
		由县级以上人民政府水行政主管部门或者流域管理机构依据职权，责令停止违法行为，限期补办有关手续；逾期不补办或者补办未被批准的，责令限期拆除违法建筑物、构筑物；逾期不拆除的，强行拆除，所需费用由违法单位或者个人负担，并处一万元以上十万元以下的罚款			《中华人民共和国水法》第六十五条	未经水行政主管部门或者流域管理机构同意，擅自修建水工程，或者建设桥梁、码头和其他拦河、跨河、临河建筑物、构筑物，铺设跨河管道、电缆，且防洪法未作规定的，由县级以上人民政府水行政主管部门或者流域管理机构依据职权，责令停止违法行为，限期补办有关手续；逾期不补办或者补办未被批准的，责令限期拆除违法建筑物、构筑物；逾期不拆除的，强行拆除，所需费用由违法单位或者个人负担，并处一万元以上十万元以下的罚款。
		由县级以上人民政府水行政主管部门或者流域管理机构依据职权，责令限期改正，按照情节轻重，处一万元以上十万元以下的罚款			《中华人民共和国水法》第六十五条	虽经水行政主管部门或者流域管理机构同意，但未按照要求修建前款所列工程设施的，由县级以上人民政府水行政主管部门或者流域管理机构依据职权，责令限期改正，按照情节轻重，处一万元以上十万元以下的罚款。

序号	违法违纪违规情形概况	损害情形 违法违纪违规情形	追责客体 党委/政府 单位	直接责任人	主要领导干部	主管部门 单位	直接责任人	主要领导干部	企事业单位 单位	直接责任人	主要领导干部	非国有企业、自然人 非国有企业	自然人
39	破坏水工程，妨碍行洪	（一）在江河、湖泊、水库、运河、渠道内弃置、堆放阻碍行洪的物体和种植阻碍行洪的林木及高秆作物的； （二）围湖造地或者未经批准围垦河道的。	—	—	—	—	—	—	√	—	—	√	√
		（一）侵占、毁坏水工程及堤防、护岸等有关设施，毁坏防汛、水文监测、水文地质监测设施的； （二）在水工程保护范围内，从事影响水工程运行和危害水工程安全的爆破、打井、采石、取土等活动的。	—	—	—	—	—	—	√	—	—	√	√
40	违规设置排污口，污染水资源	在饮用水水源保护区内设置排污口	—	—	—	—	—	—	√	—	—	√	√
		未经水行政主管部门或者流域管理机构审查同意，擅自在江河、湖泊新建、改建或者扩大排污口	—	—	—	—	—	—	√	—	—	√	√

续表

追责主体					追责依据	
人民代表大会	司法机关	行政机关	组织人事部门和纪检监察机关	受损害人	法规名称和条款	法规处罚规定
		由县级以上人民政府水行政主管部门或者流域管理机构依据职权，责令停止违法行为，限期清除障碍或者采取其他补救措施，处一万元以上五万元以下的罚款			《中华人民共和国水法》第六十六条	有下列行为之一，且防洪法未作规定的，由县级以上人民政府水行政主管部门或者流域管理机构依据职权，责令停止违法行为，限期清除障碍或者采取其他补救措施，处一万元以上五万元以下的罚款：（一）在江河、湖泊、水库、运河、渠道内弃置、堆放阻碍行洪的物体和种植阻碍行洪的林木及高秆作物的；（二）围湖造地或者未经批准围垦河道的。
	构成犯罪的，依照刑法的有关规定追究刑事责任；给他人造成损失的，依法承担赔偿责任	尚不够刑事处罚，且防洪法未作规定的，由县级以上地方人民政府水行政主管部门或者流域管理机构依据职权，责令停止违法行为，采取补救措施，处一万元以上五万元以下的罚款；违反治安管理处罚法的，由公安机关依法给予治安管理处罚			《中华人民共和国水法》第七十二条	有下列行为之一，构成犯罪的，依照刑法的有关规定追究刑事责任；尚不够刑事处罚，且防洪法未作规定的，由县级以上地方人民政府水行政主管部门或者流域管理机构依据职权，责令停止违法行为，采取补救措施，处一万元以上五万元以下的罚款；违反治安管理处罚法的，由公安机关依法给予治安管理处罚；给他人造成损失的，依法承担赔偿责任：（一）侵占、毁坏水工程及堤防、护岸等有关设施，毁坏防汛、水文监测、水文地质监测设施的；（二）在水工程保护范围内，从事影响水工程运行和危害水工程安全的爆破、打井、采石、取土等活动的。
		由县级以上地方人民政府责令限期拆除、恢复原状；逾期不拆除、不恢复原状的，强行拆除、恢复原状，并处五万元以上十万元以下的罚款			《中华人民共和国水法》第六十七条	在饮用水水源保护区内设置排污口的，由县级以上地方人民政府责令限期拆除、恢复原状；逾期不拆除、不恢复原状的，强行拆除、恢复原状，并处五万元以上十万元以下的罚款。
		由县级以上人民政府水行政主管部门或者流域管理机构依据职权，责令停止违法行为，限期恢复原状，处五万元以上十万元以下的罚款			《中华人民共和国水法》第六十七条	未经水行政主管部门或者流域管理机构审查同意，擅自在江河、湖泊新建、改建或者扩大排污口的，由县级以上人民政府水行政主管部门或者流域管理机构依据职权，责令停止违法行为，限期恢复原状，处五万元以上十万元以下的罚款。

序号	违法违纪违规情形概况	损害情形 违法违纪违规情形	追责客体 党委/政府 单位	直接责任人	主要领导干部	主管部门 单位	直接责任人	主要领导干部	企事业单位 单位	直接责任人	主要领导干部	非国有企业	自然人
40	违规设置排污口，污染水资源	（一）未经验收的入河排污口设置或者验收不合格，擅自使用入河排污口排污的； （二）拒不按照县级以上地方人民政府水行政主管部门或流域管理机构的要求报告入河排污情况的。	—	—	—	—	—	—	✓	—	—	✓	✓
		在饮用水水源保护区内设置排污口	—	—	—	—	—	—	✓	—	—	✓	✓
		除前款规定外，违反法律、行政法规和国务院环境保护主管部门的规定设置排污口	—	—	—	—	—	—	✓	—	—	✓	✓
		未经水行政主管部门或者流域管理机构同意，在江河、湖泊新建、改建、扩建排污口	—	—	—	—	—	—	✓	—	—	✓	✓

续表

追责主体					追责依据	
人民代表大会	司法机关	行政机关	组织人事部门和纪检监察机关	受损害人	法规名称和条款	法规处罚规定
		有管辖权的县级以上地方人民政府水行政主管部门或者流域管理机构应当责令限期整改			《水功能区监督管理办法》第三十四条	违反本办法规定，具有下列情形之一的，有管辖权的县级以上地方人民政府水行政主管部门或流域管理机构应当责令限期整改：（一）未经验收的入河排污口设置或验收不合格，擅自使用入河排污口排污的；（二）拒不按照县级以上地方人民政府水行政主管部门或流域管理机构的要求报告入河排污情况的。
		由县级以上地方人民政府责令限期拆除，处十万元以上五十万元以下的罚款；逾期不拆除的，强制拆除，所需费用由违法者承担，处五十万元以上一百万元以下的罚款，并可以责令停产整治			《中华人民共和国水污染防治法》第八十四条	在饮用水水源保护区内设置排污口的，由县级以上地方人民政府责令限期拆除，处十万元以上五十万元以下的罚款；逾期不拆除的，强制拆除，所需费用由违法者承担，处五十万元以上一百万元以下的罚款，并可以责令停产整治。
		由县级以上地方人民政府环境保护主管部门责令限期拆除，处二万元以上十万元以下的罚款；逾期不拆除的，强制拆除，所需费用由违法者承担，处十万元以上五十万元以下的罚款；情节严重的，可以责令停产整治			《中华人民共和国水污染防治法》第八十四条	除前款规定外，违反法律、行政法规和国务院环境保护主管部门的规定设置排污口的，由县级以上地方人民政府环境保护主管部门责令限期拆除，处二万元以上十万元以下的罚款；逾期不拆除的，强制拆除，所需费用由违法者承担，处十万元以上五十万元以下的罚款；情节严重的，可以责令停产整治。
		由县级以上人民政府水行政主管部门或者流域管理机构依据职权，依照前款规定采取措施、给予处罚			《中华人民共和国水污染防治法》第八十四条	未经水行政主管部门或者流域管理机构同意，在江河、湖泊新建、改建、扩建排污口的，由县级以上人民政府水行政主管部门或者流域管理机构依据职权，依照前款规定采取措施、给予处罚。

— 379 —

序号	违法违纪违规情形概况	损害情形 违法违纪违规情形	追责客体 党委/政府 单位	直接责任人	主要领导干部	主管部门 单位	直接责任人	主要领导干部	企事业单位 单位	直接责任人	主要领导干部	非国有企业、自然人 非国有企业	自然人
41	设备或者建设项目不符合节水规定	生产、销售或者在生产经营中使用国家明令淘汰的落后的、耗水量高的工艺、设备和产品	—	—	—	—	—	—	√	—	—	√	—
		建设项目的节水设施没有建成或者没有达到国家规定的要求，擅自投入使用	—	—	—	—	—	—	√	—	—	√	—
42	违规取水或拖欠拒缴水资源费	（一）未经批准擅自取水的； （二）未依照批准的取水许可规定条件取水。	—	—	—	—	—	—	√	—	—	√	√
		拒不缴纳、拖延缴纳或者拖欠水资源费	—	—	—	—	—	—	√	—	—	√	—

续表

追责主体					追责依据	
人民代表大会	司法机关	行政机关	组织人事部门和纪检监察机关	受损害人	法规名称和条款	法规处罚规定
		由县级以上地方人民政府经济综合主管部门责令停止生产、销售或者使用，处二万元以上十万元以下的罚款			《中华人民共和国水法》第六十八条	生产、销售或者在生产经营中使用国家明令淘汰的落后的、耗水量高的工艺、设备和产品的，由县级以上地方人民政府经济综合主管部门责令停止生产、销售或者使用，处二万元以上十万元以下的罚款。
		由县级以上人民政府有关部门或者流域管理机构依据职权，责令停止使用，限期改正，处五万元以上十万元以下的罚款			《中华人民共和国水法》第七十一条	建设项目的节水设施没有建成或者没有达到国家规定的要求，擅自投入使用的，由县级以上人民政府有关部门或者流域管理机构依据职权，责令停止使用，限期改正，处五万元以上十万元以下的罚款。
		由县级以上人民政府水行政主管部门或者流域管理机构依据职权，责令停止违法行为，限期采取补救措施，处二万元以上十万元以下的罚款；情节严重的，吊销其取水许可证			《中华人民共和国水法》第六十九条	有下列行为之一的，由县级以上人民政府水行政主管部门或者流域管理机构依据职权，责令停止违法行为，限期采取补救措施，处二万元以上十万元以下的罚款；情节严重的，吊销其取水许可证：（一）未经批准擅自取水的；（二）未依照批准的取水许可规定条件取水的。
		由县级以上人民政府水行政主管部门或者流域管理机构依据职权，责令限期缴纳；逾期不缴纳的，从滞纳之日起按日加收滞纳部分千分之二的滞纳金，并处应缴或者补缴水资源费一倍以上五倍以下的罚款			《中华人民共和国水法》第七十条	拒不缴纳、拖延缴纳或者拖欠水资源费的，由县级以上人民政府水行政主管部门或者流域管理机构依据职权，责令限期缴纳；逾期不缴纳的，从滞纳之日起按日加收滞纳部分千分之二的滞纳金，并处应缴或者补缴水资源费一倍以上五倍以下的罚款。

序号	损害情形		追责客体									
	违法违纪违规情形概况	违法违纪违规情形	党委/政府			主管部门			企事业单位			非国有企业、自然人	
			单位	直接责任人	主要领导干部	单位	直接责任人	主要领导干部	单位	直接责任人	主要领导干部	非国有企业	自然人
43	违规向水体排放污染物	（一）未按照规定对所排放的水污染物自行监测，或者未保存原始监测记录的； （二）未按照规定安装水污染物排放自动监测设备，未按照规定与环境保护主管部门的监控设备联网，或者未保证监测设备正常运行的； （三）未按照规定对有毒有害水污染物的排污口和周边环境进行监测，或者未公开有毒有害水污染物信息的。	—	—	—	—	—	—	√	—	—	√	—
		（一）未依法取得排污许可证排放水污染物的； （二）超过水污染物排放标准或者超过重点水污染物排放总量控制指标排放水污染物的； （三）利用渗井、渗坑、裂隙、溶洞，私设暗管，篡改、伪造监测数据，或者不正常运行水污染防治设施等逃避监管的方式排放水污染物的； （四）未按照规定进行预处理，向污水集中处理设施排放不符合处理工艺要求的工业废水的。	—	—	—	—	—	—	√	—	—	√	—
		（一）向水体排放油类、酸液、碱液的； （二）向水体排放剧毒废液，或者将含有汞、镉、砷、铬、铅、氰化物、黄磷等的可溶性剧毒废渣向水体排放、倾倒或者直接埋入地下的； （三）在水体清洗装贮过油类、有毒污染物的车辆或者容器的； （四）向水体排放、倾倒工业废渣、城镇垃圾或者其他废弃物，或者在江河、湖泊、运河、渠道、水库最高水位线以下的滩地、岸坡堆放、存贮固体废弃物或者其他污染物的； （五）向水体排放、倾倒放射性固体废物或者含有高放射性、中放射性物质的废水的； （六）违反国家有关规定或者标准，向水体排放含低放射性物质的废水、热废水或者含病原体的污水的； （七）未采取防渗漏等措施，或者未建设地下水水质监测井进行监测的； （八）加油站等的地下油罐未使用双层罐或者采取建造防渗池等其他有效措施，或者未进行防渗漏监测的； （九）未按照规定采取防护性措施，或者利用无防渗漏措施的沟渠、坑塘等输送或者存贮含有毒污染物的废水、含病原体的污水或者其他废弃物的。	—	—	—	—	—	—	√	—	—	√	√

续表

追责主体					追责依据	
人民代表大会	司法机关	行政机关	组织人事部门和纪检监察机关	受损害人	法规名称和条款	法规处罚规定
		由县级以上人民政府环境保护主管部门责令限期改正,处二万元以上二十万元以下的罚款;逾期不改正的,责令停产整治			《中华人民共和国水污染防治法》第八十二条	违反本法规定,有下列行为之一的,由县级以上人民政府环境保护主管部门责令限期改正,处二万元以上二十万元以下的罚款;逾期不改正的,责令停产整治:(一)未按照规定对所排放的水污染物自行监测,或者未保存原始监测记录的;(二)未按照规定安装水污染物排放自动监测设备,未按照规定与环境保护主管部门的监控设备联网,或者未保证监测设备正常运行的;(三)未按照规定对有毒有害水污染物的排放口和周边环境进行监测,或未公开有毒有害水污染物信息的。
		由县级以上人民政府环境保护主管部门责令改正或者责令限制生产、停产整治,并处十万元以上一百万元以下的罚款;情节严重的,报经有批准权的人民政府批准,责令停业、关闭			《中华人民共和国水污染防治法》第八十三条	违反本法规定,有下列行为之一的,由县级以上人民政府环境保护主管部门责令改正或者责令限制生产、停产整治,并处十万元以上一百万元以下的罚款;情节严重的,报经有批准权的人民政府批准,责令停业、关闭:(一)未依法取得排污许可证排放水污染物的;(二)超过水污染物排放标准或者超过重点水污染物排放总量控制指标排放水污染物的;(三)利用渗井、渗坑、裂隙、溶洞,私设暗管,篡改、伪造监测数据,或者不正常运行水污染防治设施等逃避监管的方式排放水污染物的;(四)未按照规定进行预处理,向污水集中处理设施排放不符合处理工艺要求的工业废水的。
		由县级以上地方人民政府环境保护主管部门责令停止违法行为,限期采取治理措施,消除污染,处以罚款;逾期不采取治理措施的,环境保护主管部门可以指定有治理能力的单位代为治理,所需费用由违法者承担。有前款第三项、第四项、第六项、第七项、第八项行为之一的,处二万元以上二十万元以下的罚款。有前款第一项、第二项、第五项、第九项行为之一的,处十万元以上一百万元以下的罚款;情节严重的,报经有批准权的人民政府批准,责令停业、关闭			《中华人民共和国水污染防治法》第八十五条	有下列行为之一的,由县级以上地方人民政府环境保护主管部门责令停止违法行为,限期采取治理措施,消除污染,处以罚款;逾期不采取治理措施的,环境保护主管部门可以指定有治理能力的单位代为治理,所需费用由违法者承担:(一)向水体排放油类、酸液、碱液的;(二)向水体排放剧毒废液,或者将含有汞、镉、砷、铬、铅、氰化物、黄磷等的可溶性剧毒废渣向水体排放、倾倒或者直接埋入地下的;(三)在水体清洗装贮过油类、有毒污染物的车辆或者容器的;(四)向水体排放、倾倒工业废渣、城镇垃圾或者其他废弃物,或者在江河、湖泊、运河、渠道、水库最高水位线以下的滩地、岸坡堆放、存贮固体废弃物或者其他污染物的;(五)向水体排放、倾倒放射性固体废物或者含有高放射性、中放射性物质的废水的;(六)违反国家有关规定或者标准,向水体排放含低放射性物质的废水、热废水或者含病原体的污水的;(七)未采取防渗漏等措施,或者未建设地下水水质监测井进行监测的;(八)加油站等的地下油罐未使用双层罐或者采取建造防渗池等其他有效措施,或者未进行防渗漏监测的;(九)未按照规定采取防护性措施,或者利用无防渗漏措施的沟渠、坑塘等输送或者存贮含有毒污染物的废水、含病原体的污水或者其他废弃物的。 有前款第三项、第四项、第六项、第七项、第八项行为之一的,处二万元以上二十万元以下的罚款。有前款第一项、第二项、第五项、第九项行为之一的,处十万元以上一百万元以下的罚款;情节严重的,报经有批准权的人民政府批准,责令停业、关闭。

序号	损害情形 违法违纪违规情形概况	损害情形 违法违纪违规情形	追责客体 党委/政府 单位	追责客体 党委/政府 直接责任人	追责客体 党委/政府 主要领导干部	追责客体 主管部门 单位	追责客体 主管部门 直接责任人	追责客体 主管部门 主要领导干部	追责客体 企事业单位 单位	追责客体 企事业单位 直接责任人	追责客体 企事业单位 主要领导干部	非国有企业、自然人 非国有企业	非国有企业、自然人 自然人
44	设备或者建设项目严重污染水环境	违反本法规定，生产、销售、进口或者使用列入禁止生产、销售、进口、使用的严重污染水环境的设备名录中的设备，或者采用列入禁止采用的严重污染水环境的工艺名录中的工艺	—	—	—	—	—	—	√	—	—	√	—
		违反本法规定，建设不符合国家产业政策的小型造纸、制革、印染、染料、炼焦、炼硫、炼砷、炼汞、炼油、电镀、农药、石棉、水泥、玻璃、钢铁、火电以及其他严重污染水环境的生产项目	—	—	—	—	—	—	√	—	—	√	—
45	污泥处理不合规	城镇污水集中处理设施的运营单位或者污泥处理处置单位，处理处置后的污泥不符合国家标准，或者对污泥去向等未进行记录	—	—	—	—	—	—	√	—	—	√	—

续表

追责主体					追责依据	
人民代表大会	司法机关	行政机关	组织人事部门和纪检监察机关	受损害人	法规名称和条款	法规处罚规定
		由县级以上人民政府经济综合宏观调控部门责令改正,处五万元以上二十万元以下的罚款;情节严重的,由县级以上人民政府经济综合宏观调控部门提出意见,报请本级人民政府责令停业、关闭			《中华人民共和国水污染防治法》第八十六条	违反本法规定,生产、销售、进口或者使用列入禁止生产、销售、进口、使用的严重污染水环境的设备名录中的设备,或者采用列入禁止采用的严重污染水环境的工艺名录中的工艺的,由县级以上人民政府经济综合宏观调控部门责令改正,处五万元以上二十万元以下的罚款;情节严重的,由县级以上人民政府经济综合宏观调控部门提出意见,报请本级人民政府责令停业、关闭。
		由所在地的市、县人民政府责令关闭			《中华人民共和国水污染防治法》第八十七条	违反本法规定,建设不符合国家产业政策的小型造纸、制革、印染、染料、炼焦、炼硫、炼砷、炼汞、炼油、电镀、农药、石棉、水泥、玻璃、钢铁、火电以及其他严重污染水环境的生产项目的,由所在地的市、县人民政府责令关闭。
		由城镇排水主管部门责令限期采取治理措施,给予警告;造成严重后果的,处十万元以上二十万元以下的罚款;逾期不采取治理措施的,城镇排水主管部门可以指定有治理能力的单位代为治理,所需费用由违法者承担			《中华人民共和国水污染防治法》第八十八条	城镇污水集中处理设施的运营单位或者污泥处理处置单位,处理处置后的污泥不符合国家标准,或者对污泥去向等未进行记录的,由城镇排水主管部门责令限期采取治理措施,给予警告;造成严重后果的,处十万元以上二十万元以下的罚款;逾期不采取治理措施的,城镇排水主管部门可以指定有治理能力的单位代为治理,所需费用由违法者承担。

序号	违法违纪违规情形概况	损害情形 违法违纪违规情形	追责客体								
			党委/政府			主管部门			企事业单位			非国有企业、自然人	
			单位	直接责任人	主要领导干部	单位	直接责任人	主要领导干部	单位	直接责任人	主要领导干部	非国有企业	自然人
46	船舶配置或操作不符合环保规定	船舶未配置相应的防污染设备和器材，或者未持有合法有效的防止水域环境污染的证书与文书	—	—	—	—	—	—	√	—	—	√	—
		船舶进行涉及污染物排放的作业，未遵守操作规程或者未在相应的记录簿上如实记载	—	—	—	—	—	—	√	—	—	√	—
		（一）向水体倾倒船舶垃圾或者排放船舶的残油、废油的； （二）未经作业地海事管理机构批准，船舶进行散装液体污染危害性货物的过驳作业的； （三）船舶及有关作业单位从事有污染风险的作业活动，未按照规定采取污染防治措施的； （四）以冲滩方式进行船舶拆解的； （五）进入中华人民共和国内河的国际航线船舶，排放不符合规定的船舶压载水的。	—	—	—	—	—	—	√	—	—	√	—

续表

追责主体					追责依据	
人民代表大会	司法机关	行政机关	组织人事部门和纪检监察机关	受损害人	法规名称和条款	法规处罚规定
		由海事管理机构、渔业主管部门按照职责分工责令限期改正，处二千元以上二万元以下的罚款；逾期不改正的，责令船舶临时停航			《中华人民共和国水污染防治法》第八十九条	船舶未配置相应的防污染设备和器材，或者未持有合法有效的防止水域环境污染的证书与文书的，由海事管理机构、渔业主管部门按照职责分工责令限期改正，处二千元以上二万元以下的罚款；逾期不改正的，责令船舶临时停航。
		由海事管理机构、渔业主管部门按照职责分工责令改正，处二千元以上二万元以下的罚款			《中华人民共和国水污染防治法》第八十九条	船舶进行涉及污染物排放的作业，未遵守操作规程或者未在相应的记录簿上如实记载的，由海事管理机构、渔业主管部门按照职责分工责令改正，处二千元以上二万元以下的罚款。
		由海事管理机构、渔业主管部门按照职责分工责令停止违法行为，处一万元以上十万元以下的罚款；造成水污染的，责令限期采取治理措施，消除污染，处二万元以上二十万元以下的罚款；逾期不采取治理措施的，海事管理机构、渔业主管部门按照职责分工可以指定有治理能力的单位代为治理，所需费用由船舶承担			《中华人民共和国水污染防治法》第九十条	违反本法规定，有下列行为之一的，由海事管理机构、渔业主管部门按照职责分工责令停止违法行为，处一万元以上十万元以下的罚款；造成水污染的，责令限期采取治理措施，消除污染，处二万元以上二十万元以下的罚款；逾期不采取治理措施的，海事管理机构、渔业主管部门按照职责分工可以指定有治理能力的单位代为治理，所需费用由船舶承担：（一）向水体倾倒船舶垃圾或者排放船舶的残油、废油的；（二）未经作业地海事管理机构批准，船舶进行散装液体污染危害性货物的过驳作业的；（三）船舶及有关作业单位从事有污染风险的作业活动，未按照规定采取污染防治措施的；（四）以冲滩方式进行船舶拆解的；（五）进入中华人民共和国内河的国际航线船舶，排放不符合规定的船舶压载水的。

| 序号 | 违法违纪违规情形概况 | 损害情形 违法违纪违规情形 | 追责客体 |||||||||
| | | | 党委/政府 ||| 主管部门 ||| 企事业单位 ||| 非国有企业、自然人 ||
			单位	直接责任人	主要领导干部	单位	直接责任人	主要领导干部	单位	直接责任人	主要领导干部	非国有企业	自然人
47	破坏饮用水水源保护区的行为	（一）在饮用水水源一级保护区内新建、改建、扩建与供水设施和保护水源无关的建设项目的； （二）在饮用水水源二级保护区内新建、改建、扩建排放污染物的建设项目的； （三）在饮用水水源准保护区内新建、扩建对水体污染严重的建设项目，或者改建建设项目增加排污量的。	—	—	—	—	—	—	√	—	—	√	—
		在饮用水水源一级保护区内从事网箱养殖或者组织进行旅游、垂钓或者其他可能污染饮用水水体的活动	—	—	—	—	—	—	—	—	—	√	√
		个人在饮用水水源一级保护区内游泳、垂钓或者从事其他可能污染饮用水水体的活动	—	—	—	—	—	—	—	—	—	—	√
48	饮用水供水单位供水水质不符合国家规定标准	饮用水供水单位供水水质不符合国家规定标准	—	—	—	—	—	—	√	√	√	√	—
49	企事业单位造成水污染事故或未执行水污染事故的相关规定	（一）不按照规定制定水污染事故的应急方案的； （二）水污染事故发生后，未及时启动水污染事故的应急方案，采取有关应急措施的。	—	—	—	—	—	—	√	—	—	—	—

续表

追责主体					追责依据	
人民代表大会	司法机关	行政机关	组织人事部门和纪检监察机关	受损害人	法规名称和条款	法规处罚规定
		由县级以上地方人民政府环境保护主管部门责令停止违法行为，处十万元以上五十万元以下的罚款；并报经有批准权的人民政府批准，责令拆除或者关闭			《中华人民共和国水污染防治法》第九十一条	有下列行为之一的，由县级以上地方人民政府环境保护主管部门责令停止违法行为，处十万元以上五十万元以下的罚款；并报经有批准权的人民政府批准，责令拆除或者关闭：（一）在饮用水水源一级保护区内新建、改建、扩建与供水设施和保护水源无关的建设项目的；（二）在饮用水水源二级保护区内新建、改建、扩建排放污染物的建设项目的；（三）在饮用水水源准保护区内新建、扩建对水体污染严重的建设项目，或者改建建设项目增加排污量的。
		由县级以上地方人民政府环境保护主管部门责令停止违法行为，处二万元以上十万元以下的罚款			《中华人民共和国水污染防治法》第九十一条	在饮用水水源一级保护区内从事网箱养殖或者组织进行旅游、垂钓或者其他可能污染饮用水水体的活动的，由县级以上地方人民政府环境保护主管部门责令停止违法行为，处二万元以上十万元以下的罚款。
		由县级以上地方人民政府环境保护主管部门责令停止违法行为，可以处五百元以下的罚款			《中华人民共和国水污染防治法》第九十一条	个人在饮用水水源一级保护区内游泳、垂钓或者从事其他可能污染饮用水水体的活动的，由县级以上地方人民政府环境保护主管部门责令停止违法行为，可以处五百元以下的罚款。
		由所在地市、县级人民政府供水主管部门责令改正，处二万元以上二十万元以下的罚款；情节严重的，报经有批准权的人民政府批准，可以责令停业整顿，对直接负责的主管人员和其他直接责任人员依法给予处分			《中华人民共和国水污染防治法》第九十二条	饮用水供水单位供水水质不符合国家规定标准的，由所在地市、县级人民政府供水主管部门责令改正，处二万元以上二十万元以下的罚款；情节严重的，报经有批准权的人民政府批准，可以责令停业整顿；对直接负责的主管人员和其他直接责任人员依法给予处分。
		由县级以上人民政府环境保护主管部门责令改正；情节严重的，处二万元以上十万元以下的罚款			《中华人民共和国水污染防治法》第九十三条	企业事业单位有下列行为之一的，由县级以上人民政府环境保护主管部门责令改正；情节严重的，处二万元以上十万元以下的罚款：（一）不按照规定制定水污染事故的应急方案的；（二）水污染事故发生后，未及时启动水污染事故的应急方案，采取有关应急措施的。

序号	损害情形		追责客体								
	违法违纪违规情形概况	违法违纪违规情形	党委/政府			主管部门			企事业单位			非国有企业、自然人	
			单位	直接责任人	主要领导干部	单位	直接责任人	主要领导干部	单位	直接责任人	主要领导干部	非国有企业	自然人
49	企事业单位造成水污染事故或未执行水污染事故的相关规定	企业事业单位违反本法规定，造成水污染事故的，除依法承担赔偿责任外	—	—	—	—	—	—	√	√	√	—	—

续表

追责主体					追责依据	
人民代表大会	司法机关	行政机关	组织人事部门和纪检监察机关	受损害人	法规名称和条款	法规处罚规定
		由县级以上人民政府环境保护主管部门依照本条第二款的规定处以罚款，责令限期采取治理措施，消除污染；未按照要求采取治理措施或者不具备治理能力的，由环境保护主管部门指定有治理能力的单位代为治理，所需费用由违法者承担；对造成重大或者特大水污染事故的，还可以报经有批准权的人民政府批准，责令关闭；对直接负责的主管人员和其他直接责任人员可以处上一年度从本单位取得的收入百分之五十以下的罚款；有《中华人民共和国环境保护法》第六十三条规定的违法排放水污染物等行为之一，尚不构成犯罪的，由公安机关对直接负责的主管人员和其他直接责任人员处十日以上十五日以下的拘留；情节较轻的，处五日以上十日以下的拘留。对造成一般或者较大水污染事故的，按照水污染事故造成的直接损失的百分之二十计算罚款；对造成重大或者特大水污染事故的，按照水污染事故造成的直接损失的百分之三十计算罚款。造成渔业污染事故或者渔业船舶造成水污染事故的，由渔业主管部门进行处罚；其他船舶造成水污染事故的，由海事管理机构进行处罚			《中华人民共和国水污染防治法》第九十四条	企业事业单位违反本法规定，造成水污染事故的，除依法承担赔偿责任外，由县级以上人民政府环境保护主管部门依照本条第二款的规定处以罚款，责令限期采取治理措施，消除污染；未按照要求采取治理措施或者不具备治理能力的，由环境保护主管部门指定有治理能力的单位代为治理，所需费用由违法者承担；对造成重大或者特大水污染事故的，还可以报经有批准权的人民政府批准，责令关闭；对直接负责的主管人员和其他直接责任人员可以处上一年度从本单位取得的收入百分之五十以下的罚款；有《中华人民共和国环境保护法》第六十三条规定的违法排放水污染物等行为之一，尚不构成犯罪的，由公安机关对直接负责的主管人员和其他直接责任人员处十日以上十五日以下的拘留；情节较轻的，处五日以上十日以下的拘留。 对造成一般或者较大水污染事故的，按照水污染事故造成的直接损失的百分之二十计算罚款；对造成重大或者特大水污染事故的，按照水污染事故造成的直接损失的百分之三十计算罚款。 造成渔业污染事故或者渔业船舶造成水污染事故的，由渔业主管部门进行处罚；其他船舶造成水污染事故的，由海事管理机构进行处罚。

序号	损害情形 违法违纪违规情形概况	损害情形 违法违纪违规情形	追责客体 党委/政府 单位	追责客体 党委/政府 直接责任人	追责客体 党委/政府 主要领导干部	追责客体 主管部门 单位	追责客体 主管部门 直接责任人	追责客体 主管部门 主要领导干部	追责客体 企事业单位 单位	追责客体 企事业单位 直接责任人	追责客体 企事业单位 主要领导干部	非国有企业、自然人 非国有企业	非国有企业、自然人 自然人
49	企事业单位造成水污染事故或未执行水污染事故的相关规定	企业事业单位和其他生产经营者违法排放水污染物，受到罚款处罚，被责令改正的，依法作出处罚决定的行政机关应当组织复查，发现其继续违法排放水污染物或者拒绝、阻挠复查	—	—	—	—	—	—	√	—	—	—	—
50	造成水污染损害他人利益	因水污染受到损害	—	—	—	—	—	—	√	—	—	√	√
51	破坏河道	(一) 在河道管理范围内弃置、堆放阻碍行洪物体的；种植阻碍行洪的林木或者高秆植物的；修建围堤、阻水渠道、阻水道路的。 (二) 在堤防、护堤地建房、放牧、开渠、打井、挖窑、葬坟、晒粮、存放物料、开采地下资源、进行考古发掘以及开展集市贸易活动的。 (三) 未经批准或者不按照国家规定的防洪标准、工程安全标准整治河道或修建水工程建筑物和其他设施的。 (四) 未经批准或者不按照河道主管机关的规定在河道管理范围内采砂、取土、淘金、弃置砂石或者淤泥、爆破、钻探、挖筑鱼塘的。 (五) 未经批准在河道滩地存放物料、修建厂房或者其他建筑设施，以及开采地下资源或者进行考古发掘的。	—	—	—	—	—	—	√	√	—	√	√

续表

追责主体					追责依据	
人民代表大会	司法机关	行政机关	组织人事部门和纪检监察机关	受损害人	法规名称和条款	法规处罚规定
		依照《中华人民共和国环境保护法》的规定按日连续处罚			《中华人民共和国水污染防治法》第九十五条	企业事业单位和其他生产经营者违法排放水污染物，受到罚款处罚，被责令改正的，依法作出处罚决定的行政机关应当组织复查，发现其继续违法排放水污染物或者拒绝、阻挠复查的，依照《中华人民共和国环境保护法》的规定按日连续处罚。
				因水污染受到损害的当事人，有权要求排污方排除危害和赔偿损失。由于不可抗力造成水污染损害的，排污方不承担赔偿责任；法律另有规定的除外。水污染损害是由受害人故意造成的，排污方不承担赔偿责任。水污染损害是由受害人重大过失造成的，可以减轻排污方的赔偿责任。水污染损害是由第三人造成的，排污方承担赔偿责任后，有权向第三人追偿	《中华人民共和国水污染防治法》第九十六条	因水污染受到损害的当事人，有权要求排污方排除危害和赔偿损失。由于不可抗力造成水污染损害的，排污方不承担赔偿责任；法律另有规定的除外。水污染损害是由受害人故意造成的，排污方不承担赔偿责任。水污染损害是由受害人重大过失造成的，可以减轻排污方的赔偿责任。水污染损害是由第三人造成的，排污方承担赔偿责任后，有权向第三人追偿。
	构成犯罪的，依法追究刑事责任	县级以上地方人民政府河道主管机关除责令其纠正违法行为、采取补救措施外，可以并处警告、罚款、没收非法所得；对有关责任人员，由其所在单位或者上级主管机关给予行政处分			《中华人民共和国河道管理条例》第四十四条	违反本条例规定，有下列行为之一的，县级以上地方人民政府河道主管机关除责令其纠正违法行为、采取补救措施外，可以并处警告、罚款、没收非法所得；对有关责任人员，由其所在单位或者上级主管机关给予行政处分；构成犯罪的，依法追究刑事责任：（一）在河道管理范围内弃置、堆放阻碍行洪物体的；种植阻碍行洪的林木或者高秆植物的；修建围堤、阻水渠道、阻水道路的。（二）在堤防、护堤地建房、放牧、开渠、打井、挖窖、葬坟、晒粮、存放物料、开采地下资源、进行考古发掘以及开展集市贸易活动的。（三）未经批准或者不按国家规定的防洪标准、工程安全标准整治河道或者修建水工程建筑物和其他设施的。（四）未经批准或者不按照河道主管机关的规定在河道管理范围内采砂、取土、淘金、弃置砂石或者淤泥、爆破、钻探、挖筑鱼塘的。（五）未经批准在河道滩地存放物料、修建厂房或者其他建筑设施，以及开采地下资源或者进行考古发掘的。

序号	违法违纪违规情形概况	损害情形 违法违纪违规情形	追责客体								
			党委/政府			主管部门			企事业单位		非国有企业、自然人	
			单位	直接责任人	主要领导干部	单位	直接责任人	主要领导干部	单位	直接责任人	主要领导干部	非国有企业	自然人
51	破坏河道	（一）损毁堤防、护岸、闸坝、水工程建筑物，损毁防汛设施、水文监测和测量设施、河岸地质监测设施以及通信照明等设施； （二）在堤防安全保护区内进行打井、钻探、爆破、挖筑鱼塘、采石、取土等危害堤防安全的活动的； （三）非管理人员操作河道上的涵闸闸门或者干扰河道管理单位正常工作的。	—	—	—	—	—	—	√	—	—	√	√
52	建设项目程序不符合环保规定	（一）建设项目环境影响报告书、环境影响报告表未依法报批或者报请重新审核，擅自开工建设； （二）建设项目环境影响报告书、环境影响报告表未经批准或重新审核同意，擅自开工建设； （三）建设项目环境影响登记表未依法备案。	—	—	—	—	—	—	√	—	—	√	—
		违反本条例规定，建设单位编制建设项目初步设计未落实防治环境污染和生态破坏的措施以及环境保护设施投资概算，未将环境保护设施建设纳入施工合同，或者未依法开展环境影响后评价	—	—	—	—	—	—	√	—	—	√	—
		违反本条例规定，建设单位在项目建设过程中未同时组织实施环境影响报告书、环境影响报告表及其审批部门审批决定中提出的环境保护对策措施	—	—	—	—	—	—	√	—	—	√	—

续表

追责主体					追责依据	
人民代表大会	司法机关	行政机关	组织人事部门和纪检监察机关	受损害人	法规名称和条款	法规处罚规定
	构成犯罪的，依法追究刑事责任	县级以上地方人民政府河道主管机关除责令纠正违法行为、赔偿损失、采取补救措施外，可以并处警告、罚款；应当给予治安管理处罚的，按照《中华人民共和国治安管理处罚法》的规定处罚			《中华人民共和国河道管理条例》第四十五条	违反本条例规定，有下列行为之一的，县级以上地方人民政府河道主管机关除责令纠正违法行为、赔偿损失、采取补救措施外，可以并处警告、罚款；应当给予治安管理处罚的，按照《中华人民共和国治安管理处罚法》的规定处罚；构成犯罪的，依法追究刑事责任：（一）损毁堤防、护岸、闸坝、水工程建筑物，损毁防汛设施、水文监测和测量设施、河岸地质监测设施以及通信照明等设施的；（二）在堤防安全保护区内进行打井、钻探、爆破、挖筑鱼塘、采石、取土等危害堤防安全的活动的；（三）非管理人员操作河道上的涵闸闸门或者干扰河道管理单位正常工作的。
		依照《中华人民共和国环境影响评价法》的规定处罚			《建设项目环境保护管理条例》第二十一条	建设单位有下列行为之一的，依照《中华人民共和国环境影响评价法》的规定处罚：（一）建设项目环境影响报告书、环境影响报告表未依法报批或者报请重新审核，擅自开工建设；（二）建设项目环境影响报告书、环境影响报告表未经批准或重新审核同意，擅自开工建设；（三）建设项目环境影响登记表未依法备案。
		由建设项目所在地县级以上环境保护行政主管部门责令限期改正，处5万元以上20万元以下的罚款；逾期不改正的，处20万元以上100万元以下的罚款			《建设项目环境保护管理条例》第二十二条	违反本条例规定，建设单位编制建设项目初步设计未落实防治环境污染和生态破坏的措施以及环境保护设施投资概算，未将环境保护设施建设纳入施工合同，或者未依法开展环境影响后评价的，由建设项目所在地县级以上环境保护行政主管部门责令限期改正，处5万元以上20万元以下的罚款；逾期不改正的，处20万元以上100万元以下的罚款。
		由建设项目所在地县级以上环境保护行政主管部门责令限期改正，处20万元以上100万元以下的罚款；逾期不改正的，责令停止建设			《建设项目环境保护管理条例》第二十二条	违反本条例规定，建设单位在项目建设过程中未同时组织实施环境影响报告书、环境影响报告表及其审批部门审批决定中提出的环境保护对策措施的，由建设项目所在地县级以上环境保护行政主管部门责令限期改正，处20万元以上100万元以下的罚款；逾期不改正的，责令停止建设。

| 序号 | 违法违纪违规情形概况 | 损害情形 | 追责客体 ||||||||||
| | | 违法违纪违规情形 | 党委/政府 ||| 主管部门 ||| 企事业单位 ||| 非国有企业、自然人 ||
			单位	直接责任人	主要领导干部	单位	直接责任人	主要领导干部	单位	直接责任人	主要领导干部	非国有企业	自然人
52	建设项目程序不符合环保规定	违反本条例规定，需要配套建设的环境保护设施未建成、未经验收或者验收不合格，建设项目即投入生产或者使用，或者在环境保护设施验收中弄虚作假	—	—	—	—	—	—	√	√	√	√	—
		未依法提交建设项目环境影响评价文件或者环境影响评价文件未经批准，擅自开工建设	—	—	—	—	—	—	√	—	—	√	—
53	从事高危作业或排放高危废物造成环境污染事故	违反国家规定，向土地、水体、大气排放、倾倒或者处置有放射性的废物、含传染病病原体的废物、有毒物质或者其他危险废物，造成重大环境污染事故，致使公私财产遭受重大损失或者人身伤亡的严重后果	—	—	—	—	—	—	—	—	—	—	√
		从事高空、高压、易燃、易爆、剧毒、放射性、高速运输工具等对周围环境有高度危险的作业造成他人损害	—	—	—	—	—	—	—	—	—	—	√

续表

追责主体					追责依据	
人民代表大会	司法机关	行政机关	组织人事部门和纪检监察机关	受损害人	法规名称和条款	法规处罚规定
		由县级以上环境保护行政主管部门责令限期改正，处 20 万元以上 100 万元以下的罚款；逾期不改正的，处 100 万元以上 200 万元以下的罚款；对直接负责的主管人员和其他责任人员，处 5 万元以上 20 万元以下的罚款；造成重大环境污染或者生态破坏的，责令停止生产或者使用，或者报经有批准权的人民政府批准，责令关闭			《建设项目环境保护管理条例》第二十三条	违反本条例规定，需要配套建设的环境保护设施未建成、未经验收或者验收不合格，建设项目即投入生产或者使用，或者在环境保护设施验收中弄虚作假的，由县级以上环境保护行政主管部门责令限期改正，处 20 万元以上 100 万元以下的罚款；逾期不改正的，处 100 万元以上 200 万元以下的罚款；对直接负责的主管人员和其他责任人员，处 5 万元以上 20 万元以下的罚款；造成重大环境污染或者生态破坏的，责令停止生产或者使用，或者报经有批准权的人民政府批准，责令关闭。
		负有环境保护监督管理职责的部门责令停止建设，处以罚款，并可以责令恢复原状			《中华人民共和国环境保护法》第六十一条	建设单位未依法提交建设项目环境影响评价文件或者环境影响评价文件未经批准，擅自开工建设的，由负有环境保护监督管理职责的部门责令停止建设，处以罚款，并可以责令恢复原状。
	处三年以下有期徒刑或者拘役，并处或者单处罚金；后果特别严重的，处三年以上七年以下有期徒刑，并处罚金				《中华人民共和国刑法》第三百三十八条	违反国家规定，向土地、水体、大气排放、倾倒或者处置有放射性的废物、含传染病病原体的废物、有毒物质或者其他危险废物，造成重大环境污染事故，致使公私财产遭受重大损失或者人身伤亡的严重后果的，处三年以下有期徒刑或者拘役，并处或者单处罚金；后果特别严重的，处三年以上七年以下有期徒刑，并处罚金。
				应当承担民事责任；如果能够证明损害是由受害人故意造成的，不承担民事责任	《中华人民共和国民法通则》第一百二十三条	从事高空、高压、易燃、易爆、剧毒、放射性、高速运输工具等对周围环境有高度危险的作业造成他人损害的，应当承担民事责任；如果能够证明损害是由受害人故意造成的，不承担民事责任。

序号	违法违纪违规情形概况	损害情形 违法违纪违规情形	追责客体 党委/政府 单位	直接责任人	主要领导干部	主管部门 单位	直接责任人	主要领导干部	企事业单位 单位	直接责任人	主要领导干部	非国有企业、自然人 非国有企业	自然人
54	违规进口废物，对环境造成破坏	违反国家规定，将境外的固体废物进境倾倒、堆放、处置	—	—	—	—	—	—	—	—	—	—	√
		未经国务院有关主管部门许可，擅自进口固体废物用作原料，造成重大环境污染事故，致使公私财产遭受重大损失或者严重危害人体健康	—	—	—	—	—	—	—	—	—	—	√
		以原料利用为名，进口不能用作原料的固体废物	—	—	—	—	—	—	—	—	—	—	√
55	污染环境造成他人损害	违反国家保护环境防止污染的规定，污染环境造成他人损害	—	—	—	—	—	—	—	—	—	√	√
56	海洋主管部门未履行职责	海洋主管部门或者其他对海岛保护负有监督管理职责的部门，发现违法行为或者接到对违法行为的举报后不依法予以查处，或者有其他未依照本法规定履行职责的行为	—	—	—	—	√	√	—	—	—	—	—

续表

追责主体					追责依据	
人民代表大会	司法机关	行政机关	组织人事部门和纪检监察机关	受损害人	法规名称和条款	法规处罚规定
	处五年以下有期徒刑或者拘役,并处罚金;造成重大环境污染事故,致使公私财产遭受重大损失或者严重危害人体健康的,处五年以上十年以下有期徒刑,并处罚金;后果特别严重的,处十年以上有期徒刑,并处罚金				《中华人民共和国刑法》第三百三十九条	违反国家规定,将境外的固体废物进境倾倒、堆放、处置的,处五年以下有期徒刑或者拘役,并处罚金;造成重大环境污染事故,致使公私财产遭受重大损失或者严重危害人体健康的,处五年以上十年以下有期徒刑,并处罚金;后果特别严重的,处十年以上有期徒刑,并处罚金。
	处五年以下有期徒刑或者拘役,并处罚金;后果特别严重的,处五年以上十年以下有期徒刑,并处罚金				《中华人民共和国刑法》第三百三十九条	未经国务院有关主管部门许可,擅自进口固体废物用作原料,造成重大环境污染事故,致使公私财产遭受重大损失或者严重危害人体健康的,处五年以下有期徒刑或者拘役,并处罚金;后果特别严重的,处五年以上十年以下有期徒刑,并处罚金。
	依照本法第一百五十二条第二款、第三款的规定定罪处罚				《中华人民共和国刑法》第三百三十九条	以原料利用为名,进口不能用作原料的固体废物的,依照本法第一百五十二条第二款、第三款的规定定罪处罚。
				应当依法承担民事责任	《中华人民共和国民法通则》第一百二十四条	违反国家保护环境防止污染的规定,污染环境造成他人损害的,应当依法承担民事责任。
		由本级人民政府或者上一级人民政府有关主管部门责令改正,对直接负责的主管人员和其他直接责任人员依法给予处分			《中华人民共和国海岛保护法》第四十四条	海洋主管部门或者其他对海岛保护负有监督管理职责的部门,发现违法行为或者接到对违法行为的举报后不依法予以查处,或者有其他未依照本法规定履行职责的行为的,由本级人民政府或者上一级人民政府有关主管部门责令改正,对直接负责的主管人员和其他直接责任人员依法给予处分。

序号	损害情形		追责客体								
	违法违纪违规情形概况	违法违纪违规情形	党委/政府			主管部门			企事业单位			非国有企业、自然人
			单位	直接责任人	主要领导干部	单位	直接责任人	主要领导干部	单位	直接责任人	主要领导干部	非国有企业	自然人
57	破坏无居民海岛生态环境	违反本法规定，在无居民海岛采石、挖海砂、采伐林木或者采集生物、非生物样本	—	—	—	—	—	—	—	—	—	—	√
		违反本法规定，在无居民海岛进行生产、建设活动或者组织开展旅游活动	—	—	—	—	—	—	—	—	—	√	√
58	在海岛及其周边海域违法排放污染物	在海岛及其周边海域违法排放污染物	—	—	—	—	—	—	√	—	—	√	√
59	进行改变领海基点保护范围地形、地貌的活动	违反本法规定，在领海基点保护范围内进行工程建设或者其他可能改变该区域地形、地貌活动，在临时性利用的无居民海岛建造永久性建筑物或者设施，或者在依法确定为开展旅游活动的可利用无居民海岛建造居民定居场所	—	—	—	√	—	—	√	—	—	√	√
60	排放、转移、倾倒污染物，造成海洋环境污染	（一）向海域排放本法禁止排放的污染物或者其他物质的； （二）不按照本法规定向海洋排放污染物，或者超过标准、总量控制指标排放污染物的； （三）未取得海洋倾倒许可证，向海洋倾倒废弃物的； （四）因发生事故或者其他突发性事件，造成海洋环境污染事故，不立即采取处理措施的。	—	—	—	—	—	—	√	—	—	√	√

续表

追责主体					追责依据	
人民代表大会	司法机关	行政机关	组织人事部门和纪检监察机关	受损害人	法规名称和条款	法规处罚规定
		由县级以上人民政府海洋主管部门责令停止违法行为，没收违法所得，可以处二万元以下的罚款			《中华人民共和国海岛保护法》第四十七条	违反本法规定，在无居民海岛采石、挖海砂、采伐林木或者采集生物、非生物样本的，由县级以上人民政府海洋主管部门责令停止违法行为，没收违法所得，可以处二万元以下的罚款。
		由县级以上人民政府海洋主管部门责令停止违法行为，没收违法所得，并处二万元以上二十万元以下的罚款			《中华人民共和国海岛保护法》第四十七条	违反本法规定，在无居民海岛进行生产、建设活动或者组织开展旅游活动的，由县级以上人民政府海洋主管部门责令停止违法行为，没收违法所得，并处二万元以上二十万元以下的罚款。
		依照有关环境保护法律的规定处罚			《中华人民共和国海岛保护法》第四十九条	在海岛及其周边海域违法排放污染物的，依照有关环境保护法律的规定处罚。
		由县级以上人民政府海洋主管部门责令停止违法行为，处二万元以上二十万元以下的罚款			《中华人民共和国海岛保护法》第五十条	违反本法规定，在领海基点保护范围内进行工程建设或者其他可能改变该区域地形、地貌活动，在临时性利用的无居民海岛建造永久性建筑物或者设施，或者在依法确定为开展旅游活动的可利用无居民海岛建造居民定居场所的，由县级以上人民政府海洋主管部门责令停止违法行为，处以二万元以上二十万元以下的罚款。
		由依照本法规定行使海洋环境监督管理权的部门责令停止违法行为、限期改正或者责令采取限制生产、停产整治等措施，并处以罚款；拒不改正的，依法作出处罚决定的部门可以自责令改正之日的次日起，按照原罚款数额按日连续处罚；情节严重的，报经有批准权的人民政府批准，责令停业、关闭。有前款第（一）、（三）项行为之一的，处三万元以上二十万元以下的罚款；有前款第（二）、（四）项行为之一的，处二万元以上十万元以下的罚款			《中华人民共和国海洋环境保护法》第七十三条	违反本法有关规定，有下列行为之一的，由依照本法规定行使海洋环境监督管理权的部门责令停止违法行为、限期改正或者责令采取限制生产、停产整治等措施，并处以罚款；拒不改正的，依法作出处罚决定的部门可以自责令改正之日的次日起，按照原罚款数额按日连续处罚；情节严重的，报经有批准权的人民政府批准，责令停业、关闭：（一）向海域排放本法禁止排放的污染物或者其他物质的；（二）不按照本法规定向海洋排放污染物，或者超过标准、总量控制指标排放污染物的；（三）未取得海洋倾倒许可证，向海洋倾倒废弃物的；（四）因发生事故或者其他突发性事件，造成海洋环境污染事故，不立即采取处理措施的。 有前款第（一）、（三）项行为之一的，处三万元以上二十万元以下的罚款；有前款第（二）、（四）项行为之一的，处二万元以上十万元以下的罚款。

— 401 —

序号	违法违纪违规情形概况	损害情形 违法违纪违规情形	追责客体 党委/政府 单位	直接责任人	主要领导干部	主管部门 单位	直接责任人	主要领导干部	企事业单位 单位	直接责任人	主要领导干部	非国有企业、自然人 非国有企业	自然人
60	排放、转移、倾倒污染物，造成海洋环境污染	违反本法第三十条第一款、第三款规定设置入海排污口	—	—	—	—	—	—	√	—	—	√	√
		违反本法规定，不按照许可证的规定倾倒，或者向已经封闭的倾倒区倾倒废弃物	—	—	—	—	—	—	√	—	—	√	√
		违反本法第三十九条第二款的规定，经中华人民共和国管辖海域，转移危险废物	—	—	—	—	—	—	—	—	—	√	√
		违反本法第五十五条第三款的规定，将中华人民共和国境外废弃物运进中华人民共和国管辖海域倾倒	—	—	—	—	—	—	—	—	—	√	√
61	未按规定报告、申报、记录污染事项	（一）不按照规定申报，甚至拒报污染物排放有关事项，或者在申报时弄虚作假的；（二）发生事故或者其他突发性事件不按照规定报告的；（三）不按照规定记录倾倒情况，或者不按照规定提交倾倒报告的；（四）拒报或者谎报船舶载运污染危害性货物申报事项的。	—	—	—	—	—	—	√	—	—	√	√

— 402 —

续表

追责主体					追责依据	
人民代表大会	司法机关	行政机关	组织人事部门和纪检监察机关	受损害人	法规名称和条款	法规处罚规定
		由县级以上地方人民政府环境保护行政主管部门责令其关闭，并处二万元以上十万元以下的罚款			《中华人民共和国海洋环境保护法》第七十七条	违反本法第三十条第一款、第三款规定设置入海排污口的，由县级以上地方人民政府环境保护行政主管部门责令其关闭，并处二万元以上十万元以下的罚款。
		由海洋行政主管部门予以警告，并处三万元以上二十万元以下的罚款；对情节严重的，可以暂扣或者吊销许可证			《中华人民共和国海洋环境保护法》第八十五条	违反本法规定，不按照许可证的规定倾倒，或者向已经封闭的倾倒区倾倒废弃物的，由海洋行政主管部门予以警告，并处三万元以上二十万元以下的罚款；对情节严重的，可以暂扣或者吊销许可证。
		由国家海事行政主管部门责令非法运输该危险废物的船舶退出中华人民共和国管辖海域，并处五万元以上五十万元以下的罚款			《中华人民共和国海洋环境保护法》第七十八条	违反本法第三十九条第二款的规定，经中华人民共和国管辖海域，转移危险废物的，由国家海事行政主管部门责令非法运输该危险废物的船舶退出中华人民共和国管辖海域，并处五万元以上五十万元以下的罚款。
		由国家海洋行政主管部门予以警告，并根据造成或者可能造成的危害后果，处十万元以上一百万元以下的罚款			《中华人民共和国海洋环境保护法》第八十六条	违反本法第五十五条第三款的规定，将中华人民共和国境外废弃物运进中华人民共和国管辖海域倾倒的，由国家海洋行政主管部门予以警告，并根据造成或者可能造成的危害后果，处十万元以上一百万元以下的罚款。
		由依照本法规定行使海洋环境监督管理权的部门予以警告，或者处以罚款：有前款第（一）、（三）项行为之一的，处二万元以下的罚款；有前款第（二）、（四）项行为之一的，处五万元以下的罚款			《中华人民共和国海洋环境保护法》第七十四条	违反本法有关规定，有下列行为之一的，由依照本法规定行使海洋环境监督管理权的部门予以警告，或者处以罚款：（一）不按照规定申报，甚至拒报污染物排放有关事项，或者在申报时弄虚作假的；（二）发生事故或者其他突发性事件不按照规定报告的；（三）不按照规定记录倾倒情况，或者不按照规定提交倾倒报告的；（四）拒报或者谎报船舶载运污染危害性货物申报事项的。 有前款第（一）、（三）项行为之一的，处二万元以下的罚款；有前款第（二）、（四）项行为之一的，处五万元以下的罚款。

序号	损害情形		追责客体									
	违法违纪违规情形概况	违法违纪违规情形	党委/政府			主管部门			企事业单位			非国有企业、自然人	
			单位	直接责任人	主要领导干部	单位	直接责任人	主要领导干部	单位	直接责任人	主要领导干部	非国有企业	自然人
62	破坏海洋生态系统及海洋水产资源、海洋保护区	违反本法规定，造成珊瑚礁、红树林等海洋生态系统及海洋水产资源、海洋保护区破坏	—	—	—	—	—	—	√	—	—	√	√
63	工程建设项目破坏海洋环境	违反本法第四十四条的规定，海岸工程建设项目未建成环境保护设施，或者环境保护设施未达到规定要求即投入生产、使用	—	—	—	—	—	—	√	—	—	√	—
		违反本法第四十五条的规定，新建严重污染海洋环境的工业生产建设项目	—	—	—	—	—	—	√	√	—	—	—
		违反本法第四十八条的规定，海洋工程建设项目未建成环境保护设施、环境保护设施未达到规定要求即投入生产、使用	—	—	—	—	—	—	√	—	—	√	—
		违反本法第四十九条的规定，使用含超标准放射性物质或者易溶出有毒有害物质材料	—	—	—	—	—	—	√	—	—	√	—
		违反本法规定进行海洋石油勘探开发活动，造成海洋环境污染	—	—	—	—	—	—	√	—	—	√	—

续表

追责主体					追责依据	
人民代表大会	司法机关	行政机关	组织人事部门和纪检监察机关	受损害人	法规名称和条款	法规处罚规定
		责令限期改正和采取补救措施,并处一万元以上十万元以下的罚款;有违法所得的,没收其违法所得			《中华人民共和国海洋环境保护法》第七十六条	违反本法规定,造成珊瑚礁、红树林等海洋生态系统及海洋水产资源、海洋保护区破坏的,由依照本法规定行使海洋环境监督管理权的部门责令限期改正和采取补救措施,并处一万元以上十万元以下的罚款;有违法所得的,没收其违法所得。
		由环境保护行政主管部门责令其停止生产或者使用,并处二万元以上十万元以下的罚款			《中华人民共和国海洋环境保护法》第八十条	违反本法第四十四条的规定,海岸工程建设项目未建成环境保护设施,或者环境保护设施未达到规定要求即投入生产、使用的,由环境保护行政主管部门责令其停止生产或者使用,并处二万元以上十万元以下的罚款。
		按照管理权限,由县级以上人民政府责令关闭			《中华人民共和国海洋环境保护法》第八十一条	违反本法第四十五条的规定,新建严重污染海洋环境的工业生产建设项目的,按照管理权限,由县级以上人民政府责令关闭。
		由海洋行政主管部门责令其停止生产、使用,并处五万元以上二十万元以下的罚款			《中华人民共和国海洋环境保护法》第八十二条	违反本法第四十八条的规定,海洋工程建设项目未建成环境保护设施、环境保护设施未达到规定要求即投入生产、使用的,由海洋行政主管部门责令其停止生产、使用,并处五万元以上二十万元以下的罚款。
		由海洋行政主管部门处五万元以下的罚款,并责令其停止该建设项目的运行,直到消除污染危害			《中华人民共和国海洋环境保护法》第八十三条	违反本法第四十九条的规定,使用含超标准放射性物质或者易溶出有毒有害物质材料的,由海洋行政主管部门处五万元以下的罚款,并责令其停止该建设项目的运行,直到消除污染危害。
		由国家海洋行政主管部门予以警告,并处二万元以上二十万元以下的罚款			《中华人民共和国海洋环境保护法》第八十四条	违反本法规定进行海洋石油勘探开发活动,造成海洋环境污染的,由国家海洋行政主管部门予以警告,并处二万元以上二十万元以下的罚款。

序号	损害情形		追责客体									
	违法违纪违规情形概况	违法违纪违规情形	党委/政府			主管部门			企事业单位			非国有企业、自然人	
			单位	直接责任人	主要领导干部	单位	直接责任人	主要领导干部	单位	直接责任人	主要领导干部	非国有企业	自然人
64	船舶、码头、装卸站等未执行环保规定	违反本法规定，船舶、石油平台和装卸油类的港口、码头、装卸站不编制溢油应急计划	—	—	—	—	—	—	√	—	—	√	—
		（一）港口、码头、装卸站及船舶未配备防污设施、器材的； （二）船舶未持有防污证书、防污文书，或者不按照规定记载排污记录的； （三）从事水上和港区水域拆船、旧船改装、打捞和其他水上、水下施工作业，造成海洋环境污染损害的； （四）船舶载运的货物不具备防污适运条件的。	—	—	—	—	—	—	√	—	—	√	—
65	造成海洋环境污染事故	对违反本法规定，造成海洋环境污染事故的单位	—	—	—	—	—	—	√	√	√	√	—

续表

追责主体					追责依据	
人民代表大会	司法机关	行政机关	组织人事部门和纪检监察机关	受损害人	法规名称和条款	法规处罚规定
		由依照本法规定行使海洋环境监督管理权的部门予以警告，或者责令期限改正			《中华人民共和国海洋环境保护法》第八十八条	违反本法规定，船舶、石油平台和装卸油类的港口、码头、装卸站不编制溢油应急计划的，由依照本法规定行使海洋环境监督管理权的部门予以警告，或者责令限期改正。
		由依照本法规定行使海洋环境监督管理权的部门予以警告，或者处以罚款。有前款第（一）、（四）项行为之一的，处二万元以上十万元以下的罚款；有前款第（二）项行为的，处二万元以下的罚款；有前款第（三）项行为的，处五万元以上二十万元以下的罚款			《中华人民共和国海洋环境保护法》第八十七条	违反本法规定，有下列行为之一的，由依照本法规定行使海洋环境监督管理权的部门予以警告，或者处以罚款：（一）港口、码头、装卸站及船舶未配备防污设施、器材的；（二）船舶未持有防污证书、防污文书，或者不按照规定记载排污记录的；（三）从事水上和港区水域拆船、旧船改装、打捞和其他水上、水下施工作业，造成海洋环境污染损害的；（四）船舶载运的货物不具备防污适运条件的。 有前款第（一）、（四）项行为之一的，处二万元以上十万元以下的罚款；有前款第（二）项行为的，处二万元以下的罚款；有前款第（三）项行为的，处五万元以上二十万元以下的罚款。
对严重污染海洋环境、破坏海洋生态，构成犯罪的，依法追究刑事责任		由依照本法规定行使海洋环境监督管理权的部门依照本条第二款的规定处以罚款；对直接负责的主管人员和其他直接责任人员可以处上一年度从本单位取得收入百分之五十以下的罚款；直接负责的主管人员和其他直接责任人员属于国家工作人员的，依法给予处分。对造成一般或者较大海洋环境污染事故的，按照直接损失的百分之二十计算罚款；对造成重大或者特大海洋环境污染事故的，按照直接损失的百分之三十计算罚款			《中华人民共和国海洋环境保护法》第九十条	对违反本法规定，造成海洋环境污染事故的单位，除依法承担赔偿责任外，由依照本法规定行使海洋环境监督管理权的部门依照本条第二款的规定处以罚款；对直接负责的主管人员和其他直接责任人员可以处上一年度从本单位取得收入百分之五十以下的罚款；直接负责的主管人员和其他直接责任人员属于国家工作人员的，依法给予处分。 对造成一般或者较大海洋环境污染事故的，按照直接损失的百分之二十计算罚款；对造成重大或者特大海洋环境污染事故的，按照直接损失的百分之三十计算罚款。 对严重污染海洋环境、破坏海洋生态，构成犯罪的，依法追究刑事责任。

序号	违法违纪违规情形概况	违法违纪违规情形	党委/政府 单位	党委/政府 直接责任人	党委/政府 主要领导干部	主管部门 单位	主管部门 直接责任人	主管部门 主要领导干部	企事业单位 单位	企事业单位 直接责任人	企事业单位 主要领导干部	非国有企业	自然人
66	违法违规排放污染物	违反法律法规规定排放污染物，造成或者可能造成严重污染	—	—	—	—	—	—	√	—	—	√	√
		违法排放污染物，受到罚款处罚，被责令改正，拒不改正	—	—	—	—	—	—	√	—	—	√	√
		超过污染物排放标准或者超过重点污染物排放总量控制指标排放污染物	—	—	—	—	—	—	√	—	—	√	√
		有下列行为之一，尚不构成犯罪的： （一）建设项目未依法进行环境影响评价，被责令停止建设，拒不执行的； （二）违反法律规定，未取得排污许可证排放污染物，被责令停止排污，拒不执行的； （三）通过暗管、渗井、渗坑、灌注或者篡改、伪造监测数据，或者不正常运行防治污染设施等逃避监管的方式违法排放污染物的； （四）生产、使用国家明令禁止生产、使用的农药，被责令改正，拒不改正的。	—	—	—	—	—	—	√	√	√	√	√

续表

追责主体					追责依据	
人民代表大会	司法机关	行政机关	组织人事部门和纪检监察机关	受损害人	法规名称和条款	法规处罚规定
		县级以上人民政府环境保护主管部门和其他负有环境保护监督管理职责的部门，可以查封、扣押造成污染物排放的设施、设备			《中华人民共和国环境保护法》第二十五条	企业事业单位和其他生产经营者违反法律法规规定排放污染物，造成或者可能造成严重污染的，县级以上人民政府环境保护主管部门和其他负有环境保护监督管理职责的部门，可以查封、扣押造成污染物排放的设施、设备。
		拒不改正的，依法作出处罚决定的行政机关可以自责令改正之日的次日起，按照原处罚数额按日连续处罚			《中华人民共和国环境保护法》第五十九条	企业事业单位和其他生产经营者违法排放污染物，受到罚款处罚，被责令改正，拒不改正的，依法作出处罚决定的行政机关可以自责令改正之日的次日起，按照原处罚数额按日连续处罚。 前款规定的罚款处罚，依照有关法律法规按照防治污染设施的运行成本、违法行为造成的直接损失或者违法所得等因素确定的规定执行。 地方性法规可以根据环境保护的实际需要，增加第一款规定的按日连续处罚的违法行为的种类。
		县级以上人民政府环境保护主管部门可以责令其采取限制生产、停产整治等措施；情节严重的，报经有批准权的人民政府批准，责令停业、关闭			《中华人民共和国环境保护法》第六十条	企业事业单位和其他生产经营者超过污染物排放标准或者超过重点污染物排放总量控制指标排放污染物的，县级以上人民政府环境保护主管部门可以责令其采取限制生产、停产整治等措施；情节严重的，报经有批准权的人民政府批准，责令停业、关闭。
	县级以上人民政府环境保护主管部门或者其他有关部门将案件移送公安机关，对其直接负责的主管人员和其他直接责任人员，处十日以上十五日以下拘留；情节较轻的，处五日以上十日以下拘留	依照有关法律法规规定予以处罚			《中华人民共和国环境保护法》第六十三条	企业事业单位和其他生产经营者有下列行为之一，尚不构成犯罪的，除依照有关法律法规规定予以处罚外，由县级以上人民政府环境保护主管部门或者其他有关部门将案件移送公安机关，对其直接负责的主管人员和其他直接责任人员，处十日以上十五日以下拘留；情节较轻的，处五日以上十日以下拘留：（一）建设项目未依法进行环境影响评价，被责令停止建设，拒不执行的；（二）违反法律规定，未取得排污许可证排放污染物，被责令停止排污，拒不执行的；（三）通过暗管、渗井、渗坑、灌注或者篡改、伪造监测数据，或者不正常运行防治污染设施等逃避监管的方式违法排放污染物的；（四）生产、使用国家明令禁止生产、使用的农药，被责令改正，拒不改正的。

序号	违法违纪违规情形概况	损害情形 违法违纪违规情形	追责客体 党委/政府 单位	直接责任人	主要领导干部	主管部门 单位	直接责任人	主要领导干部	企事业单位 单位	直接责任人	主要领导干部	非国有企业、自然人 非国有企业	自然人
67	重点排污单位不公开或者不如实公开环境信息	重点排污单位违反本法规定,不公开或者不如实公开环境信息	—	—	—	—	—	—	√	—	—	√	—
68	盗伐、滥伐森林或其他林木	盗伐森林或者其他林木	—	—	—	—	—	—	√	—	—	√	√
		滥伐森林或者其他林木	—	—	—	—	—	—	√	—	—	√	√
		拒不补种树木或者补种不符合国家有关规定	—	—	—	—	—	—	√	—	—	√	√
		盗伐、滥伐森林或者其他林木,构成犯罪	—	—	—	—	—	—	√	—	—	√	√
		非法采伐、毁坏珍贵树木	—	—	—	—	—	—	√	—	—	√	√
		盗伐森林或者其他林木,以立木材积计算不足0.5立方米或者幼树不足20株	—	—	—	—	—	—	√	—	—	√	√

续表

追责主体					追责依据	
人民代表大会	司法机关	行政机关	组织人事部门和纪检监察机关	受损害人	法规名称和条款	法规处罚规定
		县级以上地方人民政府环境保护主管部门责令公开，处以罚款，并予以公告			《中华人民共和国环境保护法》第六十二条	违反本法规定，重点排污单位不公开或者不如实公开环境信息的，由县级以上地方人民政府环境保护主管部门责令公开，处以罚款，并予以公告。
		盗伐森林或者其他林木的，依法赔偿损失；由林业主管部门责令补种盗伐株数十倍的树木，没收盗伐的林木或者变卖所得，并处盗伐林木价值三倍以上十倍以下的罚款。			《中华人民共和国森林法》第三十九条	盗伐森林或者其他林木的，依法赔偿损失；由林业主管部门责令补种盗伐株数十倍的树木，没收盗伐的林木或者变卖所得，并处盗伐林木价值三倍以上十倍以下的罚款。
		林业主管部门责令补种滥伐株数五倍的树木，并处滥伐林木价值二倍以上五倍以下的罚款			《中华人民共和国森林法》第三十九条	滥伐森林或者其他林木，由林业主管部门责令补种滥伐株数五倍的树木，并处滥伐林木价值二倍以上五倍以下的罚款。
		林业主管部门代为补种，所需费用由违法者支付			《中华人民共和国森林法》第三十九条	拒不补种树木或者补种不符合国家有关规定的，由林业主管部门代为补种，所需费用由违法者支付。
	构成犯罪的，依法追究刑事责任				《中华人民共和国森林法》第三十九条	盗伐、滥伐森林或者其他林木，构成犯罪的，依法追究刑事责任。
	依法追究刑事责任				《中华人民共和国森林法》第四十条	违反本法规定，非法采伐、毁坏珍贵树木的，依法追究刑事责任。
		县级以上人民政府林业主管部门责令补种盗伐株数10倍的树木，没收盗伐的林木或者变卖所得，并处盗伐林木价值3倍至5倍的罚款			《中华人民共和国森林法实施条例》第三十八条	盗伐森林或者其他林木，以立木材积计算不足0.5立方米或者幼树不足20株的，由县级以上人民政府林业主管部门责令补种盗伐株数10倍的树木，没收盗伐的林木或者变卖所得，并处盗伐林木价值3倍至5倍的罚款。

序号	违法违纪违规情形概况	损害情形 违法违纪违规情形	追责客体 党委/政府 单位	直接责任人	主要领导干部	主管部门 单位	直接责任人	主要领导干部	企事业单位 单位	直接责任人	主要领导干部	非国有企业	自然人
68	盗伐、滥伐森林或其他林木	盗伐森林或者其他林木，以立木材积计算0.5立方米以上或者幼树20株以上	—	—	—	—	—	—	√	—	—	√	√
		滥伐森林或者其他林木，以立木材积计算不足2立方米或者幼树不足50株	—	—	—	—	—	—	√	—	—	√	√
		滥伐森林或者其他林木，以立木材积计算2立方米以上或者幼树50株以上	—	—	—	—	—	—	√	—	—	√	√
		违反国家规定，非法采伐、毁坏珍贵树木或者国家重点保护的其他植物的，或者非法收购、运输、加工、出售珍贵树木或者国家重点保护的其他植物及其制品	—	—	—	—	—	—	—	—	—	√	√
		盗伐森林或者其他林木	—	—	—	—	—	—	—	—	—	—	√

续表

追责主体					追责依据	
人民代表大会	司法机关	行政机关	组织人事部门和纪检监察机关	受损害人	法规名称和条款	法规处罚规定
		县级以上人民政府林业主管部门责令补种盗伐株数10倍的树木，没收盗伐的林木或者变卖所得，并处盗伐林木价值5倍至10倍的罚款			《中华人民共和国森林法实施条例》第三十八条	盗伐森林或者其他林木，以立木材积计算0.5立方米以上或者幼树20株以上的，由县级以上人民政府林业主管部门责令补种盗伐株数10倍的树木，没收盗伐的林木或者变卖所得，并处盗伐林木价值5倍至10倍的罚款。
		县级以上人民政府林业主管部门责令补种滥伐株数5倍的树木，并处滥伐林木价值2倍至3倍的罚款			《中华人民共和国森林法实施条例》第三十九条	滥伐森林或者其他林木，以立木材积计算不足2立方米或者幼树不足50株的，由县级以上人民政府林业主管部门责令补种滥伐株数5倍的树木，并处滥伐林木价值2倍至3倍的罚款。
		县级以上人民政府林业主管部门责令补种滥伐株数5倍的树木，并处滥伐林木价值3倍至5倍的罚款。超过木材生产计划采伐森林或者其他林木的，依照前两款规定处罚			《中华人民共和国森林法实施条例》第三十九条	滥伐森林或者其他林木，以立木材积计算2立方米以上或者幼树50株以上的，由县级以上人民政府林业主管部门责令补种滥伐株数5倍的树木，并处滥伐林木价值3倍至5倍的罚款。 超过木材生产计划采伐森林或者其他林木的，依照前两款规定处罚。
	处三年以下有期徒刑、拘役或者管制，并处罚金；情节严重的，处三年以上七年以下有期徒刑，并处罚金				《中华人民共和国刑法》第三百四十四条	违反国家规定，非法采伐、毁坏珍贵树木或者国家重点保护的其他植物的，或者非法收购、运输、加工、出售珍贵树木或国家重点保护的其他植物及其制品的，处三年以下有期徒刑、拘役或者管制，并处罚金；情节严重的，处三年以上七年以下有期徒刑，并处罚金。
	数量较大的，处三年以下有期徒刑、拘役或者管制，并处或者单处罚金；数量巨大的，处三年以上七年以下有期徒刑，并处罚金；数量特别巨大的，处七年以上有期徒刑，并处罚金				《中华人民共和国刑法》第三百四十五条	盗伐森林或者其他林木，数量较大的，处三年以下有期徒刑、拘役或者管制，并处或者单处罚金；数量巨大的，处三年以上七年以下有期徒刑，并处罚金；数量特别巨大的，处七年以上有期徒刑，并处罚金。

— 413 —

序号	违法违纪违规情形概况	违法违纪违规情形	党委/政府 单位	党委/政府 直接责任人	党委/政府 主要领导干部	主管部门 单位	主管部门 直接责任人	主管部门 主要领导干部	企事业单位 单位	企事业单位 直接责任人	企事业单位 主要领导干部	非国有企业	自然人
68	盗伐、滥伐森林或其他林木	违反森林法的规定，滥伐森林或者其他林木	—	—	—	—	—	—	—	—	—	—	√
69	违规批准、买卖、伪造林木许可证等证明	超过批准的年采伐限额发放林木采伐许可证或者超越职权发放林木采伐许可证、木材运输证件、批准出口文件、允许进出口证明书	—	—	—	√	√	√	—	—	—	—	—
		买卖林木采伐许可证、木材运输证件、批准出口文件、允许进出口证明书	—	—	—	—	—	—	—	—	—	√	√
		伪造林木采伐许可证、木材运输证件、批准出口文件、允许进出口证明书	—	—	—	—	—	—	—	—	—	—	√
		非法收购、运输明知是盗伐、滥伐的林木	—	—	—	—	—	—	—	—	—	—	√

续表

追责主体					追责依据	
人民代表大会	司法机关	行政机关	组织人事部门和纪检监察机关	受损害人	法规名称和条款	法规处罚规定
	数量较大的，处三年以下有期徒刑、拘役或者管制，并处或者单处罚金；数量巨大的，处三年以上七年以下有期徒刑，并处罚金				《中华人民共和国刑法》第三百四十五条	违反森林法的规定，滥伐森林或者其他林木，数量较大的，处三年以下有期徒刑、拘役或者管制，并处或者单处罚金；数量巨大的，处三年以上七年以下有期徒刑，并处罚金。
	构成犯罪的，依法追究刑事责任。	上一级人民政府林业主管部门责令纠正，对直接负责的主管人员和其他直接责任人员依法给予行政处分；有关人民政府林业主管部门未予纠正的，国务院林业主管部门可以直接处理			《中华人民共和国森林法》第四十一条	违反本法规定，超过批准的年采伐限额发放林木采伐许可证或者超越职权发放林木采伐许可证、木材运输证件、批准出口文件、允许进出口证明书的，由上一级人民政府林业主管部门责令纠正，对直接负责的主管人员和其他直接责任人员依法给予行政处分；有关人民政府林业主管部门未予纠正的，国务院林业主管部门可以直接处理；构成犯罪的，依法追究刑事责任。
	构成犯罪的，依法追究刑事责任	林业主管部门没收违法买卖的证件、文件和违法所得，并处违法买卖证件、文件的价款一倍以上三倍以下的罚款			《中华人民共和国森林法》第四十二条	违反本法规定，买卖林木采伐许可证、木材运输证件、批准出口文件、允许进出口证明书的，由林业主管部门没收违法买卖的证件、文件和违法所得，并处违法买卖证件、文件的价款一倍以上三倍以下的罚款；构成犯罪的，依法追究刑事责任。
	依法追究刑事责任				《中华人民共和国森林法》第四十三条	伪造林木采伐许可证、木材运输证件、批准出口文件、允许进出口证明书的，依法追究刑事责任。
	情节严重的，处三年以下有期徒刑、拘役或者管制，并处或者单处罚金；情节特别严重的，处三年以上七年以下有期徒刑，并处罚金				《中华人民共和国刑法》第三百四十五条	非法收购、运输明知是盗伐、滥伐的林木，情节严重的，处三年以下有期徒刑、拘役或者管制，并处或者单处罚金；情节特别严重的，处三年以上七年以下有期徒刑，并处罚金。

序号	违法违纪违规情形概况	违法违纪违规情形	党委/政府			主管部门			企事业单位			非国有企业、自然人	
			单位	直接责任人	主要领导干部	单位	直接责任人	主要领导干部	单位	直接责任人	主要领导干部	非国有企业	自然人
70	在林区非法收购林木	在林区非法收购明知是盗伐、滥伐的林木	—	—	—	—	—	—	—	—	—	√	√
71	违规活动致使林木受损	开垦、采石、采砂、采土、采种、采脂和其他活动，致使森林、林木受到毁坏	—	—	—	—	—	—	√	—	—	√	√
		在幼林地和特种用途林内砍柴、放牧致使森林、林木受到毁坏	—	—	—	—	—	—	√	—	—	√	√
		拒不补种树木或者补种不符合国家有关规定	—	—	—	—	—	—	√	—	—	√	√
		毁林采种或者违反操作技术规程采脂、挖笋、掘根、剥树皮及过度修枝，致使森林、林木受到毁坏	—	—	—	—	—	—	√	—	—	√	√

续表

追责主体					追责依据	
人民代表大会	司法机关	行政机关	组织人事部门和纪检监察机关	受损害人	法规名称和条款	法规处罚规定
	构成犯罪的，依法追究刑事责任	由林业主管部门责令停止违法行为，没收违法收购的盗伐、滥伐的林木或者变卖所得，可以并处违法收购林木的价款一倍以上三倍以下的罚款			《中华人民共和国森林法》第四十三条	在林区非法收购明知是盗伐、滥伐的林木的，由林业主管部门责令停止违法行为，没收违法收购的盗伐、滥伐的林木或者变卖所得，可以并处违法收购林木的价款一倍以上三倍以下的罚款；构成犯罪的，依法追究刑事责任。
		依法赔偿损失；由林业主管部门责令停止违法行为，补种毁坏株数一倍以上三倍以下的树木，可以处毁坏林木价值一倍以上五倍以下的罚款			《中华人民共和国森林法》第四十四条	违反本法规定，进行开垦、采石、采砂、采土、采种、采脂和其他活动，致使森林、林木受到毁坏的，依法赔偿损失；由林业主管部门责令停止违法行为，补种毁坏株数一倍以上三倍以下的树木，可以处毁坏林木价值一倍以上五倍以下的罚款。
		依法赔偿损失；由林业主管部门责令停止违法行为，补种毁坏株数一倍以上三倍以下的树木			《中华人民共和国森林法》第四十四条	违反本法规定，在幼林地和特种用途林内砍柴、放牧致使森林、林木受到毁坏的，依法赔偿损失；由林业主管部门责令停止违法行为，补种毁坏株数一倍以上三倍以下的树木。
		林业主管部门代为补种，所需费用由违法者支付			《中华人民共和国森林法》第四十四条	拒不补种树木或者补种不符合国家有关规定的，由林业主管部门代为补种，所需费用由违法者支付。
		由县级以上人民政府林业主管部门责令停止违法行为，补种毁坏株数1倍至3倍的树木，可以处毁坏林木价值1倍至5倍的罚款；拒不补种树木或者补种不符合国家有关规定的，由县级以上人民政府林业主管部门组织代为补种，所需费用由违法者支付			《中华人民共和国森林法实施条例》第四十一条	违反本条例规定，毁林采种或者违反操作技术规程采脂、挖笋、掘根、剥树皮及过度修枝，致使森林、林木受到毁坏的，依法赔偿损失，由县级以上人民政府林业主管部门责令停止违法行为，补种毁坏株数1倍至3倍的树木，可以处毁坏林木价值1倍至5倍的罚款；拒不补种树木或者补种不符合国家有关规定的，由县级以上人民政府林业主管部门组织代为补种，所需费用由违法者支付。

序号	违法违纪违规情形概况	违法违纪违规情形	党委/政府 单位	党委/政府 直接责任人	党委/政府 主要领导干部	主管部门 单位	主管部门 直接责任人	主管部门 主要领导干部	企事业单位 单位	企事业单位 直接责任人	企事业单位 主要领导干部	非国有企业	自然人
71	违规活动致使林木受损	对森林、林木未造成毁坏或者被开垦的林地上没有森林、林木	—	—	—	—	—	—	√	—	—	√	√
72	未按规定完成更新造林任务	没有按照规定完成更新造林任务	—	—	—	—	—	—	√	√	—	√	√
72	未按规定完成更新造林任务	有下列情形之一的： （一）连续两年未完成更新造林任务的； （二）当年更新造林面积未达到应更新造林面积50%的； （三）除国家特别规定的干旱、半干旱地区外，更新造林当年成活率未达到85%的； （四）植树造林责任单位未按照所在地县级人民政府的要求按时完成造林任务的。	—	—	—	—	—	—	√	√	√	√	—
73	林业部门工作人员滥用职权、玩忽职守、徇私舞弊	滥用职权、玩忽职守、徇私舞弊	—	—	—	—	√	—	—	—	—	—	—

续表

追责主体					追责依据	
人民代表大会	司法机关	行政机关	组织人事部门和纪检监察机关	受损害人	法规名称和条款	法规处罚规定
		县级以上人民政府林业主管部门责令停止违法行为，限期恢复原状，可以处非法开垦林地每平方米10元以下的罚款			《中华人民共和国森林法实施条例》第四十一条	对森林、林木未造成毁坏或者被开垦的林地上没有森林、林木的，由县级以上人民政府林业主管部门责令停止违法行为，限期恢复原状，可以处非法开垦林地每平方米10元以下的罚款。
		发放采伐许可证的部门有权不再发给采伐许可证，直到完成更新造林任务为止；情节严重的，可以由林业主管部门处以罚款，对直接责任人员由所在单位或者上级主管机关给予行政处分			《中华人民共和国森林法》第四十五条	采伐林木的单位或者个人没有按照规定完成更新造林任务的，发放采伐许可证的部门有权不再发给采伐许可证，直到完成更新造林任务为止；情节严重的，可以由林业主管部门处以罚款，对直接责任人员由所在单位或者上级主管机关给予行政处分。
		由县级以上人民政府林业主管部门责令限期完成造林任务；逾期未完成的，可以处应完成而未完成造林任务所需费用2倍以下的罚款；对直接负责的主管人员和其他直接责任人员，依法给予行政处分			《中华人民共和国森林法实施条例》第四十二条	有下列情形之一的，由县级以上人民政府林业主管部门责令限期完成造林任务；逾期未完成的，可以处应完成而未完成造林任务所需费用2倍以下的罚款；对直接负责的主管人员和其他直接责任人员，依法给予行政处分：（一）连续两年未完成更新造林任务的；（二）当年更新造林面积未达到应更新造林面积50%的；（三）除国家特别规定的干旱、半干旱地区外，更新造林当年成活率未达到85%的；（四）植树造林责任单位未按照所在地县级人民政府的要求按时完成造林任务的。
	构成犯罪的，依法追究刑事责任	尚不构成犯罪的，依法给予行政处分			《中华人民共和国森林法》第四十六条	从事森林资源保护、林业监督管理工作的林业主管部门的工作人员和其他国家机关的有关工作人员滥用职权、玩忽职守、徇私舞弊，构成犯罪的，依法追究刑事责任；尚不构成犯罪的，依法给予行政处分。

序号	违法违纪违规情形概况	违法违纪违规情形	党委/政府 单位	党委/政府 直接责任人	党委/政府 主要领导干部	主管部门 单位	主管部门 直接责任人	主管部门 主要领导干部	企事业单位 单位	企事业单位 直接责任人	企事业单位 主要领导干部	非国有企业	自然人
73	林业部门工作人员滥用职权、玩忽职守、徇私舞弊	工作人员滥用职权、玩忽职守、徇私舞弊	—	—	—	—	√	—	—	—	—	—	—
		在监督管理国家级森林公园工作中，滥用职权、徇私舞弊	—	—	—	—	√	—	—	—	—	—	—
74	擅自改变林地用途、临时占用林地	未经县级以上人民政府林业主管部门审核同意，擅自改变林地用途；临时占用林地，逾期不归还	—	—	—	—	—	—	√	—	—	√	√
		未经批准，擅自将防护林和特种用途林改变为其他林种	—	—	—	—	—	—	√	—	—	√	√
75	违规运输木材	无木材运输证运输木材	—	—	—	—	—	—	√	—	—	√	√
		运输的木材数量超出木材运输证所准运的运输数量；运输的木材树种、材种、规格与木材运输证规定不符又无正当理由	—	—	—	—	—	—	√	—	—	√	√

续表

追责主体					追责依据	
人民代表大会	司法机关	行政机关	组织人事部门和纪检监察机关	受损害人	法规名称和条款	法规处罚规定
构成犯罪的，依法追究刑事责任	依法依纪给予处分				《森林资源监督工作管理办法》第十六条	森林资源监督专员办的工作人员滥用职权、玩忽职守、徇私舞弊的，依法依纪给予处分；构成犯罪的，依法追究刑事责任。
情节严重、构成犯罪的，依法追究刑事责任	依法给予处分				《国家级森林公园管理办法》第三十三条	县级以上人民政府林业主管部门及其工作人员在监督管理国家级森林公园工作中，滥用职权、徇私舞弊的，依法给予处分；情节严重、构成犯罪的，依法追究刑事责任。
		县级以上人民政府林业主管部门责令限期恢复原状，并处非法改变用途林地每平方米10元至30元的罚款。临时占用林地，逾期不归还的，依照前款规定处罚			《中华人民共和国森林法实施条例》第四十三条	未经县级以上人民政府林业主管部门审核同意，擅自改变林地用途的，由县级以上人民政府林业主管部门责令限期恢复原状，并处非法改变用途林地每平方米10元至30元的罚款。 临时占用林地，逾期不归还的，依照前款规定处罚。
		县级以上人民政府林业主管部门收回经营者所获取的森林生态效益补偿，并处所获取森林生态效益补偿3倍以下的罚款			《中华人民共和国森林法实施条例》第四十六条	违反本条例规定，未经批准，擅自将防护林和特种用途林改变为其他林种的，由县级以上人民政府林业主管部门收回经营者所获取的森林生态效益补偿，并处所获取森林生态效益补偿3倍以下的罚款。
		县级以上人民政府林业主管部门没收非法运输的木材，对货主可以并处非法运输木材价款30%以下的罚款			《中华人民共和国森林法实施条例》第四十四条	无木材运输证运输木材的，由县级以上人民政府林业主管部门没收非法运输的木材，对货主可以并处非法运输木材价款30%以下的罚款。
		县级以上人民政府林业主管部门没收超出部分的木材；运输的木材树种、材种、规格与木材运输证规定不符又无正当理由的，没收其不相符部分的木材			《中华人民共和国森林法实施条例》第四十四条	运输的木材数量超出木材运输证所准运的数量的，由县级以上人民政府林业主管部门没收超出部分的木材；运输的木材树种、材种、规格与木材运输证规定不符又无正当理由的，没收其不相符部分的木材。

序号	违法违纪违规情形概况	违法违纪违规情形	党委/政府 单位	党委/政府 直接责任人	党委/政府 主要领导干部	主管部门 单位	主管部门 直接责任人	主管部门 主要领导干部	企事业单位 单位	企事业单位 直接责任人	企事业单位 主要领导干部	非国有企业	自然人
75	违规运输木材	使用伪造、涂改的木材运输证运输木材	—	—	—	—	—	—	—	—	—	√	√
		承运无木材运输证的木材	—	—	—	—	—	—	—	—	—	√	√
76	擅自移动或者毁坏林业服务标志	擅自移动或者毁坏林业服务标志	—	—	—	—	—	—	√	—	—	√	√
77	草原行政主管部门工作人员玩忽职守、滥用职权	玩忽职守、滥用职权，不依法履行监督管理职责，或者发现违法行为不予查处	—	—	—	—	√	—	—	—	—	—	—
78	违规使用草原专项资金	截留、挪用草原改良、人工种草和草种生产资金或者草原植被恢复费	—	—	—	—	√	—	—	—	—	—	—
79	违规批准征收、征用、使用草原	无权批准征收、征用、使用草原的单位或者个人非法批准征收、征用、使用草原的，超越批准权限非法批准征收、征用、使用草原的，或者违反法律规定的程序批准征收、征用、使用草原	—	—	—	—	√	—	—	√	—	—	—

续表

追责主体					追责依据	
人民代表大会	司法机关	行政机关	组织人事部门和纪检监察机关	受损害人	法规名称和条款	法规处罚规定
		县级以上人民政府林业主管部门没收非法运输的木材，并处没收木材价款10%至50%的罚款			《中华人民共和国森林法实施条例》第四十四条	使用伪造、涂改的木材运输证运输木材的，由县级以上人民政府林业主管部门没收非法运输的木材，并处没收木材价款10%至50%的罚款。
		县级以上人民政府林业主管部门没收运费，并处运费1倍至3倍的罚款			《中华人民共和国森林法实施条例》第四十四条	承运无木材运输证的木材的，由县级以上人民政府林业主管部门没收运费，并处运费1倍至3倍的罚款。
		县级以上人民政府林业主管部门责令限期恢复原状；逾期不恢复原状的，由县级以上人民政府林业主管部门代为恢复，所需费用由违法者支付			《中华人民共和国森林法实施条例》第四十五条	擅自移动或者毁坏林业服务标志的，由县级以上人民政府林业主管部门责令限期恢复原状；逾期不恢复原状的，由县级以上人民政府林业主管部门代为恢复，所需费用由违法者支付。
	构成犯罪的，依法追究刑事责任	尚不够刑事处罚的，依法给予行政处分			《中华人民共和国草原法》第六十一条	草原行政主管部门工作人员及其他国家机关有关工作人员玩忽职守、滥用职权，不依法履行监督管理职责，或者发现违法行为不予查处，造成严重后果，构成犯罪的，依法追究刑事责任；尚不够刑事处罚的，依法给予行政处分。
	构成犯罪的，依法追究刑事责任	尚不够刑事处罚的，依法给予行政处分			《中华人民共和国草原法》第六十二条	截留、挪用草原改良、人工种草和草种生产资金或者草原植被恢复费，构成犯罪的，依法追究刑事责任；尚不够刑事处罚的，依法给予行政处分。
	构成犯罪的，依法追究刑事责任	尚不够刑事处罚的，依法给予行政处分		给当事人造成损失的，依法承担赔偿责任	《中华人民共和国草原法》第六十三条	无权批准征收、征用、使用草原的单位或者个人非法批准征收、征用、使用草原的，超越批准权限非法批准征收、征用、使用草原的，或者违反法律规定的程序批准征收、征用、使用草原，构成犯罪的，依法追究刑事责任；尚不够刑事处罚的，依法给予行政处分。非法批准征收、征用、使用草原的文件无效。非法批准征收、征用、使用的草原应当收回，当事人拒不归还的，以非法使用草原论处。 非法批准征收、征用、使用草原，给当事人造成损失的，依法承担赔偿责任。

— 423 —

序号	违法违纪违规情形概况	损害情形 违法违纪违规情形	追责客体 党委/政府 单位	直接责任人	主要领导干部	主管部门 单位	直接责任人	主要领导干部	企事业单位 单位	直接责任人	主要领导干部	非国有企业、自然人 非国有企业	自然人
80	买卖或者以其他形式非法转让草原	买卖或者以其他形式非法转让草原	—	—	—	—	—	—	√	—	—	√	√
81	违规使用、开垦、破坏草原	未经批准或者采取欺骗手段骗取批准，非法使用草原	—	—	—	—	—	—	√	—	—	√	√
		非法开垦草原	—	—	—	—	—	—	√	—	—	√	√

续表

追责主体					追责依据	
人民代表大会	司法机关	行政机关	组织人事部门和纪检监察机关	受损害人	法规名称和条款	法规处罚规定
	构成犯罪的，依法追究刑事责任	尚不够刑事处罚的，由县级以上人民政府草原行政主管部门依据职权责令限期改正，没收违法所得，并处违法所得一倍以上五倍以下的罚款			《中华人民共和国草原法》第六十四条	买卖或者以其他形式非法转让草原，构成犯罪的，依法追究刑事责任；尚不够刑事处罚的，由县级以上人民政府草原行政主管部门依据职权责令限期改正，没收违法所得，并处违法所得一倍以上五倍以下的罚款。
	构成犯罪的，依法追究刑事责任	县级以上人民政府草原行政主管部门依据职权责令退还非法使用的草原，对违反草原保护、建设、利用规划擅自将草原改为建设用地的，限期拆除在非法使用的草原上新建的建筑物和其他设施，恢复草原植被，并处草原被非法使用前三年平均产值六倍以上十二倍以下的罚款			《中华人民共和国草原法》第六十五条	未经批准或者采取欺骗手段骗取批准，非法使用草原，构成犯罪的，依法追究刑事责任；尚不够刑事处罚的，由县级以上人民政府草原行政主管部门依据职权责令退还非法使用的草原，对违反草原保护、建设、利用规划擅自将草原改为建设用地的，限期拆除在非法使用的草原上新建的建筑物和其他设施，恢复草原植被，并处草原被非法使用前三年平均产值六倍以上十二倍以下的罚款。
	构成犯罪的，依法追究刑事责任	县级以上人民政府草原行政主管部门依据职权责令停止违法行为，限期恢复植被，没收非法财物和违法所得，并处违法所得一倍以上五倍以下的罚款；没有违法所得的，并处五万元以下的罚款；给草原所有者或者使用者造成损失的，依法承担赔偿责任			《中华人民共和国草原法》第六十六条	非法开垦草原，构成犯罪的，依法追究刑事责任；尚不够刑事处罚的，由县级以上人民政府草原行政主管部门依据职权责令停止违法行为，限期恢复植被，没收非法财物和违法所得，并处违法所得一倍以上五倍以下的罚款；没有违法所得的，并处五万元以下的罚款；给草原所有者或者使用者造成损失的，依法承担赔偿责任。

序号	违法违纪违规情形概况	损害情形 违法违纪违规情形	追责客体 党委/政府 单位	直接责任人	主要领导干部	主管部门 单位	直接责任人	主要领导干部	企事业单位 单位	直接责任人	主要领导干部	非国有企业、自然人 非国有企业	自然人
81	违规使用、开垦、破坏草原	在荒漠、半荒漠和严重退化、沙化、盐碱化、石漠化、水土流失的草原，以及生态脆弱区的草原上采挖植物或者从事破坏草原植被的其他活动	—	—	—	—	—	—	√	—	—	√	√
		未经批准或者未按照规定的时间、区域和采挖方式在草原上进行采土、采砂、采石等活动	—	—	—	—	—	—	√	—	—	√	√
		擅自在草原上开展经营性旅游活动，破坏草原植被	—	—	—	—	—	—	√	—	—	√	√

续表

追责主体					追责依据	
人民代表大会	司法机关	行政机关	组织人事部门和纪检监察机关	受损害人	法规名称和条款	法规处罚规定
		县级以上地方人民政府草原行政主管部门依据职权责令停止违法行为，没收非法财物和违法所得，可以并处违法所得一倍以上五倍以下的罚款；没有违法所得的，可以并处五万元以下的罚款		给草原所有者或者使用者造成损失的，依法承担赔偿责任	《中华人民共和国草原法》第六十七条	在荒漠、半荒漠和严重退化、沙化、盐碱化、石漠化、水土流失的草原，以及生态脆弱区的草原上采挖植物或者从事破坏草原植被的其他活动的，由县级以上地方人民政府草原行政主管部门依据职权责令停止违法行为，没收非法财物和违法所得，可以并处违法所得一倍以上五倍以下的罚款；没有违法所得的，可以并处五万元以下的罚款；给草原所有者或者使用者造成损失的，依法承担赔偿责任。
		县级人民政府草原行政主管部门责令停止违法行为，限期恢复植被，没收非法财物和违法所得，可以并处违法所得一倍以上二倍以下的罚款；没有违法所得的，可以并处二万元以下的罚款		给草原所有者或者使用者造成损失的，依法承担赔偿责任	《中华人民共和国草原法》第六十八条	未经批准或者未按照规定的时间、区域和采挖方式在草原上进行采土、采砂、采石等活动的，由县级人民政府草原行政主管部门责令停止违法行为，限期恢复植被，没收非法财物和违法所得，可以并处违法所得一倍以上二倍以下的罚款；没有违法所得的，可以并处二万元以下的罚款；给草原所有者或者使用者造成损失的，依法承担赔偿责任。
		县级以上地方人民政府草原行政主管部门依据职权责令停止违法行为，限期恢复植被，没收违法所得，可以并处违法所得一倍以上二倍以下的罚款；没有违法所得的，可以并处草原被破坏前三年平均产值六倍以上十二倍以下的罚款		给草原所有者或者使用者造成损失的，依法承担赔偿责任	《中华人民共和国草原法》第六十九条	违反本法第五十二条规定，擅自在草原上开展经营性旅游活动，破坏草原植被的，由县级以上地方人民政府草原行政主管部门依据职权责令停止违法行为，限期恢复植被，没收违法所得，可以并处违法所得一倍以上二倍以下的罚款；没有违法所得的，可以并处草原被破坏前三年平均产值六倍以上十二倍以下的罚款；给草原所有者或者使用者造成损失的，依法承担赔偿责任。

序号	违法违纪违规情形概况	违法违纪违规情形	党委/政府 单位	党委/政府 直接责任人	党委/政府 主要领导干部	主管部门 单位	主管部门 直接责任人	主管部门 主要领导干部	企事业单位 单位	企事业单位 直接责任人	企事业单位 主要领导干部	非国有企业	自然人
81	违规使用、开垦、破坏草原	非抢险救灾和牧民搬迁的机动车辆离开道路在草原上行驶，或者从事地质勘探、科学考察等活动，未事先向所在地县级人民政府草原行政主管部门报告或者未按照报告的行驶区域和行驶路线在草原上行驶，破坏草原植被	—	—	—	—	—	—	√	—	—	√	√
		在临时占用的草原上修建永久性建筑物、构筑物	—	—	—	—	—	—	√	—	—	√	√
82	改变草原保护、建设、利用规划	未经批准，擅自改变草原保护、建设、利用规划	—	—	—	—	√	√	√	√	√	—	—

续表

追责主体					追责依据	
人民代表大会	司法机关	行政机关	组织人事部门和纪检监察机关	受损害人	法规名称和条款	法规处罚规定
		县级人民政府草原行政主管部门责令停止违法行为，限期恢复植被，可以并处草原被破坏前三年平均产值三倍以上九倍以下的罚款		给草原所有者或者使用者造成损失的，依法承担赔偿责任	《中华人民共和国草原法》第七十条	非抢险救灾和牧民搬迁的机动车辆离开道路在草原上行驶，或者从事地质勘探、科学考察等活动，未事先向所在地县级人民政府草原行政主管部门报告或者未按照报告的行驶区域和行驶路线在草原上行驶，破坏草原植被的，由县级人民政府草原行政主管部门责令停止违法行为，限期恢复植被，可以并处草原被破坏前三年平均产值三倍以上九倍以下的罚款；给草原所有者或者使用者造成损失的，依法承担赔偿责任。
		县级以上地方人民政府草原行政主管部门依据职权责令限期拆除；逾期不拆除的，依法强制拆除，所需费用由违法者承担。临时占用草原，占用期届满，用地单位不予恢复草原植被的，由县级以上地方人民政府草原行政主管部门依据职权责令限期恢复；逾期不恢复的，由县级以上地方人民政府草原行政主管部门代为恢复，所需费用由违法者承担			《中华人民共和国草原法》第七十一条	在临时占用的草原上修建永久性建筑物、构筑物的，由县级以上地方人民政府草原行政主管部门依据职权责令限期拆除；逾期不拆除的，依法强制拆除，所需费用由违法者承担。 临时占用草原，占用期届满，用地单位不予恢复草原植被的，由县级以上地方人民政府草原行政主管部门依据职权责令限期恢复；逾期不恢复的，由县级以上地方人民政府草原行政主管部门代为恢复，所需费用由违法者承担。
		县级以上人民政府责令限期改正；对直接负责的主管人员和其他直接责任人员，依法给予行政处分			《中华人民共和国草原法》第七十二条	未经批准，擅自改变草原保护、建设、利用规划的，由县级以上人民政府责令限期改正；对直接负责的主管人员和其他直接责任人员，依法给予行政处分。

序号	违法违纪违规情形概况	损害情形 违法违纪违规情形	追责客体								
			党委/政府			主管部门			企事业单位			非国有企业、自然人	
			单位	直接责任人	主要领导干部	单位	直接责任人	主要领导干部	单位	直接责任人	主要领导干部	非国有企业	自然人
83	国家工作人员违反退耕还林条例	（一）挤占、截留、挪用退耕还林资金或者克扣补助粮食的； （二）弄虚作假、虚报冒领补助资金和粮食的； （三）利用职务上的便利收受他人财物或者其他好处的。	—	—	—	—	√	—	—	√	—	—	—
		（一）未及时处理有关破坏退耕还林活动的检举、控告的； （二）向供应补助粮食的企业和退耕还林者分摊粮食调运费用的； （三）不及时向持有验收合格证明的退耕还林者发放补助粮食和生活补助费的； （四）在退耕还林合同生效时，对自行采购种苗的退耕还林者未一次付清种苗造林补助费的； （五）集中采购种苗的，在退耕还林验收合格后，未与退耕还林者结算种苗造林补助费的； （六）集中采购的种苗不合格的； （七）集中采购种苗的，向退耕还林者强行收取超出国家规定种苗造林补助费标准的种苗费的； （八）为退耕还林者指定种苗供应商的； （九）批准粮食企业向退耕还林者供应不符合国家质量标准的补助粮食或者将补助粮食折算成现金、代金券支付的； （十）其他不依照本条例规定履行职责的。	—	—	—	—	√	√	—	—	—	—	—
84	非国家工作人员弄虚作假、虚报冒领补助资金和粮食	弄虚作假、虚报冒领补助资金和粮食	—	—	—	—	—	—	—	—	—	—	√
85	在退耕还林项目实施破坏地表植被的活动	擅自复耕，或者林粮间作、在退耕还林项目实施范围内从事滥采、乱挖等破坏地表植被的活动	—	—	—	—	—	—	—	—	—	—	√

续表

追责主体					追责依据	
人民代表大会	司法机关	行政机关	组织人事部门和纪检监察机关	受损害人	法规名称和条款	法规处罚规定
	依照刑法关于贪污罪、受贿罪、挪用公款罪或者其他罪的规定，依法追究刑事责任	尚不够刑事处罚的，依法给予行政处分			《退耕还林条例》第五十七条	国家工作人员在退耕还林活动中违反本条例的规定，有下列行为之一的，依照刑法关于贪污罪、受贿罪、挪用公款罪或者其他罪的规定，依法追究刑事责任；尚不够刑事处罚的，依法给予行政处分：（一）挤占、截留、挪用退耕还林资金或者克扣补助粮食的；（二）弄虚作假、虚报冒领补助资金和粮食的；（三）利用职务上的便利收受他人财物或者其他好处的。
	对直接负责的主管人员和其他直接责任人员，依照刑法关于滥用职权罪、玩忽职守罪或者其他罪的规定，依法追究刑事责任	由其所在单位或者上一级主管部门责令限期改正；尚不够刑事处罚的，依法给予行政处分			《退耕还林条例》第五十八条	国家机关工作人员在退耕还林活动中违反本条例的规定，有下列行为之一的，由其所在单位或者上一级主管部门责令限期改正，退还分摊的和多收取的费用，对直接负责的主管人员和其他直接责任人员，依照刑法关于滥用职权罪、玩忽职守罪或者其他罪的规定，依法追究刑事责任；尚不够刑事处罚的，依法给予行政处分：（一）未及时处理有关破坏退耕还林活动的检举、控告的；（二）向供应补助粮食的企业和退耕还林者分摊粮食调运费用的；（三）不及时向持有验收合格证明的退耕还林者发放补助粮食和生活补助费的；（四）在退耕还林合同生效时，对自行采购种苗的退耕还林者未一次付清种苗造林补助费的；（五）集中采购种苗的，在退耕还林验收合格后，未与退耕还林者结算种苗造林补助费的；（六）集中采购的种苗不合格的；（七）集中采购种苗的，向退耕还林者强行收取超出国家规定种苗造林补助费标准的种苗费的；（八）为退耕还林者指定种苗供应商的；（九）批准粮食企业向退耕还林者供应不符合国家质量标准的补助粮食或者将补助粮食折算成现金、代金券支付的；（十）其他不依照本条例规定履行职责的。
	依照刑法关于诈骗罪或者其他罪的规定，依法追究刑事责任	尚不够刑事处罚的，由县级以上人民政府林业行政主管部门责令退回所冒领的补助资金和粮食，处以冒领资金额2倍以上5倍以下的罚款			《退耕还林条例》第五十七条	国家工作人员以外的其他人员有前款第（二）项行为的，依照刑法关于诈骗罪或者其他罪的规定，依法追究刑事责任；尚不够刑事处罚的，由县级以上人民政府林业行政主管部门责令退回所冒领的补助资金和粮食，处以冒领资金额2倍以上5倍以下的罚款。
	依照刑法关于非法占用农用地罪、滥伐林木罪或者其他罪的规定，依法追究刑事责任	尚不够刑事处罚的，由县级以上人民政府林业、农业、水利行政主管部门依照森林法、草原法、水土保持法的规定处罚			《退耕还林条例》第六十二条	退耕还林者擅自复耕，或者林粮间作、在退耕还林项目实施范围内从事滥采、乱挖等破坏地表植被的活动，依照刑法关于非法占用农用地罪、滥伐林木罪或者其他罪的规定，依法追究刑事责任；尚不够刑事处罚的，由县级以上人民政府林业、农业、水利行政主管部门依照森林法、草原法、水土保持法的规定处罚。

序号	违法违纪违规情形概况	损害情形 违法违纪违规情形	追责客体 党委/政府 单位	直接责任人	主要领导干部	主管部门 单位	直接责任人	主要领导干部	企事业单位 单位	直接责任人	主要领导干部	非国有企业、自然人 非国有企业	自然人
86	违反森林公园规划等活动	（一）未按照规定编制总体规划、擅自变更总体规划或者未按照总体规划进行建设活动的； （二）未按照规定从事森林公园建设和经营的； （三）建设项目对森林公园景观和生态造成较大影响或导致森林风景资源质量明显降低，未事先取得国家级森林公园撤销或者改变经营范围的许可的； （四）国家级森林公园建设和经营管理的主体发生变动，未依法办理国家级森林公园被许可人变更手续的。	—	—	—	—	—	—	—	√	√	√	—
87	盲目执行造成自身行为违反规定	明知同级人民政府的有关指示、批复或决定是违法的，既不向同级人民政府反映正确意见，又不及时向上级人民政府或上级林业主管部门报告情况，盲目执行造成自身行为违反森林资源管理规定、造成森林资源破坏；明知部门负责人的有关指示、批复或决定是违法的，不及时向有关负责人表明正确意见，或者向上级林业主管部门直至国家林业局报告情况，盲目执行造成自身行为违反森林资源管理规定、造成破坏森林资源	—	—	—	—	√	√	—	—	—	—	—
88	林业主管部门违反工作规定	违法干预、妨碍、阻挠本部门工作人员或下级林业主管部门依法正常行使森林资源管理和执法工作	—	—	—	—	√	√	—	—	—	—	—
		坚持违法的决定，或者拒绝采纳有关内设机构负责人或具体经办人员的正确意见，造成违反森林资源管理规定、破坏森林资源	—	—	—	—	√	—	—	—	—	—	—
		集体研究作出违法的决定，致使该部门或所属林业单位、下级林业主管部门违反森林资源保护管理规定、造成破坏森林资源	—	—	—	—	√	—	—	—	—	—	—

续表

追责主体					追责依据	
人民代表大会	司法机关	行政机关	组织人事部门和纪检监察机关	受损害人	法规名称和条款	法规处罚规定
		县级以上人民政府林业主管部门对直接负责的主管人员或者其他直接责任人员依法给予处分，或者建议有关主管部门给予处分			《国家级森林公园管理办法》第三十一条	违反本办法规定的下列行为，由县级以上人民政府林业主管部门对直接负责的主管人员或者其他直接责任人员依法给予处分，或者建议有关主管部门给予处分：（一）未按照规定编制总体规划、擅自变更总体规划或者未按照总体规划进行建设活动的；（二）未按照规定从事森林公园建设和经营的；（三）建设项目对森林公园景观和生态造成较大影响或者导致森林风景资源质量明显降低，未事先取得国家级森林公园撤销或者改变经营范围的许可的；（四）国家级森林公园建设和经营管理的主体发生变动，未依法办理国家级森林公园被许可人变更手续的。
		追究该部门主要负责人的责任；追究该工作人员的责任；同时追究对作出违法的指示、批复或决定的有关负责人的相应责任			《关于违反森林资源管理规定造成森林资源破坏的责任追究制度的规定》第四条	地方林业主管部门明知同级人民政府的有关指示、批复或决定是违法的，既不向同级人民政府反映正确意见，又不及时向上级林业主管部门报告情况，盲目执行造成自身行为违反森林资源管理规定、造成森林资源破坏的，追究该部门主要负责人的责任；林业主管部门的工作人员明知部门负责人的有关指示、批复或决定是违法的，不及时向有关负责人表明正确意见，或者向上级林业主管部门、直至国家林业局报告情况，盲目执行造成自身行为违反森林资源管理规定、造成破坏森林资源的，追究该工作人员的责任；同时追究对作出违法的指示、批复或决定的有关负责人的相应责任。
		追究该部门主要负责人、直接负责的主管人员的责任			《关于违反森林资源管理规定造成森林资源破坏的责任追究制度的规定》第五条	林业主管部门主要负责人、直接负责的主管人员违法干预、妨碍、阻挠本部门工作人员或下级林业主管部门依法正常行使森林资源管理和执法工作的，追究该部门主要负责人、直接负责的主管人员的责任。
		追究该负责人的责任			《关于违反森林资源管理规定造成森林资源破坏的责任追究制度的规定》第六条	林业主管部门负责人坚持违法的决定，或者拒绝采纳有关内设机构负责人或具体经办人员的正确意见，造成违反森林资源管理规定、破坏森林资源的，追究该负责人的责任。
		追究该部门主要负责人的责任，同时，按照领导班子中其他领导成员所起的作用和责任大小，追究其他领导成员的相应责任			《关于违反森林资源管理规定造成森林资源破坏的责任追究制度的规定》第六条	林业主管部门的领导班子集体研究作出违法的决定，致使该部门或所属林业单位、下级林业主管部门违反森林资源保护管理规定、造成破坏森林资源的，主要追究该部门主要负责人的责任，同时，按照领导班子中其他领导成员所起的作用和责任大小，追究其他领导成员的相应责任。

— 433 —

序号	违法违纪违规情形概况	损害情形 违法违纪违规情形	追责客体 党委/政府 单位	直接责任人	主要领导干部	主管部门 单位	直接责任人	主要领导干部	企事业单位 单位	直接责任人	主要领导干部	非国有企业	自然人
88	林业主管部门违反工作规定	（一）超国务院批准的年森林采伐限额下达林木采伐指标； （二）超过国家统一制定的年度木材生产计划下达本地区或本部门的木材生产任务； （三）非法批准建设单位征用占用林地、临时使用林地，或者擅自批准改变林地用途的； （四）对上级机关批转、督促办理的破坏森林资源行政案件不组织核实、查处，或者不按照规定向有关上级机关报告案件办理情况的； （五）因执法不严、监督管理不力或者对问题处理不当，导致本辖区发生破坏森林资源重大、特大案件。	—	—	—	—	√	√	—	—	—	—	—
		（一）违反林木采伐管理规定审核或审批采伐林木、运输、经营或加工木材的； （二）违反林地保护管理规定审核或审批征用占用林地、临时使用林地或改变林地用途的； （三）违反林权管理规定审核办理林权登记、发放林权证书的； （四）违反资源数据管理规定弄虚作假，或者擅自变更、篡改森林资源调查、检查、核查、监测数据的。	—	—	—	—	√	√	—	—	—	—	—
		（一）对破坏森林资源的行政案件不及时组织依法查处，或者查处不当造成错案的； （二）对破坏森林资源重大行政案件不按规定报告或报告不及时，或者瞒报谎报案情、损失或查处情况贻误查处工作的； （三）因不认真依法办案或者出现办案重大失误，致使作出的行政处罚决定被依法变更或撤销的； （四）伪造、篡改案卷内容或统计资料，或者提供虚假情况的； （五）违反案件保密规定向案件当事人通风报信造成案件处理错误的； （六）不按照规定向公安机关移交刑事案件造成追究犯罪嫌疑人刑事责任的工作受到不利影响的。	—	—	—	—	√	√	—	—	—	—	—
		违反森林资源管理规定，或者因失职、渎职造成森林资源破坏或者使林业全局工作受到不利影响	—	—	—	—	√	√	—	—	—	—	—

续表

追责主体					追责依据	
人民代表大会	司法机关	行政机关	组织人事部门和纪检监察机关	受损害人	法规名称和条款	法规处罚规定
		追究该部门的主要负责人、直接负责的主管人员和经办人员的责任			《关于违反森林资源管理规定造成森林资源破坏的责任追究制度的规定》第七条	林业主管部门不认真履行职责有下列情形之一的，追究该部门的主要负责人、直接负责的主管人员和经办人员的责任：（一）超国务院批准的年森林采伐限额下达林木采伐指标；（二）超过国家统一制定的年度木材生产计划下达本地区或本部门的木材生产任务；（三）非法批准建设单位征用占用林地、临时使用林地，或者擅自批准改变林地用途的；（四）对上级机关批转、督促办理的破坏森林资源行政案件不组织核实、查处，或者不按照规定向有关上级机关报告案件办理情况的；（五）因执法不严、监督管理不力或者对问题处理不当，导致本辖区发生破坏森林资源重大、特大案件的。
		追究该部门直接负责的主管人员、有关内设职能机构的负责人和经办人员的责任			《关于违反森林资源管理规定造成森林资源破坏的责任追究制度的规定》第八条	林业主管部门违反森林资源和林政管理规定有下列情形之一的，追究该部门直接负责的主管人员、有关内设职能机构的负责人和经办人员的责任：（一）违反林木采伐管理规定审核或审批采伐林木、运输、经营或加工木材的；（二）违反林地保护管理规定审核或审批征用占用林地、临时使用林地或改变林地用途的；（三）违反林权管理规定审核办理林权登记、发放林权证书的；（四）违反资源数据管理规定弄虚作假，或者擅自变更、篡改森林资源调查、检查、核查、监测数据的。
		追究直接负责的主管人员和其他直接责任人员的责任			《关于违反森林资源管理规定造成森林资源破坏的责任追究制度的规定》第九条	林业主管部门有下列行为之一造成破坏森林资源的，追究直接负责的主管人员和其他直接责任人员的责任：（一）对破坏森林资源的行政案件不及时组织依法查处，或者查处不当造成错案的；（二）对破坏森林资源重大行政案件不按规定报告或报告不及时，或者瞒报谎报案情、损失或查处情况贻误查处工作的；（三）因不认真依法办案或者出现办案重大失误，致使作出的行政处罚决定被依法变更或撤销的；（四）伪造、篡改案卷内容或统计资料、或者提供虚假情况的；（五）违反案件保密规定向案件当事人通风报信造成案件处理错误的；（六）不按照规定向公安机关移交刑事案件造成追究犯罪嫌疑人刑事责任的工作受到不利影响的。
		从重或者加重追究该机构直接负责的主管人员和其他直接责任人员的责任			《关于违反森林资源管理规定造成森林资源破坏的责任追究制度的规定》第十条	森林资源监督机构违反森林资源管理规定，或者因失职、渎职造成森林资源破坏或者使林业全局工作受到不利影响的，从重或者加重追究该机构直接负责的主管人员和其他直接责任人员的责任。

序号	损害情形		追责客体									
	违法违纪违规情形概况	违法违纪违规情形	党委/政府			主管部门			企事业单位			非国有企业、自然人	
			单位	直接责任人	主要领导干部	单位	直接责任人	主要领导干部	单位	直接责任人	主要领导干部	非国有企业	自然人
88	林业主管部门违反工作规定	不认真执行林政案件报告制度，给林业工作造成严重不利影响；隐瞒不报，或者报告不及时，或者歪曲事实真相	—	—	—	—	√	√	—	—	—	—	—
		不认真执行林政案件报告制度，给林业工作造成严重不利影响	—	—	—	—	√	√	—	—	—	—	—
89	违规开采矿产资源	开采矿产资源给他人生产、生活造成损失	—	—	—	—	—	—	√	—	—	√	√
		未取得采矿许可证擅自采矿的，擅自进入国家规划矿区、对国民经济具有重要价值的矿区范围采矿的，擅自开采国家规定实行保护性开采的特定矿种	—	—	—	—	—	—	√	√	—	√	√
		超越批准的矿区范围采矿	—	—	—	—	—	—	√	√	—	√	√

续表

追责主体					追责依据	
人民代表大会	司法机关	行政机关	组织人事部门和纪检监察机关	受损害人	法规名称和条款	法规处罚规定
		其上级林业主管部门要按照有关规定追究该部门主要负责人的责任；对隐瞒不报，或者报告不及时，或者歪曲事实真相的直接责任人员，由其所在单位严肃处理			《国家林业局关于破坏森林资源重大行政案件报告制度的规定》第十三条	林业主管部门不认真执行林政案件报告制度，给林业工作造成严重不利影响的，其上级林业主管部门要按照有关规定追究该部门主要负责人的责任；对隐瞒不报，或者报告不及时，或者歪曲事实真相的直接责任人员，由其所在单位严肃处理。
		按照有关责任追究制度的规定，追究直接负责的主管人员和其他直接责任人员的责任			《国家林业局关于破坏森林资源重大行政案件报告制度的规定》第十五条	森林资源监督机构不认真执行林政案件报告制度，造成森林资源破坏，或者林业全局工作受到不利影响或者其他严重后果的，按照有关责任追究制度的规定，追究直接负责的主管人员和其他直接责任人员的责任。
				负责赔偿，并采取必要的补救措施	《中华人民共和国矿产资源法》第三十二条	开采矿产资源给他人生产、生活造成损失的，应当负责赔偿，并采取必要的补救措施。
依照刑法有关规定对直接责任人员追究刑事责任		责令停止开采、赔偿损失，没收采出的矿产品和违法所得，可以并处罚款			《中华人民共和国矿产资源法》第三十九条	违反本法规定，未取得采矿许可证擅自采矿的，擅自进入国家规划矿区、对国民经济具有重要价值的矿区范围采矿的，擅自开采国家规定实行保护性开采的特定矿种的，责令停止开采、赔偿损失，没收采出的矿产品和违法所得，可以并处罚款；拒不停止开采，造成矿产资源破坏的，依照刑法有关规定对直接责任人员追究刑事责任。 单位和个人进入他人依法设立的国有矿山企业和其他矿山企业矿区范围内采矿的，依照前款规定处罚。
依照刑法有关规定对直接责任人员追究刑事责任		责令退回本矿区范围内开采、赔偿损失，没收越界开采的矿产品和违法所得，可以并处罚款，拒不退回本矿区范围内开采，造成矿产资源破坏的，吊销采矿许可证			《中华人民共和国矿产资源法》第四十条	超越批准的矿区范围采矿的，责令退回本矿区范围内开采、赔偿损失，没收越界开采的矿产品和违法所得，可以并处罚款；拒不退回本矿区范围内开采，造成矿产资源破坏的，吊销采矿许可证，依照刑法有关规定对直接责任人员追究刑事责任。

序号	违法违纪违规情形概况	损害情形 违法违纪违规情形	追责客体 党委/政府 单位	直接责任人	主要领导干部	主管部门 单位	直接责任人	主要领导干部	企事业单位 单位	直接责任人	主要领导干部	非国有企业	自然人
89	违规开采矿产资源	采取破坏性的开采方法开采矿产资源	—	—	—	—	—	—	√	√	—	√	√
		违反矿产资源法的规定，未取得采矿许可证擅自采矿，擅自进入国家规划矿区、对国民经济具有重要价值的矿区和他人矿区范围采矿，或者擅自开采国家规定实行保护性开采的特定矿种	—	—	—	—	—	—	√	√	—	—	√
		违反矿产资源法的规定，采取破坏性的开采方法开采矿产资源，造成矿产资源严重破坏的	—	—	—	—	—	—	√	√	—	—	√
90	扰乱矿区生产秩序	盗窃、抢夺矿山企业和勘查单位的矿产品和其他财物的，破坏采矿、勘查设施的，扰乱矿区和勘查作业区的生产秩序、工作秩序	—	—	—	—	—	—	—	—	—	—	√
91	违规交易矿产资源	买卖、出租或者以其他形式转让矿产资源、将探矿权、采矿权倒卖牟利	—	—	—	—	—	—	—	√	—	√	√
		违反本法规定收购和销售国家统一收购的矿产品	—	—	—	—	—	—	—	—	—	√	√
92	国家工作人员违反矿产资源相关规定，徇私舞弊、滥用职权、玩忽职守	徇私舞弊、滥用职权或者玩忽职守，违反本法规定批准勘查、开采矿产资源和颁发勘查许可证、采矿许可证，或者对违法采矿行为不依法予以制止、处罚	—	—	—	√	—	—	—	—	—	—	—

续表

追责主体					追责依据	
人民代表大会	司法机关	行政机关	组织人事部门和纪检监察机关	受损害人	法规名称和条款	法规处罚规定
	依照刑法有关规定对直接责任人员追究刑事责任	省、自治区、直辖市人民政府地质矿产主管部门处以罚款，可以吊销采矿许可证			《中华人民共和国矿产资源法》第四十四条	违反本法规定，采取破坏性的开采方法开采矿产资源的，处以罚款，可以吊销采矿许可证；造成矿产资源严重破坏的，依照刑法有关规定对直接责任人员追究刑事责任。
	处三年以下有期徒刑、拘役或者管制，并处或者单处罚金；情节特别严重的，处三年以上七年以下有期徒刑，并处罚金				《中华人民共和国刑法》第三百四十三条	违反矿产资源法的规定，未取得采矿许可证擅自采矿，擅自进入国家规划矿区、对国民经济具有重要价值的矿区和他人矿区范围采矿，或者擅自开采国家规定实行保护性开采的特定矿种，情节严重的处三年以下有期徒刑、拘役或者管制，并处或者单处罚金；情节特别严重的，处三年以上七年以下有期徒刑，并处罚金。
	处三年以上七年以下有期徒刑，并处罚金				《中华人民共和国刑法》第三百四十三条	违反矿产资源法的规定，采取破坏性的开采方法开采矿产资源，造成矿产资源严重破坏的，处五年以下有期徒刑或者拘役，并处罚金。
	依照刑法有关规定追究刑事责任	情节显著轻微的，依照治安管理处罚法有关规定予以处罚			《中华人民共和国矿产资源法》第四十一条	盗窃、抢夺矿山企业和勘查单位的矿产品和其他财物，破坏采矿、勘查设施的，扰乱矿区和勘查作业区的生产秩序、工作秩序的，分别依照刑法有关规定追究刑事责任；情节显著轻微的，依照治安管理处罚法有关规定予以处罚。
		县级以上人民政府负责地质矿产管理工作的部门处以罚款；吊销勘查许可证、采矿许可证，没收违法所得，处以罚款。			《中华人民共和国矿产资源法》第四十二条	买卖、出租或者以其他形式转让矿产资源的，没收违法所得，处以罚款。违反本法第六条的规定将探矿权、采矿权倒卖牟利的，吊销勘查许可证、采矿许可证，没收违法所得，处以罚款。
	依照刑法有关规定，追究刑事责任	县级以上人民政府工商行政管理部门没收矿产品和违法所得，可以并处罚款			《中华人民共和国矿产资源法》第四十三条	违反本法规定收购和销售国家统一收购的矿产品的，没收矿产品和违法所得，可以并处罚款；情节严重的，依照刑法有关规定，追究刑事责任。
	构成犯罪的，依法追究刑事责任	不构成犯罪的，给予行政处分。违法颁发的勘查许可证、采矿许可证，上级人民政府地质矿产主管部门有权予以撤销			《中华人民共和国矿产资源法》第四十七条	负责矿产资源勘查、开采监督管理工作的国家工作人员和其他有关国家工作人员徇私舞弊、滥用职权或者玩忽职守，违反本法规定批准勘查、开采矿产资源和颁发勘查许可证、采矿许可证，或者对违法采矿行为不依法予以制止、处罚，构成犯罪的，依法追究刑事责任；不构成犯罪的，给予行政处分。违法颁发的勘查许可证、采矿许可证，上级人民政府地质矿产主管部门有权予以撤销。

序号	违法违纪违规情形概况	损害情形 违法违纪违规情形	追责客体 党委/政府 单位	党委/政府 直接责任人	党委/政府 主要领导干部	主管部门 单位	主管部门 直接责任人	主管部门 主要领导干部	企事业单位 单位	企事业单位 直接责任人	企事业单位 主要领导干部	非国有企业、自然人 非国有企业	非国有企业、自然人 自然人
92	国家工作人员违反矿产资源相关规定，徇私舞弊、滥用职权、玩忽职守	（一）批准不符合办矿条件的单位或者个人开办矿山的；（二）对未经依法批准的矿山企业或者个人颁发采矿许可证的。	—	—	—	—	√	√					
		登记管理机关工作人员徇私舞弊、滥用职权、玩忽职守	—	—	—	—	√						
		审批管理机关工作人员徇私舞弊、滥用职权、玩忽职守	—	—	—	—	√						
		登记管理机关工作人员徇私舞弊、滥用职权、玩忽职守	—	—	—	—	√						
93	阻碍国家工作人员执行职务	阻碍从事矿产资源勘查、开采监督管理工作的国家工作人员依法执行职务；拒绝、阻碍从事矿产资源勘查、开采监督管理工作的国家工作人员依法执行职务未使用暴力、威胁方法											√
94	未获得采矿许可及采矿相关规定	未领取采矿许可证擅自采矿的，擅自进入国家规划矿区和对国民经济具有重要价值的矿区范围采矿的，擅自开采国家规定实行保护性开采的特定矿种的；超越批准的矿区范围采矿	—	—	—	—	—	—	√			√	√
		不依照本办法规定提交年度报告、拒绝接受监督检查或者弄虚作假	—	—	—	—	—	—	√	—	—	√	—

续表

追责主体					追责依据	
人民代表大会	司法机关	行政机关	组织人事部门和纪检监察机关	受损害人	法规名称和条款	法规处罚规定
	构成犯罪的，依法追究刑事责任	对主管人员和直接责任人员给予行政处分			《中华人民共和国矿产资源法实施细则》第四十三条	违反本细则规定，有下列行为之一的，对主管人员和直接责任人员给予行政处分；构成犯罪的，依法追究刑事责任：（一）批准不符合办矿条件的单位或者个人开办矿山的；（二）对未经依法批准的矿山企业或者个人颁发采矿许可证的。
	构成犯罪的，依法追究刑事责任	尚不构成犯罪的，依法给予行政处分			《矿产资源开采登记管理办法》第二十五条	登记管理机关工作人员徇私舞弊、滥用职权、玩忽职守，构成犯罪的，依法追究刑事责任；尚不构成犯罪的，依法给予行政处分。
	构成犯罪的，依法追究刑事责任	尚不构成犯罪的，依法给予行政处分			《探矿权采矿权转让管理办法》第十六条	审批管理机关工作人员徇私舞弊、滥用职权、玩忽职守，构成犯罪的，依法追究刑事责任；尚不构成犯罪的，依法给予行政处分。
	构成犯罪的，依法追究刑事责任	尚不构成犯罪的，依法给予行政处分			《矿产资源勘查区块登记管理办法》第三十四条	登记管理机关工作人员徇私舞弊、滥用职权、玩忽职守，构成犯罪的，依法追究刑事责任；尚不构成犯罪的，依法给予行政处分。
	依照刑法有关规定追究刑事责任	由公安机关依照治安管理处罚法的规定处罚			《中华人民共和国矿产资源法》第四十八条	以暴力、威胁方法阻碍从事矿产资源勘查、开采监督管理工作的国家工作人员依法执行职务的，依照刑法有关规定追究刑事责任；拒绝、阻碍从事矿产资源勘查、开采监督管理工作的国家工作人员依法执行职务未使用暴力、威胁方法的，由公安机关依照治安管理处罚法的规定处罚。
		登记管理机关依照有关法律、行政法规的规定予以处罚			《矿产资源开采登记管理办法》第十七条	任何单位和个人未领取采矿许可证擅自采矿的，擅自进入国家规划矿区和对国民经济具有重要价值的矿区范围采矿的，擅自开采国家规定实行保护性开采的特定矿种的；超越批准的矿区范围采矿的，由登记管理机关依照有关法律、行政法规的规定予以处罚。
		县级以上人民政府负责地质矿产管理工作的部门按照国务院地质矿产主管部门规定的权限，责令停止违法行为，予以警告，可以并处5万元以下的罚款；情节严重的，由原发证机关吊销采矿许可证			《矿产资源开采登记管理办法》第十八条	不依照本办法规定提交年度报告、拒绝接受监督检查或者弄虚作假的，由县级以上人民政府负责地质矿产管理工作的部门按照国务院地质矿产主管部门规定的权限，责令停止违法行为，予以警告，可以并处5万元以下的罚款；情节严重的，由原发证机关吊销采矿许可证。

序号	违法违纪违规情形概况	违法违纪违规情形	党委/政府 单位	党委/政府 直接责任人	党委/政府 主要领导干部	主管部门 单位	主管部门 直接责任人	主管部门 主要领导干部	企事业单位 单位	企事业单位 直接责任人	企事业单位 主要领导干部	非国有企业	自然人
94	未获得采矿许可及采矿相关规定	擅自印制或者伪造、冒用采矿许可证	—	—	—	—	—	—	—	—	—	√	√
		不办理采矿许可证变更登记或者注销登记手续	—	—	—	—	—	—	√	—	√	—
		不按期缴纳本办法规定应当缴纳的费用	—	—	—	—	—	—	√	—	√	—
95	破坏或者擅自移动矿区范围界桩或者地面标志	破坏或者擅自移动矿区范围界桩或者地面标志	—	—	—	—	—	—	√	—	√	√
96	违反本办法规定开采石油、天然气矿产	违反本办法规定开采石油、天然气矿产	—	—	—	—	—	—	√	—	√	—

续表

追责主体					追责依据	
人民代表大会	司法机关	行政机关	组织人事部门和纪检监察机关	受损害人	法规名称和条款	法规处罚规定
	构成犯罪的，依法追究刑事责任	县级以上人民政府负责地质矿产管理工作的部门按照国务院地质矿产主管部门规定的权限，没收违法所得，可以并处10万元以下的罚款			《矿产资源开采登记管理办法》第二十条	擅自印制或者伪造、冒用采矿许可证的，由县级以上人民政府负责地质矿产管理工作的部门按照国务院地质矿产主管部门规定的权限，没收违法所得，可以并处10万元以下的罚款；构成犯罪的，依法追究刑事责任。
		登记管理机关责令限期改正；逾期不改正的，由原发证机关吊销采矿许可证			《矿产资源开采登记管理办法》第二十二条	违反本办法规定，不办理采矿许可证变更登记或者注销登记手续的，由登记管理机关责令限期改正；逾期不改正的，由原发证机关吊销采矿许可证。
		由登记管理机关责令限期缴纳，并从滞纳之日起每日加收2‰的滞纳金；逾期仍不缴纳的，由原发证机关吊销采矿许可证			《矿产资源开采登记管理办法》第二十一条	违反本办法规定，不按期缴纳本办法规定应当缴纳的费用的，由登记管理机关责令限期缴纳，并从滞纳之日起每日加收2‰的滞纳金；逾期仍不缴纳的，由原发证机关吊销采矿许可证。
		县级以上人民政府负责地质矿产管理工作的部门按照国务院地质矿产主管部门规定的权限，责令限期恢复；情节严重的，处3万元以下的罚款			《矿产资源开采登记管理办法》第十九条	破坏或者擅自移动矿区范围界桩或者地面标志的，由县级以上人民政府负责地质矿产管理工作的部门按照国务院地质矿产主管部门规定的权限，责令限期恢复；情节严重的，处3万元以下的罚款。
		国务院地质矿产主管部门按照本办法的有关规定给予行政处罚			《矿产资源开采登记管理办法》第二十三条	违反本办法规定开采石油、天然气矿产的，由国务院地质矿产主管部门按照本办法的有关规定给予行政处罚。

序号	损害情形		追责客体									
	违法违纪违规情形概况	违法违纪违规情形	党委/政府			主管部门			企事业单位			非国有企业、自然人	
			单位	直接责任人	主要领导干部	单位	直接责任人	主要领导干部	单位	直接责任人	主要领导干部	非国有企业	自然人
97	矿山企业违规造成资源损失	一、因开采设计、采掘计划的决策错误，造成资源损失的； 二、开采回采率、采矿贫化率和选矿回收率长期达不到设计要求，造成资源破坏损失的； 三、违反本办法第十三条、第十四条、第十七条、第十九条、第二十一条的规定，造成资源破坏损失的。	—	—	—	—	—	—	√	√	—	√	—
98	违规转让采矿权	未经审批管理机关批准，擅自转让探矿权、采矿权	—	—	—	—	—	—	√	—	—	√	—
		以承包等方式擅自将采矿权转给他人进行采矿	—	—	—	—	—	—	√	—	—	√	—
99	违规进行勘查工作	未取得勘查许可证擅自进行勘查工作的，超越批准的勘查区块范围进行勘查工作	—	—	—	—	—	—	√	—	—	√	—

续表

追责主体					追责依据	
人民代表大会	司法机关	行政机关	组织人事部门和纪检监察机关	受损害人	法规名称和条款	法规处罚规定
		地质矿产主管部门追究有关人员的责任，或者由地质矿产主管部门责令其限期改正，并可处以相当于矿石损失百分之五十以下的罚款，情节严重的，应当责令停产整顿或者吊销采矿许可证			《矿产资源监督管理暂行办法》第二十三条	矿山企业有下列情形之一的，应当追究有关人员的责任，或者由地质矿产主管部门责令其限期改正，并可处以相当于矿石损失百分之五十以下的罚款，情节严重的，应当责令停产整顿或者吊销采矿许可证： 一、因开采设计、采掘计划的决策错误，造成资源损失的； 二、开采回采率、采矿贫化率和选矿回收率长期达不到设计要求，造成资源破坏损失的； 三、违反本办法第十三条、第十四条、第十七条、第十九条、第二十一条的规定，造成资源破坏损失的。
		登记管理机关责令改正，没收违法所得，处10万元以下的罚款；情节严重的，由原发证机关吊销勘查许可证、采矿许可证			《探矿权采矿权转让管理办法》第十四条	未经审批管理机关批准，擅自转让探矿权、采矿权的，由登记管理机关责令改正，没收违法所得，处10万元以下的罚款；情节严重的，由原发证机关吊销勘查许可证、采矿许可证。
		县级以上人民政府负责地质矿产管理工作的部门按照国务院地质矿产主管部门规定的权限，责令改正，没收违法所得，处10万元以下的罚款；情节严重的，由原发证机关吊销采矿许可证			《探矿权采矿权转让管理办法》第十五条	违反本办法第三条第（二）项的规定，以承包等方式擅自将采矿权转给他人进行采矿的，由县级以上人民政府负责地质矿产管理工作的部门按照国务院地质矿产主管部门规定的权限，责令改正，没收违法所得，处10万元以下的罚款；情节严重的，由原发证机关吊销采矿许可证。
		县级以上人民政府负责地质矿产管理工作的部门按照国务院地质矿产主管部门规定的权限，责令停止违法行为，予以警告，可以并处10万元以下的罚款			《矿产资源勘查区块登记管理办法》第二十六条	违反本办法规定，未取得勘查许可证擅自进行勘查工作的，超越批准的勘查区块范围进行勘查工作的，由县级以上人民政府负责地质矿产管理工作的部门按照国务院地质矿产主管部门规定的权限，责令停止违法行为，予以警告，可以并处10万元以下的罚款。

序号	违法违纪违规情形概况	违法违纪违规情形	党委/政府 单位	党委/政府 直接责任人	党委/政府 主要领导干部	主管部门 单位	主管部门 直接责任人	主管部门 主要领导干部	企事业单位 单位	企事业单位 直接责任人	企事业单位 主要领导干部	非国有企业	自然人
99	违规进行勘查工作	未经批准，擅自进行滚动勘探开发、边探边采或者试采	—	—	—	—	—	—	√	—	—	√	—
		擅自印制或者伪造、冒用勘查许可证	—	—	—	—	—	—	—	—	—	√	√
		（一）不按照本办法的规定备案、报告有关情况、拒绝接受监督检查或者弄虚作假的； （二）未完成最低勘查投入的； （三）已经领取勘查许可证的勘查项目，满6个月未开始施工，或者施工后无故停止勘查工作满6个月的。	—	—	—	—	—	—	√	—	—	√	—
		不办理勘查许可证变更登记或者注销登记手续	—	—	—	—	—	—	√	—	—	√	—
		违反本办法规定勘查石油、天然气矿产	—	—	—	—	—	—	√	—	—	√	—

— 446 —

续表

追责主体					追责依据	
人民代表大会	司法机关	行政机关	组织人事部门和纪检监察机关	受损害人	法规名称和条款	法规处罚规定
		县级以上人民政府负责地质矿产管理工作的部门按照国务院地质矿产主管部门规定的权限,责令停止违法行为,予以警告,没收违法所得,可以并处10万元以下的罚款			《矿产资源勘查区块登记管理办法》第二十七条	违反本办法规定,未经批准,擅自进行滚动勘探开发、边探边采或者试采的,由县级以上人民政府负责地质矿产管理工作的部门按照国务院地质矿产主管部门规定的权限,责令停止违法行为,予以警告,没收违法所得,可以并处10万元以下的罚款。
	构成犯罪的,依法追究刑事责任	县级以上人民政府负责地质矿产管理工作的部门按照国务院地质矿产主管部门规定的权限,没收违法所得,可以并处10万元以下的罚款			《矿产资源勘查区块登记管理办法》第二十八条	违反本办法规定,擅自印制或者伪造、冒用勘查许可证的,由县级以上人民政府负责地质矿产管理工作的部门按照国务院地质矿产主管部门规定的权限,没收违法所得,可以并处10万元以下的罚款;构成犯罪的,依法追究刑事责任。
		县级以上人民政府负责地质矿产管理工作的部门按照国务院地质矿产主管部门规定的权限,责令限期改正;逾期不改正的,处5万元以下的罚款;情节严重的,原发证机关可以吊销勘查许可证			《矿产资源勘查区块登记管理办法》第二十九条	违反本办法规定,有下列行为之一的,由县级以上人民政府负责地质矿产管理工作的部门按照国务院地质矿产主管部门规定的权限,责令限期改正;逾期不改正的,处5万元以下的罚款;情节严重的,原发证机关可以吊销勘查许可证:(一)不按照本办法的规定备案、报告有关情况、拒绝接受监督检查或者弄虚作假的;(二)未完成最低勘查投入的;(三)已经领取勘查许可证的勘查项目,满6个月未开始施工,或者施工后无故停止勘查工作满6个月的。
		由登记管理机关责令限期改正;逾期不改正的,由原发证机关吊销勘查许可证			《矿产资源勘查区块登记管理办法》第三十条	违反本办法规定,不办理勘查许可证变更登记或者注销登记手续的,由登记管理机关责令限期改正;逾期不改正的,由原发证机关吊销勘查许可证。
		由国务院地质矿产主管部门按照本办法的有关规定给予行政处罚			《矿产资源勘查区块登记管理办法》第三十二条	违反本办法规定勘查石油、天然气矿产的,由国务院地质矿产主管部门按照本办法的有关规定给予行政处罚。

— 447 —

序号	损害情形		追责客体								
	违法违纪违规情形概况	违法违纪违规情形	党委/政府			主管部门			企事业单位			非国有企业、自然人	
			单位	直接责任人	主要领导干部	单位	直接责任人	主要领导干部	单位	直接责任人	主要领导干部	非国有企业	自然人
100	不按期缴纳本办法规定应当缴纳的矿产资源相关费用	不按期缴纳本办法规定应当缴纳的费用	—	—	—	—	—	—	√	—	—	√	—
101	相关单位环境影响评价工作涉及违规行为	组织环境影响评价时弄虚作假或者有失职行为，造成环境影响评价严重失实	—	—	—	—	√	√	—	—	—	—	—
		规划审批机关对依法应当编写有关环境影响的篇章或者说明而未编写的规划草案，依法应当附送环境影响报告书而未附送的专项规划草案，违法予以批准	—	—	—	√	√	—	—	—	—	—	—
		建设单位未依法报批建设项目环境影响报告书、报告表，或者未依照本法第二十四条的规定重新报批或者报请重新审核环境影响报告书、报告表，擅自开工建设	—	—	—	—	—	—	√	√	√	—	—

续表

追责主体					追责依据	
人民代表大会	司法机关	行政机关	组织人事部门和纪检监察机关	受损害人	法规名称和条款	法规处罚规定
		由登记管理机关责令限期缴纳，并从滞纳之日起每日加收2‰的滞纳金；逾期仍不缴纳的，由原发证机关吊销勘查许可证			《矿产资源勘查区块登记管理办法》第三十一条	违反本办法规定，不按期缴纳本办法规定应当缴纳的费用的，由登记管理机关责令限期缴纳，并从滞纳之日起每日加收2‰的滞纳金；逾期仍不缴纳的，由原发证机关吊销勘查许可证。
		对直接负责的主管人员和其他直接责任人员，由上级机关或者监察机关依法给予行政处分			《中华人民共和国环境影响评价法》第二十九条	规划编制机关违反本法规定，未规定环境影响评价，或者组织环境影响评价时弄虚作假或者有失职行为，造成环境影响评价严重失实的，对直接负责的主管人员和其他直接责任人员，由上级机关或者监察机关依法给予行政处分。
		对直接负责的主管人员和其他直接责任人员，由上级机关或者监察机关依法给予行政处分			《中华人民共和国环境影响评价法》第三十条	规划审批机关对依法应当编写有关环境影响的篇章或者说明而未编写的规划草案，依法应当附送环境影响报告书而未附送的专项规划草案，违法予以批准的，对直接负责的主管人员和其他直接责任人员，由上级机关或者监察机关依法给予行政处分。
		由县级以上环境保护行政主管部门责令停止建设，根据违法情节和危害后果，处建设项目总投资额百分之一以上百分之五以下的罚款，并可以责令恢复原状；对建设单位直接负责的主管人员和其他直接责任人员，依法给予行政处分			《中华人民共和国环境影响评价法》第三十一条	建设单位未依法报批建设项目环境影响报告书、报告表，或者未依照本法第二十四条的规定重新报批或者报请重新审核环境影响报告书、报告表，擅自开工建设的，由县级以上环境保护行政主管部门责令停止建设，根据违法情节和危害后果，处建设项目总投资额百分之一以上百分之五以下的罚款，并可以责令恢复原状；对建设单位直接负责的主管人员和其他直接责任人员，依法给予行政处分。

序号	违法违纪违规情形概况	损害情形 违法违纪违规情形	追责客体								
			党委/政府			主管部门			企事业单位			非国有企业、自然人
			单位	直接责任人	主要领导干部	单位	直接责任人	主要领导干部	单位	直接责任人	主要领导干部	非国有企业	自然人
101	相关单位环境影响评价工作涉及违规行为	建设项目环境影响报告书、报告表未经批准或者未经原审批部门重新审核同意，建设单位擅自开工建设的，建设单位未依法备案建设项目环境影响登记表的海洋工程建设项目的建设单位有本条所列违法行为	—	—	—	—	√	√	—	√	√	—	—
		接受委托为建设项目环境影响评价提供技术服务的机构在环境影响评价工作中不负责任或者弄虚作假	—	—	—	—	—	—	√	√	—	√	√
		负责审核、审批、备案建设项目环境影响评价文件的部门在审批、备案中收取费用	—	—	—	√	√	√	—	—	—	—	—

续表

追责主体					追责依据	
人民代表大会	司法机关	行政机关	组织人事部门和纪检监察机关	受损害人	法规名称和条款	法规处罚规定
		由县级以上环境保护行政主管部门责令停止建设，根据违法情节和危害后果，处建设项目总投资额百分之一以上百分之五以下的罚款，并可以责令恢复原状；对建设单位直接负责的主管人员和其他直接责任人员，依法给予行政处分；由县级以上环境保护行政主管部门责令备案，处五万元以下的罚款			《中华人民共和国环境影响评价法》第三十一条	建设项目环境影响报告书、报告表未经批准或者未经原审批部门重新审核同意，建设单位擅自开工建设的，依照前款的规定处罚、处分。 建设单位未依法备案建设项目环境影响登记表的，由县级以上环境保护行政主管部门责令备案，处五万元以下的罚款。 海洋工程建设项目的建设单位有本条所列违法行为的，依照《中华人民共和国海洋环境保护法》的规定处罚。
	构成犯罪的，依法追究刑事责任	由授予环境影响评价资质的环境保护行政主管部门降低其资质等级或者吊销其资质证书，并处所收费用一倍以上三倍以下的罚款			《中华人民共和国环境影响评价法》第三十二条	接受委托为建设项目环境影响评价提供技术服务的机构在环境影响评价工作中不负责任或者弄虚作假，致使环境影响评价文件失实的，由授予环境影响评价资质的环境保护行政主管部门降低其资质等级或者吊销其资质证书，并处所收费用一倍以上三倍以下的罚款；构成犯罪的，依法追究刑事责任。
		由其上级机关或者监察机关责令退还；情节严重的，对直接负责的主管人员和其他直接责任人员依法给予行政处分			《中华人民共和国环境影响评价法》第三十三条	负责审核、审批、备案建设项目环境影响评价文件的部门在审批、备案中收取费用的，由其上级机关或者监察机关责令退还；情节严重的，对直接负责的主管人员和其他直接责任人员依法给予行政处分。

参考文献

一、专著类

[1] 习近平．习近平谈治国理政．北京：外文出版社，2014．

[2] 习近平．习近平谈治国理政（第二卷）．北京：外文出版社，2017．

[3] 十八大报告辅导读本．北京：人民出版社，2012．

[4] 党的十九大报告辅导读本．北京：人民出版社，2017．

[5] 党的十九大报告学习辅导百问．北京：党建读物出版社，学习出版社，2017．

[6] 十九大党章修正案学习问答．北京：党建读物出版社，2017．

[7] 马克思恩格斯文集（第1卷）．北京：人民出版社，2009．

[8] 马克思恩格斯选集（第3卷）．北京：人民出版社，1995．

[9] 马克思恩格斯选集（第4卷）．北京：人民出版社，1995．

[10] 马克思．1844年经济学哲学手稿．北京：人民出版社，2014．

[11] 胡伟．司法政治．香港：香港三联书店，1994．

[12] 李风圣，吴云亭．公平与效率：制度分析．北京：经济科学

出版社，1995．

［13］B.B. 斯捷潘．自然资源利用与保护．莫斯科科学出版社，1972．

［14］周三多，陈传明，鲁明泓．管理学——原理与方法（第三版）．上海：复旦大学出版社，1999．

［15］曲福田．资源经济学．北京：中国农业出版社，2001．

［16］林岗，张宇．马克思主义与制度分析．北京：经济科学出版社，2001．

［17］余谋昌．自然价值论．西安：陕西人民教育出版社，2003．

［18］应松年．当代中国行政法（上、下卷）．北京：中国方正出版社，2005．

［19］张文显．法理学（第三版）．北京：法律出版社，2007．

［20］应松年．行政法与行政诉讼法（第二版）．北京：法律出版社，2009．

［21］总体国家安全观干部读本．北京：人民出版社，2016．

［22］〔法〕孟德斯鸠．论法的精神．张雁深，译．北京：商务印书馆，1995．

［23］〔美〕蕾切尔·卡逊．寂静的春天．悻如强，曹一林，译．北京：中国青年出版社，2015．

［24］〔英〕亚当·斯密．国民财富的性质和原因的研究（上、下卷）．郭大力，王亚南，译．北京：商务印书馆，2008．

［25］〔美〕R. 科斯，A. 阿尔钦，D. 诺斯，等．财产权利与制度

变迁——产权学派与新制度学派译文集. 刘守英, 等, 译. 上海: 上海三联书店, 上海人民出版社, 1994.

［26］〔美〕霍尔姆斯·罗尔斯顿. 哲学走向荒野. 刘耳, 叶平, 译. 长春: 吉林人民出版社, 2000.

［27］Victor P A. Pollution: economy and environment. Toronto: University of Toronto Press, 1972.

二、期刊类

［1］李金昌. 环境价值与经济核算. 环境保护, 1992（7）.

［2］赵占元, 王建瑞. 关于自然资源的价值、价格问题. 河北地质学院学报, 1993（6）.

［3］蒲志仲. 自然资源价值浅探. 价格理论与实践, 1993（4）.

［4］章铮. 边际机会成本定价——自然资源定价的理论框架. 自然资源学报, 1996（2）.

［5］吴进明, 孙海清, 杨永康. 持续利用的自然资源价格论. 生态经济, 1997（3）.

［6］张贤明. 政治责任与法律责任的比较分析. 政治学研究, 2000（1）.

［7］王舒曼, 王玉栋. 自然资源定价方法研究. 生态经济, 2000（4）.

［8］向书坚. 包含环境账户的国民经济核算矩阵. 统计研究, 2001（5）.

［9］韩忠成. 简论中国社会可持续发展战略的选择. 农村经济, 2001（9）.

[10] 刘元春．制度整体主义与制度个体主义——马克思与新制度经济学的制度分析方法比较//林岗，张宇．马克思主义与制度分析．经济科学出版社，2001．

[11] 苏月中．自然资源价值核算浅析．生态经济，2001（9）．

[12] 魏远竹，任恒祺．森林资源资产会计核算的研究进展．林业财务与会计，2001（11）．

[13] 何承耕，林忠，陈传明，等．自然资源定价主要理论模型探析．福建地理，2002（3）．

[14] 李金昌．价值核算是环境核算的关键．中国人口·资源与环境，2002（3）．

[15] 孙兴华，王兆蕊．绿色会计的计量与报告研究．会计研究，2002（3）．

[16] 刘治兰．关于自然资源价值理论的再认识．北京行政学院学报，2002（5）．

[17] 崔万安，覃家君，尹兰．自然资源的价值确定与实现．科技进步与对策，2002（7）．

[18] 张卫民，田治威，王富炜．森林资源资产会计问题探讨．林业经济，2004（18）．

[19] 张贤明．官员问责的政治逻辑、制度建构与路径选择．学习与探索，2005（2）．

[20] 向书坚，黄志新．SEEA 和 NAMEA 的比较分析．统计研究，2005（10）．

[21] 刘梅娟，石道金，温作民．森林生物多样性价值会计确认与计量研究．财会通讯（学术版），2005（10）．

[22] 刘厚金．我国行政问责制的多维困境及其路径选择．学术论坛，2005（11）．

[23] 许家林，王昌锐．论环境会计核算中的环境资产确认问题．会计研究，2006（1）．

[24] 许家林，陈先丹，王昌锐．海洋资源会计：基础·规范·核算．海洋环境科学，2006（4）．

[25] 魏远竹，陈钦，陈念东．论森林资源资产的会计确认与计量．福建农林大学学报（哲学社会科学版），2006（4）．

[26] 刘梅娟，卢秋桢，尹润富．森林生物多样性价值核算会计科目及会计报表的设计．财会月刊，2006（3）．

[27] 朱启贵．绿色国民经济核算的国际比较及借鉴．上海交通大学学报（哲学社会科学版），2006（5）．

[28] 王立彦．绿色 GDP 宏观核算与微观环境会计．中国金融，2006（19）．

[29] 乔玉洋，温作民．森林生态价值会计主体、会计假设与会计要素．财会通讯（综合版），2006（11）．

[30] 刘世林，牛玉韬．经济责任审计评价指标和评价程序．中国内部审计，2006（12）．

[31] 刘梅娟，石道金，温作民．森林生物多样性价值会计核算研究综述．世界林业研究，2007（1）．

[32] 曹凤月．解读"道德责任"．道德与文明，2007（2）．

[33] 徐玉良．关于农业资源性资产会计处理的探讨．安徽农业科学，2007（2）．

[34] 张宏亮．自然资源核算的估价理论与方法．统计与决策，2007（8）．

[35] 刘蕊．海洋资源会计核算问题探讨．广东海洋大学学报，2008（5）．

[36] 曾华锋．森林生态价值会计核算与林业可持续发展．财会通讯（学术版），2008（7）．

[37] 张亚伟．生态文明建设中自然资源价值分析．中州学刊，2009（3）．

[38] 朱学义，彭培鑫．论矿区权益与绿色成本会计．资源开发与市场，2009（3）．

[39] 吴荷青．海洋生物多样性的会计核算初探．中国乡镇企业会计，2009（6）．

[40] 周志方，肖序．国外环境财务会计发展评述．会计研究，2010（1）．

[41] 白香琴．对森林生物多样性资产的会计认定及分类的分析．林业勘查设计，2010（2）．

[42] 杨世忠，曹梅梅．宏观环境会计核算体系框架构想．会计研究，2010（8）．

[43] 郭怡．环境与自然资源价值评估理论综述．经营管理者，

2010（20）．

[44] 阳东辰．公共性控制：政府环境责任的省察与实现路径．现代法学，2011（2）．

[45] 张婧．关于自然资源价值的探讨．经济论坛，2011（9）．

[46] 肖序，赵雅敬．排污权交易会计处理不同方法比较．财会月刊，2011（15）．

[47] 周守华，陶春华．环境会计：理论综述与启示．会计研究，2012（2）．

[48] 梅林海，邱晓伟．从效用价值论探讨自然资源的价值．生产力研究，2012（2）．

[49] 裴辉儒．环保决策路径选择研究综述——以不确定性和不可逆性为研究背景．厦门大学学报（哲学社会科学版），2012（4）．

[50] 梁小红．国外环境会计理论研究视域、逻辑及启示．福建论坛（人文社会科学版），2012（9）．

[51] 彭真明，殷鑫．论我国生态损害责任保险制度的构建．法律科学，2013（3）．

[52] 郭渐强，寇晓霖．论公共政策评估中行政决策失误责任追究制的有效实施．东南学术，2013（3）．

[53] 董金明．论自然资源产权的效率与公平——以自然资源国家所有权的运行为分析基础．经济纵横，2013（4）．

[54] 皇甫振宇．环境污染责任的无过错归责理解——有关"违法性"要件与免责事由的评析．学理论，2013（34）．

[55] 耿建新，王晓琪．自然资源资产负债表下土地账户编制探索——基于领导干部离任审计的角度．审计研究，2014（5）．

[56] 张振红，曹东，於方，等．环境损害评估：国际制度及对中国的启示．环境科学，2013（5）．

[57] 韩金红，刘西友．论生态文明建设审计的内容体系与范围边界．会计之友，2014（6）．

[58] 陈枫楠，沈镭．基于期刊文献检索的国内资源经济学研究述评．资源科学，2013（7）．

[59] 黎明，何子利．林木类生物资产确认、计量与披露研究．会计之友，2013（20）．

[60] 封志明，杨艳昭，李鹏．从自然资源核算到自然资源资产负债表编制．中国科学院院刊，2014（4）．

[61] 秦嘉龙，刘玉．三江源湿地生态效益补偿的核算与评价．会计之友，2014（5）．

[62] 胡文龙．自然资源资产负债表基本理论问题探析．中国经贸导刊，2014（10）．

[63] 王姝娥，程文琪．自然资源资产负债表探讨．现代工业经济和信息化，2014（9）．

[64] 张友棠，刘帅，卢楠．自然资源资产负债表创建研究．财会通讯（综合版），2014（10）．

[65] 张航燕．对编制自然资源资产负债表的思考——基于会计核算的角度．中国经贸导刊，2014（31）．

［66］耿建新，胡天雨，刘祝君．我国国家资产负债表与自然资源资产负债表的编制与运用初探——以 SNA 2008 和 SEEA 2012 为线索的分析．会计研究，2015（1）．

［67］黄溶冰，赵谦．自然资源资产负债表编制与审计的探讨．审计研究，2015（1）．

［68］柏连玉．关于编制森林资源资产负债表的探讨．绿色财会，2015（1）．

［69］申成勇，李琦．关于编制森林资源资产负债表有关问题的探讨．绿色财会，2015（2）．

［70］刘思旋，崔琳．如何编制自然资源资产负债表？——基于资源与环境核算的角度．财经理论研究，2015（2）．

［71］马永欢，刘清春．对我国自然资源产权制度建设的战略思考．中国科学院院刊，2015（4）．

［72］高桂林，陈云俊．论生态环境损害责任终身追究制的法制构建．广西社会科学，2015（5）．

［73］梁建洪．西方经济学人与人关系研究的物化逻辑．天津社会科学，2015（5）．

［74］李伟，陈珂，胡玉可．对自然资源资产负债表的若干思考．农村经济，2015（6）．

［75］封志明，杨艳昭，陈玥．国家资产负债表研究进展及其对自然资源资产负债表编制的启示．资源科学，2015（9）．

［76］陈艳利，弓锐，赵红云．自然资源资产负债表编制：理论基

础、关键概念、框架设计．会计研究，2015（9）．

[77] 陈玥，杨艳昭，闫慧敏，等．自然资源核算进展及其对自然资源资产负债表编制的启示．资源科学，2015（9）．

[78] 柏连玉．森林资源资产负债表编制的理论基础探讨．绿色财会，2015（10）．

[79] 杜方．我国编制和运用自然资源资产负债表初探．中国内部审计，2015（11）．

[80] 苏一丹．编制自然资源资产负债表的若干问题：意义、现状及方向探索．绝色财会，2015（12）．

[81] 宫丽彦，程磊磊，卢琦．荒地的概念、分类及其生态功能解析．自然资源学报，2015（12）．

[82] 韩德军．土地资源资产负债表编制方法探究．才智，2015（12）．

[83] 杨睿宁，杨世忠．论自然资源资产负债表的平衡关系．会计之友，2015（16）．

[84] 肖旭，王玉，周志方．自然资源资产负债表编制框架研究．会计之友，2015（19）．

[85] 胡文龙，史丹．中国自然资源资产负债表框架体系研究——以SEEA2012、SNA2008和国家资产负债表为基础的一种思路．中国人口·资源与环境，2015（8）．

[86] 王琼娴．论生态损害责任追究机制的构建．法制与社会，2015（32）．

[87] 於方，刘倩，牛坤玉．浅议生态环境损害赔偿的理论基础与实施保障．中国环境管理，2016（1）．

[88] 张修玉，李远，植江瑜，等．加强责任追究推进制度保障．中国环境管理，2016（1）．

[89] 高敏雪．扩展的自然资源核算——以自然资源资产负债表为重点．统计研究，2016（1）．

[90] 高兴佑．可持续发展视域下自然资源的价格构成．重庆三峡学院学报，2016（2）．

[91] 孔含笑，沈镭，钟帅，等．关于自然资源核算的研究进展与争议问题．自然资源学报，2016（3）．

[92] 耿国彪．自然资源资产负债表在内蒙古林业起航——内蒙古森林资源资产负债表编制纪实．绿色中国，2016（3）．

[93] 喻锋，李晓波，王宏，等．基于能值分析和生态用地分类的中国生态系统生产总值核算研究．生态学报，2016（6）．

[94] 耿建新，唐洁珑．负债、环境负债与自然资源资产负债．审计研究，2016（6）．

[95] 李金华．论中国自然资源资产负债表编制的方法．财经问题研究，2016（7）．

[96] 刘宝财．基于自然资源资产责任审计评价指标体系研究．财政监督，2016（8）．

[97] 张颖，潘静．森林碳汇经济核算及资产负债表编制研究．统计研究，2016（11）．

[98] 中共环境保护部党组．构建人与自然和谐发展的现代化建设新格局——党的十八大以来生态文明建设的理论与实践．求是，2016（12）．

[99] Leontief W. Environmental repercussions and the economic structure: an input – output approach. Review of Economics and Statistics, 1970, 52 (3).

三、报纸类

[1] 习近平在参加十二届全国人大三次会议江西代表团审议时的讲话．人民日报，2015 – 03 – 07．

[2] 黄浩涛．系统学习习近平总书记十八大前后关于生态文明建设的重要论述．学习时报，2015 – 03 – 30．

[3] 桂杰，何星洁．免职"红豆局长"是化解危机的"速效丸"吗．中国青年报，2013 – 04 – 11．

[4] 国土资源部，国家统计局，国务院第二次全国土地调查领导小组办公室．关于第二次全国土地调查主要数据成果的公报．人民日报，2013 – 12 – 31．

[5] 张红振，曹东，於方，等．环境损害评估制度亟待完善．中国环境报，2014 – 02 – 18．

[6] 邓国芳，聂伟霞．湖州编制自然资源资产负债表．浙江日报，2016 – 06 – 05．

[7] 我国自然资源将统一确权登记　今年12月至2018年2月开展试点．经济日报，2016 – 12 – 25．

四、其他类

[1] 中国共产党章程．

[2] 中国共产党第十八次全国代表大会报告：坚定不移沿着中国特色社会主义道路前进　为全面建成小康社会而奋斗．

[3] 中国共产党第十九次全国代表大会报告：决胜全面建成小康社会　夺取新时代中国特色社会主义伟大胜利．

[4] 中国社会科学院语言研究所词典编辑室．现代汉语词典（汉英双语）（增补本）．北京：外语教学与研究出版社，2002．

[5] 商务印书馆辞书研究中心修订．新华词典（第4版）．北京：商务印书馆，2013．

[6] 金炳华主编．马克思主义哲学大辞典．上海：上海辞书出版社，2003．

[7] 张贤明．论政治责任——民主理论的一个视角．吉林大学博士学位论文，1998．

[8] 桑东莉．可持续发展与中国自然资源物权制度之变革．武汉大学博士学位论文，2005．

[9] 郑海霞．中国流域生态服务补偿机制与政策研究——以4个典型流域为例．中国农业科学院博士后研究工作报告，2006．

[10] 石道金．我国林地与森林生物资产会计研究．北京林业大学博士学位论文，2008．

[11] 林雪姣．国内外绿色GDP核算方法比较研究．中国科学技术大学硕士学位论文，2009．

[12] 王方．祁连山自然保护区生态资产价值评估研究．兰州大学博士学位论文，2012．

五、课题组研究成果

[1] 李凤雏，等．综合治理土地资源配置领域的突出问题．国家社会科学基金项目成果要报，2015（72）．

[2] 刘西友，李莎莎．国家审计在生态文明建设中的作用研究．管理世界，2015（1）．

[3] 刘西友．自然资源资产负债核算的意义与框架．现代审计与经济，2015（2）．

[4] 李凤雏，董冰霖．分阶段推进领导干部自然资源资产离任审计．中国审计，2015（3）．

[5] 杨乐，龙小燕，刘西友．预算法修订背景下开展政府决算审计的思考．财政研究，2015（4）．

[6] 李凤雏，杨乐．政策跟踪审计重在案例解剖分析．中国审计，2015（16）．

[7] 李纯琳．责任追究——防范生态环境损害的必然选择．林业经济，2016（4）．

[8] 编制自然资源资产负债表与生态环境损害责任终身追究制研究课题组．审计视域下自然资源治理体系现代化的三部曲．中共贵州省委党校学报，2016（11）．

[9] 李凤雏．权力运行审计监督问题研究．审计研究报告，2016（44）．

后　　记

"编制自然资源资产负债表与生态环境损害责任终身追究制研究"是国家社会科学基金资助的项目。2014年6月，审计署组织课题组承担了该项课题研究，历时两年多，完成了课题结项。期间，提交1篇国家社会科学基金项目成果要报，发表相关论文8篇。

课题组由审计署副审计长孙宝厚同志任组长，本书的写作分工如下：第一章，李凤雏、刘西友；第二章，李丹、刘西友；第三章，杨乐；第四章，曲婧；第五章，曲婧、王志伟；第六章，李俊；第七章和第八章，李纯琳、杜宏伟；第九章，董冰霖；第十章，王娟。赵刘中、马雯两名同志参与了前期研究工作。李凤雏、李丹两名同志对全书进行了总撰。吴梁羽、张朕华和刘中元同志参与了文献搜集整理，许志杰、柴崇斌同志搜集整理了生态环境损害责任追究相关法律，并将相关条款分解制作矩阵图。

在课题研究过程中，得到了水利部、国家统计局、北京林业大学、贵州省审计厅、海南省三亚市人民政府、内蒙古自治区鄂托克前旗人民政府等单位的大力支持。刘俊昌、胡明形、徐雄飞等专家对课题研究报告提出了许多中肯的意见。在此一并表示感谢。

课题组
2018年5月28日